U0857469

齐鲁文化经典品读

appreciate

马新 主编

晏子春秋品读

王玉喜 著

山东大学出版社

图书在版编目(CIP)数据

晏子春秋品读/王玉喜著.—济南:山东大学出版社,2016.6
(齐鲁文化经典品读/马新主编)
ISBN 978-7-5607-5548-9

Ⅰ.①晏… Ⅱ.①王… Ⅲ.①先秦哲学②《晏子春秋》—通俗读物 Ⅳ.①B22-49

中国版本图书馆CIP数据核字(2016)第122103号

责任编辑:刘森文
封面设计:张　荔

出版发行:山东大学出版社
社　址　山东省济南市山大南路20号
邮　编　250100
电　话　市场部(0531)88364466
经　销:山东省新华书店经销
印　刷:山东新华印务有限责任公司
规　格:720毫米×1000毫米　1/16
22.5印张　392千字
版　次:2016年6月第1版
印　次:2016年6月第1次印刷
定　价:49.00元

本书系山东省古籍整理项目“齐鲁文化经典研究”(N.02540903)、山东省文化建设委托项目“齐鲁文化资源研究”(N.56480905)、齐鲁文化名家立项课题“走进齐鲁经典文化”结项成果

《齐鲁文化经典品读》课题组

课题组负责人　马　新

课 题 组 成 员　（以姓氏笔画为序）

马　新　马德青　王玉喜　王其俊

王爱清　巩宝平　刘厚琴　李吉东

李学娟　校　潇　郭　浩　郭海燕

总序

齐与鲁是西周时代分封的两个著名的诸侯国，因都在今山东省的范围内，所以，山东又被称作“齐鲁之邦”。我们习惯上所称的“齐鲁文化”也因此有狭义与广义之分：狭义的齐鲁文化是指齐、鲁两国所创造的文化形态，广义的齐鲁文化则是指春秋战国时代兴盛于齐鲁之邦的所有文化的集合。无论哪一种意义上的齐鲁文化，都是传承与融合的结果，都是多元文化碰撞与交流的产物。

西周分封之前，山东地区西部是殷商重地，东部则是古老的东夷，被统称为“大东”①。周公协助周成王分封天下时，将自己的长子伯禽分封到今山东曲阜一带，建鲁国；将姜太公分封到营丘一带，建齐国；将周文王的四个儿子分封到大东地区，分别建立了曹、郜、滕、郯诸国。另外，大东地区被周王朝分封或认可的诸侯国还有东夷建立的莒、莱等国，以及相传为黄帝后裔所建的薛、邳等国；夏王朝的余绪杞、鄫、费。殷商遗国宋国的一部分也在大东地区。以上大大小小合计有六十多国。至春秋战国时代，随着列国的争战

① 西周建国初年，为监视东方各诸侯国，实行分区经营。距镐京较近的各诸侯国统称“小东”，较远的各诸侯国统称“大东”。

兼并，山东地区的主要国家演化为齐、鲁、莒、郯、邹等国。南方大国楚、越两国也先后进入山东。越王句践灭吴后，曾迁都琅邪（古邑名，为春秋齐地，在今山东青岛黄岛区琅琊台西北），长期据有山东东南沿海一带；战国后期，赵国还据有今山东的西北地区，楚国则占有了山东中南部，一度出现了齐、鲁、楚、赵并立的局面。

列国的并立与重组实际上也是多种文化的并存与交融。齐、鲁等国的统治者受封而来时，带来了周王朝的礼乐文化，随后便开始了周文化与殷商文化的交融、与东夷文化的交融。比如，鲁国有众多的商奄之民以及殷民六族，殷文化底蕴十分丰厚，鲁国之社祭便是周社与亳社并存，亳社为殷人社稷之所。孔子即是殷人后代，他临终前曾说："殷人殡于两楹之间……丘也，殷人也。予畴昔之夜，梦坐奠于两楹之间。"①又如，东夷之俗"好让不争"，"夷俗仁"，这一传统也被融入鲁文化中，成为儒家仁道思想的重要来源。正如王献唐先生所言："孔子本是接受东方传统的仁道思想的，又进一步发展为儒家的中心理论。"②齐国之开国者太公到齐地后，其为政方针是"因其俗，简其礼"③。齐为东夷故地，"因其俗"就是吸收、接纳东夷之俗，正因如此，才有了"通商工之业，便鱼盐之利"④的经济政策，也才有了"仓廪实则知礼节，衣食足则知荣辱"⑤的思想特色。总之，周文化、殷商文化与东夷文化构成了齐鲁文化的三大基本来源。

春秋战国时代，周王朝分崩离析，诸侯割据，群雄逐鹿，兼并与融合成为社会政治的主流，文化的交融与迸发造就了中国历史上的百家争鸣。齐鲁之邦是当时最为重要的文化中心，它在西周以来的历史蕴积之上，兼收并蓄，吸纳了宋文化，莒、郯、薛文化，楚文化，越文化以及燕赵文化，等等，成为当时最为繁盛、最具影响力的文化形态。可以说，齐鲁文化是百家争鸣最为丰硕的成果。

春秋时期是百家争鸣的先声期，鲁有孔丘，齐有管仲、晏婴与孙武，而周王室与其他诸国，除老聃外，无可述焉。孔丘创立了儒家学派，有弟子三千，是中国历史上第一位教育家，其倡行"有教无类"，打破了"学在官府"的垄断；其编修《诗》《书》《礼》《易》《春秋》，是中国文化传统的集大成者；其政治思想与社会伦理思想更是奠定了中国历史上正统思想的基础。管仲是一位

---

① 《礼记·檀弓上》。

② 王献唐：《山东古国考》，齐鲁书社 1983 年版，第 219 页。

③ 《史记·齐太公世家》。

④ 《史记·齐太公世家》。

⑤ 《管子·牧民》。

成功的政治家，也是一位卓越的思想家。他的礼法并重、注重赏罚的政治思想是后世法家学派的重要源头，他的“通工商，官山海”的经济思想则是后世经济家与改革家的重要依据，他关于仓廪与食、与荣辱、与礼节关系的宏论直接影响了中国古代社会思想史的发展。其后同出于齐国的晏婴则是颇具影响力的政治家与外交家，他“和而不同”的社会政治思想、致力于俭约的治国理念以及智慧万千的外交作为，对后世都产生了重要影响。晏婴之后的齐人孙武，继承了齐国开国之君太公以来的兵学传统与兵家文化，并在战争实践中升华、光大，成为中国历史上兵家文化第一人。

战国时期是百家争鸣的鼎盛期，诸子学说纵横交织，层出不穷。此时的鲁国虽已没落，但文脉仍在，以其为中心，在邹、鲁、滕、宋、卫一带，形成了众星璀璨的思想文化圈。其中，孔子的后继者子思、孟轲等人形成的思孟学派推进着儒学的发展；出身于儒家的鲁人墨翟创立了墨家学派，提倡兼爱，倡导非攻，在认识论、逻辑学和自然科学上都有重要发现，对中国古代哲学和科学的发展做出了巨大贡献。卫国左氏（今山东定陶西）人吴起早年便到鲁国学习儒学并出仕为武将，后成为战国前期法家的重要代表人物，参与了魏文侯的变法，主持了楚国的变法，对法家思想和兵学文化都有显著影响。宋国蒙（今山东东明一带）人庄周是战国道家的代表人物，认为道为天地万物之本原，“天地与我并生，而万物与我为一”，对中国古代思想与社会影响深远。在这一时期的齐鲁文化圈中，还曾活跃着编撰《春秋左氏传》的鲁人左丘明，远道而至滕国的农家创始人许行及其追随者，工匠之祖师鲁国的公输般（即鲁班，“般”和“班”同音，古时通用，故人们常称他为鲁班），等等。

此时的齐国为战国七雄之一，其官办的稷下学宫是当时无有匹敌的思想文化中心，存续长达一百四五十年。盛时的稷下学宫有学士数百，被赐为上大夫者一度达七十六人，同时代的战国诸子几乎被其网罗殆尽。其中较为著名者，有战国法家三大学派之一的田齐法家的代表人物慎到；有道家黄老学派的代表人物田骈、彭蒙、宋钘；还有儒家孙氏之儒的代表人物荀卿，他主张礼法并用，“隆礼重法”，倡导“法后王”与社会变革，对后世的儒家和法家都产生了较大影响，他的两位高足李斯与韩非子成为战国后期法家的代表人物；名家的代表人物尹文，阴阳家的代表人物邹衍，杂家的代表人物淳于髡等也是学宫之中的佼佼者；而兵学家孙武之后孙膑，是战国时代齐国的军事谋略家，指挥了围魏救赵、马陵之战等著名战役，为兵家文化之重要代表人物；齐人扁鹊提出了望、闻、问、切四诊法，是中国古代医学文化的代表人物；齐人甘德精于天文历算，与石申合著之《甘石星经》是中国古代科学的代表性著作，等等。

总之，春秋战国时代形成并繁荣的齐鲁文化，名家荟萃，洋洋大观，留下了丰厚的文化遗产。一部齐鲁文化史就是一部精编版的中国传统文化形成史，齐鲁文化中的传世经典就是中国传统文化的元典。千百年来对这些经典的诠释汗牛充栋，直到今天，这些经典仍然有着不可替代的品读价值，值得我们站在时代的高度再加品读，以更好地感受齐鲁文化之韵，领悟中国传统文化之魂。

需要说明的是，由于时代久远，齐鲁诸子的著述或散佚，或残缺，我们只能从传世至今的完璧中，选择能够代表诸子本人思想学说者，纳入这套“齐鲁文化经典品读”，计有《论语品读》《管子品读》《晏子春秋品读》《孙子兵法品读 孙膑兵法品读》《墨子品读》《孟子品读》《荀子品读》《庄子品读》，共八种。

既是品读，就要在充分吸收以往齐鲁文化研究成果的基础上，在以往整理工作的基础上，改变传统的古籍整理模式，以当代文化的视角重新梳理齐鲁文化经典，以当代社会的文化符号系统重新解读齐鲁文化经典，突出当代文化的实际需求，拉近社会大众与经典文化的距离，使广大读者能够轻松自由地走进齐鲁文化经典。

从结构上讲，丛书中的每一种书都包括了“人物与文化研究”“原著注释与品读”两大部分内容。在“人物与文化研究”中，旨在实现两个沟通：一是读者与古人的沟通。将人物置于其存在的文化背景中，发掘其文化内涵，寻找其核心精神，找到一个真实而鲜活的历史人物，而不是拘泥于常规的历史人物小传，以便于读者对其了解与认知。二是古文化与当代文化的沟通。着力寻找历史人物与相关文化在当代文化中的价值，以发扬光大中华优秀传统文化。在原著“品读”中，我们力图改变以往古籍类著作注释加翻译的习惯，把主动权交给读者，让读者直接与古人对话，直接亲近经典，自觉接受优秀传统文化的熏陶。因而，重点在疏与解上下功夫，通过恰当的疏与解，引导与帮助读者阅读，而不是越俎代庖。总之，通过对人物与文化的研究，可以更好地了解原著；通过对原著的解读，可以更好地认识与吸纳优秀文化。

这套“齐鲁文化经典品读”丛书，是我们的新尝试，更是我们向齐鲁文化经典的致敬。错谬不足之处，尚请大方之家不吝赐正。

是为序。

马　新

2015 年 12 月于山东大学高阁书斋

品读晏子

提起晏子，大多数人的印象可能是那个身高不过六尺却机智、诙谐的齐国使者形象；而多数人的这个印象又大都来自小学语文教材中的一篇课文《晏子使楚》。其实，这篇课文就是根据《晏子春秋》卷六《内篇杂下・第九》《内篇杂下・第十》两篇改编的。这可能是大多数“70后”“80后”乃至“90后”群体对晏子的感知。熟悉中国历史和古典文学的人，若不专门研究晏子及《晏子春秋》，对晏子及其思想恐怕也是停留在一知半解上。晏子不像孔子、老子、孟子、荀子甚至墨子、韩非子那样出名，他的思想也没有学子去传承，更没有形成独立的学派。晏子的主要思想和事迹大多集中在《晏子春秋》一书中。然《晏子春秋》一书虽能反映晏子的思想，但其书并非晏子生活的实录。要想读懂《晏子春秋》、了解晏子的思想，那么他所生活的时代背景、他的家世与生平是绕不过去的。

一

晏子为春秋晚期齐国人。

历史上，晏子没有孔子那样的影响和地位。如司马迁虽对晏子推崇备至[①]，但也未将其列入“世家”一目，只是为晏子立了传。而且《管晏列传》中对晏子的家世、生平记载极为简略，以至于我们很难通过该传了解晏子的家世、生平。司马迁之所以没有详细撰写晏子的生平事迹，主要是当时《晏子春秋》“世多有之，是以不论”。但是，由于《晏子春秋》一书多重复杂沓，又羼杂了不少后人附会之词，因而其真实可靠性颇令古今学者怀疑。描述晏子的家世、生平，学者多倚重《左传》《史记》等信史。为了谨慎起见，笔者在做这项工作时，也只能以《左传》为主要参考资料，然后参以《史记》，以期能够将晏子的家世及大致生平勾勒出来。

晏子名婴，字仲，谥平，莱之夷维人。据《史记·管晏列传》裴骃《集解》引刘向《别录》云：“莱者，今东莱地也。”张守节《正义》引晏氏《齐记》云：“齐城三百里有夷安，即晏平仲之邑。汉为夷安县，属高密国。”清代《山东通志》卷三云：“高密县周为莱国夷维邑，后属齐，秦属齐郡。汉置高密县，属高密国。东汉属北海国，晋属城阳郡，寻属高密国。南宋属高密郡，寻属北海郡。北魏复属高密郡，隋因之。唐属密州，宋金因之。元属益都路，明属胶州，随州隶莱州府。皇清因之，编户八十八里。”山东齐河晏城镇有晏子冢，此地非晏子故里，而是晏子的封邑。康熙新修《齐东县志》明确说：“晏城，县西北二十五里，齐相晏婴采邑。”由此可知，晏子故里在今山东高密似无悬念。

晏子之上，晏氏家族昭然见于史籍的就是晏子的父亲晏桓子晏弱。晏弱最早见于《左传·宣公十四年》。是时，鲁国迫于齐国的压迫，已经屈从于齐。鲁宣公十四年（前 595 年），宣公的宠臣公孙归父会齐顷公于穀，见到了陪同顷公赴会的晏弱。公孙归父（字子家）仗着宣公的宠幸，与晏弱谈话，掩饰不住骄纵之色。晏弱回到国都见到齐国的正卿高固说：“子家其亡乎！怀于鲁矣。怀必贪，贪必谋人。谋人，人亦谋己。一国谋之，何以不亡？”[②]果不其然，鲁宣公十八年（前 591 年），宣公薨，公孙归父失去了依靠，就图谋去三桓，加强君主集权，结果，反被三桓赶出了鲁国。从这件事我们可以得出两点：首先，此时晏氏得宠于齐顷公，穀之会，齐顷公并未带正卿高固而让晏弱

---

① 司马迁以“太史公曰”的形式感叹道：“假令晏子而在，余虽为之执鞭，所忻慕焉。”（《史记·管晏列传》）

② 杨伯峻编著：《春秋左传注》（修订本），中华书局 1990 年版，第 756 页。以下《左传》引文皆以此为底本。

陪同赴会，仅此一点就说明晏氏家族备受国君宠信；其次，从晏弱预言公孙归父被逐这件事可知，晏弱既富有智慧，又富有政治生活经验，他对恃宠而骄、贪得无厌以及图谋害人有戒惧心理，因此可能对晏子谦虚、节俭以及“忠上惠下”[①]的思想有一定的影响。

晏子的名字于鲁襄公十七年(前556年)首次出现在《左传》中，是年为齐灵公二十六年。晏子生年不可考，史籍中没有明确记载，而晏子的卒年只在《史记·齐太公世家》有载。《史记·齐太公世家》曰：“(齐景公)四十八年，与鲁定公好会夹谷。……是岁，晏婴卒。”齐景公四十八年，即鲁定公十年，乃是公元前500年。后人多以该年为晏子卒年之确切年份，但钱穆先生在其名著《先秦诸子系年考辨》一书中对晏子生卒年这个仅有的确切年份也不相信。钱先生的理由是：“晏子言行，大率见于《左传》者最为得实……其书(《晏子春秋》)晚出，多不可据。……若谓晏子是年卒(鲁定公十年)，何以《左传》于鲁昭公二十六年以后，历十六年之久，更不载晏子一言一事乎。”[②]陈瑞庚先生据《史记·孔子世家》《史记·齐太公世家》多有晏子与孔子于夹谷之会相见的史料记载，便采取了审慎的保留态度。[③]

记载春秋时期的历史，《左传》毫无疑问最具有可信度，但是这并不能说明《史记》的记载就完全错误。钱穆先生写作《先秦诸子系年考辨》时正值中国“疑古思潮”盛行之时，钱先生又是“古史辨派”重要成员之一，以《左传》质疑《史记》的记载也就不足为怪了。现在来看，陈瑞庚先生的观点不无道理。因此，本书也对晏子卒于鲁定公十年采取了审慎的保留态度。但是，我们也不能因为这条晏子卒年问题否定了钱先生对晏子生卒年问题考证的学术贡献。崔杼之难时，晏子犯难而来，崔党欲杀之，而崔杼以晏子“民之望”为由释之，钱穆先生针对此事指出，“古人四十强而仕，其时晏子名德已高，当近四十”，而《左传·襄公十七年》载晏弱卒时，晏子已为大夫，钱先生据前又推测“其实晏子当已过三十”[④]。这个推测基本上为学界所接受。

按照这个假设，我们甚至可以大致推测晏子的生年。我们假设鲁襄公十七年(前556年)晏弱卒时晏子三十岁，那么晏子生于鲁成公五年(前586年)前后，即齐顷公十三年前后。《左传·襄公二十三年》载齐庄公伐晋，晋人赵胜俘获齐人晏氂。日本学者竹添光鸿《左传会笺》以为晏氂为晏婴之

---

① 《晏子春秋》卷七《外篇上·第二十一》。

② 钱穆：《先秦诸子系年考辨》，中华书局1985年版，第10页。

③ 参见陈瑞庚：《晏子春秋考辨》，(台北)长安出版社1980年版，第50页。

④ 钱穆：《先秦诸子系年考辨》，第10页。

子，王更生先生据此推测晏子生年为齐顷公十年（前589年，鲁成公二年）。[①]此说被陈瑞庚先生基本否定。[②] 因此，晏子的生年我们只能大体估计在鲁成公五年（前586年）前后。

鲁襄公十七年，晏子的父亲晏弱离世，是年晏子已经担任齐国大夫了。此时的中原仍旧是以晋国为霸主，齐国多年来遭受晋国的压制，但齐国国君的复霸梦想却从来没有熄灭过。

鲁成公二年（前589年），齐顷公伐鲁北鄙，鲁国接连失地。卫国派援兵救鲁，结果半路遭遇齐军，也被打得大败。齐军侵入卫国。鲁、卫两国派使臣赴晋国求援。晋国执政郤克早有伐齐之志，晋景公便派郤克率八百乘军队，联合鲁、卫、曹三国伐齐。齐、晋两国军队在鞌地（今山东济南历城）遭遇。此战打得相当激烈，双方损失惨重，最终晋军在郤克的指挥下大败齐军。齐顷公在华不注山（今山东济南历城华山镇之小华山）附近差点被晋军俘虏。此一役，齐国被迫向晋军纳赂割地求和。齐顷公本来想通过此战恢复齐国的霸主地位，结果反被晋国打败。齐国复霸的梦想被迫中断，晋国在中原的霸主地位更加牢固了。鞌之战，晏子的父亲晏弱不知是否参加，但他肯定是这一大事件的经历者。鞌之战前后可能也与晏子的生年大致相近。此后不久，齐顷公病逝，顷公的儿子灵公即位。齐灵公虽背负着国仇家恨，但齐国在鞌之战后短时间内无法抗衡晋国。齐灵公学了秦穆公独霸西戎的路数，先灭掉齐国东部的莱国，扩大齐国的版图，积蓄力量。前文交代晏弱的生平时已经提及灭莱战役基本上是在晏弱的指挥下完成的。灭掉莱国的齐国，实力大增，但齐国这时忍辱负重，基本上屈从于晋国，而晋国自鞌之战之后也不怎么把齐国放在眼里。

鲁襄公十四年（前559年），晋国的卿大夫范匄为了平息卫国内乱，召诸侯于戚地集会。会上，范匄借了齐国用鸟羽和旄牛尾巴做的仪仗队的旗子，用完之后却不归还，这让齐国很恼火，齐国因此对取代晋国恢复霸主地位的图谋更加迫切。此时晏弱年老，晏子可能已经是齐国大夫了。

从鲁襄公十五年（前558年）开始，齐国又开始侵略鲁国北鄙，并且围困了鲁国北部的重镇成邑。鲁国向晋国求援，晋国再次答应了鲁国的请求。鲁襄公十六年（前557年），晋平公召集诸侯会盟于溴梁（今河南济源西），齐灵公没有亲自参加会盟，而是派正卿高厚赴会。会上，晋国抓了亲齐的邾国、莒国国君。晋平公让与会各国的卿大夫跳舞唱诗，要求“歌诗必类”，即歌和舞要一致，结果高厚唱的诗歌和舞蹈就不相配，吓得高厚逃回了齐国。

---

① 参见王更生注译：《晏子春秋今注今译》，（台北）商务印书馆1987年版，第395～397页。

② 参见陈瑞庚：《晏子春秋考辨》，第46页。

齐国和晋国已然撕破脸皮。是年，齐国加快了侵略鲁国的步伐，两次伐鲁。

鲁襄公十七年（前556年），齐国兵分两路伐鲁，围困了桃邑和防邑。是年，晏弱卒。晏子"粗缞斩，苴绖、带、杖，菅屦，食鬻，居倚庐，寝苫，枕草"[①]。晏子所行之丧礼本是西周以来通行的子为父所执的三年之丧礼。但是，春秋时期"礼崩乐坏"，大夫阶层已经多不行三年之丧礼，故晏子家老云"非大夫之礼也"。晏子以"唯卿为大夫"答之。杜预注："晏子恶直己以斥时失礼，故孙（逊）辞略答家老。"[②]晏子以自己的行动复礼而不直斥时俗，既坚持了自己的理想和原则，又不伤及他人的面子，可谓仁人哉！

鲁襄公十八年（前555年），齐灵公再次伐鲁北鄙。晋国执政荀偃（中行献子）率晋军邀合鲁、宋、卫、郑、曹、莒、邾、滕、薛、杞、小邾等国军队联合伐齐。伐齐联军在济水流经鲁国的地方会师。齐灵公也在平阴（今山东济南平阴）组织抵抗，并在平阴南面的防门挖了一里宽的壕沟准备阻击以晋国为首的伐齐联军。伐齐联军猛攻防门，齐军死伤惨重。晋国卿大夫范匄（范宣子）在战场上告诉昔日的老朋友齐国大夫子家（析文子）：鲁、莒两国分别以千乘的兵力，配合晋军，从各自的国家向齐国进攻，齐国必定失败。子家将范匄的话转告齐灵公，灵公听了大惊。此时晏子可能也在前线，他听说这件事后就说："君固无勇，而又闻是，弗能久矣。"晏子知灵公无勇。今灵公又听闻范匄的恐吓，早就吓破了胆。晋军命司马在各地险隘散布了旌旗，又令前驱的兵车上只留一名车左，车右用假人冒充。晋军前方的车载着旆（冲锋的军旗），后面的车拖着树枝故意弄得尘土飞扬，似乎千军万马的样子。这一虚张声势的招数被后世东晋的谢安在淝水之战抵抗前秦的军队时学了去。齐灵公在远处的巫山（今山东济南长清孝堂山）看到这番情景，果然吓得不轻，全军趁夜逃走。晋军穷追不舍，一直打到齐都临淄，并将临淄城围了起来。齐灵公吓得备马准备逃到邮棠（今山东平度东南）避难，太子光（即齐庄公）再三劝阻，灵公才打消了逃亡的念头。平阴之战的失败，使齐国复霸的图谋再次受到重挫。齐军的失败，主要是因为齐灵公有复霸之心却无复霸之勇。我们推测，晏子极有可能参加了这次战役。他可能曾劝阻灵公不要率军撤退，但是灵公并没有听从晏子的建议。《晏子春秋》卷七《外篇上·第十九》云："婴之于灵公也，尽复而不能立之政，所谓仅全其四支以从其君也。"言外之意，晏子事齐灵公之时，只能进言于君却不见用。晏子于何时向灵公进何言，而灵公不听？从《左传》可知，晏子谈及灵公仅在此役。这更印证了我们的推测。

---

① 《左传·襄公十七年》。

② （晋）杜预集解：《春秋经传集解》，第939页。

平阴之战，齐国被晋国击败。以晋国为首的反齐联军略过临淄，兵分两路：一路打到潍河西岸，一路打到沂水源头。最后反齐的诸侯在督扬（今山东济南长清东北）会盟。鲁襄公十九年（前554年），晋、卫接连伐齐。齐灵公大概是惊吓过度，于是年去世。齐庄公姜光在齐国大夫崔杼、庆封等帮助下即位。

齐庄公新立，齐国政局不稳，不得已便与晋国讲和。鲁襄公二十一年（前552年），晋国卿大夫栾盈与范氏矛盾斗争尖锐，范氏将栾盈逐出晋国，栾盈奔楚。范匄仗着自己是晋国执政的优势，召集诸侯会盟于商任（今河南安阳一带），宣示各国不得容纳栾氏。参加商任之会的齐庄公并未因为齐国刚刚吃了晋国的败仗就恭敬地服从晋国了。《左传》说是会"齐侯不敬"，晋国大夫叔向则直斥齐庄公"怠礼"[①]。读《晏子春秋》我们就会了解到，齐庄公崇尚勇力而不顾礼义。庄公可能认为他父亲灵公之所以败给晋国，就是因为没有勇力。因而他虽刚即位，却对晋国主导的会盟表现得并不怎么恭敬。齐庄公对盟主晋国的不恭还表现在他不但收留、重用了栾盈的党羽如州绰、邢蒯等人，而且还收留了从楚国投奔来的栾盈。

鲁襄公二十二年（前551年），晋国执政范匄得知栾盈在齐，又于该年冬召集包括齐庄公在内的诸侯会于沙随，再次强调各国不得藏匿栾氏。但是，齐庄公并不在乎晋国的禁令，依旧装作不知栾盈的去向。晏子说："祸将作矣。齐将伐晋，不可以不惧。"[②]晏子似乎已经揣测到齐庄公恃勇力伐晋的企图，并预见到庄公伐晋的后果可能会很糟糕。晋国此时陷入范氏与栾氏争斗的内乱中，按理说这是讨伐晋国的好时机，但是齐国的国内政局也不安稳，表面上风平浪静，背后却是暗流涌动。据《左传·襄公二十五年》可知，齐庄公与崔杼之妻私通，又不礼崔杼，崔杼早有弑庄公之心。又，鲁襄公二十五年（前548年），齐派崔杼率师伐鲁，鲁国大夫孟公绰知"崔子将有大志，不在病鲁"[③]。连邻国之人都知道齐国大夫崔杼将有弑君之心，晏子身居齐国权力斗争的中枢，不可能对崔杼与庄公之间的矛盾没有任何察觉。故而，晏子在齐庄公伐晋的前夕警示庄公"祸将作矣"。此"祸"并非单指齐国讨伐盟主晋国而招致报复之祸，可能更多的是暗示庄公，崔杼将为祸于内。

鲁襄公二十三年（前550年），晋平公与吴国联姻，嫁女于吴国。齐庄公向晋国赠送媵女，乘机暗地里用车载了栾盈和他在齐国的部下，把他们送入栾氏的私邑曲沃，试图通过栾氏搅乱晋国，作为齐国伐晋的内应。栾氏入曲

---

① 《左传·襄公二十一年》。

② 《左传·襄公二十二年》。

③ 《左传·襄公二十五年》。

沃，果然发动了对范氏的进攻。齐庄公瞅准这个好机会，出兵伐晋。晏子与齐国大夫崔杼、陈须无（陈文子）都反对伐晋，但是齐庄公并未听从。晏子说："君恃勇力以伐盟主。若不济，国之福也。不德而有功，忧必及君。"[①]晏子的劝谏比较含蓄。"恃勇力以伐盟主"是指齐国以弱犯强、以下犯上，最终会招致晋国的报复，所以说"若不济，国之福也"。齐庄公恃勇力而品行不检，淫于权卿崔杼之妻，又不厚遇崔杼，是为"不德"。君不德而犯臣，臣必有异心。若君"不德而有功"，即指庄公本身不德，若伐晋侥幸取胜，是纵之更为所欲为，故"忧必及君"。鲁襄公二十三年，齐庄公伐晋取得了较大胜利，齐军一直打到晋国腹地朝歌一带，算是报了平阴之战的仇。但是鲁襄公二十五年（前548年），崔杼却杀害了庄公。晏子"忧必及君"的预言成了现实。

我们这里要说一说崔杼和此时齐国政治局势的演变。春秋初年，齐国佐国君之正卿乃同属姜姓的公族国、高二氏。齐桓公之世，管仲、鲍叔虽为桓公倚重的重臣，但其爵不及国、高二氏。故鲁僖公十二年（前648年），齐桓公使管仲平戎于周襄王。襄王以上卿之礼飨管仲，管仲以国、高在为由，仅受下卿之礼而还。齐桓公之时，公室掌实权，自然无大夫专政之事。管仲、鲍叔虽为国君宠臣，但也未形成专权局面。齐桓公死后，齐国虽陷入了五公子争位之乱，辅佐国君的正卿仍然是国、高二氏。国、高虽为辅政之卿，位高权重，然并未有专权的经历。据童书业先生考证，齐国卿族争权之始，实自崔杼。[②] 崔杼也出身公室（丁公之系），年轻时始宠于齐惠公。鲁宣公十年（前599年），齐惠公离世，崔杼失去了庇护，"国、高畏其逼，公（惠公）卒而逐之"[③]。由此可知，崔杼自年轻时就有专权的势头。

齐顷公即位，晏子的父亲晏桓子也成为宠臣。后来，顷公又召崔杼回国，重新任命他为大夫。崔杼在齐顷公、灵公之世复得宠信，其权势似乎高于国、高，更比晏氏显赫。鲁襄公十九年（前554年），齐灵公病笃。崔杼趁着灵公病重不能理事之机，复立庄公（太子光）为太子，杀灵公宠妾戎子。齐灵公卒，崔杼能扶庄公即位，直接杀掉辅佐公子牙的正卿高厚，可见灵公之世，崔杼之权已然超过国、高。崔杼辅佐庄公即位，是为大功。故庄公之朝，崔杼权势最为显赫。但是，齐庄公并非傀儡，他对外恃勇力而伐晋，对内打压崔氏。然而，崔杼专权早已形成，齐庄公加强集权之举还未展开就被崔杼杀死。崔杼弑庄公之时，齐国正卿高氏被打压，国氏噤若寒蝉。田氏实力尚不及晏氏，更不敢发声。举国唯有晏子闻君死难敢于赴崔氏之门。

---

① 《左传·襄公二十三年》。

② 参见童书业著，童教英校订：《春秋左传研究》"陈氏专齐"条，第91页。

③ 《左传·宣公十年》。

然晏子并未因庄公被弑而攻击崔杼之党，更没有自杀随君。其侍者问其何故，晏子答之："君为社稷死，则死之；为社稷亡，则亡之。若为己死，而为己亡，非其私亲暱，谁敢任之。"[①]这话透露出两点信息：首先，当时大臣"忠君"观念居于第二位，爱国才是首要的；其次，晏子在庄公之时并不受倚重。晏子尽臣职，抚庄公之尸于股而哭，以礼哭国君而去。崔杼以晏子为"民之望"而未敢杀之。后崔杼与其党庆封立景公，崔杼为右相，庆封为左相，以武力相威胁，与国人盟于太公之庙。然晏子面对刀剑胁迫，始终不肯屈从崔、庆之党。这更显示出晏子威武不屈的大丈夫形象。

新立的齐景公可能为晏子在崔杼之乱中的正义之举所感动，刚即位就以晏子为亲信。鲁襄公二十六年(前 547 年)，齐景公因卫国内乱而亲自赴晋与晋平公相会，随君出行的大臣只有国弱(国景子)和晏子。由此可知，景公即位之初就有深倚晏子的迹象。是年，卫国卿大夫孙林父与卫献公之间矛盾尖锐，孙氏以戚邑叛，并诉之晋国，晋国执卫献公而囚禁之，故齐景公、郑简公因卫献公被囚之事去晋国做工作。齐国正卿国弱让晏子向晋国大夫叔向私下里传话说："晋君宣其明德于诸侯，恤其患而补其阙，正其违而治其烦，所以为盟主也。今为臣执君，若之何？"[②]"盟主"即霸主，霸主的主要责任是对诸侯"恤其患而补其阙，正其违而治其烦"，即恤诸侯之难、弭诸侯之乱，做各国诸侯的公正裁判者和保护者。此言虽是晏子代景公传话，但显然也是晏子赞同的主张。齐桓公称霸时期就是本着这样的原则号令诸侯的。《晏子春秋》卷三《内篇问上·第一》所谓"能服境外之不善""能禁暴国之邪逆""能威诸侯"及"能服天下"，与此言主旨相同。这是齐桓公流传下来的霸主信条，也是晏子基于齐国这样的大国所尽义务的国际主张。

鲁襄公二十七年(前 546 年)，崔杼之党庆封与其属大夫卢蒲嫳因崔氏内乱而灭崔氏。崔杼被迫自杀之后，庆封当国。次年(前 545 年)，庆氏专权，压制齐惠公之孙子雅(栾氏)、子尾(高氏)。栾、高怒庆氏跋扈，庆氏知之则欲先去栾、高。庆封使人联合晏子谋去栾、高，晏子对曰："婴之众不足用也，知无能谋也，言弗敢出，有盟可也。"[③]晏子既不与庆封结联，也不站在栾、高一边。晏子深知，无论是庆封还是栾、高二氏，任何一方当国，其目的都是为了实现本家族掌权而不是尊君爱国。所以，晏氏在国内卿大夫争权过程中常常保持中立。

中立于卿大夫之间，也是出于保护晏氏家族利益的考虑。比晏氏地位

---

① 《左传·襄公二十五年》。

② 《左传·襄公二十六年》。

③ 《左传·襄公二十七年》。

稍低一等的田氏(或曰陈氏)父子(田须无、田无宇)认为,这是田氏壮大力量的好时机,因此采取了倒向栾、高一边的策略。栾、高、田、鲍联合起来灭掉庆氏。这次倒庆氏的行动打着“为君故”(尊景公)的旗号,由栾、高主导,田、鲍不遗余力地参与。

倒庆行动成功之后,栾、高当政,田、鲍也分得一杯羹,尤其是田氏,壮大了家族的力量。晏氏虽采取中立态度,但不支持庆氏实为帮助了倒庆一方。栾、高为获得广泛支持,将崔、庆之乱时被逐出的诸公子全部召回,并返还他们的财产和封邑。送给晏子邶殿郊鄙六十邑,晏子弗受。子尾(高氏)曰:“富,人之所欲也。何独无欲?”晏子对曰:“庆氏之邑足欲,故亡。吾邑不足欲也,益之以邶殿,乃足欲。足欲,亡无日矣。在外不得宰吾一邑。不受邶殿,非恶富也,恐失富也。且夫富,如布帛之有幅焉。为之制度,使无迁也。夫民,生厚而用利,于是乎正德以幅之使无黜嫚,谓之幅利。利过则为败。吾不敢贪多,所谓幅也。”[1]晏子的这种自我内敛欲望、甘受清贫的精神与卿大夫普遍专权跋扈、贪得无厌的局面形成了鲜明的对比。景公倚重栾、高实为形势所逼,宠信田氏则欲其牵制栾、高专权,宠信晏子则是发自内心的尊重。

然而,栾、高当政并不比崔、庆好多少。鲁襄公二十九年(前 544 年),栾(子雅)、高(子尾)将世代为齐国正卿的高氏(高止)逐出齐国[2]。是年,吴公子季札北聘中原诸国。季札乃春秋时期博学、有礼之君子,聘于齐,见晏子,与之相悦。季札谓晏子:“子速纳邑与政,无邑无政,乃免于难。齐国之政,将有所归,未获所归,难未歇也。”[3]纳,杜预注:“归之公。”[4]晏子闻是言,因陈桓子纳政与邑,《左传·襄公二十九年》载晏子“于是免于栾、高之难”。

季札作为局外人洞悉齐国的政局。此时,栾、高权势方炽,凡是妨碍其专权者,皆力除之。晏子在崔杼之难前已获名望,国人多有支持者,且其家族自顷公之世即得国君宠信,宗族实力不容小觑,故庆封欲发难除栾、高,曾试图拉拢晏子。晏子自灵公之世即为齐大夫,必主一方面之政。齐景公即位,又亲晏子,故此时晏子之权力、家族之实力仅次于栾、高、国三氏,与田氏不相上下。晏子又秉持尊君、不附从大族的保守主义路线,栾、高多猜忌之。

---

① 《左传·襄公二十八年》。

② 春秋时期,齐国世代为正卿的国、高二氏皆是公族出身。高氏出自齐文公(太公之六世孙,名赤)之子公子高。公子高之孙高傒以其祖之字为氏。高傒始见于《左传·庄公十年》,时齐桓公元年(前 685 年)。子尾,名公孙虿,与子雅(公孙灶)皆是齐惠公(惠公为齐桓公之子)之后。故高止与子尾并非同一宗族。

③ 《左传·襄公二十九年》。

④ (晋)杜预集解:《春秋经传集解》,第 1129 页。

前一年，栾、高倒庆成功之后，与晏子邶殿郊鄙六十邑。晏子辞之，子尾竟疑之。季札谓晏子纳邑与政，正中晏子下怀。将封邑和手中的权力交出去，一则栾、高防范晏氏之心遂息，晏氏转危为安，二则景公更敬重之。

鲁襄公三十一年（前 542 年），子尾杀闾丘婴[①]。接着，栾、高又逐出公族之群公子。至此，二子真正实现了大权独揽。

鲁昭公二年（前 540 年），韩宣子（韩起）为晋平公至齐国聘妻（少姜），故纳币（类似于今天的彩礼）于齐国。齐国二执政栾、高各以其子见韩宣子。时韩宣子以贤能识人闻名于世，故栾、高携其子见之。韩宣子直言其子"非保家之主"，齐大夫多笑宣子之迂腐，唯有晏子信其言，晏子曰："夫子，君子也。君子有信，其有以知之矣。"[②]栾、高强横不知内敛，其子又更甚之（韩宣子言之有"不臣"之心），早已为齐景公所忌。崔杼、庆封以及身为公族的栾、高二氏皆飞扬跋扈，君权微弱自不待言。

齐景公自即位以来一直是权臣之傀儡，然景公并非昏聩无能之主。栾、高专权，景公宠信暂时与栾、高结党的田氏父子。田氏本为陈国公室，其先公子完本为陈厉公之子，齐桓公之时，陈乱而奔齐。齐桓公命之为"工正"，封邑于田，其子孙以邑为氏。田氏自灵公之世才多见于《左传》。庄公朝，田文子被宠信不及晏子。田须无向庄公谏言勿伐晋国，甚至托言于崔杼。崔杼之乱，胁迫国人盟于太公之庙，唯有晏子不屈从崔、庆。田文子、田桓子父子则倒向崔杼。

庆封当国，田氏又屈从庆氏。栾、高谋划倒庆之行动，田文子、田桓子父子视其为发展田氏家族势力之天赐良机。[③] 因此，田氏站在了栾、高一方，最终栾、高、田、鲍联合将庆氏家族赶下了台。庆氏败亡，栾、高赏给晏子这样的中立派以邶殿鄙邑六十，田氏所得应该更多。栾、高专权，田氏作为盟友，势必分得比晏子更多的权力。鲁襄公二十九年（前 544 年），季札聘齐，晏子听其言因田桓子纳政与邑，晏氏实力已然不及田氏显赫。景公若欲消除栾、高之势，势必倚重有一定实力的田氏。

---

① 闾丘婴本是齐庄公之臣，崔杼之乱后与申鲜虞奔鲁。鲁襄公二十八年（前 545 年），庆封召回崔杼之乱时流亡各国的齐人，闾丘婴似在其中。鲁襄公二十九年，闾丘婴曾听令栾、高，率兵围攻高止之党高竖。不知是闾丘婴曾为庆封之党故，抑或是其有军事才能且党羽甚多（闾丘婴被杀后，其党工偻洒、渻灶、孔虺、贾寅出奔莒，可见其势力颇大）威胁到了栾、高专权之故，子尾竟然容不下他。

② 《左传·昭公二年》。

③ 庆封与栾、高矛盾尖锐，田（陈）文子谓其子田桓子，栾、高与庆氏的斗争即将开始，田氏站在哪一边呢？田桓子对曰："得庆氏之木百车于庄。"杨伯峻先生注："木乃作屋之材，庄是京都之道，意谓庆氏必败，我可得人得权。"田文子嘱其子："可慎守也已。"（详参杨伯峻编著：《春秋左传注》（修订本），第 1146～1147 页）

鲁昭公二年(前540年),韩宣子如齐纳币为晋平公所聘之少姜,嫁到晋国后虽有宠,但不幸短命。鲁昭公三年(前539年),齐景公命晏子“请继室于晋”,即复续齐、晋姻亲之好,与晋再订婚约。晋飨晏子,叔向陪同。叔向问晏子齐国政局变化,晏子回答说齐国已经到了衰微之世,大权可能要落到田氏手中,公室腐朽,唯搜刮百姓为是,而田氏以大斗出、小斗入的方式争取民心,齐国百姓皆归附田氏。是时,田氏正得景公宠信,其宗族又能惠民,百姓多归之。齐景公非不知田氏之野心,然当时齐国栾、高专权正炽,能有实力且愿意制约栾、高者只有田氏。故景公听之任之,对田氏不加约束。

晏子于鲁襄公二十九年将封邑与权力交出,晏氏实力不足以灭栾、高,且晏子持保守主义,虽忠于公室,但不愿支持任何一方掌权之卿大夫发动事变。景公外依晏子之名望,内厚田氏,以牵制栾、高。《左传》于是年追忆景公欲更晏子近市之宅,晏子以“先臣容焉,臣不足以嗣之”及“近市朝夕得所求”辞之,景公问其识市之贵贱乎,晏子答曰踊贵屦贱,景公闻之而省于刑。晏子使晋,景公在晏子旧宅的基础上翻新并扩建了晏子的宅院。晏子归来乃毁其宅之扩建部分,并将其重新建成原来百姓所居里室,延请旧邻百姓返其旧居。景公不许,晏子又托田桓子向景公求情,景公乃许之。结合鲁襄公二十九年晏子纳邑与政托田桓子致之公,田氏之权势已然超过晏氏。

鲁昭公三年,晋卿大夫韩起如齐迎娶晋平公夫人,子尾(公孙虿,高氏)竟敢将自己的女儿换掉景公的女儿嫁给晋平公。齐景公在齐国东部边境附近田猎,遇到了流放此地的庆封之党卢蒲嫳。卢蒲嫳向景公请求允许其回临淄,景公竟不能直接许之,而以归告二子(栾、高)答之。景公归临淄,告卢蒲嫳之请于栾、高。子雅竟然将之流放到更远的北燕国。栾、高之跋扈专权可见一斑。

是年(鲁昭公三年),子雅死,齐大夫司马灶见晏子曰:“又丧子雅矣。”晏子云:“惜也!子旗不免,殆哉!姜族弱矣,而妫将始昌。二惠兢爽犹可,又弱一个焉,姜其危哉!”①子旗乃子雅的儿子,鲁昭公二年,韩宣子聘齐之时,子尾、子雅各以其子见韩起,韩起观二子之言行,预言其“非保家之主”。子旗之骄纵由此可知也。今子雅死,晏子“惜”之,童书业先生以为“栾、高之横并不亚于崔、庆,徒以公族之故。故为晏子等保守者所‘惜’”②。此言极为允当。子尾、子雅虽强横,甚至压迫了君权,但二子终究还是姜氏公族。子雅、子尾都在,田氏不敢对公室有贰心,今子雅死,公室守卫者受到削弱,而栾、高的后继者又不才,田氏强大的趋势已经无法遏制。所以,晏子感叹“姜族

---

① 《左传·昭公三年》。

② 童书业著,童教英校订:《春秋左传研究》“陈氏专齐”条,第92页。

弱矣，而妫将始昌”。妫，舜之后裔，这里代指田氏。西周初年，周武王灭商之后，封舜之后胡公满于陈，而田氏之先就是胡公满。是年，燕简公欲去代表旧宗族势力的诸大夫而立其宠信，结果燕国世官大族杀尽简公嬖宠，燕简公出奔齐国。该事件实为燕国国君削弱旧大族势力、加强君主集权的行动。可见当时各国大族势力对君权的压迫已是比较普遍的现象。齐国的栾、高也类似于燕国的诸大夫。

鲁昭公六年(前536年)，齐景公亲赴晋国，请求盟主允许齐国伐北燕、纳简公。晋平公许之。齐国于是年十二月伐北燕。晏子曰：“不入。燕有君矣，民不贰。吾君贿，左右谄谀，作大事不以信，未尝可也。”[①]晏子指出，齐景公的这次伐北燕、纳简公的军事行动必定失败，燕简公无法返国。其原因有二：一是燕国此时已立新君，且得到官民支持；二是齐景公贪婪，左右近臣又以谄谀为事，军国大事不讲信用，从没有成功的先例。晏子外事主张“非战”的和平思想，内事重民心，主张统治者取信于民。这是否也暗示了齐景公即位以来抛弃百姓、受制于人的原因呢？果不其然，鲁昭公七年(前535年)，燕国人以宝器贿赂景公，齐国遂与燕国和解。

鲁昭公三年，子雅死，其子子旗(栾施)继之为卿。鲁昭公四年至九年(前538～前533年)，子尾也死去，其子子良(高强)继之。鲁昭公十年(前532年)，子旗、子良皆嗜酒，信妇人之言，且相互猜忌。二子“强于陈(田)、鲍氏而恶之”。田氏与鲍氏关系和睦，遂联合伐栾、高。晏子“端委立于虎门之外”，栾、高、陈、鲍四族皆召晏子，晏子皆无所往。在卿大夫斗争面前，他再一次采取了中立态度。虎门乃齐景公路寝之南门，晏子率其宗族唯听景公之召。栾、高失败而亡，田、鲍二氏分其室。晏子劝田桓子“必致诸公”，田桓子听晏子之言而将瓜分栾、高之室皆交还给公室，而请老于莒。田氏复召为子雅、子旗所逐走之群公子，以田氏之私财、私邑与之，“国之贫约孤寡者，私与之粟”。田氏借铲除栾、高之机壮大了田氏的力量，通过施惠，获得了公室群公子的支持，更获得了国人的支持。景公赏赐田氏以莒之旁邑，田氏辞而不受。其功劳之大，至令景公的母亲穆孟姬也替田桓子请高唐之大邑。自此，“陈氏始大”[②]。

田氏铲除栾、高之后，听晏子之言致所得栾、高之邑于公，其行为甚为谦恭。此时田氏虽得景公之宠，但并未形成专权之势。至此，齐景公才真正意义上掌握了国之大政。

景公忌田氏坐大威胁君权，故而亲政之后倚重晏子。童书业先生指出：

---

① 《左传·昭公六年》。

② 《左传·昭公十年》。

"是时景公盖如桓公信任管仲而信任晏平仲。"[1]齐灵公之时,晏子已是大夫。然灵公并不倚重晏子。庄公之时,晏子虽有名望,然庄公崇尚勇力而颇厌晏子的礼义之说,晏子之权势不及崔、庆、国、高,故晏子仍为大夫。鲁昭公二年,齐国派田无宇送少姜于晋国,晋人以田氏非卿而执之,叔向为田氏求情时言其爵为上大夫。[2] 鲁昭公三年,景公派晏子请继室于晋。经过晋执田无宇之事,齐国似乎不应再有派上大夫之爵者。晏子之爵似乎稍高于田无宇。然而,晋国飨晏子之时,陪同晏子者乃叔向。叔向虽为平公宠臣,但爵仅为上大夫,不在六卿之列。按照诸侯招待使者之规格,主客双方大臣地位应该相当。若依此,则晏子同田无宇爵位相同,都是上大夫。故崔、庆覆灭,栾、高专权之时,晏子之爵似与田氏相等或稍高,但最多为下卿而并非执政,即非为齐相。

晏子为齐相之说多见于《晏子春秋》和《史记·管晏列传》。世人多将晏子与管仲并列,以至于以为晏子自灵公之世即是齐相。此种认识实为大谬。灵公之世,晏子似仅为中大夫或下大夫,其父晏桓子虽受国君宠信,也不过上大夫也。庄公之时,晏子可能已经升至上大夫(时比田氏地位稍高)。景公即位初年,经历崔、庆覆灭,栾、高当政,晏子听吴公子季札之言,纳邑与政,其爵至多为下卿,然必非执政。鲁昭公十年(前 532 年),栾、高覆灭,景公外虽待田氏极其优渥,内心实忌惮之,故仍旧恢复国、高(当时国氏为国弱,高氏为高偃、高发、高张等)正卿之爵,但大政多不与之商榷。自崔杼弑庄公之时至栾、高覆灭,晏子始终持中立、保守主义态度,不苟合任何一方卿大夫势力,唯有社稷和国君。故景公亲政,深倚晏子。晏子此时虽为下卿,实居执政之位(即国相)。因此,《左传》记载齐景公与晏子之对话最为频繁者,即自鲁昭公十年以后。

鲁昭公二十年(前 522 年),齐景公患疥疟之疾,听梁丘据与裔款之言,欲诛祝、史,晏子谏之,景公释祝、史而修德政。其事又见《晏子春秋》卷一《内篇谏上·第十二》及卷七《外篇上·第七》。是年,《左传》又记景公与晏子两次谈话:一为"和同论";一为"古而无死"之辩。两事又见《晏子春秋》卷一《内篇谏上·第十八》等篇章。鲁昭公二十六年(前 516 年),《左传》又载晏子与景公两次谈话:一为齐有彗星,景公欲禳除之,晏子谏曰无益也;一为景公与晏子坐于路寝,景公叹美哉室,其谁有此。两事又散见于《晏子春秋》卷一《内篇谏上·第十八》、卷七《外篇上·第十》等篇章。自鲁昭公二十六年之后,晏子不见于《左传》。唯《史记·齐太公世家》载齐景公四十八年(前 500

① 童书业著,童教英校订:《春秋左传研究》"陈氏专齐"条,第 93 页。

② 《左传·昭公二年》。

年)，齐、鲁夹谷之会，“是岁，晏婴卒”。自鲁昭公十年至鲁定公十年(前500年)这段时期，即晏子相景公之时，晋国由于六卿争权，其霸主地位日益削弱。齐景公此时有复桓公霸业之志向，又兼晏子辅佐，齐国几近取代晋国成为中原霸主。故童书业先生称之为“齐国的复霸运动”[①]。但令人惋惜的是，齐国田氏已经坐大，景公、晏子在世尚且无可奈何。景公去世之后，田氏专权，至齐简公之时，田常竟弑简公。春秋时期也进入了尾声。

二

晏子在世之时就已闻名于诸侯。据《左传》可知，鲁国的孔子，晋国的韩宣子、叔向，吴国的公子季札等人都在当时以贤能而闻名于世，这些人不但久闻晏子大名，而且还特别愿意与其交往。晏子死后，后人将其言行和事迹编著成书，是为《晏子春秋》。晏子因《晏子春秋》的流传而名声更大，至西汉武帝时期，《晏子春秋》在社会上广为流传，以至于司马迁因其流传太广，而遂决定不在《管晏列传》中为其详加立传。1972年山东临沂银雀山汉墓出土的汉简中就有十六章本的《晏子春秋》(以下简称“简本《晏子春秋》”)。正如骈宇骞先生所言，简本《晏子春秋》“出土于西汉武帝时期的墓葬”，从出土的时间和地点上看，“说明西汉初年，在当时比较僻远的临沂地区已有《晏子》(即《晏子春秋》)一书的流传，足证《史记》记载当时‘世多有之’是可信的”[②]。《晏子春秋》一书虽多重复杂沓之言，但汉代以来传注家多引其言以证发经义。若为伪书，则服虔、郑玄、郭璞等公认的传注名家不可能全不识其伪。《晏子春秋》与《管子》《墨子》《列子》《孟子》《荀子》《韩非子》《淮南子》《孔丛子》《盐铁论》《韩诗外传》《说苑》《新序》《列女传》《风俗通义》诸书“文辞互异，足资参订者甚多”，“《晏子》文最古质”[③]。由此可知，《晏子春秋》所载晏子之事并非全是伪托、伪造。我们仅据《左传》《史记》来描述晏子生平事迹，可能会遗漏许多晏子生平中的精彩瞬间。下面我们将在《左传》《史记》的基础上，结合《晏子春秋》中部分内容，将晏子生平中几个重要的环节交代一番。

晏子出使鲁国，与孔子交涉一事见《晏子春秋》卷五《内篇杂上·第二十一》《内篇杂上·第二十二》。吴则虞《晏子春秋集释》引周廷寀曰：“春秋齐

① 童书业：《春秋史》，第260页。

② 骈宇骞：《银雀山汉墓竹简：晏子春秋校释·序言》，书目文献出版社1988年版，第3页。

③ (清)孙星衍：《平津馆刻本序》，转引自吴则虞：《晏子春秋集释·附录》，第641页。

使聘鲁，自襄公二十七年庆封之后，于经更无所见，盖诸子之寓言也。”[①]诚然，自鲁襄公二十七年（前546年）齐国派庆封使鲁之后，《左传》便无齐国使节出使鲁国之事。依据《左传》，晏子自然无出使鲁国的记载，也就没有在鲁国与孔子交涉之事了。然而，针对此事，《史记·孔子世家》却言之凿凿。《史记·孔子世家》曰：“鲁昭公之二十年，而孔子盖年三十矣。齐景公与晏婴来适鲁。”《史记·孔子世家》并未记载晏子与孔子交谈的内容，载有齐景公问孔子秦穆公称霸之事。这里我们撇开齐景公问孔子之事不谈，而是探讨一下鲁昭公二十年（前522年）晏子是否曾出使鲁国的问题。

鲁襄公二十七年，以楚、晋为首的南北各诸侯国在宋国举行第二次弭兵之会。弭兵之会后，晋、楚两国争霸战争告一段落。晋国由于六卿争权，国家陷入内乱，在中原地区的霸主地位也受到严重削弱。据前文交代，鲁昭公十年（前532年）齐国田、鲍灭掉惠公之后栾、高二氏，齐景公始亲政。景公倚重晏子一如桓公倚重管仲，图谋复兴霸业。时值晋国国势衰微，无暇东顾诸侯国。鲁昭公十二年（前530年），晋平公去世，诸侯赴晋国朝见新霸主晋昭公。晋昭公宴飨齐景公时行投壶礼。景公竟公然表示欲取代晋昭公为诸侯霸主。[②] 自鲁昭公十六年（前526年），齐景公伐徐、莒、郯等东方小国，并与之盟于蒲隧。鲁国卿大夫叔孙昭子感叹道：“诸侯之无伯（霸），害哉！齐君……兴师伐远方……莫之亢也。”[③]晋国内乱无暇顾及诸侯国，齐国趁机复兴霸业。鲁国作为晋国的铁杆盟友，此时面对齐国的咄咄逼人之势，仰仗晋国无望，只能屈从齐国。《晏子春秋》卷三《内篇问上·第三》载“景公欲举兵伐鲁，问以晏子”之事，可能就发生在这个背景之下。《晏子春秋》卷五《内篇杂上·第十七》甚至载“景公伐鲁，傅许，得东门无泽”之事，也可以印证景公欲举兵伐鲁的事实。

《内篇问上·第三》说齐景公举兵欲伐鲁，问于晏子，晏子则对曰：“不可，鲁公好义而民戴之，好义者安，见戴者和，伯禽之治存焉，故不可攻。攻义者不祥，危安者必困。且婴闻之，伐人者德足以安其国，政足以和其民，国安民和，然后可以举兵而征暴。”齐桓公之时，管仲就为齐国称霸诸侯制定了“修礼于诸侯”的外交方针。管仲对桓公说：“招携以礼，怀远以德，德礼不易，无人不怀。”[④]杜预注：“携，离也。”[⑤]齐、鲁两国在春秋大部分时期处于敌

① 吴则虞：《晏子春秋集释》，第343页。

② 参见《左传·昭公十二年》。

③ 《左传·昭公十六年》。

④ 《左传·僖公七年》。

⑤ （晋）杜预：《春秋经传集解》，第263页。

对关系，鲁国的外交方针是倚晋制齐，故而对齐国来说，鲁国一直处于离心离德的状态，即管仲所谓的“携”。对于这样一个向来不亲近于齐的国家，晏子秉承了管仲的外交方针，谏景公勿伐鲁国。因为此时的鲁昭公还以“好义”自居，鲁国总体上还算团结。春秋时期，大国攻伐小国有一定的规则，即“推亡固存”。对于暴君乱国，大国应以正义之师的名义诛暴乱；对于团结稳固的国家，大国应“亲有礼，因重固”①。晏子从齐国自身的角度出发，认为齐国首先要做到“国安民和”，然后等到鲁国出现内乱时才能“征暴”。鲁昭公二十年（前 522 年）前后，鲁国三桓虽多年专权，但国内总体稳定。而齐国虽强，但正如晏子所言，齐景公“好酒而辟，德无以安国，厚藉敛，意使令，无以和民”②，此时实在不是与鲁国开启战端的好时机。

齐景公若欲称霸东方，威服鲁国，必须回归到管仲的“修礼于诸侯”的外交方针上，而作为景公辅政的晏子恰恰是管仲这方面思想的继承者。齐国既然有“修礼于鲁”的现实需要，又有“修礼于诸侯”的思想渊源，景公派使节修好于鲁国也就顺理成章了。《史记・孔子世家》载鲁昭公二十年，“齐景公与晏婴来适鲁”。齐强鲁弱，景公新近又摧折徐、莒、郯等东方小国，若无大规模的会盟，依照礼制和惯例，齐景公不可能屈尊近似巴结地去鲁国修好两国关系。所以，若鲁昭公二十年景公欲与鲁国修好关系，便可派一卿大夫使鲁即可。晏子向来主张“修礼于诸侯”，又有亲近鲁国的言行③，加之，晏子此时为齐相，位高权重，代表景公出使鲁国是完全有可能的。

鲁昭公二十年，晏子出使鲁国。晏子面见鲁昭公。《晏子春秋》卷四《内篇问下・第十二》《内篇问下・第十三》及《内篇问下・第十四》三章载晏子聘于鲁，鲁昭公问晏子之事。

鲁昭公总共问了晏子三个问题。昭公问晏子何以事“回曲之君”。回曲，即邪曲也。回曲之君，指景公品行邪僻不端。于景公，晏子为臣，臣为君讳，所以晏子并未直接回答鲁昭公的问题，而是以“婴不肖，婴之族又不若婴，待婴而儿祀先者五百家，故婴不敢择君”答之。鲁昭公称赞晏子为“仁人”，理由就是晏子虽有功于国，但他“不伐功”，“锴然不满，退托于族”④。由此可知，晏子忠君爱国，虽有功于国，但不夸耀自己，谦而不自满，以养族、接济士大夫为借口事“回曲之君”。谦虚不自满是晏子的优良品性。

---

① 《左传・闵公元年》。

② 《晏子春秋》卷三《内篇问上・第三》。

③ 《晏子春秋》卷五《内篇杂上・第十八》载“景公使晏子予鲁地而鲁使不尽受”时，晏子言于景公：“今鲁处卑而不贪乎尊，辞实而不贪乎多，行廉不为苟得，道义不为苟合，不尽人之欢，不竭人之忠，以全其交，君之道义，殊于世俗，国免于公患。”是晏子对鲁君及鲁国印象不错，有亲近之言行。

④ 《晏子春秋》卷四《内篇问下・第十二》。

鲁昭公又问晏子其“以鲁一国迷虑之而不免于乱”的原因。晏子以鲁君左右偪迩皆专权、谄谀之辈，故君治理一国而不得其治。晏子托言“古者圣王明君”，建议鲁昭公用善人治国。[①] 鲁国三桓专权，由来已久。昭公之世，季氏当国，国君处于傀儡状态。鲁昭公左右又无贤臣，故昭公困惑以鲁一国而不能治。晏子主张治国用人“尚贤”而治。他语鲁昭公“古者圣王明君之使以善”，“善”，善人也，即贤能之辈。晏子一向痛恨君主左右、偪迩谄谀、弄权，主张国家由“善人”“贤人”来治理。晏子的“尚贤”思想，我们在下文还会详细介绍，这里就不再赘述了。

鲁昭公最后问晏子“安国众民”之术，晏子答以“傲大贱小则国危，慢听厚敛则民散。事大养小，安国之器也；谨听节俭，众民之术也”[②]。晏子认为，国家安定、和平之法应该是跟随服从大国，安定小国，尤其不能欺凌小国。对于鲁国来说，“事大”应暗指事奉齐国这样的大国。晏子曾批评鲁国循“灭国之道”就是因为“鲁近齐而亲殷，以变小国，而不服于邻，以远望鲁（实为‘晋’之讹）”[③]。“谨听”，谨慎地听讼狱，即刑罚公允得当，则民服其上。“节俭”与前言“厚敛”相对应，“俭”似为“敛”之讹。“节敛”即轻赋役，薄敛于民，则百姓负担减轻。谨听讼狱，薄敛于民，则百姓人口繁庶，人心归上。这就是晏子的治国之术。

鲁昭公二十年，晏子出使鲁国，孔子时年三十。孔子自云其“三十而立”[④]，即此时孔子已经成名。《左传·昭公七年》交代了孟僖子将死之年，嘱托其二子孟懿子和南宫敬叔师事孔子。据《左传》可知，孟僖子卒于鲁昭公二十四年（前518年），是年孔子三十四岁。由此可推知，孔子至少在晏子出使鲁国之年已经成名。孔子是春秋时期的大思想家，他以“敏而好学，不耻下问”[⑤]作为人生的座右铭。孔子好学，主张“三人行必有我师”[⑥]，对于比他年长许多、且博学的晏子敬爱有加。孔子曾说：“晏平仲善与人交，久而敬之。”[⑦]孔子的学生子贡曾问孔子：“夫子之于子产、晏子，可为至矣。敢问二大夫之所为目，夫子之所以与之者。”孔子答曰：“夫子产，于民为惠主，于学为博物。晏子，于君为忠臣，而行为恭敏。故吾皆以兄事之，而加爱敬。”[⑧]据

---

① 参见《晏子春秋》卷四《内篇问下·第十三》。
② 《晏子春秋》卷四《内篇问下·第十四》。
③ 《晏子春秋》卷三《内篇问上·第八》。
④ 《论语·为政》。
⑤ 《论语·公冶长》。
⑥ 《论语·述而》。
⑦ 《论语·公冶长》。
⑧ 《孔子家语·辩政》。

子贡所言，孔子对于晏子和子产的评价“可为至矣”。至，指评价已经达到了最高点了。孔子亲口告诉子贡，晏子“于君为忠臣，而行为恭敏”，他把晏子当作兄长来看待。对于孔子如此敬重的人物，晏子出使鲁国，孔子怎么会轻易放过向晏子学习的机会呢？

《晏子春秋》卷五《内篇杂上·第二十一》记载了晏子出使鲁国与孔子交谈的一则轶事。晏子到达鲁国后，先面见鲁昭公。孔子便派他的弟子先行去宫中观摩晏子行聘礼。子贡观摩完晏子面见鲁昭公行礼之后，回来告诉孔子：“谁说晏子谙熟于礼？《礼》规定使臣面见他国国君‘登阶不历，堂上不趋，授玉不跪’，现在晏子却反其道而行之，谁说晏子谙习礼啊？”孔子听了子贡的汇报之后也很疑惑。等晏子面见鲁昭公结束后，见到了孔子。孔子向晏子表达了其面见昭公“授玉”礼环节的疑问。晏子答复孔子说：“我听说使臣面见他国国君，依照《礼》的规定，宫殿的两个楹柱之间，国君和使臣有固定的位置。国君位尊，使臣位卑。国君做一个动作，使臣就要做两个动作。贵国国君面见我时步行的速度很快，所以我就登台阶上堂时不再一步一个台阶，而是一步若干台阶。到了堂上，我需要小步快走，尽快走到我站的位置。当我呈送贵国国君的贽礼（玉璧之属）时，国君态度谦卑，所以我就跪下来呈上本国的贽礼。”晏子最后用一句话总结了行礼的法则，即所谓“大者不逾闲，小者可出入也”。意思是说，只要遵循礼的尊卑大纲，礼仪的细节可以有所变通。这种随时宜而敢于变通的精神，实在是一种大胆的创新。而这种创新却并没有违反大限，而是实事求是的一种改革。所以，孔子送走晏子之后，告诉自己的弟子说：“不计之义，维晏子为能行之。”[①]“不计之义”，王念孙《读书杂志》引《初学记·文部》作“不法治礼”[②]，即不合于常法而敢于临时权变的正当行为，只有晏子能够做到。孔子对晏子的礼治思想评价也可谓“至”矣。

孔子对晏子的评价很高，但是晏子对孔子的评价却不怎么高。这个问题困扰了很多后儒大家。柳宗元《辩晏子春秋》指出，晏子思想属于墨家之后，一石激起千层浪。这就涉及一个聚讼纷纭的问题，《晏子春秋》的思想到底是归儒家还是墨家？对于这个问题，我们交代完晏子阻封孔子之事后再进一步探讨。

据《史记·孔子世家》，鲁昭公二十五年（前 517 年），鲁昭公欲铲除专权的季氏而发动军事行动，结果季氏联合孟孙氏和叔孙氏共攻昭公，昭公兵败，奔于齐国。是年，孔子三十五岁。国君出奔，鲁国陷入内乱，孔子出仕鲁

---

① 《晏子春秋》卷五《内篇杂上·第二十一》。

② 吴则虞：《晏子春秋集释》，第 345 页。

国无望，只得投奔高昭子而以期见到景公。景公见到孔子很高兴，屡屡问政于孔子。景公甚至欲将尼谿田封孔子。然而，此时的齐国执政晏子却向景公进言："夫儒者滑稽而不可轨法；倨傲自顺，不可以为下；崇丧遂哀，破产厚葬，不可以为俗；游说乞贷，不可以为国。自大贤之息，周室既衰，礼乐缺有间。今孔子盛容饰，繁登降之礼，趋详之节，累世不能殚其学，当年不能究其礼。君欲用之以移齐俗，非所以先细民也。"[①]晏子批评孔子为首的儒家"倨傲自顺，不可以为下"，尽哀厚葬，费财败俗，繁礼淫民。其说颇类似于墨子尚同、兼爱、非乐、节用、非厚葬久丧等思想。《晏子春秋》卷八《外篇下·第一》《墨子·非儒下》也同样记载此事，只是文辞与之略有差异，但主旨相同。

柳宗元《辩晏子春秋》据此认为该书的作者乃是"墨子之徒有齐人者为之"[②]。后儒多以此言诋毁孔子，或迷惑不解，或刻意为晏子批评孔子回护。刘向在《晏子·叙录》中曾说："其书六篇，皆忠谏其君，文章可观，义理可法，皆合六经之义。又有复重，文辞颇异，不敢遗失，复列以为一篇。又有颇不合经术，似非晏子言，疑后世辩士所为者，故亦不敢遗失，复以为一篇。"[③]刘向怀疑是战国辩士所为而非晏子所言，故特意将其列在"合六经之义"的六篇之外。刘向的做法还算科学。后世学者如清代姚鼐为晏子批评孔子、阻景公封孔子有意回护，指出晏子"沮孔子封事，墨者造之也，故载于《墨子·非儒篇》"[④]。马国翰甚至坚决否认晏子有沮景公封孔子于尼谿之事，他推测晏子之所以沮封孔子，正是为了保护晏子不被齐国大夫如掌权的田氏所害，"所不得已而出之者"[⑤]。此说亦非主观臆断。《史记·孔子世家》载晏子阻景公封孔子之后，"齐大夫欲害孔子"，孔子闻之而遂去齐返鲁。若司马迁所载不虚，那么马国翰的推断就有一定的道理。

不管晏子阻景公封孔子之事是否出自晏子本意，我们无法抹掉的事实是，《晏子春秋》一书中多有与墨家思想相类之处。近人张纯一先生《晏子春秋校注叙》指出："综合晏子之行，合儒者十三四，合墨者十六七……晏子儒而墨……其学盖原于墨、儒，兼通名、法、农、道。"[⑥]此说较为公允。《晏子春秋》成书并非出自一人一时，"有其长时间的积累和演化过程"[⑦]。《晏子春秋》及至战国时期成书，综合了以墨、儒为主的百家思想，所以书中出现尚儒

---

① 《史记·孔子世家》。

② （唐）柳宗元：《柳河东集》卷四《议辩》，上海人民出版社1974年版，第71页。

③ 吴则虞：《晏子春秋集释》附刘向《叙录》，第50页。

④ （清）姚鼐：《惜抱轩文集》卷一，转引自吴则虞：《晏子春秋集释·附录》，第596页。

⑤ （清）马国翰：《玉函山房文集》卷二，转引自吴则虞：《晏子春秋集释·附录》，第597页。

⑥ 张纯一校注：《晏子春秋校注》，世界书局1935年版，第1～2页。

⑦ 吴则虞：《晏子春秋集释·序言》，第18页。

与非儒的矛盾之处也就不足为奇了。

但是，参以《左传》，我们还是能够看出晏子本人的思想大概也有合儒、墨之流的趋势。清人洪亮吉就认为晏子思想独成一家之言，“开墨氏之先，不得云墨氏之徒”[①]。晏子早于孔子，更远在墨子之前，其思想似儒似墨，又非儒非墨。出现这种杂糅各家思想的原因，我们认为晏子与孔子、墨子等诸子的思想实出自同一渊源。

《庄子·天下篇》对古代的文化（庄子称之为“道术”）有一个总体的看法，即春秋战国百家争鸣之前，道术“皆原于一”，但是到了天下大乱之时，“圣贤不明，道德不一，天下多得一察焉以自好”[②]。余英时先生指出，诸子百家思想的源头就是三代“损益”基础上形成的礼乐文化传统。[③] 晏子的思想比儒家、墨家出现得都要早，其特点之所以似儒似墨，又非儒非墨，正是由于晏子的思想更忠实于三代以来的礼乐文化传统。换句话说，晏子的思想处在诸子百家裂变的前夜，既有三代礼乐文化不变的因素，又似稍有变化的因子。另外，晏子的思想又在战国时期被齐国的稷下先生融入了名、法、农、道（主要是黄老思想）的成分，使得晏子思想几乎成为诸子百家的大熔炉，故而《晏子春秋》的思想就呈现出其驳杂的一面。

三

《晏子春秋》一书虽基本成书于战国时期，但经历千百年却并不为学者倚重。究其原因，正如台湾学者陈瑞庚先生所言：“盖《晏子春秋》一书，既非晏婴自著，复非成于一时一人之手，其重复杂沓，后人妄附之迹，触目可见，论其思想，则非儒非墨，驳杂无章，难成一家之言，虽其事有可道，德可矜式，其书未为世所重，故其宜也。”[④]故《晏子春秋》所载内容的真实性和可靠性颇受历代学者的质疑。如公认的研究《晏子春秋》的权威学者吴则虞先生就将《晏子春秋》定性为“一部富有政治思想性的古典文学作品，也是我国最早的一部短篇小说集”。吴则虞先生虽将《晏子春秋》归为小说类的作品，但他也承认该书“主要记叙了齐国晏婴的思想和言行，其中当然也包含了这部书编写者的一些思想感情”。[⑤] 参之《左传》所载晏子之言行，我们认为，《晏子春

---

① （清）洪亮吉：《晓读书斋初录》，转引自吴则虞：《晏子春秋集释·附录》，第608页。

② 《庄子·天下》。

③ 参见余英时：《论天人之际：中国古代思想起源试探》，（台北）联经出版事业股份有限公司2014年版，第19页。

④ 陈瑞庚：《晏子春秋考辨·序》，第1页。

⑤ 吴则虞：《晏子春秋集释·序言》，第30、23页。

秋》基本反映了晏子的思想和精神，即使是编写者伪托于晏子之言者，也最大限度地做到与晏子的思想相吻合。所以说，《晏子春秋》应该是研究晏子思想和精神的主要著作。

《晏子春秋》在汉代就有定本。司马迁作《史记·管晏列传》正是因为有《晏子春秋》存在，故略载其传。《晏子春秋》能够折射出晏子的光辉思想和高尚品德。司马迁在《史记·管晏列传》后以“太史公曰”的形式评价说：“方晏子伏庄公尸哭之，成礼然后去，岂所谓‘见义不为无勇’者邪？至其谏说，犯君之颜，此所谓‘进思尽忠，退思补过’者哉！假令晏子而在，余虽为之执鞭，所忻慕焉。”太史公对晏子的崇拜之情，溢于言表。甚至与晏子生活在同一时代的孔子也对晏子“敬之”[①]有加。晏子正是以自己的思想和精神感化了与之生活在同一时代的先贤和后世的学者。总结起来，《晏子春秋》正是从以下几个主要方面的思想，凸显了晏子的思想和人格魅力。

(一)忠君爱国

孔子评价晏子道：“晏子，于君为忠臣，而行为恭敏。故吾皆以兄事之，而加爱敬。”[②]孔子敬重晏子，很重要的原因是晏子能够身体力行地做到忠于自己的国君。晏子能够历事灵、庄、景三君，景公的嬖臣梁丘据就为此曾问晏子：“子事三君，君不同心，而子俱顺焉，仁人固多心乎？”晏子回答说：“婴闻之，顺爱不懈，可以使百姓，强暴不忠，不可以使一人。一心可以事百君，三心不可以事一君。”这里的“一心”就指对君主的忠心。晏子认为，只要臣子能够做到忠于君主，事奉多少位君主都没有问题。孔子听了这件事之后，告诉自己的弟子说：“小子识之！晏子以一心事百君者也。”[③]

晏子不仅自己身体力行地忠于国君，而且他的忠君思想还有一套独特的理论。《晏子春秋》卷三《内篇问上·第十九》记载景公问晏子：“忠臣之事君也何若？”晏子答曰：“有难不死，出亡不送。”景公听了很不高兴，质问晏子道：“君裂地而封之，疏爵而贵之，君有难不死，出亡不送，可谓忠乎？”晏子答曰：“言而见用，终身无难，臣奚死焉；谋而见从，终身不出，臣奚送焉。若言不用，有难而死之，是妄死也；谋而不从，出亡而送之，是诈伪也。故忠臣也者，能纳善于君，不能与君陷于难。”这话说得再明白不过了。晏子认为，忠臣一心纳善于君，君若听忠臣之言、用忠臣之谋，不仅终身无难，而且终身不出，哪还有身死或出奔国外的事情？忠臣的职责是引导君主向善，君主若不听从，忠臣有权利不随君“陷于难”。

---

① 《论语·公冶长》。

② 《孔子家语·辩政》。

③ 《晏子春秋》卷四《内篇问下·第二十九》。

从这段话可知，晏子的忠君思想不是一味地愚忠，它透射出君臣关系并非后世臣子完全附属于君主的主从关系。晏子认为，君臣双方是一种双向关系。臣有责任和义务引导君主向善，君主听臣之善言，用臣之善谋，则臣对君主尽忠；君若不听臣之善言，不用臣之善谋，臣就没有义务随君或死或亡。这与孔子的“君使臣以礼，臣事君以忠”[①]的思想是相通的。

《晏子春秋》卷三《内篇问上·第二十》又以晏子的口吻详细为上述忠君思想作了注脚。齐景公问晏子：“忠臣之行何如？”晏子答曰：“不掩君过，谏乎前，不华乎外；选贤进能，不私乎内；称身就位，计能定禄；睹贤不居其上，受禄不过其量；不权居以为行，不称位以为忠；不掩贤以隐长，不刻下以谀上；君在不事太子，国危不交诸侯；顺则进，否则退，不与君行邪也。”晏子所言忠臣之具体行为，皆以设身处地地为国君着想，一心引导国君向善，而“不与君行邪”。忠臣责任重大，国家治理的好坏系于其身。忠臣不仅是代行国君治理国家的具体执行者，更是引导、辅佐国君治理国家的向导，其重要性不言而喻。

但是，晏子的忠君和爱国思想又是分不开的。当崔杼弑齐庄公之时，晏子犯难而来，抚君尸而哭，不追随国君而死，曰：“君为社稷死，则死之，为社稷亡，则亡之；若君为己死而为己亡，非其私昵，孰能任之。”[②]及崔杼、庆封以直兵指胸、白刃加颈威胁国人与盟时，晏子叹曰：“婴所不唯忠于君，利社稷者是与，有如上帝！”[③]晏子将社稷置于君主之上，君主只有为社稷而死，为社稷而亡，臣才有义务或为其死，或为其亡。这里的社稷不一定是现代意义上的国家实体，但却是万民的共同体。君主只有为这个共同体服务，臣子才有尽忠的责任和义务。这和前文听忠臣之善言、用忠臣之善谋，其本质是相同的。

晏子爱国还表现在他的外交才能上。晏子虽身长六尺，面貌丑陋[④]，但却有着杰出的外交才能。《晏子春秋》卷五《内篇杂上·第十六》载晋平公欲伐齐，使范昭往观齐国虚实。景公飨晋使，范昭在酒宴之时，先是“请君之弃罇”，后又要求为其调“成周之乐”而舞。景公为君，范昭为臣，依照礼法，君饮酒之罇，臣不得袭用。成周之乐乃天子之乐，范昭只不过是大国的大夫，僭礼而用天子之乐舞，且天子之乐奏响，诸侯必舞之。晋国使节强横跋扈，

---

① 《论语·八佾》。

② 《晏子春秋》卷五《内篇杂上·第二》。

③ 《左传·襄公二十五年》。

④ 《孔丛子·对魏王》曰：“晏子长不过六尺，面状丑恶，齐国上下莫不宗焉。”（傅亚庶：《孔丛子校释》，《新编诸子集成续编》本，中华书局2011年版，第317页）

僭越礼法，晏子和齐太师皆以礼拒之。范昭返晋，向晋平公汇报曰："齐未可伐也。"孔子听闻此事后说："夫不出于尊俎之间，而知千里之外，其晏子之谓也。可谓折冲矣！"晏子坚守礼法，挫败了晋国使节凌辱景公、窥探齐国的阴谋。此事既体现了晏子的忠君思想，又展现了他的爱国情怀。

晏子使楚在其一生中留下了浓墨重彩的一笔。我们为晏子机智、诙谐、精彩的表现喝彩的同时，也能够体会到晏子的拳拳爱国之心。《晏子春秋》卷六《内篇杂下・第九》和《内篇杂下・第十》两章就详细描述了晏子使楚的精彩故事。晏子使楚，楚王知晏子身短而欲羞辱晏子。楚人在宫廷大门之侧另开小门延请晏子入内，晏子以"使狗国者，从狗门入"反辱楚人，楚人只得更道开大门延请晏子入内。晏子见楚王，楚王问晏子："齐无人耶？"言外之意，嫌晏子身短而貌丑。晏子对曰："齐命使，各有所主，其贤者使使贤王，不肖者使使不肖王。婴最不肖，故直使楚矣。"晏子用高超的智慧不但为自己和齐国挣回了面子，而且还奚落了楚王。楚王一计不成，又生一计。晏子面见楚王之时，楚王故意使左右缚一罪人当庭而过，楚王佯问左右，缚者何人，左右答曰齐人坐盗者。楚王问晏子："齐人固善盗乎？"晏子答曰："橘生淮南则为橘，生于淮北则为枳，叶徒相似，其实味不同。所以然者何？水土异也。今民生长于齐不盗，入楚则盗，得无楚之水土使民善盗耶？"楚王羞辱齐国不成，反为晏子折辱。通过晏子使楚可知，晏子时时维护齐国的名誉和利益，这种精神仍然值得我们学习。

晏子的忠君爱国思想有其深刻的历史背景。春秋后期，各国卿大夫专权，国君势衰。贵族阶级大都投靠了专权的卿大夫，而不把国君放在眼里。晏子提出忠君思想对于强化君权，恢复以尊君为中心的国家秩序具有重要的意义。晏子的忠君思想又与爱国思想紧密相连。晏子观念中的国家实体又称作"社稷"。君主只有为社稷服务，臣子才有义务忠于国君。在晏子的思想中，"社稷"高于君主。这与孟子的"民为贵，社稷次之，君为轻"的思想同属一股潮流。春秋战国时期，君主的地位逐渐让位于民和"社稷"，"社稷"实为民的综合体，这就是民本思想的潮流。此外，齐国在晏子之时早失霸业，地位和实力不及晋、楚等大国。与这些大国交往之时，齐国受到了一定程度的歧视和压制。晏子用自己的智慧"折冲尊俎"之间，维护了齐国的国家荣誉和利益。今天来看，这也是难能可贵的。

（二）尚贤而远谗佞

晏子治国思想的一大特色就是尚贤而远谗佞。晏子施政，极为重视人才任用。国家安危系于任人，任人之关键在于分辨善恶。《晏子春秋》卷三《内篇问上・第三十》载景公问晏子为政之患，晏子答曰："患善恶之不分。"

景公问："何以察之？"晏子对曰："审择左右。左右善，则百僚各得其所宜，而善恶分。"孔子听闻此事，说："此言也信矣！善进，则不善无由入矣！不善进，则善无由入矣。"君主施政任人，关键在于谨慎地遴选身边的左右侍臣。左右侍臣与君主朝夕相伴，一言一行就能够潜移默化地影响君主。善，贤人也。君主左右侍臣若为贤能，则百官就能各得其所。如此，朝中善恶之臣判分两途。贤人当朝，谗佞无孔而入，国家就能得到治理。尚贤而远谗佞，实为让"好人"当政，成立"好人政府"。

这个想法固然很好，但是施行起来却很难。晏子将左右谗佞和用事者（当权者）比喻为"社鼠""猛狗"。晏子同时也认识到，治国理政根除奸邪和用事者，把空间全部留给贤人，实际操作难度很大。他说："夫社，束木而涂之，鼠因往托焉，熏之则恐烧其木，灌之则恐败其涂，此鼠所以不可得杀者，以社故也。夫国亦有焉，人主左右是也。内则蔽善恶于君上，外则卖权重于百姓，不诛之则乱，诛之则为人主所案据，腹而有之，此亦国之社鼠也。"社鼠不得杀的根由就是"社"的缘故，"投鼠忌器"讲的就是这个道理。人主左右谗佞之辈之所以大行其道，就是得益于人主的庇护。晏子又将用事者比喻为猛狗。他说："有道术之士，欲干万乘之主，而用事者迎而龁之，此亦国之猛狗也。"[①]当权者把"有道术之士"挡在了仕途大门之外，贤能之士哪还有机会为国效劳呢？无论是君之左右，抑或是用事者，他们之所以大行其道，就是因为君主不能向善的缘故。君主向善，奸人无所遁逃。

景公问晏子："莅国治民，善为国家者何如？"晏子对曰："举贤以临国，官能以敕民，则其道也。举贤官能，则民与若矣。"举贤官能是治理好国家的基本方略。景公又问晏子，贤人虽有，但是怎么能够识别贤能呢？晏子对曰："观之以其游，说之以其行，君无以靡曼辩辞定其行，无以毁誉非议定其身，如此，则不为行以扬声，不掩欲以荣君，故通则视其所举，穷则视其所不为，富则视其所不取。"[②]考察一个人是否贤能，晏子认为，应该根据他交往什么样的朋友以及他的一言一行来判定，不能为他本人的言语所迷惑，也不能完全依赖别人对他的评价。他通达的时候要注意他的所作所为，穷困潦倒之时要看他所不为，富裕的时候要看他有所不取的志向。这样就差不多把贤能之士识别出来了。

发现、识别贤能之士固然很重要，但是明知有贤能之士却不任用，任用了贤能之士却不委以重任，晏子认为这都是国家的"不祥"。所以，晏子说："国有三不祥，是不与焉。夫有贤而不知，一不祥；知而不用，二不祥；用而不

① 《晏子春秋》卷三《内篇问上·第九》。

② 《晏子春秋》卷三《内篇问上·第十三》。

任，三不祥也。”[①]既然发现了贤能之士，怎样任用贤能之士呢？晏子指出，任人之策在于量能而用，“任人之长，不强其短；任人之工，不强其拙”[②]。这就是治国尚贤使能的“大略”。

景公之世，晏子为齐相，位高权重。然晏子在出使晋国途中解左骖赎贤人越石父于奴仆当中，不以此为功，反而更加礼遇越石父[③]；听说他的车夫（御）的妻子鞭策自己丈夫要谦而自抑，便推荐车夫为丈夫[④]；燕国游士泯子午贤而有才，但是见晏子紧张得一句话也说不出来，晏子和颜悦色、以礼待之、然泯子午方能后尽述其治国之术。[⑤] 这些事例都说明了晏子作为一国之相能够知贤、任贤。而对于晏子常视为“兄弟”的好友高纠，不仅没有推荐其出仕，而且还因为三年未见其善，最终把高纠的家臣职位都辞了。[⑥] 可见晏子不仅是尚贤使能的倡言者，更是罢愚黜拙的实践者。

（三）重礼乐而权便宜

晏子提倡礼治，肇始于批评齐庄公崇尚勇力而不顾行义。齐庄公欲复桓公霸业，故而在齐国推行崇尚勇力之策，故“勇力之士，无忌于国，贵戚不荐善，傴迩不引过”。晏子指出：“轻死以行礼谓之勇，诛暴不避强谓之力。故勇力之立也，以行其礼义也。汤武用兵而不为逆，并国而不为贪，仁义之理也。诛暴不避强，替罪不避众，勇力之行也。古之为勇力者，行礼义也。”晏子认为，真正的勇力永远都是带着礼义的镣铐跳舞的，没有礼义的约束，“而徒以勇力立于世，则诸侯行之以国危，匹夫行之以家残”[⑦]。道理很简单，以勇力立国，就是奉行弱肉强食的“丛林法则”。因此，晏子径直将能够行礼义与否作为人与禽兽的根本区别。他说：“禽兽以力为政，强者犯弱，故日易主。今君去礼，则是禽兽也。……凡人之所以贵于禽兽者，以有礼也。”[⑧]晏子已经意识到，摒弃礼义而一味地崇尚勇力，就会出现以下犯上，以贱凌贵的社会动荡局面。唯有以礼义约束人性，社会才能有条不紊、不失其序。

“二桃杀三士”的故事可以作为晏子以上理论的注脚。公孙接、田开疆、古冶子三人以勇力闻名于世，他们三人都臣事齐景公。晏子见景公，“过而趋，三子者不起”。三人的傲慢行为实际上就违背了当时的尊卑长幼的礼

① 《晏子春秋》卷二《内篇谏下・第十》。
② 《晏子春秋》卷三《内篇问上・第二十四》。
③ 参见《晏子春秋》卷五《内篇杂上・第二十四》。
④ 参见《晏子春秋》卷五《内篇杂上・第二十五》。
⑤ 参见《晏子春秋》卷五《内篇杂上・第二十六》。
⑥ 参见《晏子春秋》卷五《内篇杂上・第二十八》《内篇杂上・第二十九》。
⑦ 《晏子春秋》卷一《内篇谏上・第一》。
⑧ 《晏子春秋》卷一《内篇谏上・第二》。

法。所以,晏子向景公进言:“今君之蓄勇士之力也,上无君臣之义,下无长率之伦,内不以禁暴,外不可威敌,此危国之器也,不若去之。”[①]晏子请景公馈之二桃,设计用计功食桃的办法,迫使三人羞于争桃而相继自杀。后人虽对晏子以诡谲之计杀义士的做法颇多批评,但该故事的主旨却与晏子的礼制主张相当吻合。古往今来,大政治家为了国家的安危迫不得已杀无罪之人的例子并不少见,如汉武帝杀钩弋夫人看似无情,但并不影响后人对他的积极评价。

晏子也极其重视与礼紧密相连的乐,并将礼乐的得失上升到关系国家兴亡的高度。所以,晏子说:“夫乐亡而礼从之,礼亡而政从之,政亡而国从之。”[②]晏子认为,礼是经纬天地、治理国家的根本。因此,他说:“礼之可以为国也久矣,与天地并立。”实施礼的方法有总纲和基本纲领。总纲,晏子称之为“经”;基本纲领,晏子称之为“质”。晏子详细地解释说:“君令臣忠,父慈子孝,兄爱弟敬,夫和妻柔,姑慈妇听,礼之经也。君令而不违,臣忠而不二,父慈而教,子孝而箴,兄爱而友,弟敬而顺,夫和而义,妻柔而贞,姑慈而从,妇听而婉,礼之质也。”[③]实施礼的总纲(经)包含了君臣、父子、兄弟、夫妻、姑妇五对双向对等的伦理关系;基本纲领(质)中五种伦理关系却成了主从关系。经、质的关系是经为主,质为辅。

这一点,赵蔚芝先生已有精彩的论述。[④] 从这个理论我们可以看到,晏子用礼给社会结构的各种关系搭建了一个模型。这个模型展现了两层架构:第一层即所谓的“经”,规定了君臣、父子、兄弟、夫妻、姑妇五种伦理关系是双向对等的关系,即以相互尊重作为前提;第二层即所谓的“质”,即在第一层相互尊重的基础上,要求五种伦理关系的后者即地位相对低微的臣、子、弟、妻、妇要尽量服从前者。从晏子的理论架构到后世儒家的“三纲五常”学说,我们大致可以看到中国古代伦理关系的发展脉络,即中国古代的伦理关系由双向的对等关系逐渐滑向一方附属另一方的不平等关系。

景公之时,田氏二世有功于国,“而利取分寡,公室兼之,国权专之,君臣易施”,田氏取代姜族公室的趋势已成。面对这种情况,如何抑制田氏坐大,强化君主集权呢?晏子对景公说:“维礼可以已之。其在礼也,家施不及国,民不懈,货不移,工贾不变,士不滥,官不谄,大夫不收公利。”[⑤]《左传·昭公

---

① 《晏子初秋》卷二《内篇谏下·第二十四》。

② 《晏子春秋》卷一《内篇谏上·第六》。

③ 《晏子春秋》卷七《外篇上·第十五》。

④ 参见赵蔚芝注解:《晏子春秋注解·前言》,齐鲁书社 2009 年版,第 8 页。

⑤ 《晏子春秋》卷七《外篇上·第十五》。

二十六年》与此记载稍异："唯礼可以已之。在礼，家施不及国，民不迁，农不移，工贾不变，士不滥，官不滔，大夫不收公利。"礼之实施，士、农、工、商四民职业不相逾越，负责具体处理行政事务的官僚系统行政效率高，对待公事不简慢，以大夫为主体的贵族阶层不敢以下犯上，威君之利。由此可知，礼的最大功效就在于维护身份尊卑的等级秩序。是时，春秋社会"礼崩乐坏"，晏子、孔子皆提出"复礼"的政治主张。但是，晏子的礼治思想和儒家还有一定的差异。

以孔子为首的儒家结合春秋"礼崩乐坏"的实际情况，将三代以来形成的礼乐制度发展到更加缜密的程度。较之三代的礼乐制度，儒家重构的礼乐制度将制度的"笼子"扎得更加紧密。所以，晏子批评儒家"盛声乐以侈世，饰弦歌鼓舞以聚徒；繁登降之礼，趋翔之节以观众"。晏子认为，自东周以来，"大贤之灭，周室之卑也，威仪加多，而民行滋薄；声乐繁充，而世德滋衰"[①]。周王室东迁之后，周天子势衰而不能力制诸侯，此正是孔子所谓的"礼乐征伐自诸侯出"。各国诸侯将三代以来的礼乐制度条目发展到更加精细的地步。观《左传》可知，晏子所言不虚。加之春秋时期统治阶层生活腐化，上行下效，整个社会弥漫着奢靡浮华之风。儒家提倡的繁礼奢乐又对这种风气起到了推波助澜的作用。因此，晏子主张，礼乐制度应该回到三代去。

晏子称引三代圣王时期的礼乐制度时说："古者圣人，非不知能繁登降之礼，制规矩之节，行表缀之数以教民，以为烦人留日，故制礼不羡于便事；非不知能扬干戚钟鼓竽瑟以劝众也，以为费财留工，故制乐不羡于和民。"[②]晏子主张，礼乐制度的基本精神是"便事""和民"。换句话说，礼乐制度的设计乃是以方便"人"和"事"作为根本的出发点。所以，鲁昭公二十年（前522年），晏子使鲁之时曾经告诉孔子礼可以权时宜而变，基本法则就是"大者不逾闲，小者出入可也"[③]。晏子不仅口头上倡导简化礼仪，便民行事，他还身体力行，主动在贵族上层社会实施他的礼治主张。

鲁襄公十七年（前556年），晏子的父亲晏桓子卒。晏子一反当时贵族社会流行的奢靡丧礼，改行三代以来古朴、简约的三年之丧礼。他的家臣实在看不下去了便说："非大夫之礼也。"[④]由此可知，当时"大夫之礼"较之晏子所行之丧礼必定奢华无比。对此，儒家的经典《礼记》对晏子简化礼仪的做法

---

① 《晏子春秋》卷八《外篇下·第一》。

② 《晏子春秋》卷八《外篇下·第二》。

③ 《晏子春秋》卷五《内篇杂上·第二十一》。

④ 《左传·襄公十七年》。

毫不客气地进行了批评。《礼记·礼器》说:“晏平仲祀其先人,豚肩不揜豆,澣衣濯冠以朝,君子以为隘矣。”孔子的学生有若甚至质疑晏子“知礼”的传统说法。有若说:“晏子一狐裘三十年,遣车一乘,及墓而反。国君七个,遣车七乘,大夫五个,遣车五乘。晏子焉知礼?”[①]有若讥讽晏子在处置父亲丧礼上,按大夫的身份规定,本来要遣车五乘送葬,但是晏子却只派了一辆车送葬,而且下葬其父尸首完毕之后,按照礼仪本来要送走了参加葬礼的亲朋之后才能返回家,晏子却省却了送亲环节,径直返回家中。所以,有若质疑晏子知礼。只有曾子比较了解晏子,他替晏子辩解说:“国无道,君子耻盈礼焉。国奢则示之以俭,国俭则示之以礼。”[②]及至东汉班固尚记述齐地风俗曰:“桓公用管仲,设轻重以富国,合诸侯成伯功,身在陪臣而取三归。故其俗弥侈,织作冰纨绮绣纯丽之物,号为冠带衣履天下。”[③]齐国富饶,风俗尚奢靡。晏子权便宜而简礼仪,就是为了矫正世俗之弊。后世学者自柳宗元之后皆谓《晏子春秋》乃墨家学派思想,其实并不准确。晏子本人即有简礼而节俭之思想,晏子思想影响墨家倒是不错。

晏子重礼乐而权便宜,实为一种务实的做法。晏子的礼治主张从内到外透出一股节俭之风。下面我们将详细介绍一下晏子的节俭思想。

(四)节俭、廉让

晏子以节俭而闻名于世。司马迁对晏子的评价是:“以节俭力行重于齐。既相齐,食不重肉,妾不衣帛。”[④]司马迁直接指出晏子品行的突出特点就是节俭。前文已交代,晏子“祀其先人,豚肩不揜豆,澣衣濯冠以朝”。晏子祭祀祖先用小牲猪祭祀,据说猪的肘子连所盛之器豆都盖不住。晏子穿着洗了无数遍的旧衣服和旧帽子上朝。《礼记·檀弓下》又云晏子“一狐裘三十年”,穿了三十年的狐裘,晏子还敝帚自珍,足见晏子节俭之程度。晏子本是贵族,生活优渥,然生性节俭到寒碜的地步。《晏子春秋》卷七《外篇上·第六》说:“晏子相景公,布衣鹿裘以朝。”同书卷六《内篇杂下·第二十五》说晏子上朝“乘弊车,驾驽马”。

晏子不计穿戴和交通工具,对于平日的饮食也是极尽俭朴。《晏子春秋》卷六《内篇杂下·第二十六》说:“晏子相景公,食脱粟之食,炙三弋、五卯(卵)、苔菜耳矣。”《晏子春秋》卷六《内篇杂下·第十八》说景公的使者来晏子家正好赶上饭时,晏子“分食食之,使者不饱,晏子亦不饱”。晏子的平时

---

① 《礼记·檀弓下》。

② 《礼记·檀弓下》。

③ 《汉书·地理志下》,中华书局1962年点校本。

④ 《史记·管晏列传》。

饮食竟然节俭到了多一双筷子就都吃不饱的程度。

晏子生活节俭，景公的使者见了不忍心，返回宫中告诉了景公。景公亲眼见了晏子一餐之简，也感慨地说："嘻！夫子之家如此其贫乎！而寡人不知，寡人之罪也。"[①]然而，晏子固穷耶？晏子本人屡次声明："婴之家不贫。"[②]晏子的同僚田无宇说："君赐之卿位以尊其身，宠之百万以富其家，群臣其爵莫尊于子，禄莫重于子。"[③]晏子爵至卿位，禄至百万。然而《晏子春秋》卷六《内篇杂下·第十八》中晏子说："以君之赐，泽覆三族，延及交游，以振百姓。"《晏子春秋》卷六《内篇杂下·第二十五》载晏子言："赖君之赐，得以寿三族，及国游士，皆得生焉。臣得暖衣饱食，弊车驽马，以奉其身，于臣足矣。"家境本优渥，然又自称其贫。晏子曾说："贫而不恨者，婴是也。"[④]齐国贵族官宦阶层富贵者莫若晏子，贫穷又无出晏子者。晏子将家财皆施舍给三族、士人以及百姓，是以由富返贫。晏子之所以节俭，一是他本人崇尚节俭；二是晏子把家财分给了他人，由是返贫，不得不节俭。

晏子认为，上古的圣王都是节俭的模范。《晏子春秋》卷二《内篇谏下·第十四》中晏子说："古者尝有紩衣挛领而王天下者，其义好生而恶杀，节上而羡下，天下不朝其服，而共归其义。古者尝有处橧巢窟穴而不恶，予而不取，天下不朝其室，而共归其仁。"上古圣王之所以称王天下，就得益于其能"节上而羡下"。节，节俭、节约也。羡，余也。此言上古圣王对自己生活节俭、节约，故不厚敛于民，民之生活富足。因此，景公问富民安众之术时，晏子答曰："节欲则民富。"[⑤]由此可知，晏子在统治阶层中倡言节俭，一方面就是强调统治者要节制自己的贪欲，薄敛于民。薄赋敛，则民富。晏子在卷三《内篇问上·第十一》中说："（古之盛君）薄于身而厚于民，约于身而广于世。"晏子将上古圣王打扮成对自己要求苛刻，却对百姓比较宽容的楷模。显然，晏子的此一主张其根本目的就是为了维护君主的统治。

晏子主张节俭，另一方面则是引导统治者将节俭余下的财富施惠于民。卷二《内篇谏下·第十八》载晏子之言曰："古者之为宫室也，足以便生，不以为奢侈也，故节于身，谓（惠）于民。"上古圣王节俭的目的不仅仅是为了积累财富，而是将节省下的财富施惠于民。晏子在卷三《内篇问上·第十四》中说得更明白："为君节养其余以顾民。"君主节俭下来的财富就是为了救济百

① 《晏子春秋》卷六《内篇杂下·第二十六》。

② 参见《晏子春秋》卷六《内篇杂下·第十八》《内篇杂下·第二十六》。

③ 《晏子春秋》卷六《内篇杂下·第十二》。

④ 《晏子春秋》卷六《内篇杂下·第十六》。

⑤ 《晏子春秋》卷四《内篇问下·第七》。

姓。卷三《内篇问上·第十七》中晏子又说:“(贤君治国)其政任贤,其行爱民,其取下节,其自养俭。……其政,刻上而饶下,赦过而救穷。”晏子的节俭观从内到外透出浓重的爱民思想。晏子不仅口头上提倡节俭济民,而且身体力行。《晏子春秋》卷一《内篇谏上·第五》中记载了景公之时齐国下了十七天的大雨,百姓遭受了严重的水灾和饥荒。齐景公不恤民而日夜饮酒作乐。晏子请求景公开仓赈民,景公不许,晏子“遂分家粟于氓,致任器于陌”。此外,前文已交代,晏子将节俭下的家财施舍给自己的家族亲戚、国之游士及穷困的百姓。从这些例子可知,晏子的节俭的目的不仅仅是积累财富,而是要施惠于民。晏子的民本思想在其节俭观里就已经一览无余。

晏子的节俭思想上升到一定的高度就形成了独特的财富观。晏子认为,统治阶层的财富不能藏而不用。他说:“夫藏财而不用,凶也,财苟失(矢)守,下其报环至。其次昧财之失(矢)守,委而不以分人者,百姓必进自分也。故君人者与其请于人,不如请于己也。”[①]统治者只知道藏财而不知用财,此举相当凶险。晏子警告统治阶层“财苟失守,下其报环至”,做守财奴,只知聚敛财富却不知分给百姓,报应很快就来到。统治者若“昧财之失守,委而不以分人”,“百姓必进自分也”。这已经说得很明白了,统治者若只知搜刮民财,不知体恤百姓,百姓就会揭竿而起,推翻统治者的统治,自己来瓜分财富。与其这样,统治者还不如主动将财富分给百姓。从这里我们可以看到,晏子主张节俭而施惠于民,其根本目的就是为了维护统治阶级的统治。晏子的财富观尽管带有强烈的维护自身阶级利益的味道,但它的积极意义是不容抹杀的。

另外,晏子的节俭思想还澄清了吝、啬、爱的区别。《晏子春秋》卷四《内篇问下·第二十三》中晏子说:“称财多寡而节用之,富无金藏,贫不假贷,谓之啬;积多不能分人,而厚自养,谓之吝;不能分人,又不能自养,谓之爱。故夫啬者,君子之道,吝爱者,小人之行也。”晏子指出,“啬”是节俭用财但又“富无金藏”,即言“啬”是将节俭下来的财富施之于人,而非世俗的守财奴。“贫不假贷”,再贫困也尽量不去向别人借贷。这种思想一直影响到了今天。“吝”指懂得厚敛财,但是敛财的目的仅仅是为了“自养”而不是“分人”。“吝”才是今天所谓的“吝啬”一词的含义。“爱”是只知敛财又不知分人,它与“吝”的区别是,“爱”是有财守不住,都挥霍到自己身上了。晏子认为,“啬”是君子之行,“吝”和“爱”是小人之行。“啬”可能也是晏子终身践行的座右铭。“啬”之伟大之处,就在于他尽力约束自己的个人需求,以成就他人

---

① 《晏子春秋》卷二《内篇谏下·第十九》。

的需求。而社会就是需要这样甘于奉献的人。这一点对今天的社会风尚仍然有积极的意义。

晏子的节俭思想又衍生出廉让观。晏子将三代节俭思想的源头追溯到上古三代时期的古代圣王那里。上古三代的圣王的服饰、居室不追求奢华，仅仅是为了满足生活的基本需求。《晏子春秋》卷二《内篇谏下·第十四》中晏子说："夫冠足以修敬，不务其饰；衣足以掩形御寒，不务其美。"《内篇谏下·第十八》中晏子又说："古者之为宫室也，足以便生，不以为奢侈也。"在满足自己基本生活保障的基础上，上古三代圣王生活习惯的共性是都有节制自己欲望的能力。

晏子将统治阶层"遂欲满求"视为"非存之道"[①]。这句话反过来说，统治阶层的"存之道"就是能够最大限度地克制人性中的贪欲。克制人性的贪欲，节俭是在个人生活方面的自我克制，而廉让则是对于个人与国家、社会的关系方面的克制。庆封专权的势力被子尾、子雅诛灭后，栾、高为了拉拢有名望的晏子，分庆氏之邑"邶殿其鄙六十"与晏子，晏子辞之。子尾对晏子说："富者，人之所欲也，何独弗欲？"晏子对曰："庆氏之邑足欲，故亡。吾邑不足欲也，益之以邶殿，乃足欲，足欲，亡无日矣。"晏子认为"欲"一旦被满足，就离灭亡不远了。因此，他提出"幅利"的主张。晏子说："且夫富，如布帛之有幅焉，为之制度，使无迁也，夫生厚而用利，于是乎正德以幅之，使无黜慢，谓之幅利，利过则为败，吾不敢贪多，所谓幅也。"[②]"幅利"的本质即是克制自己的贪欲。在位者只有能够克制自己的贪欲，"利"才能源源不断。懂得并利用"幅"的人才会有"福"。这就是晏子的廉让观的基本内核。如何能够做到"幅利"呢？晏子开出了一剂良方——廉让。

具体来说，晏子主张"为臣之道"在于"称身居位""称事授禄"[③]，即根据个人的能力和贡献获得爵位和俸禄。凡是非本人能力和贡献所得，一概要辞而不受，这就是廉让。晏子说："廉者，政之本也；让者，德之主也。……廉之谓公正，让之谓保德，凡有血气者，皆有争心，怨利生孽，维义可以为长存。且分争者不胜其祸，辞让者不失其福。"[④]廉洁是治国理政的根本，辞让是个人品德的基础。对于"利"，"争"者得其祸，"让"者获其福。能够做到"廉"，也便做到了"公正"；能够做到"让"，也便成就了美德。

晏子指出，治国理政唯有"廉"才能长久。他将廉政之行比作"水"，说：

---

① 《晏子春秋》卷二《内篇谏下·第二十》。

② 《晏子春秋》卷六《内篇杂下·第十五》。

③ 《晏子春秋》卷四《内篇问下·第五》。

④ 《晏子春秋》卷六《内篇杂下·第十四》。

"其行水也。美哉水乎清清,其浊不无雩途,其清无不洒除,是以长久也。"[①]廉洁的个人或政府就如同水一样,无论浑浊抑或清澈,都能够对国家和社会做最大限度的贡献,所以唯有廉政才能长久不败。晏子的廉政观直到今天仍然有积极的意义。

(五)轻天重民

晏子和他同一时代的开明思想家一样,大都不太相信鬼神的存在。孔子常将郑国执政子产与晏子相提并论。[②] 子产曾说:"天道远,人道迩。"[③]"天道"实为鬼神之道,"人道"则是以民为主的重民思想。子产所言,实为"轻天重民"思想。孔子亦云:"务民之义,敬鬼神而远之。"[④]春秋前期的周内史兴也说:"吉凶由人。"[⑤]由此可知,"轻天重民"思想实为春秋时期一股理性的思想潮流。对此,晏子也不例外。

景公病久且不愈,欲诛祝、史以谢山川宗庙之神,晏子则言之景公:"上帝神,则不可欺;上帝不神,祝亦无益。"[⑥]景公欲使楚巫致五帝以明德,晏子谏曰:"古者不慢行而繁祭,不轻身而恃巫。"[⑦]遂使景公放楚巫于齐国东鄙。有一次,齐国大旱逾时,景公欲祠灵山河伯以祷雨。晏子进言曰:"不可!祠此无益也?夫灵山固以石为身,以草木为发,天久不雨,发将焦,身将热,彼独不欲雨乎?祠之无益。"[⑧]景公听枭(又名鸱鸮,即今之猫头鹰)鸣而恶不登路寝之台,柏常骞夜杀枭而乐景公。景公信其能,又使柏常骞为之益寿,并告知景公其征兆在地动。晏子以天象"维星绝,枢星散,地且动"的常识识破其伎俩。[⑨] 种种事例证明,晏子并不太相信鬼神之说。然将这种思想归纳为唯物主义似也不妥。于鬼神之说,晏子如孔子"敬鬼神而远之",介乎信与不信之间。总体来说,以天为代表的鬼神思想在晏子的观念中已经破除了迷信的桎梏。

于天人之间,晏子轻天重民。然晏子的"轻天重民"思想基本上属于"天

---

① 《晏子春秋》卷四《内篇问下·第四》。

② 孔子告诉他的弟子子贡曰:"夫子产,于民为惠主,于学为博物。晏子,于君为忠臣,而行为恭敏。故吾皆以兄事之,而加爱敬。"(《孔子家语·辩政》)《荀子·大略》曰:"子谓子家驹续然大夫,不如晏子;晏子,功用之臣也,不如子产。"[(清)王先谦撰,沈啸寰、王星贤点校:《荀子集解》,《新编诸子集成》本,中华书局1988年版,第500页]

③ 《左传·昭公十八年》。

④ 《论语·雍也》。

⑤ 《左传·僖公十六年》。

⑥ 《晏子春秋》卷一《内篇谏上·第十二》。

⑦ 《晏子春秋》卷一《内篇谏上·第十四》。

⑧ 《晏子春秋》卷一《内篇谏上·第十五》。

⑨ 参见《晏子春秋》卷六《内篇杂下·第四》。

人感应”的范畴。景公睹彗星而欲禳除之，晏子曰：“不可！此天教也。日月之气，风雨不时，彗星之出，天为民之乱见之，故诏之妖祥，以戒不敬。”[①]景公病且久，将其归罪于祝史，晏子认为“若有德之君，外内不废，上下无怨，动无违事”，其祝史上报鬼神，“是以鬼神用飨，国受其福，祝史与焉”，若祝史“适遇淫君，外内颇邪，上下怨疾，动作辟违，以欲厌私……暴虐淫纵，肆行非度，无所还忌，不思谤讟，不惮鬼神，神怒民痛，无悛于心”，若祝史再向鬼神言君主之好，“是以鬼神不飨，其国以祸之，祝史与焉”。[②] 晏子认为，君主有德无德才是鬼神降福的关键。这里的“德”最重要的就是君主爱民。

晏子指出，五帝之神本是人间的帝王，正是由于他们能够做到“德厚足以安世，行广足以容众”，所以诸侯推之为君长，百姓戴之为父母，做到了这些，“天地四时和而不失，星辰日月顺而不乱”，即所谓“德厚行广，配天象时”。如此，人间的帝王才能成为天上的帝王之君、“明神之主”。这就是“天人感应”的滥觞。由此可知，天上的神本是人间的帝王，只因为他们能够做到“德厚行广，配天象时”，才升格为神，而且是万神之主。人间的帝王之所以能够成为天上的神，最主要的就是施德政于民。最后，晏子讥讽景公说：“今政乱而行僻，而求五帝之明德也？弃贤而用巫，而求帝王之在身也？夫民不苟德，福不苟降，君之帝王，不亦难乎！惜乎！君位之高，所论之卑也。”[③]所谓“民不苟德，福不苟降”，反过来说，民若获君之德惠，天将降福于君。《晏子春秋》卷三《内篇问上·第十》中晏子直言：“古者先君之干福也，政必合乎民，行必顺乎神。”君王求福的重心在于“政必合乎民”。

较之后世董仲舒的“天人感应”思想，晏子的“天人感应”思想更加重视人的作用。因为在晏子的观念中，天上的万神之主都是人间的帝王升格而成，而人间的帝王成为天神的关键是“德厚足以安世，行广足以容众”。施德政于民不仅是人间的君王获得上天赐福的主要条件，就连天神也是通过这个方法升格为神的。

民的地位上升，有其深刻的历史背景。童书业先生指出，春秋时期“重民轻天”思想的本质乃是执政贵族中之较开明分子“以为迷信鬼神无用，唯有得国人支持，依仗‘国人’以生存，并发展自己之势力”[④]。此论可谓公允。

(六)民本思想

《晏子春秋》一书中关于民本思想的篇章最多。赵蔚芝先生将其归纳为

---

① 《晏子春秋》卷一《内篇谏上·第十八》。

② 《晏子春秋》卷七《外篇上·第七》。

③ 《晏子春秋》卷一《内篇谏上·第十四》。

④ 童书业著，童教英校订：《春秋左传研究》“原始民主主义思想”条，第196页。

省刑罚、薄赋敛、减徭役、恤孤独、赈灾荒五个方面[①]，其说甚详，这里就不再赘言了。但是，赵先生在晏子民本思想的结构性上论述较为简单、疏阔，本文拟在这一点上再做一点补充性的工作。

晏子民本思想的核心是仁。景公欲诛骇鸟野人，晏子谏曰："臣闻赏无功谓之乱，罪不知谓之虐。两者，先王之禁也；以飞鸟犯先王之禁，不可！今君不明先王之制，而无仁义之心，是以从欲而轻诛。夫鸟兽，固人之养也，野人骇之，不亦宜乎！"[②]以飞鸟而杀无知之人，晏子谓此种行为为"无仁义"。又，景公所爱马死，景公怒而令人操刀杀圉人，晏子以"尧舜肢解人从何躯始"反讽景公并亲数其"罪"（实无罪），景公觉悟，喟然叹曰："夫子释之！夫子释之！勿伤吾仁也。"[③]以禽兽而滥杀无辜之人，景公称之为"不仁"。晏子更以为尧舜绝无此举。伤槐者之女语晏子曰："明君莅国立政，不损禄，不益刑，又不以私恚害公法，不为禽兽伤人民，不为草木伤禽兽，不为野草伤禾苗。"[④]此语虽非晏子之言，但深为晏子所赞同，故晏子听其言而谏景公释放伤槐者。且此观点也可以视为《晏子春秋》一书的观点。据此语可知，"人民"（非现代政治意义上的概念"人民"，此处即指人或民）、"禽兽""草木"构成了三者之间的关系，其中，"草木"还包括"禾苗"和"野草"。所以，我们也可以视为五种物种之间的关系。在这五种物质关系当中，"人民"处于最核心的位置，其次是"禽兽""禾苗""野草"。我们由此可以概括出，"仁"就是"爱人"或"爱民"，当然"仁"的外延又"恩及禽兽"，甚至是"草木"等一切有生命的个体。这和儒家思想有相通之处。

孔子明确提出，"仁"就是"爱人"[⑤]。孟子继承并发展了孔子的观点也说："仁者爱人。"[⑥]孟子提出了"恩及禽兽""推恩保四海"的思想。其实，晏子"民本"思想中也提出了类似的见解。《晏子春秋》卷五《内篇杂上·第九》记载的一则故事便印证了这一观点。这则故事说景公掏鸟窝，看到等待哺食的幼鸟弱小，不忍心又把它送回了鸟巢。晏子听说这件事后对景公说："吾君仁爱，曾禽兽之加焉，而况于人乎！此圣王之道也。"[⑦]景公游于寿宫，睹年长负薪者而有饥色，怜而令吏养之。晏子说："今君爱老，而恩无所不逮，治国之本也。"景公有喜色，晏子趁机建议景公，"请求老弱之不养，鳏寡之无室

---

① 参见赵蔚芝注解：《晏子春秋注解·前言》，第5～7页。

② 《晏子春秋》卷一《内篇谏上·第二十四》。

③ 《晏子春秋》卷一《内篇谏上·第二十五》。

④ 《晏子春秋》卷一《内篇谏下·第二》。

⑤ 《论语·颜渊》。

⑥ 《孟子·离娄下》。

⑦ 《晏子春秋》卷五《内篇杂上·第九》。

者，论而共秩焉”[1]。这和孟子的“老吾老以及人之老，幼吾幼以及人之幼”的“推恩保民”思想相似。

晏子“民本”思想中的“推恩保民”观念是其“仁”的思想实现的关键。做到了“推恩保民”，也就达到了“与民同乐”的“汤武治世”。晏子说：“由君之意，自乐之心，推而与百姓同之，则何殣之有！……推君之盛德，公布之于天下，则汤武可为也。”[2]由此可知，在晏子“民本”思想中，“推恩保民”是实践路线，“与民同乐”的“汤武治世”是目标。由此看来，战国时期孟子的“推恩保四海”与“与民同乐”的“王道”思想有可能是受晏子思想的影响。

“爱人”是“仁”最基本的内涵。这是晏子与儒家思想的共同点。但是，我们是否可以说晏子的思想与儒家“民本”思想完全相同呢？实际上，晏子理解的“爱人”或“爱民”根本的实现途径就是“利民”。晏子认为，“明君必务正其治，以事利民，然后子孙享之”[3]。贤明的君主治理国家，只有做到“利民”才能使子孙长保有其国。他在回答景公“后世孰将把齐国”时说：“服牛死，夫妇哭，非骨肉之亲也，为其利之大也。欲知把齐国者，则其利之者邪？”[4]统治者与民并无血缘关系，若要得到百姓的支持，必须做到“利民”。晏子又说：“先与人利，而后辞其难，不亦寡乎！”[5]统治者先施惠于民，等到其有难之时，百姓几乎没有不赴其难的。景公问：“谋必得，事必成，有术乎？”晏子答曰：“事大则利厚，事小则利薄，称事之大小，权利之轻重，国有义劳，民有如（加）利，以此举事者必成矣。”[6]“民有加利”则“事必成”。“利民”方能得民心，得民心者，事无不成。晏子把“利民”摆在了最突出的位置。儒家的“民本”思想中的“推恩”是由父母兄弟的亲属关系推向万民，“孝悌”是“推恩保四海”的基点。而晏子思想却以“利”作为统治秩序形成和维护的关键。儒家罕言“利”，晏子却在“民本”思想中高调突出“利”。这倒是和法家对“功利”思想的重视有点相似。

此外，晏子思想中还有“睦邻非战”的外交思想，“和同之论”中又体现了矛盾对立统一的辩证法思想。由于篇幅所限，这里就不再一一赘述了。

总结来看，晏子的思想有其独特的体系和建构。观晏子以上六种思想，“民本”思想是其内核。晏子的“忠君爱国”以爱国为上，爱国（社稷）实为爱民；“尚贤”即以贤人治理国家，而贤人是爱民主张的践行者；晏子“重礼”而

① 《晏子春秋》卷五《内篇杂上·第八》。

② 《晏子春秋》卷七《外篇下·第八》。

③ 《晏子春秋》卷二《内篇谏下·第十九》。

④ 《晏子春秋》卷二《内篇谏下·第十九》。

⑤ 《晏子春秋》卷三《内篇问上·第八》。

⑥ 《晏子春秋》卷三《内篇问上·第十二》。

不拘泥于礼的窠臼，"权便宜"是以便民、利民为准则；晏子"节俭"思想的关键是将节俭下来的财富分之于民；"轻天重民"就是以民为本。在以上论述的基础上，我们在阅读《晏子春秋》的过程中，体会、品味晏子的思想就容易多了。

对于《晏子春秋》这样一本记录先贤思想的著作，生活在今天的我们，非常有必要认真地研读该书。而我们所做的工作是最大限度地将晏子的思想还原到当时的历史当中，使得读者能够较为简单明了地把握晏子思想的梗概。

目录

内篇问上第三 98

内篇问下第四 137

内篇杂上第五 174

内篇谏上第一

庄公矜勇力不顾行义晏子谏第一

庄公奋乎勇力[1]，不顾于行义。勇力之士，无忌[2]于国。贵戚不荐善[3]，逼迩[4]不引过，故晏子见公。公曰："古者亦有徒以勇力立于世者乎？"晏子对曰："婴闻之，轻死[5]以行礼谓之勇，诛暴[6]不避强谓之力。故勇力之立也，以行其礼义也。汤武用兵而不为逆[7]，并国而不为贪，仁义之理也。诛暴不避强，替罪不避众[8]，勇力之行也。古之为勇力者，行礼义也。今上无仁义之理，下无替罪诛暴之行，而徒以勇力立于世，则诸侯行之以国危，匹夫行之以家残[9]。昔夏之衰也，有推侈、大戏[10]；殷之衰也，有费仲、恶来[11]。足走千里，手裂兕[12]虎，任之以力，凌轹[13]天下，威戮无罪，崇尚勇力，不顾义理，是以桀纣以灭，殷夏以衰。今公自奋乎勇力，不顾乎行义，勇力之士，无忌于国，身立威强，行本淫暴，贵戚不荐善，逼迩不引过，反圣王之德，而循[14]灭君之行，用此存者，婴未闻有也。"

【注释】

[1]庄公奋乎勇力：本句与该章的标题"庄公矜勇力不顾行义"相呼应，言齐庄公以崇尚勇力而自负。奋，骄矜、自负。

[2]忌：顾忌、畏惧。

[3]贵戚不荐善：公室大夫不进忠言。贵戚，同姓之卿大夫，也称为公室大夫。荐，进献。

[4]逼迩：近臣。

[5]轻死：不惧死亡，把死看得很轻。

[6]暴：凶暴之徒。

[7]逆：忤逆。

[8]替罪不避众：言商汤、周武王不惧夏桀、商纣兵力众多，而立志剪除残暴之君。替罪，废弃罪恶。替，废弃。

[9]匹夫行之以家残：大夫崇尚勇力就会导致失去封邑。家，大夫之封邑。故此处"匹夫"实为大夫。

[10]推侈、大戏：皆人名，夏桀之时的勇力之士。

[11]费仲、恶来：皆人名，商纣时期的佞臣和力士。

[12]兕：犀牛一类的野兽。

[13]凌轹(lì)：即侵凌。凌，侵犯、欺凌。轹，侵凌。

[14]循：依照、遵守。

【品读】

晏子辅佐的第一个国君齐灵公，即齐庄公姜光的父亲。灵公时期，齐桓公的霸业早已不复。当时的霸主北方是晋国，南方是楚国。鲁襄公十八年(前555年)，晋国执政之卿中行献子荀偃率晋军约鲁、卫、宋、曹、郑、莒、邾、滕、薛、小邾等国军队合力进攻齐国。面对晋国联盟军队，齐灵公吓得提前脱离齐军，偷偷返回都城临淄。晋军轻易突破平阴防线，包围临淄，并深入齐国腹地，一直打到今天的潍坊潍河及沂源大沂河一带。当时齐庄公姜光(已立为太子)和晏婴是这场战争的见证者。

鲁襄公十九年(前554年)，齐灵公病逝，太子光即位，是为齐庄公。齐庄公身负父(灵公)、祖(顷公)家仇国恨，欲一雪桓公以来的耻辱，崇尚勇力，设立"勇爵"，奖赏勇力之士①，时时欲报复晋国，"威当世服天下"②。在这样的历史背景下，才有了本章晏子与庄公的"勇力"和"行义"的对话。

作为一国之君极力倡导"勇力"，上行下效，那么勇力之士在齐国势必备受尊崇。所以本章说，勇力之士在国内飞扬跋扈、无所顾忌，齐国整个国家弥漫着尚武的风尚，以致同姓卿大夫不敢向国君推荐品德优秀的人当官，庄公身边服侍的近臣更不敢对国君一味崇尚勇力带来的过失加以劝谏。这时候晏子主动求见庄公。齐庄公开门见山地问晏子古代是否有只靠勇力而闻名于世的人物。晏子答之，践行礼义、不畏死亡才是勇，诛灭凶暴、不惧强敌才是力。真正的勇力，是以践行礼义为前提的。比如商汤王、周武王率兵讨伐暴君、兼并小国，不是忤逆犯上，更没有人认为这是贪掠人家土地的行为。古代以勇力著称的贤人，所作所为都符合礼义的规范。现在如果国君崇尚勇力，不行仁义，而所重用的勇力之士一味骄横跋扈，却没有讨罪征暴之举，那么其结果会导致诸侯行之则危国，大夫从之则家败。

接着，晏子又举了夏桀、商纣时期不行仁义的勇力之士推侈、大戏与费仲、恶来之属作为反证。他指出，正是由于重用这些迷信勇力、不行仁义的乱臣，夏桀、商纣才落了个身死国灭的下场。晏子又毫不留情地直接指陈齐庄公崇尚勇力之士、不行仁义，不但违反古圣人的美德，而且会使齐国堕入亡国之路。

---

① 参见《左传・襄公二十一年》。

② 《晏子春秋》卷三《内篇问上・第一》。

齐庄公设立“勇爵”，奖励军功，在社会上树立崇尚勇力的风气。在一定程度上提高了齐军的战斗力，实为一次重大的制度改革[①]。

晏子所谈的“勇力”并非单纯地指力气大、不怕死。在晏子思想中，“勇力”并非无拘无束，真正的“勇力”永远是带着“镣铐”跳舞，而这个“镣铐”就是礼义。“礼”的基本精神就是“定亲疏，决嫌疑，别同异，明是非也”[②]。“义”的基本精神则是要合乎情理、道义。孔子说：“君子之于天下也，无适也，无莫也，义之与比。”[③]君子行事的准则就是“义”，突破了“义”的约束，行为就会导致“乱”的局面。故孔子的学生子路（孔门弟子中以勇敢著称者）问其老师：“君子尚勇乎？”孔子答曰：“君子义以为上，君子有勇而无义为乱，小人有勇而无义为盗。”[④]

晏子、孔子在“勇”的观点上极为相似。这是因为齐、鲁二国作为西周王朝分封的大国，都受西周礼乐文化的影响。周公制礼作乐，礼乐制度文化再通过宗法分封制传递到各诸侯国。晏子、孔子的思想尽管有差别，但是他们都有同源性，齐鲁文化也是如此。反映在“勇”的思想上，将“勇”架构在礼义的框架内，这种观念应该来源于西周。

《左传·文公二年》晋国大夫狼瞫引《周志》“勇则害上，不登于明堂”之语曰：“死而不义，非勇也。”[⑤]从西周到春秋时期，在主流意识中，“勇”仍然带着礼义的“紧箍”。和晏子差不多同一时代的老子也有类似观点。老子曰：“以道佐人主者，不以兵强天下，其事好还。”[⑥]老子认为用“道”辅佐统治者，不能用勇力来争夺天下，如若崇尚勇力，则会对人主及其国家都会造成危害。老子又说：“勇于敢则杀，勇于不敢则活。此两者，或利或害。天之所恶，孰知其故？是以圣人犹难之。天之道，不争而善胜。”[⑦]晏、孔以礼义束“勇力”，老子则更保守，用“道”（自然、无为）缚“勇力”。他甚至认为，勇敢会导致杀身之祸，圣人尚且难以把握，何况普通人？齐庄公的悲剧可能就出在没有约束的“勇力”上。

---

① 西周及春秋社会，爵位是贵族的专利，平民即使立有军功也难以获得爵位，这就是所谓的“世卿世禄”。齐庄公设立“勇爵”，授予爵位不看出身，只看战场杀敌是否勇敢。因此，朱绍侯先生将其视为战国商鞅创立军功爵制的最早源头。（详见朱绍侯：《军功爵制考论》，商务印书馆2008年版，第9页）

② 《礼记·曲礼上》。

③ 《论语·里仁》。

④ 《论语·阳货》。

⑤ 《左传·文公二年》。

⑥ 《道德经》三十章。

⑦ 《道德经》七十三章。

景公饮酒酣愿诸大夫无为礼晏子谏第二

景公饮酒酣[1]，曰："今日愿与诸大夫为乐饮[2]，请无为礼。"晏子蹴然[3]改容曰："君之言过矣！群臣固[4]欲君之无礼也。力多足以胜其长，勇多足以弑君，而礼不使[5]也。禽兽以力为政[6]，强者犯弱，故日[7]易主。今君去礼，则是禽兽也。群臣以力为政，强者犯弱，而日易主，君将安立矣！凡人之所以贵于禽兽者，以有礼也；故《诗》曰：'人而无礼，胡不遄[8]死。'礼不可无也。"公湎[9]而不听。少间，公出，晏子不起，公入，不起；交举[10]则先饮。公怒，色变，抑手疾视[11]曰："向者夫子之教寡人无礼之不可也。寡人出入不起，交举则先饮，礼也？"晏子避席[12]再拜稽首而请曰："婴敢与君言而忘之乎？臣以致无礼之实也。君若欲无礼，此是已。"公曰："若是，孤之罪也。夫子就席，寡人闻命矣。"觞三行[13]，遂罢酒。盖是后也，饬[14]法修礼以治国政，而百姓肃[15]也。

【注释】

[1]酣：酒喝得很畅快。

[2]乐饮：痛快地喝酒。

[3]蹴然：局促不安的样子。

[4]固：本来。

[5]使：据刘师培《晏子春秋补释》，使，当作"便"。"礼不便"一语，与上"固欲君之无礼"相应，"便""使"二字因字形相近而讹，吴则虞先生《晏子春秋集释》采用了此观点。

[6]政：主宰、首领。

[7]日：每天。这里泛指经常、常常。

[8]遄(chuán)：迅速。

[9]湎：沉迷于酒。

[10]交举：交互举杯。

[11]抑手疾视：按着膝盖愤怒地看着对方。抑，按。疾视，愤怒地看着。

[12]避席：古人席地而坐(实为跪)，当表示尊敬时则起立并离开席子，故称为"避席"。

[13]觞(shāng)三行：举了三次爵。觞，古代饮酒器具，即今之酒杯。这里名词用作动词，指举杯祝酒。三行，三爵酒。

[14]饬：整顿。

[15]肃：恭敬。

【品读】

本章故事的发生场合是齐景公与群臣举行的一次宴会活动。喝得很尽兴的齐景公在席间要求君臣之间饮酒不要为礼节所拘束，大可开怀畅饮。晏子郑重地告诉景公：您这话说过头了，群臣巴不得您不要求遵守礼呢。礼不为群臣遵守，力气大的臣下足以欺凌长官，有勇气的臣子则足以杀害君主。只有禽兽才以力量的大小遴选首领，弱肉强食，丛林中的动物一天换一个头领都不足为怪。现在您命令在饮酒的场合摒弃一切礼节，和禽兽还有什么不同？若摒弃礼节，群臣以力量的大小来选择君王的话，身体强壮者欺凌弱小者，差不多每天都换一位首领，哪还有您当国君的份啊？人之所以比禽兽高贵的地方，就是因为人践行礼。所以礼在日常生活中是不能缺少的。

齐景公喝得正尽兴，哪还听得进晏子的话。不一会儿，齐景公起身离席，晏子不动；景公回到酒席入座，晏子也不起身；等到景公与群臣共同举杯的时候，晏子则抢先把酒喝了。如此无礼的行为终于触怒了齐景公。齐景公跪坐在席上，双手按着膝盖，愤怒地盯着晏子说，从前您告诉寡人不守礼的危害，而现在寡人出入席，您不离席表示尊重；当寡人同群臣共同举杯的时候，您却先干杯。这就是您所谓的守礼吗？这时，晏子不慌不忙，走向前去，向景公行了当时臣对君的最高礼节——避席再拜稽首。

魏晋以前的人没有垂足而坐的凳子、椅子，席子是当时的主要坐具。先秦、秦汉在席子上“坐”，实际上就是今天的“跪”。正规的“坐”姿是两膝着地，臀部置于两脚后跟上面。先秦、秦汉举行酒会，主客双方都是布席而坐。所谓的“避席”，即为了表示对对方的尊重，起身离开席子站立。《孝经》载孔子与曾子席地而坐讲孝道时问曾子：“先王有至德要道，以顺天下，民用和睦，上下无怨。汝知之乎？”曾子避席曰：“参不敏，何足以知之？”子曰：“夫孝，德之本也，教之所由生也。复坐，吾语汝。”[①]由此可知，“避席”乃是为了表示对对方的尊重而起身离开席子。

而“再拜稽首”则是春秋时期的最高礼节。[②] 据胡新生先生考证，“拜”的正规姿势是跪下后两手手心向下，叠于胸前（一般左手覆按右手，与心平行），手型稍弯而成合覆之形，是为拱手；“稽首”则是两膝跪地，拱手至地，首俯于地，臀高首低；“再拜稽首”就是两膝跪地之后，拜两拜，然后再稽首。《仪礼》中的《燕礼》《大射礼》《聘礼》《公食大夫礼》《觐礼》等天子或诸侯举行的贵族高级酒会都有大臣再拜稽首的例子。可见，春秋时期，在贵族的酒会上，“避席再拜稽首”是卑者向尊者行的最高级的礼仪。本章的精彩之处就是，晏子身体力行、自导自演了一出情景剧：他先是在酒席上故意用“无礼”对待齐景公，触怒景公后，又用最高规格的礼仪“避席再拜稽首”——向齐景

① 《孝经·开宗明义章》，清阮元校刻《十三经注疏》本，中华书局 1980 年影印本。

② 参见胡新生：《周代拜礼的演进》，《文史哲》2011 年第 3 期。

公展示了礼的功能和魅力。对此，齐景公不得不承认“愿诸大夫无为礼”是“孤之罪也”。

紧接着，景公下令“觞三行”而罢酒。据《左传·宣公二年》文可知，晋灵公请晋国执政赵盾饮酒，并暗自设下伏兵，欲加害赵盾，此举被赵盾的车右提弥明觉察，提弥明趋行登堂说：“臣侍君宴，过三爵，非礼也。”杨伯峻先生注：“古代君宴臣，其礼有二，一为正燕礼，一为小燕礼，即小饮酒礼。……惟小饮酒礼不过三爵。”①齐景公这次宴会显然是小型、非正式的宴会活动。因此，齐景公同群臣依照小燕礼饮酒三爵便结束了酒宴。自此之后，景公整顿法治，修明礼制，用礼法来治理国家，齐国的百姓逐渐恭敬有礼了。

古代尤其是战国以前，饮酒不单纯是为了娱乐，更重要的是修身，即通过饮酒之礼来节制性格，陶冶情操。正如孔夫子所说：“唯酒无量，不及乱。”②

景公饮酒酲三日而后发晏子谏第三

景公饮酒，酲[1]，三日而后发[2]。晏子见曰：“君病酒乎？”公曰：“然。”晏子曰：“古之饮酒也，足以通气合好[3]而已矣。故男不群乐以妨事[4]，女不群乐以妨功[5]。男女群乐者，周觞五献[6]，过之者诛。君身服之[7]，故外无怨治，内无乱行。今一日饮酒，而三日寝之，国治怨乎外，左右乱乎内。以刑罚自防者，劝[8]乎为非；以赏誉自劝者，惰乎为善；上离德行，民轻赏罚，失所以为国矣。愿君节之也！”

【注释】

[1]酲(chéng)：本为醉酒之后的病态，这里意为醉酒。

[2]发：通“废”，即起，这里指起床。

[3]通气合好：饮酒能够疏通血气，沟通感情。

[4]事：农事。

[5]功：即女红(gōng)，多指旧时女子所做的针线活。

[6]五献：即五献之礼。乡饮酒礼或享礼中有“一献之礼”，指经过献（主人敬宾客酒）—酢（zuò，指宾客回敬主人酒）—酬（主人先饮酒再敬宾客）三个主要环节。

[7]君身服之：陶鸿庆《读诸子札记》注为“习”，即“君习于此礼以为倡率也”。

[8]劝：张纯一先生引苏舆曰“劝”疑为“勤”，二者繁体字形近似，且“勤”与“惰”对文。

---

① 杨伯峻编著：《春秋左传注》（修订本），第659页。

② 《论语·乡党》。

【品读】

本章开头介绍齐景公饮酒，酩酊大醉，三天才醒酒。晏子说，古代的饮酒，能够疏通血气、提振精神就足矣。这里的古代，一般指春秋以前的历史。所以，男子不聚集饮酒，便不会妨碍农业耕作；女子不聚在一起饮酒，便不会妨碍纺织。男女即使聚会饮酒，也不会超过五献之礼；超过五献之礼的，依照法律，就要被杀头。从西周到秦汉，群众聚会饮酒一般都要受到法律的限制。在西周时期，周公以诰命的形式规定，无故聚众群饮，“尽执拘以归于周，予其杀”①。这可能就是晏子所说的古代聚众饮酒超过五献要杀头的渊源。到了汉代，除非皇帝下诏允许聚会饮酒，否则就会遭到罚金的处罚。《汉律》规定：“三人以上无故群饮酒，罚金四两。”②故明末清初的大学者顾炎武在其《日知录·酒禁》篇中说：“先王之于酒也，礼以先之，刑以后之。”③春秋以前的圣王对于禁酒，一般先礼后刑。即先用礼规范饮酒行为，如果饮酒过程中，有人僭越了礼，那就要用刑罚来处置了。

晏子说：如果君主在禁酒方面身体力行，身先示范，那么国都之外便没有积累下来的坏事，朝廷内部也不会有荒乱之行。现在您一日饮酒而醉卧三天，哪还有时间和精力去治理国家？所以朝廷之外的事务松弛，国君左右的近臣为非作歹。那些本来忌惮国家刑罚而不敢为非作歹的人，趁着国君耽于饮酒的机会，处处为非作歹，有恃无恐。以追求赏赐和名誉为目的的人，则因为国君沉湎于酒，不及赏罚，则懒得去做好事了。如此，上梁不正下梁歪，民众对赏罚无动于衷，国家大乱，危及统治。可见，国君沉湎于酒是多么危险的事。

景公饮酒七日不纳弦章之言晏子谏第四

景公饮酒，七日七夜不止。弦章[1]谏曰：“君欲饮酒七日七夜[2]，章愿君废酒也！不然，章赐死[3]。”晏子入见，公曰：“章谏吾曰：‘愿君之废酒也！不然，章赐死。’如是而听之，则臣为制[4]也；不听，又爱其死。”晏子曰：“幸矣，章遇君也！令章遇桀纣者，章死久矣。”于是公遂废酒。

---

① 《尚书·酒诰》。

② 《汉书·文帝纪》。

③ （清）顾炎武著，黄汝成集释，栾保群、吕宗力点校：《日知录集释》（全校本），上海古籍出版社2006年版，第1605页。

【注释】

[1]弦章：春秋后期齐国大夫，年龄比晏子小，与晏子共同事奉齐景公。

[2]君欲饮酒七日七夜：君上饮了七天七夜的酒。“欲”为衍字，据文意当删。

[3]章赐死：宾语前置，应为“赐章死”。

[4]臣为制：被动句宾语前置，应为“为臣制”。

【品读】

齐景公饮酒，接连七天七夜还不罢休，简直就是酒会狂欢节。春秋时期，社会中尽管出现了“礼崩乐坏”的局面，但主流思想仍旧坚持行周礼。景公无节制地七日饮酒狂欢显然违背了礼。以善于谏诤著称的齐国大夫弦章再也坐不住了，他说：“您已经连续饮酒七天七夜，我希望您停止酗酒。如若不然，我宁愿您赐我死。”晏子进来拜见景公，景公同晏子说：“弦章劝谏我说：‘希望国君您停止酗酒，如若不然，我宁愿您赐我死罪。’您说，我要是听了弦章的话，作为一国之君，那就被大臣控制了；如果不听弦章的谏言，弦章真要死了，我又因其忠心舍不得他死。”晏子机智地说：“哎呀，弦章遇到您这样的明君真幸运啊，如果遇到桀纣那样的暴君，弦章早就没命了。”晏子将景公架在了明君一列，景公要再不停止酗酒，那就成了桀、纣那样的暴君了。结果齐景公只能停止酗酒。

弦章和晏子都以敢于向国君劝谏而著名。弦章的劝谏是采用了以死相逼的方式。这样的诤臣忠心可鉴，但是总是惹得君王不高兴，弄不好容易挨板子，甚至丢掉性命。如明代的言官扛着圣人的纲常，直陈皇帝的过失，很多时候让皇帝下不来台；更为严重的是，这给世人一种印象：君为臣所制。这是皇帝绝不能允许的。于是，皇帝就用暴力对付他们，很多言官被当场廷杖毙命。所以老子说：“强梁者不得其死。”①而晏子则采用了一种比较“柔和”的劝谏技术，他不是直接指陈国君的过失，而是给国君戴高帽，说弦章幸亏遇到了明君，要是遇到桀、纣那样的暴君，早就一命呜呼了。古代的君王把尧、舜、禹、周公当作治国的楷模，而桀、纣就是国君荒淫暴政的反面典型。如此，晏子既让景公停止了酗酒，又使得弦章免于一死。在中国传统社会，下级给上级提意见，往往需要晏子这种“柔和”方式。老子说得最明白：“天下之至柔，驰骋天下之至坚。”②

---

① 《道德经》四十二章。

② 《道德经》四十三章。

景公饮酒不恤天灾致能歌者晏子谏第五

景公之时，霖雨[1]十有七日。公饮酒，日夜相继。晏子请发粟于民，三请，不见许。公命柏遽[2]巡国，致能歌者。晏子闻之，不说，遂分家粟于氓[3]，致任器[4]于陌，徒行见公曰："十有七日矣！怀宝[5]乡有数十，饥氓里有数家，百姓老弱，冻寒不得短褐，饥饿不得糟糠，敝撤[6]无走，四顾无告。而君不恤，日夜饮酒，令国致乐不已，马食府粟，狗餍刍豢[7]，三保[8]之妾，俱足粱肉。狗马保妾，不已厚乎？民氓百姓，不亦薄乎？故里穷而无告[9]，无乐有上矣；饥饿而无告，无乐有君矣。婴奉数之筴[10]，以随百官之吏，民饥饿穷约而无告，使上淫湎失本而不恤，婴之罪大矣。"再拜稽首，请身而去，遂走而出。公从之[11]，兼于途而不能逮[12]，令趣驾追晏子[13]，其家，不及。粟米尽于氓，任器存于陌，公驱及之康内[14]。公下车从晏子曰："寡人有罪，夫子倍弃不援[15]，寡人不足以有约[16]也，夫子不顾社稷百姓乎？愿夫子之幸存寡人，寡人请奉齐国之粟米财货，委之百姓，多寡轻重，惟夫子之令。"遂拜于途。晏子乃返，命禀[17]巡氓，家有布缕之本而绝食者，使有终月之委；绝本之家[18]，使有期年之食，无委积之氓，与之薪橑[19]，使足以毕霖雨。令栢巡氓，家室不能御者，予之金；巡求氓寡用财乏者，死三日[20]而毕，后者若不用令之罪。公出舍[21]，损肉撤酒，马不食府粟，狗不食饘肉[22]，辟拂嗛齐[23]，酒徒减赐[24]。三日，吏告毕上：贫氓万七千家，用粟九十七万钟，薪橑万三千乘；怀宝二千七百家，用金三千。公然后就内退食，琴瑟不张，钟鼓不陈。晏子请左右与可令歌舞足以留思虞者[25]退之，辟拂三千，谢于下陈，人待三，士待四[26]，出之关外也。

【注释】

[1]霖雨：又称"淫雨"，连绵大雨。

[2]柏遽：一说为人名，姓柏，名遽；一说当为"伯遽"，"伯"是官名，"遽"为人名。本书取后者。

[3]氓：平民。

[4]任器：用器。贾公彦疏《周礼·司隶》"为百官积任器"曰："用器，除兵器之外，所有家具之器，皆是用器也。"吴则虞先生注："任器者为担持之器，使得粟者担荷而归。"①任，任用。

[5]怀宝："怀"的繁体"懷"和"坏"的繁体"壞"及"宝"的繁体"寶"与"室"字形近似，王

① 吴则虞：《晏子春秋集释》，第15页。

念孙《读书杂志》谓“怀宝”即“坏室”。

[6]敝撤:跛脚。敝,通“蹩”。撤,同“蹶”。

[7]狗餍刍豢:狗饱食牛羊犬豕之肉。餍,吃饱。刍,牛羊。豢,犬豕。

[8]三保:即“三室”,所谓的诸侯妃嫔三宫。保,通“宝”,“宝”的繁体与“室”形近。

[9]里穷而无告:“穷”字下当缺“约”字,“里”字上当有“乡”字,还原为“乡里穷约而无告”,意思是因遭受水灾,乡里的百姓生活困顿又无处求援。

[10]奉数之筴:数,同“计”。筴,同“策”。《左传》有“策名委质”之载,这里指持策以待书事。晏子已经名在景公的大臣之列。

[11]公从之:景公赶紧追赶晏子。黄以周《晏子春秋重校本》以“从”为“追”字。今将“从”释为“追”亦可。

[12]兼于途而不能逮:吴则虞先生认为“兼”疑为“溓”,读“黏”,“今霖雨十七日,泥塞于途,黏着不易行,故曰‘兼于途而不能逮’”①。

[13]趣:即趋,指赶紧、赶快。

[14]康内:指四通八达的大道。《尔雅·释宫》:“五达谓之康。”

[15]倍弃不援:此句引申为背离而去,不辅佐国君。倍,通“背”。

[16]约:即屈,指委屈、屈折。

[17]禀:人名。

[18]绝本之家:这里指没有或缺少粮食和衣服的受灾百姓。本,古代以农桑为本。

[19]薪橑:柴火,用来做饭的木柴。

[20]死三日:限期三天。

[21]出舍:此处“舍”疑为正寝。国君遇到天灾,往往要避正殿、损食、撤乐,以表示对天灾的敬畏。

[22]饘(zhān)肉:这里指肉粥。饘,稠粥。

[23]辟拂嗛齐:近臣减少俸禄。辟拂,即辅拂,侍奉国君的近臣。嗛,通“歉”,减少。齐,古通“资”,指俸禄。

[24]酒徒减赐:与国君饮酒的大臣、优伶之辈减少赏赐。

[25]留思虞者:流连于声色犬马之娱的人。留,通“流”,流连。虞,同“娱”,声色犬马之类的娱乐。

[26]三、四:指限三天、四天。

【品读】

在晏子之前,重民思想已有了一定程度的发展。《尚书·五子之歌》记载了大禹对子孙的五条训诫,其中第一条就讲道:“民可近,不可下,民惟邦本,本固邦宁。”意思是说,对于统治者,只能亲近百姓而不能卑下之。如果统治者无度地压制百姓,百姓就会人人怀有怨上之心,甚至会推翻统治者的统治。所以,百姓才是国家的根本,只有安抚好百姓,国家才能长治久安。

① 吴则虞:《晏子春秋集释》,第17页。

商初，汤“子惠困穷，民服厥命，罔有不悦”[①]。汤对穷困之民施以恩惠，则商人皆敬其为君，都愿意服从商汤的调遣，没有一个不欢喜的。周武王将时人最高的信仰神——天与民结合起来，赋予了民本思想“革命”的新内涵。武王在伐纣前的《泰誓》中说：“天矜于民，民之所欲，天必从之。……天视自我民视，天听自我民听。”天赋予人间统治者的统治合法性——“天命”，以统治者对待民的态度来决定。皇天将“天命”往往赋予施恩德于民的统治者，而只顾享乐不管百姓死活的统治者，“天命”就会转移到其他人手中。

后来，周公将此发挥为“敬天保民”的思想。因此，周公说：“皇天无亲，惟德是辅。民心无常，惟惠之怀。”[②]唯有施惠保民才能赢得民心，赢得人民的支持，这就是所谓的具备“德”。统治者为政以德，“天命”永远眷顾统治者。重民思想从夏禹时期即已萌芽，商代继续发展。到了西周初年，鉴于殷周易鼎的巨变，周公提出“敬天保民”，将重民思想提高到理论化的高度。周公在《尚书》诸多篇章中或多或少几乎都提到了统治者要“爱民”“保民”的主旨。众所周知，周公对周代国家的制度和文化经营最为突出。“敬天保民”的政治思想是周代礼乐的重要组成部分。通过宗法分封制，周公“敬天保民”的政治思想被传播到各个诸侯国。

到了春秋前期，“敬天保民”的思想甚至发展成了“轻天重民”的思想。随国大夫季梁说：“所谓道，忠于民而信于神也。上思利民，忠也；祝史正辞，信也。”季梁的“忠民信神”与周公的“敬天保民”大致一致，稍有不同的是，在春秋时人的观念中，民的地位已经超过了神（或天）。季梁又说：“夫民，神之主也，是以圣王先成民而后致力于神。”[③]后一句话，民和神的地位变化更加明显。和晏子几乎处在同一时期的子产也说：“天道远，人道迩，非所及也，何以知之？”[④]“轻天重民”的思想跃然纸上。童书业先生指出，春秋及西周时期所谓的“民”实指“国人”，非泛指一般人民。[⑤] 本书中所谓的“民”也大部分指“国人”。通过以上的分析可以看出，晏子的重民思想就是源自周公时期的“敬天保民”思想。

从周公到晏子，重民思想这条线一直没有断。而且，晏子和他同时代的先进人物季梁、子产等人一样，将周公的“敬天保民”思想发挥到“轻天重民”的思想。本章中晏子警告景公生活腐化，不恤民生，则民便会“无乐有上”

① 《尚书·太甲中》。

② 《尚书·蔡仲之命》。

③ 《左传·桓公六年》。

④ 《左传·昭公十八年》。

⑤ 参见童书业著，童教英校订：《春秋左传研究》“原始民主主义思想”条，第195页。

"无乐有君",后果就是天命改易,君位他移。本章晏子谈到了保民、重民的重要性,但并没有"轻天(神)"的言论。但是,本书尤其是《晏子春秋》卷一《内篇谏上·第十二》"景公病久不愈欲诛祝史以谢晏子谏"、《内篇谏上·第二十一》"景公异荧惑守虚而不去晏子谏"都显示出晏子"轻天"的思想。而且,从本章晏子指挥齐国官员赈灾的过程中也可以看出,通篇晏子都是在尽人事而非听命于鬼神。

循着"重民思想"的发展脉络,我们可以看到,晏子的思想文化的源头就在西周初年周公那里。晏子以后,孔子将"重民思想"发挥到一个新的高度——"仁"的学说。所以,我们读《晏子春秋》会发现,晏子的很多思想与儒家的思想相当接近,其中的原因主要就是它们都有同源性——周公创立的西周文化。

景公夜听新乐而不朝晏子谏第六

晏子朝,杜扃望羊[1]待于朝。晏子曰:"君奚故[2]不朝?"对曰:"君夜发[3]不可以朝。"晏子曰:"何故?"对曰:"梁丘据扃入歌人虞[4],变齐音[5]。"晏子退朝,命宗祝修礼而拘虞[6],公闻之而怒曰:"何故而拘虞?"晏子曰:"以新乐淫君[7]。"公曰:"诸侯之事,百官之政,寡人愿以请子。酒醴之味,金石之声[8],愿夫子无与焉。夫乐,何必夫故哉?"对曰:"夫乐亡而礼从之,礼亡而政从之,政亡而国从之。国衰,臣惧君之逆政之行。有歌[9],纣作《北里》[10],幽厉[11]之声,顾夫淫以鄙而偕亡[12],君奚轻变夫故哉[13]?"公曰:"不幸有社稷之业,不择言而出之,请受命矣[14]。"

【注释】

[1]杜扃(jiǒng)望羊:杜扃仰着头立于朝堂之上。杜扃,人名,姓杜,名扃。望羊,仰视的样子。

[2]奚故:何故。

[3]夜发:即"夜废",夜里不寐。发,通"废",不睡觉。

[4]梁丘据扃入歌人虞:梁丘据秘密地将叫虞的歌人送进宫里。梁丘据,姓梁丘,名据,字子犹,齐景公之嬖臣。扃,秘密地。入,进。歌人虞,名字叫虞的歌人。

[5]变齐音:将齐国的古乐变为新近流行的音乐。齐音,齐之古乐,如孔子之闻《韶》乐、《诗经》之《齐风》之类。

[6]命宗祝修礼而拘虞:命宗祝修宗庙祭祀祈禳之礼,以告于宗庙之先王,然后拘捕唱淫歌的歌人虞。宗祝,掌管诸侯国宗庙祭祀之官。修礼,修宗庙祭祀祈禳之礼。

[7]以新乐淫君:用新乐迷惑国君,使其不理政事。新乐,与古乐相对,指新近流行之

乐,多不合礼,时人又称之为“淫乐”。淫君,使国君沉溺于其中而不理政事。

[8]酒醴之味:代指饮酒。金石之声:代指作乐。金石,古代制作乐器的八种材料,有匏(葫芦)、土、革、木、石、金、丝、竹,谓之“八音”。

[9]有歌:孙星衍《晏子春秋音义》:“疑有脱文。《文选·吴都赋》注引此书:“桀放东歌,南音。”

[10]纣作《北里》:《史记·殷本纪》谓纣“使师涓作新淫声,北里之舞”,即此“北里”。

[11]幽厉:周幽王、周厉王,都是西周时期的暴君。周厉王在前,周幽王在后。

[12]顾夫淫以鄙而偕亡:因此淫乱放荡且粗鄙都会招致灭亡。顾,古通“故”,因此。夫,语气词,无实际意义。淫以鄙,淫乱放荡而且粗鄙。偕亡,俱亡。

[13]君奚轻变夫故哉:君上为何轻易变更古乐为新乐呢?奚,为何。轻变夫故,轻易变更古乐为新乐。夫,语气词,无实际意义。

[14]不择言而出之,请受命矣:不深思熟虑就说了一些不该说的话,请让我接受您的劝告。

【品读】

上古音乐的功能从来不是简单的娱乐耳目。《吕氏春秋·仲夏纪·适音》说:“故先王之制礼乐也,非特以欢耳目、极口腹之欲也,将以教民平好恶、行理义也。”先王创作乐的目的就是要教民分清是非好恶、践行符合义理的事。换言之,先王创作乐的就是要让人在听乐的过程中达到心平气和的境界,而心平气和的人处事一般都比较温顺,极少做出出格的事,当然更不可能给统治者捣乱、添麻烦。所以,上古音乐的功能首先就是陶冶人的情操,最终实现社会教化的目的。司马迁说得更直接:“夫上古明王举乐者,非以娱心自乐,快意恣欲,将欲为治也。”①

从乐的教化功能看,社会达到大治的前提是人们通过乐的熏陶可以使性情向善,即《礼记·乐记》所谓的“致乐以治心”。孔子就认为谙熟先王之乐是修身立业的必备条件之一。所以,他说:“兴于诗,立于礼,成于乐。”②由孔子的话我们可以看到,一个人要达到修身的最高境界,需要歌诗、行礼、赏乐三个环节,而非单纯听听音乐而已。在先秦咏诗往往要奏乐,诗和乐不分离,因此我们可以将诗归为乐类。行礼能使人容貌庄敬而威严,赏乐可使人性情温和而向善。礼和乐从人的外在行为和内在性情两个方面达到教化百姓的目的。故《礼记·乐记》曰:“致礼乐之道,举而错之天下,无难矣。”意思是说,运用礼和乐的教化,再将其推行于天下,那么治理天下就没有什么难题了。因此,周公制礼作乐,天下大治。后世的有为之君大都有效法周公制

---

① 《史记·乐书》。

② 《论语·泰伯》。

礼作乐的梦想,比较典型的就有汉武帝、光武帝以及汉明帝,但是几乎都有没达到周公的水平。

创立一套制度并贯彻到社会各阶层个体生活的方方面面,是一巨大而艰难的工程。以乐为例,上古先王传下来的乐的最大特点就是和谐。《尚书·舜典》曰:“诗言志,歌永言,声依永,律和声,八音克谐,无相夺伦,神人以和。”歌声与音律的符节相匹配,金、石、土、革、丝、木、匏、竹八类材质的乐器所发的声音和谐搭配,就会达到神人相和的境界。

鲁襄公二十九年(前 544 年),与晏子生活在同一时期的一位先进人物——吴国公子季札访问鲁国,遍观“周乐”,当他最后观看到《诗经》中《颂》的演奏时曾说:“五声和,八风平,节有度,守有序。”[①]这里所谓的“八风”就是《尚书·舜典》中的“八音”,“五声”就是宫、商、角、徵、羽五种音调。在季札看来,作为先王之乐的“周乐”最大的特点就是“平和”。换句话说,先王之乐演奏起来,优雅、舒缓、平和。

无独有偶。鲁昭公元年(前 541 年),同晏子、季札大致生活在同一时期的秦国一位名叫和的医生,将节制房事比喻为先王之乐的演奏时说:“先王之乐,所以节百事也,故有五节;迟速本末以相及,中声以降。”可见,先王之乐音调“平和”的功能就是要防止人说话、做事过了头。这位医生进一步指出:“君子之近琴瑟,以仪节也,非以慆心也。”[②]社会倡导学习的榜样——君子之所以听先王之乐,就是要用乐节制人的过激行为,而不是追求感官的快乐。因此,本章中晏子了解到景公不上朝听政的缘故之后,命令宗祝拘捕进献“新乐”的歌人虞。

“新乐”的特点就是医生和所谓的“烦乎淫声”“乃忘平和”。演奏手法繁复、声音高低错落的“新乐”听起来可能更有节奏和动感,因而统治者大都喜欢这样带劲的音乐。但是,春秋时人普遍认为,陶冶性情的舒缓、优雅的先王之乐一旦被摒弃,那么和它相得益彰的礼也就没人遵守了。在晏子看来,礼乐被摒弃了,社会就会出现大乱的局面,接着,国家就会有灭顶之灾。这一点,孔子和晏子的观点有所出入。尽管孔子也高度重视礼乐的重要性,但是他认为“礼乐的精神实质、规范作用比它依托的物质形式更重要”[③]。孔子所谓的“礼乐的精神实质”是什么?马新先生引《论语·八佾》篇中的“为礼不敬,临丧不哀,吾何以观之哉”“人而不仁,如礼何!人而不仁,如乐何”等夫子的语句后,结合郑玄的经典解释,道出了其中的答案:礼乐的精神实质

---

① 《左传·襄公二十九年》。

② 《左传·昭公元年》。

③ 李零:《丧家狗——我读〈论语〉》,山西人民出版社 2007 年版,第 303 页。

就是由“内圣”的关键品质——“仁”到以“安上”“治民”为目的的“外王”文化内涵。① 孔、晏二子两相比较可以看出，晏子相对保守。

到了战国前期，先王之乐更难以为继，在宫廷演奏乐曲中取而代之是齐景公时所谓的“新乐”，这时人们普遍称之为“世俗之乐”。就连儒家的一代宗师孟子都开始故意模糊“今之乐”（世俗之乐）与“古之乐”（先王之乐）之间的差别了。所以，当齐宣王强调他“非能好先王之乐也，直好世俗之乐耳”的时候，孟子答之：“王之好乐甚，则齐其庶几乎！今之乐，由古之乐也。”②相对于春秋时期，战国时期是一个更加动荡的新时代。非独先王之乐无人问津了，就连周礼也是难以为继了。

景公燕赏无功而罪有司晏子谏第七

景公燕[1]赏于国内，万钟者三，千钟者五，令三出，而职计[2]莫之从。公怒，令免职计，令三出，而士师[3]莫之从。公不说。晏子见，公谓晏子曰：“寡人闻君国者[4]，爱人则能利之，恶人则能疏之[5]。今寡人爱人不能利，恶人不能疏，失君道矣。”晏子曰：“婴闻之，君正臣从谓之顺，君僻臣从谓之逆[6]。今君赏谄谀之民，而令吏必从，则是使君失其道，臣失其守也。先王之立爱，以劝善也，其立恶，以禁暴也。昔者三代之兴也，利于国者爱之，害于国者恶之，故明所爱而贤良众，明所恶而邪僻灭，是以天下治平，百姓和集[7]。及其衰也，行安简易[8]，身安逸乐，顺于己者爱之，逆于己者恶之，故明所爱而邪僻繁，明所恶而贤良灭，离散百姓，危覆社稷。君上不度圣王之兴，而下不观惰君之衰，臣惧君之逆政之行，有司[9]不敢争，以覆社稷，危宗庙。”公曰：“寡人不知也，请从士师之策。”国内之禄，所收者三也。

【注释】

[1]燕：通“宴”，举行宴会。

[2]职计：主管计算功劳、分发俸禄之官，犹如今之会计。

[3]士师：掌管刑狱之官，又称“士”。

[4]君国者：君临国家者。

[5]爱人则能利之，恶（wù）人则能疏之：宠爱的人就给他封官加爵，讨厌的人就贬黜他。爱人，喜爱、宠爱的人。利之，以爵禄利之，使之显达富贵。恶人，讨厌的人。疏之，使之远离，这里指贬黜。

---

① 参见马新：《论语解读》，泰山出版社 2007 年版，第 378 页。

② 《孟子·梁惠王下》。

[6]君僻臣从谓之逆：君主邪僻，大臣就阿谀奉承君主，这叫逆。僻，邪僻。

[7]和集：和睦团结。

[8]行安简易：苟于现状，行为简慢、轻忽。行安，苟于现状。简，简慢。易，轻忽。

[9]有司：古代设官分职，各有所司，官吏或衙门皆曰“有司”。

【品读】

中国古代君主的权力并非后世想象的那样可以专制一切、为所欲为，在君权之上，往往存在着很多限制性的东西。例如，在西周时期，“天”的意志一般高于君权。故周公抬出“天命靡常”的观念，并且将“天命”与人君的“德治”挂钩，形成了一套完整的“天命观”。所谓“皇天无亲，惟德是辅”，就是说人君治国必须躬行德政，否则“天命”将改易他姓。在西周，统治者不能为所欲为，只能老老实实地践行“敬天保民”的德政。在用人上，西周统治者吸收了商代先哲圣王的统治理念，恭敬地奉行“官不及私昵，惟其能。爵罔及恶德，惟其贤”①的信条。概括而言，统治者用人不能唯亲，更不能用恶人，只有德才兼备之人才有资格担任官职。通过《尚书·泰誓》《尚书·牧誓》可知，武王伐纣的一大理由就是他“崇信奸回”“囚奴正士”。由此可见，三代圣王任人为官的准则就是亲贤人、远小人。谁违反了这一条，“天命”同样会改易他家。

生活在春秋后期的齐景公欲厚禄赏赐没有建立任何功劳的亲信近臣，却遭到专管赏赐物品的“职计”的抵制。景公因此大怒，欲罢免“职计”的官职，结果又遭到专管司法的“士师”的抵制。愤怒的景公告诉晏子，他所听说的为君之道（君道）就是君主喜欢谁就可以奖励谁，讨厌谁就可以惩罚谁。现在的情况是，景公喜欢的亲信近臣不能奖励厚禄，讨厌的“职计”又不能罢免他，他认为这不是为君之道。晏子指出，国君赏赐没有任何功劳、只会阿谀奉承的佞臣，然后强迫官吏执行国君的命令，这不仅不是为君之道，而且还使得大臣放弃了职守。

接着，晏子抬出了三代时期的“先王之道”。三代圣王治国用人，奖赏贤人是为了引导世人为善，惩治恶人是为了警示世人不为非作歹。三代圣王治国用人，品行高尚，都是以国家利益为准则，从来不考虑自己的喜好。晏子警告景公，任何统治者违背了这一点就会出现“覆社稷，危宗庙”的下场。晏子和孔、孟一样，都持有“法先王”的观点。对于春秋时期的统治者来说，“先王之道”是不可更易的纲常，它在限制君权方面和后世的儒家纲常具有相同的效果。

---

① 《尚书·说命中》。

另外，三代圣王用人以“利国”、不以“利己”为出发点，这个标准对后世影响深远。先国家后个人，先公后私，甚至是毁家纾国难，是东方独具特色的价值观。这和西方文化中崇尚的个人主义差别很大。

景公信用谗佞赏罚失中晏子谏第八

景公信用谗佞[1]，赏无功，罚不辜[2]。晏子谏曰：“臣闻明君望[3]圣人而信其教，不闻听谗佞以诛赏。今与左右相说颂[4]也，曰：‘比死者勉为乐乎[5]！吾安能为仁而愈黥民[6]耳矣！’故内宠之妾，迫夺于国，外宠之臣，矫夺于鄙[7]，执法之吏，并荷百姓[8]。民愁苦约病，而奸驱尤佚[9]，隐情奄恶[10]，蔽谄其上[11]，故虽有至圣大贤，岂能胜若谗哉！是以忠臣之常有灾伤也。臣闻古者之士，可与得之，不可与失之；可与进之，不可与退之。臣请逃之矣。”遂鞭马而出。公使韩子休追之，曰：“孤不仁，不能顺教，以至此极[12]，夫子休国[13]焉而往，寡人将从而后。”晏子遂鞭马而返。其仆曰：“向之去何速？今之返又何速？”晏子曰：“非子之所知也，公之言至矣[14]。”

【注释】

[1]谗佞：背后诋毁他人谓之谗，善于阿谀奉承谓之佞。

[2]不辜：无罪的人。

[3]望：景仰、仰慕。

[4]说颂：说，通“悦”。颂，通“诵”，诵说。

[5]比死者勉为乐乎：将死之人勉强行乐。比死者，将死之人。勉为乐，勉强行乐。

[6]愈黥(qíng)民：胜过受过墨刑的人。愈，胜过。黥民，受过墨刑的人。墨刑，古代一种刑罚，在脸上刺字并涂以墨。

[7]矫夺于鄙：假传君令而巧取豪夺边远小邑。矫，矫诏，假传君令。夺，巧取豪夺。鄙，边远小邑。

[8]荷百姓：对百姓苛刻虐待。洪颐煊《读书丛录》谓“荷”为“苛”。

[9]奸驱尤佚：奸邪之人很过分。于省吾《晏子春秋新证》以为“奸驱”当为“奸慝”。尤，过也，甚也。佚，通“溢”，过分。

[10]隐情奄恶：隐瞒真实情况，掩盖恶人罪行。奄，通“掩”，掩盖。

[11]蔽谄其上：蒙蔽迷惑君上。谄，当为“[illegible]”，迷惑。

[12]极：错误之极端。

[13]休国：弃国而去。

[14]公之言至矣：国君的话已经非常诚恳了。言外之意，景公作为一国之君，已经极为深刻地认识到了自己的过失，晏子作为臣子若再不给台阶下，接受国君的道歉，则为不识时务也。

【品读】

晏子告诫景公为政要明善恶之分，懂得辨别善恶之人。这里晏子所说的善恶之人不是泛指一般的人，而是特指统治者下面的官员。统治者如何分清忠奸呢？晏子说，很简单，只要认真把关左右近臣就好了。左右近臣与统治者朝夕相处，他们的一言一行直接影响到统治者。特别会溜须拍马的近臣，他们似乎处处为统治者着想。君主想要吃甜食，他就进献甜食；君主说好，他也说好。这就是晏子所谓的"同"而不是"和"①。孔老夫子也极讨厌能说会道、花言巧语之辈。他说："巧言令色，鲜矣仁。"②阿谀奉承的左右近臣就缺乏"仁"。晏子所谓的"仁"就是"不从欲"③。齐景公追求个人的享乐显然不符合"仁"。在晏子看来，具有"仁义之心"的贤君治理国家要做到"其政任贤，其行爱民，其取下节，其自养俭"④。也就是要任用贤人当官，爱护老百姓，对老百姓征收赋税要有节制，统治者要学会节俭。君主只有抛弃自己的私心、私欲，才能成就"仁义之心"。但是，这样的君主是不是活得有点惨？孟子说，不独乐而与民同乐的人就能"王天下"⑤。这是有理想、有抱负的"大乐"。晏子虽没这样说，但是道理都一样。

晏子道："臣闻古者之士，可与得之，不可与失之；可与进之，不可与退之。臣请逃之矣。"从这里我们可以看出，晏子同儒家先贤一样相当珍视士的尊严和独立精神。晏子曾对景公说辨别贤士的方法："通则视其所举，穷则视其所不为，富则视其所不取。夫上士，难进而易退也；其次，易进易退也；其下，易进难退也。以此数物者取人，其可乎！"⑥这和孟子的"穷则独善其身，达则兼善天下"的士的精神具有异曲同工之妙。对于污秽不堪的乱世，真正的君子是不屑同当局者合作的。那个年代，士来去自由，完全可以主动炒主公的鱿鱼。真正的士"难进而易退"，不在乎自己的穷富。所以，孔子说："危邦不入，乱邦不居。天下有道则见，无道则隐。邦有道，贫且贱焉，耻也；邦无道，富且贵焉，耻也。"⑦盛世，士大夫得不到重用，身处贫贱，这是统治者的耻辱；乱世，士大夫飞黄腾达，这是士大夫的耻辱。从晏子这里，我们知道，这种士的尊严感和独立精神可能在西周时期就已经存在了。现在的知识分子缺少的，可能就是这种精神。

---

① 《晏子春秋》卷一《内篇谏上·第十八》。
② 《论语·学而》。
③ 《晏子春秋》卷一《内篇谏上·第二十四》。
④ 《晏子春秋》卷三《内篇问上·第十七》。
⑤ 《孟子·梁惠王下》。
⑥ 《晏子春秋》卷三《内篇问上·第十三》。
⑦ 《论语·泰伯》。

景公爱嬖妾随其所欲晏子谏第九

翟王子羡[1]臣于景公，以重驾[2]，公观之而不说[3]也。嬖人婴子[4]欲观之，公曰："及晏子寝病[5]也。"居圃中台上以观之，婴子说之，因为之请曰："厚禄[6]之！"公许诺。晏子起病[7]而见公，公曰："翟王子羡之驾，寡人甚说之，请使之示[8]乎？"晏子曰："驾御之事，臣无职焉[9]。"公曰："寡人一乐之，是欲禄之以万锺，其足乎[10]？"对曰："昔卫士东野[11]之驾也，公说之，婴子不说，公曰不说，遂不观。今翟王子羡之驾也，公不说，婴子说，公因悦之；为请，公许之，则是妇人为制[12]也。且不乐治人[13]，而乐治马，不厚禄贤人，而厚禄御夫[14]。昔者先君桓公之地狭于今，修法治，广政教，以霸诸侯。今君，一诸侯无能亲也，岁凶年饥，道途死者相望也。君不此忧耻[15]，而惟图耳目之乐，不修先君之功烈，而惟饰驾御之伎[16]，则公不顾民而忘国甚矣。且《诗》曰：'载骖载驷，君子所诫[17]。'夫驾八[18]，固非制也，今又重此，其为非制也，不滋甚乎[19]！且君苟美乐之，国必众为之，田猎则不便，道行致远则不可[20]，然而用马数倍，此非御下之道[21]也。淫于耳目，不当民务，此圣王之所禁也。君苟美乐之，诸侯必或效我，君无厚德善政以被[22]诸侯，而易之以僻[23]，此非所以子民、彰名、致远、亲邻国之道也。且贤良废灭，孤寡不振，而听嬖妾以禄御夫以蓄怨，与民为仇之道也。《诗》曰：'哲夫成城，哲妇倾城[24]。'今君不免[25]成城之求，而惟倾城之务，国之亡日至矣。君其图之！"公曰："善。"遂不复观，乃罢归翟王子羡，而疏嬖人婴子。

【注释】

[1]翟王子羡：翟，又称"狄"，西周时期原为北方的游牧民族。自西周末年犬戎攻破镐京之后，翟人纷纷迁入中原，各部落占据土地，并与中原诸侯国犬牙交错。春秋前期，翟人实力较强，甚至灭了卫国、邢国这样的西周宗亲。齐桓公的"尊王攘夷"就是驱逐翟人对中原诸侯国的威胁。鲁、晋等诸侯国也都掀起过驱逐翟人的大规模军事行动。到了晏子生活的春秋后期，翟人的威胁基本解除。他们或被驱逐出中原，或被消灭掉，但大部分人与中原人逐渐同化。羡，翟王之子，其生卒年不详。

[2]重驾：驾驶十六匹马。据下文可知，驾驭八马已经僭越礼制了。因翟人本为游牧民族，擅长驭马之术，其王子羡能一次驾驭十六匹马。这有点类似于今天的特技表演，中原的贵族一般都喜爱此类特技表演，但当时来看，已经严重违背了周礼。

[3]说：通"悦"，高兴。

[4]婴子：齐景公的宠妾。姓子，名婴。子姓，商人之后，宋国人。

[5]及晏子寝病：等晏子生病，卧床不起，不能上朝的时候。

[6]厚禄：给予厚禄。

[7]起病：病愈后能够起床料理事务。

[8]使之示：使翟王子羡表演一下重驾之术。示，陈列、示范，这里引申为表演。

[9]臣无职焉：(驾驭之术)不是臣的职责。即所谓"不在其位，不谋其政"。

[10]其足乎：疑问句，意为(您觉得)够不够。

[11]卫士东野：卫国之士叫东野的人。

[12]妇人为制：为妇人所挟制。

[13]不乐治人：不喜欢治理人民。

[14]御夫：驾驭马车的人，即上文所说的翟王子羡。

[15]君不此忧耻：君不以此为忧耻。

[16]伎：应作"技"。

[17]载骖载驷，君子所诫：语出《诗经·小雅·采菽》。按照当时的礼制，诸侯应驾驭三马之车或四马之车。骖，三马之车。驷，四马之车。

[18]驾八：诸侯驾驭八匹马僭越当时的礼制，诸侯仅能驾驭三马或四马之车，就是周天子也仅仅驾驭六马之车。

[19]不滋甚乎：变本加厉了。

[20]道行致远则不可：驾驶十六匹马的车赶远路不可行。

[21]御下之道：驾驭臣民的办法。此指僭越礼制，以下犯上，这不是臣民的好榜样。

[22]被：覆盖，引申为泽润诸侯。

[23]僻：邪僻。

[24]哲夫成城，哲妇倾城：语出《诗经·大雅·瞻卬》。贤人能治理好国家，心机多的妇人能够毁灭一个国家。

[25]不免：一本作"不思"。俞樾《诸子平议》疑"免"作"勉"。俞说见长。

【品读】

翟王子羡臣服于齐景公，这里的"臣"，注家大多将其解释为"当了齐景公的臣子"[①]。"臣"本意作"奴隶"讲。翟王子羡出身夷狄，身份卑微，是齐景公驾驭马车的奴仆，故下文晏子称其为"御夫"，其身份和地位与晏子有天壤之别。史有例证，西汉武帝时期，匈奴休屠王太子金日磾为汉骠骑将军霍去病所俘虏，"与母阏氏、弟伦俱没入官，输黄门养马"[②]。

"没入官"是指沦为官府奴隶。翟王子羡与金日磾的命运可能比较相似，都是以官奴隶的身份给最高统治者养马。当初，景公看了翟王子羡驾驭十六匹马的特技表演并不高兴，因为依照礼制，国君乘坐的车一般驾驭三匹

---

① 参见李万寿译注：《晏子春秋全译》，贵州人民出版社1993年版，第24页；石磊：《晏子春秋译注》，黑龙江人民出版社2003年版，第18页；卢守助：《晏子春秋译注》，上海古籍出版社2012年版，第13页。

② 《汉书·金日磾传》。

或四匹马，只有天子才享有“六驾”的最高规格待遇。驾驭八匹马都严重僭越了礼制，何况是十六匹马！如果说这里齐景公对于礼制还有一定操守的话，那么，他后面的行为就完全推翻了他此时脆弱的操守。

景公为取悦一位名叫婴子的妾，给翟王子羡多加俸禄，结果被晏子讥为身份虽高贵却受制于妇人。

“不乐治人，而乐治马，不厚禄贤人，而厚禄御夫”是景公的第二宗过失。一国之君，为民父母，以治民、安民为要务，而非以“淫于耳目”为务。春秋初年，鲁隐公移驾棠邑观看捕鱼，鲁国贤大夫臧僖伯谏曰：“凡物不足以讲大事，其材不足以备器用，则君不举焉。”①凡是与兴兵、祭祀、“敬天保民”等无关的一切活动，君主都要摒弃掉。厚遇贤人，远离小人，就是周公所谓的“敬天保民”的举措。所以，晏子在最后用《诗经·大雅·瞻卬》的语句劝谏景公远离女色、务求贤人治理国家，这样齐国才能富强。

景公敕五子之傅而失言晏子谏第十

景公有男子五人[1]，所使傅之者[2]，皆有车百乘者[3]也。晏子为一焉。公召其傅曰：“勉之！将以而所傅为子[4]。”及晏子，晏子辞曰：“君命其臣，据其肩以尽其力，臣敢不勉乎！今有之家[5]，此一国之权臣也，人人以君命命之曰：‘将以而所傅为子。’此离树别党[6]，倾国之道也。婴不敢受命，愿君图之！”

【注释】

[1]男子五人：景公有五个儿子。据《左传·哀公五年》，除了幼子公子荼之外，齐景公尚有五子在世，分别是公子嘉、公子驹、公子黔、公子钼、公子阳生。

[2]傅之者：教育五位公子的大臣，即教育王子、公子的师、傅之类。傅，名词作动词，教导、教育。

[3]有车百乘者：拥有一百乘车的大夫。《礼记·坊记》：“家富不过百乘。”具有百乘之家的大夫实力较为雄厚。

[4]将以而所傅为子：将来会以你教育、辅导的公子为太子。而，代词，你。子，太子。

[5]今有之家：代指有车百乘之家。之，代词。

[6]离树别党：已经许诺立一人为太子却又离间之，别立其他四人。

【品读】

除了年龄最幼小的公子荼以外，齐景公有五个公子，他们分别是公子

① 《左传·隐公五年》。

嘉、公子驹、公子黔、公子钮以及公子阳生。所派去辅导、教育的师傅都是家有百乘之车的有实力的大夫，晏子即是其中的一位。景公分别召见公子的各位师傅说："尽心尽力地辅导公子吧，我将来会以你辅佐的公子为太子。"到了召见晏子时，晏子辞谢说："国君命令大臣，凡事都依据他们所能胜任的能力去分配事务，作为大臣哪有敢不尽力而为的。现在您给五位公子任命的师傅都是家有百乘的大夫，是齐国具有一定权势的大臣。他们人人都以国君您所说的'将来以你所辅佐的公子为太子'作为自己的工作动力。您已经许诺一人为太子了，而又许诺其他四人为太子，这就树立五支争夺太子之位的党羽，这是倾覆国家之举啊。晏婴不敢接受命令，请您另请高明吧。"

自周公以来，嫡长子继承制遂为统治集团立储的不二法则。春秋时期，各公子都有自己的师傅。如春秋前期，齐襄公末年，公孙无知之乱，襄公被杀，齐襄公的弟弟公子纠、公子小白分别逃往母家鲁、莒等国，公子纠的师傅为管仲、召忽，公子小白的师傅为鲍叔牙。公孙无知之乱被齐国卿大夫平定之后，公子纠、公子小白都以各自的师傅形成了党羽。师傅不仅教导公子、王子知识、礼仪，他们还是公子、王子获得君位乃至登基之后治理国家的重要依靠力量。太公佐武王而灭商，周公旦辅成王成就盛世，鲍叔牙辅公子小白获君位，管仲佐桓公成就霸业。这些事例都说明师傅的重要性。

景公欲废适子阳生而立荼晏子谏第十一

淳于[1]人纳女于景公，生孺子荼[2]，景公爱之。诸臣谋欲废公子阳生[3]而立荼，公以告晏子[4]。晏子曰："不可。夫以贱匹贵[5]，国之害也；置大立少，乱之本也。夫阳生，生而长，国人戴之，君其勿易！夫服位有等，故贱不陵贵；立子有礼，故孽不乱宗[6]。愿君教荼以礼而勿陷于邪[7]，导之以义而勿湛于利[8]。长少行其道[9]，宗孽得其伦[10]。夫阳生敢毋使荼餍粱肉之味[11]，玩金石之声[12]，而有患乎[13]？废长立少，不可以教下；尊孽卑宗，不可以利所爱[14]。长少无等，宗孽无别，是设贼树奸之本也。君其图之！古之明君，非不知繁乐[15]也，以为乐淫则哀[16]，非不知立爱也，以为义失则忧，是故制乐以节，立子以道。若夫恃谗谀以事君者，不足以责信[17]。今君用谗人之谋，听乱夫之言也。废长立少，臣恐后人之有因君之过以资其邪[18]，废少而立长以成其利者。君其图之。"公不听。景公没，田氏[19]杀君荼，立阳生；杀阳生，立简公[20]；杀简公而取齐国。

【注释】

[1]淳于：古国名，在今山东安丘东北10公里。后被齐国吞并。

[2]孺子荼：景公之幼子，淳于女鬻姒(《史记·齐太公世家》称为"芮姬")所生，鲁哀公五年(前490年)，景公死前，命国惠子、高昭子立公子荼为太子，景公卒，立为国君，号"安孺子"。鲁哀公六年(前489年)，田(陈)乞联合鲍牧废荼而立公子阳生。不到一年，即为田乞所杀安孺子荼。

[3]公子阳生：景公子，鲁哀公六年被田乞立为国君，鲁哀公十年(前485年)为田乞所杀。

[4]公以告晏子：景公把诸大臣欲废阳生而立公子荼的想法告诉了晏子。

[5]以贱匹贵：让身份卑贱者与身份高贵者相匹敌。

[6]孽不乱宗：庶出之子不能干扰嫡长子继承大宗。孽，非正妻所生之子。宗，正妻所生之子。

[7]勿陷于邪：勿陷于邪僻。

[8]勿湛于利：不要沉溺于名利。湛，沉溺于。

[9]长少行其道：年长的公子与年幼的公子品行不背离道义。

[10]宗孽得其伦：嫡长子、庶子都遵循人伦道德。

[11]餍粱肉之味：满足于精肉美食之味。餍，吃饱、满足。

[12]金石之声：泛指一切音乐歌舞。金，用青铜制作的乐器，如编钟；石，用石头打制的乐器，如石磬、石鼓等。

[13]而有患乎：还有什么后患？意指公子阳生与公子荼之间争权斗争的隐患。患，后患。

[14]不可以利所爱：不可能有利于君主所宠爱的公子。

[15]繁乐：尽情享受多种欢乐。

[16]乐淫则哀：享乐过渡，就会乐极生悲。

[17]不足以责信：不可以委以重信。责，本为责任，这里作动词，委以重信。

[18]资其邪：助长他们的邪恶。资，助长。

[19]田氏：田氏祖上本为陈国贵族公子完，春秋时期以其国名为姓，谓之陈完。齐桓公时，公子完因内乱奔齐，齐桓公任命其为工正。后陈完因功封邑于田，其后以邑为姓氏。战国之后，田氏代齐，遂改陈氏为田氏。这里的"田氏"是指景公后期的田僖子田乞。

[20]简公：齐悼公之子，名壬，公元前484～前481年在位。公子阳生立为国君之后，是为齐悼公。齐悼公后为田乞杀害，立其子壬为君，后为齐大夫田成子所杀。

【品读】

上章与本章是《晏子春秋》一书论及君位继承制度仅有的两章，尤其是本章，论述该制度最为详细。然学者早已考证得出，此篇所言并非出自晏子之口。据钱穆先生考证，晏子卒年"至迟景公四十二年前"[①]。齐景公四十二年是为鲁定公四年(前504年)。景公五十八年(前490年)卒，晏子卒年至少

① 钱穆：《先秦诸子系年》，《钱宾四先生全集》(五)，(台北)联经出版事业股份有限公司1985年版，第11页。

早于本章十四年。可以确定的一点是，本章的观点不是晏子所发。此文的观点当是编纂《晏子春秋》的齐人附会晏子所为。综观本章，文中的晏子反对"废长立少"，支持周公以来形成的"嫡长子继承制"。

所谓的"嫡长子继承制"，是指统治者在立储之时遵循"立嫡以长不以贤，立子以贵不以长"①的原则。换句话说，选立太子，首先是看出身。王子、公子出身决定于母亲的出身和地位，母亲是正后或夫人（又统称为"嫡母"）的孩子最有资格当选为太子，这就是所谓的"立子以贵不以长"。

本章中景公欲立宠爱的公子荼为太子而废长庶子公子阳生的储君资格。景公对晏子说，废长立少，不是自己愿意而是诸位大臣愿意这样做。晏子明确地告诫齐景公"以贱匹贵，国之害也；置大立少，乱之本也"。这是因为，嫡长子有法理和道义的支持，如若国君宠幸庶孽子，庶孽子在低位和等级上都会僭越礼制，这就对嫡长子的继承权构成了威胁。嫡长子、庶子又各有党羽，这样争夺君位的斗争就不可避免地上演了。"服位有等，故贱不陵贵；立子有礼，故孽不乱宗"，严格地遵循身份等级制度，在立储君上又以嫡长子继承制作为法则，那么国家不会出现动乱，嫡子、庶子间能够和谐相处。对于统治者来说，不是最好不过的吗？维护嫡长子的法定继承人资格，让庶子对其权力不构成威胁，嫡长子将来也不会谋害自己的庶弟。怎样让庶子对嫡长子的地位和权力不构成威胁呢？晏子开出了药方——教之以礼。

当然，总体来说，君位继承制恪守嫡长子继承法会大大降低引发动乱的风险。废嫡立庶、废长立少，常常为别有用心的臣子所利用。故晏子担忧景公若"废长立少"将会使"后人之有因君之过以资其邪，废少而立长以成其利者"。田氏后来废安孺子荼、立公子阳生，就印证了此语。

景公病久不愈欲诛祝史以谢晏子谏第十二

景公疥且疟[1]，期年不已[2]。召会谴[3]、梁丘据、晏子而问焉，曰："寡人之病病矣[4]，使史固与祝佗[5]巡山川宗庙，牺牲珪璧[6]，莫不备具，数其常多先君桓公[7]，桓公一则寡人再[8]。病不已，滋甚，予欲杀二子者以说[9]于上帝，其可乎？"会谴、梁丘据曰："可。"晏子不对。公曰："晏子何如？"晏子曰："君以祝为有益乎[10]？"公曰："然。""若以为有益，则诅亦有损[11]也。君疏辅而远拂[12]，忠臣拥塞，谏言不出。臣闻之，近臣嘿[13]，远臣瘖[14]，众口铄

---

① 《公羊传·隐公元年》，《十三经注疏》本，中华书局1980年影印本。

金[15]。今自聊摄[16]以东，姑尤[17]以西者，此其人民众矣，百姓之咎怨诽谤，诅君于上帝者多矣。一国诅，两人祝，虽善祝者不能胜也。且夫祝直言情，则谤吾君也；隐匿过，则欺上帝也。上帝神，则不可欺；上帝不神，祝亦无益。愿君察之也。不然，刑无罪，夏商所以灭也。”公曰：“善解余惑，加冠[18]！”命会谴毋治齐国之政，梁丘据毋治宾客之事，兼属之乎晏子。晏子辞，不得命[19]，受相退[20]，把政，改月而君病悛[21]。公曰：“昔吾先君桓公，以管子为有力，邑狐与榖[22]，以共宗庙之鲜[23]，赐其忠臣，则是多忠臣者。子今忠臣也，寡人请赐子州款[24]。”辞曰：“管子有一美，婴不如也；有一恶[25]，婴不忍为也，其宗庙之养鲜也。”终辞而不受。

【注释】

[1]疥且疟：疥疮和疟疾。疥，疥疮，一种传染性皮肤病，发病时瘙痒难忍。疟，疟疾，由疟原虫所致的传染病，临床表现为发热、恶寒、头痛，俗称“打摆子”。据《左传·昭公二十年》，齐景公“疥，遂痁”，言景公先患疥疮，后患疟疾。痁，疟疾。而本章则谓景公是疥疮与疟疾并发。

[2]期年不已：整整一年没有痊愈。期年，一周年。

[3]会谴：齐景公宠幸之大夫，本书言会谴曾掌齐国之政。据《外篇上·第七》及《左传·昭公二十年》皆为“裔款”，二者似为一人。

[4]寡人之病病矣：寡人的病更加严重了。第一个“病”为名词，意为疾病；第二个“病”为动词，意为病重。

[5]史固与祝佗：《外篇上·第七》与《左传·昭公二十年》称为“祝固、史嚚”。

[6]牺牲珪璧：牺牲，祭祀神灵的牛、羊、猪之类。珪璧，玉器，中国古代贵族朝聘、祭祀、丧葬时所用礼器。

[7]数其常多先君桓公：牺牲珪璧的数量常常比齐桓公时期要多。

[8]桓公一则寡人再：桓公一份祭品，寡人则两份。

[9]说：通“悦”，取悦。

[10]君以祝为有益乎：您以为祝告上帝对您的病情缓解有益吗？

[11]诅亦有损：民众的诅咒也能加重病情。

[12]疏辅而远拂：疏远辅佐大臣。辅，辅佐之臣。拂，通“弼”，也指辅佐大臣。

[13]嘿(mò)：通“默”，沉默。

[14]瘖(yīn)：本义为哑，引申为沉默。

[15]众口铄金：众人的言论足以消融金属，比喻舆论的力量强大。铄，[illegible]蚀。

[16]聊摄：聊邑、摄邑，均为齐国最西的城邑。

[17]姑尤：姑水、尤水。齐国东部边界上的两条河流，即今天山东青岛境内的大沽河、小沽河。

[18]加冠：加爵。

[19]不得命：景公不收回成命。

[20]受相退：接受相国职位然后退出。

[21]改月而君病悛(quān)：一个月之后景公的病痊愈。改月，一个月之后。悛，病痊愈。

[22]狐与穀：齐桓公赐给管仲的两个封邑。

[23]以共宗庙之鲜：献给宗庙的珍馐野味。共，通"供"，供献。鲜，野味。

[24]州款：地名，其具体地址今已不详。

[25]有一恶：指管仲接受狐与穀两个封邑。

【品读】

本章与《晏子春秋》卷七《外篇上・第七》及《左传・昭公二十年》用词稍异而主旨相同。其中，《晏子春秋》卷七《外篇上・第七》与《左传・昭公二十年》高度吻合。《左传》成书年代要早于《晏子春秋》，显然本章和卷七《外篇上・第七》都有抄袭《左传》的嫌疑。但细察后发现，本章与《左传・昭公二十年》所记载的内容差别较大。据陈瑞庚先生考证，从语言上看，相较于本章，倒是《左传》"确有浮夸之嫌"。他断定"《晏子》此章与《左传》是采自同一资料，而不是互相抄袭"。[①]

较之本章，《左传・昭公二十年》所载确实不够简洁、流畅，但《左传》明确将景公患疾的原因归结为景公"无德"，从而导致"鬼神不飨其国而祸之"。这和《左传》一贯倡言周公的"敬天保民"思想相符。而这种思想早已在各诸侯国发芽生根。晏子有这样的言论，不但不为怪诞，反而合情合理。反观本章倒是像在《左传》的基础上进行了修改、加工。这样看来，本章很可能就是抄袭了《左传》。而本章抄《左传》的另一个证据就是本书《外篇上・第七》几乎完全抄袭了《左传》。《外篇上・第七》可能就是本章的原始面貌。后经过流传，到了西汉，出现了两种不同的版本，刘向就干脆把它们都收录进来了。

本章大意是齐景公得了疥疮和疟疾，不仅一整年都没有痊愈，反而更加严重了。病魔缠身的景公找来会谴、梁丘据、晏子三位信赖的大臣，要他们杀掉专管祭祀山川宗庙之神的祝、史二官。因为景公认为，每次祭祀山川宗庙之神，他供奉的牺牲珪璧没有不完备的时候，而且在数量上比名扬天下的桓公要多得多；神灵降罪于景公很可能是祝、史没有向神灵说好话，或者是他们克扣了神灵祭祀品。所以，景公表示，他要杀祝、史，以取悦上帝神灵。会谴、梁丘据都表示赞同，晏子却进言道：如果向神灵祝告能够减轻一个人的病痛的话，那么向神灵诅咒也能加重病痛。您远贤人而亲小人，忠于国君的敢谏之言无法达于圣听，谗佞的阿谀奉承和谗言却不绝君耳。现在，自齐国西部边境的聊、摄二邑以东，齐国东部边境姑水、尤水以西，百姓怨声载道，向上帝诅咒您的人太多了。整个国家的人都向神灵诅咒国君，而仅仅

① 参见陈瑞庚：《晏子春秋考辨》，第150页。

祝、史两个人向神灵祷告祈求您健康长寿，就是最善于祈祷的祝、史也无法胜任此事。况且，如果祝、史向神灵祷告时，如实说您远贤人、暴虐百姓之举的话，这就犯了诽谤国君罪；如果祝、史向神灵隐瞒您的暴政之行的话，这就是欺骗神灵。倘若上帝有神灵的话，那么绝对不可欺骗之；如果上帝没有神灵的话，祝、史的祝告也不会减轻您的病痛。希望国君您细细审查此事。无辜杀害没有罪的人，这就是夏代、商代灭亡的重要原因。

"上帝神，则不可欺；上帝不神，祝亦无益。"通过这句话我们可以看出，晏子基本不大相信鬼神的存在。据《左传·昭公二十年》，晏子将景公的病大多归为其施政不德。因此，他建议景公"修德而后可"。景公听后大悦，"使有司宽政，毁关，去禁，薄敛，已责"。本书《外篇上·第七》说景公采取了晏子的建议，最终疾愈。

"轻天重民"思想自春秋以来成为一股思想潮流，许多先进的人物如子产、季梁、老子、孔子都持此观点。需要指出的是，他们虽然轻视鬼神，"轻天重民"，但其思想还没有演变为无神论思想，并没有完全抛弃鬼神。以晏子为例，晏子将天与统治者施政行为挂钩，认为统治者施行德政，天就赐福；统治者施虐暴政，天就以疾病、灾患的形式降罚，这实际上并没有完全走出周公的"敬天保民"思想。到了秦汉时期，最终演变为"天人感应"的神道思想。

景公怒封人祝之不逊晏子谏第十三

景公游于麦丘[1]，问其封人[2]曰："年几何矣？"对曰："鄙人[3]之年八十五矣。"公曰："寿哉！子其祝我[4]。"封人曰："使君之年长于胡[5]，宜国家。"公曰："善哉！子其复之。"曰："使君之嗣，寿皆若鄙臣之年。"公曰："善哉！子其复之。"封人曰："使君无得罪于民。"公曰："诚有鄙民得罪于君则可，安有君得罪于民者乎？"晏子谏曰："君过矣！彼疏者有罪[6]，戚者[7]治之，贱者有罪，贵者治之；君得罪于民，谁将治之？敢问：桀纣，君诛乎，民诛乎？"公曰："寡人固[8]也。"于是赐封人麦丘以为邑[9]。

【注释】

[1]麦丘：齐国的小邑，春秋时期的"邑"可能是一些较大的聚落，类似于今天的较大的村庄。较之村，邑的四周一般都有防御性的城墙。

[2]封人：封，疑"邦"之讹。据下文可知，本章中的"封人"是"邦人"的意思，即国中的普通百姓。

[3]鄙人：谦称，我。

[4]子其祝我：请您为我祝福吧。祝，祝福。

[5]君之年长于胡：祝愿君上比先君胡公静还要长寿。胡，齐国先君胡公静。胡公静在位时经历周懿王、孝王、夷王三代周天子，享国时间较长。

[6]彼疏者有罪：没有姻亲关系的异姓大夫有罪。疏，与"戚"相对，关系疏远的人，这里指没有姻亲关系的异姓大夫。

[7]戚者：关系亲近的人，一般指与国君同姓之卿大夫或有姻亲关系的异姓卿大夫。

[8]固：固执、浅陋。

[9]邑：封邑。

【品读】

景公一再向麦丘一位长寿的老人请求祝福时，老人祝他"无得罪于民"。高高在上的景公很不以为然。在位者经久，往往容易忘记了权力的来源。这一点古今皆然。

景公可能不知，民本思想自西周以来就已经形成。周初，武王、周公屡屡告诫周人要善待民众。这一点，我们在《晏子春秋》卷一《内篇谏上·第五》中有详细的品读。齐国向来有民本思想的火种。《管子·牧民》云："政之所行，在顺民心；政之所废，在逆民心。"民心向背，关乎政治兴亡。战国时期齐国稷下学宫的学者们都倡导民本思想。在齐国生活多年的孟子说："民为贵，社稷次之，君为轻。"①曾担任齐国稷下学宫祭酒的荀子有言："天之生民，非为君也。天之立君，以为民也。"②战国时期，民本思想在齐国传播尤为迅猛。西汉初年的黄老思想发源于齐国。黄老倡导无为、宽政息民，这些都与战国时期齐国民本思想的流行有关。

景公欲使楚巫致五帝以明德晏子谏第十四

楚巫微导裔款以见景公[1]，侍坐三日，景公说之。楚巫曰："公，明神之主[2]，帝王之君[3]也。公即位有七年[4]矣，事未大济者，明神未至也。请致五帝，以明君德。"景公再拜稽首。楚巫曰："请巡国郊以观帝位。"至于牛山[5]而不敢登，曰："五帝之位，在于国南，请斋[6]而后登之。"公命百官供斋具于楚巫之所，裔款视事[7]。晏子闻之而见于公曰："公令楚巫斋牛山乎？"公曰："然。致五帝以明寡人之德，神将降福于寡人，其有所济乎[8]？"晏子曰："君之言过矣！古之王者，德厚足以安世[9]，行广足以容众，诸侯戴[10]之，以为君长，百姓归之，以为父母。是故天地四时和而不失，星辰日月顺而不乱。德

① 《孟子·尽心下》。

② 《荀子·大略》。

厚行广，配天象时[11]，然后为帝王之君，明神之主。古者不慢行而繁祭[12]，不轻身而恃巫[13]。今政乱而行僻，而求五帝之明德也？弃贤而用巫，而求帝王之在身也？夫民不苟德[14]，福不苟降[15]，君之帝王[16]，不亦难乎！惜乎！君位之高，所论之卑也。"公曰："裔款以楚巫命寡人曰：'试尝见而观焉[17]。'寡人见而说之，信其道，行其言。今夫子讥之，请逐楚巫而拘裔款。"晏子曰："楚巫不可出。"公曰："何故？"对曰："楚巫出，诸侯必或受之。公信之，以过[18]于内，不知；出以易诸侯于外[19]，不仁。请东楚巫而拘裔款。"公曰："诺。"故曰：送楚巫于东，而拘裔款于国也。

【注释】

[1]楚巫微导裔款以见景公：来自楚国叫微的巫师由裔款引见给齐景公。楚巫微，楚国的巫师微。导，引导。

[2]明神之主：神明的君主。顾广圻《晏子春秋校本》改元本"明神"为"神明"。①

[3]帝王之君：帝王一般的国君。

[4]即位有七年：即位十七年。"有"字前脱"十"，王念孙《读晏子春秋杂志》引《太平御览》而改②，今从之。

[5]牛山：齐国国都临淄城南的一座山，位于今山东临淄区政府驻地南。

[6]斋：斋戒。古人在祭祀或进行重大活动前，沐浴更衣，不喝酒，不吃荤，洁净身心，以示虔敬。

[7]视事：主持此事。

[8]有所济乎：有好处吗？济，增益。

[9]德厚足以安世：道德宽厚足以安定国家。

[10]戴：拥戴。

[11]配天象时：上能配天文，下能顺应四时。

[12]古者不慢行而繁祭：古人既不慢待鬼神、不事祭祀，又不过度频繁地祭祀。慢，慢待鬼神，不事祭祀。繁，频繁地祭祀。

[13]不轻身而恃巫：不轻视自己而依赖巫师。恃，依靠。

[14]民不苟德：老百姓不会随便拥戴国君。苟，苟且。德，德惠。

[15]福不苟降：上天也不会随便降福给国君。

[16]君之帝王：您要想达到帝王一般的事业。之，往、去，引申为达到。

[17]试尝见而观焉：请接见楚巫试试，看看她怎么样。试尝，尝试。

[18]过：过失。这里代指信任楚巫而犯下的过错。

[19]出以易诸侯于外：将楚巫之祸害转移到其他诸侯国。易，转移。

【品读】

囿于认识有限，古人常将灾难、病患等种种不如意之事归为鬼神降罪。

① 参见吴则虞：《晏子春秋集释》，第52页。

② 参见吴则虞：《晏子春秋集释》，第52页。

《晏子春秋》卷一《内篇谏上·第十二》中说景公得了疥疮和疟疾，一年多了还没有痊愈，他就将此事归咎为祝、史不诚心向神灵祷告。裔款，卷一《内篇谏上·第十二》叫"会谴"，他和梁丘据都是景公身边的善于阿谀奉承的近臣。据《左传·昭公二十年》，正是此二人将景公久治不愈的疾病归罪于祝、史不好好祷告的。可见两人起码是信奉鬼神之说的，或者两人故意援引鬼神之说以干扰朝政。

齐景公十七年（前531年），裔款把楚国的一个名叫微的巫师引见给景公。景公对巫师微的一套理论非常信服，晏子告诫景公，上古三代的帝王之所以成就了万人敬仰的事业，就是因为他们施行德政，而非仰仗神明的赐福和巫师的法术。

孔子也说："为政以德，譬如北辰，居其所而众星共之。"[①]有德行才有号召力、影响力。五帝、三王正是施行德政才有这样的盛况——"诸侯戴之，以为君长，百姓归之，以为父母"。诸侯、百姓的归顺和服从，才使得天地日月星辰运转和谐。自然的和谐可以看作是神灵赐福，而这种福气到底还是"人事"造成的。这里的"人事"是指君王施行德政的结果。"人事"与自然双重互动达到"和"的境界，统治者才能成为"帝王之君，明神之主"。最终，五帝、三王都成了神，享有万世景仰、配享天地的殊荣。"法先王"，即以五帝三王为榜样，是后世大多有为君主毕生的梦想。要想成为五帝、三王，其实不难。管子说："尊贤授德则帝，身仁行义、服忠用信则王。"[②]孟子认为"人皆可以为尧舜"，"尧舜之道，孝弟而已"[③]。儒家认为要想成为尧舜之君首先要修身，而孝悌是修身之本。晏子对此也有论述。《晏子春秋》卷三《内篇问上·第十三》《内篇问上·第十四》以及《内篇问上·第十七》三章说当一名贤君主要做到"任贤""爱民"以及"节俭"三点。管子、晏子的思想比较接近。

晏子又说："古者不慢行而繁祭，不轻身而恃巫。"《管子·权修》说："上恃龟筮，好用巫医，鬼神作祟。""慢行而繁祭"就是管子说的"上恃龟筮"；"轻身而恃巫"就是管子所言"好用巫医"。这样做的后果就是不但得不到神灵赐福，相反，鬼神却常常因此作怪害人。不务民事而恃鬼神，"天道远，人道迩"[④]，况且，时人早已认识到"夫民，神之主也"[⑤]。不保民、养民，却梦想着成为五帝、三王那样的圣君，不是很难吗？

---

① 《论语·为政》。

② 《管子·幼官》。

③ 《孟子·告子下》。

④ 《左传·昭公十八年》。

⑤ 《左传·桓公六年》。

另外，晏子不把楚巫随便赶出齐国，而是将其流放在齐国东海之滨。晏子说，将楚巫放逐他国，祸水外引，这是“不仁”之举。本着高度负责的精神将其在国内流放，今天来看，这无疑体现出了大国高度负责的国际主义精神。这种精神就是“仁”。也就是孔子所谓的“己所不欲，勿施于人”①。

景公欲祠灵山河伯以祷雨晏子谏第十五

齐大旱逾时[1]，景公召群臣问曰：“天不雨久矣，民且有饥色。吾使人卜，云：‘祟在高山广水[2]。’寡人欲少赋敛[3]以祠灵山，可乎？”群臣莫对。晏子进曰：“不可！祠此无益也？夫灵山固[4]以石为身，以草木为发，天久不雨，发将焦，身将热，彼独不欲雨乎[5]？祠之无益。”公曰：“不然[6]，吾欲祠河伯[7]，可乎？”晏子曰：“不可！河伯以水为国，以鱼鳖为民，天久不雨，泉将下，百川竭[8]，国将亡，民将灭矣，彼独不欲雨乎？祠之何益？”景公曰：“今为之奈何？”晏子曰：“君诚避宫殿暴露[9]，与灵山河伯共忧，其幸而雨乎！”于是景公出野居暴露，三日，天果大雨，民尽得种时[10]。景公曰：“善哉！晏子之言，可无用乎！其维有德[11]。”

【注释】

[1]逾时：过了种庄稼的时节。

[2]祟在高山广水：高山大河作祟。祟，作祟、作怪。

[3]少赋敛：稍微多征点赋税。

[4]固：本来。

[5]彼独不欲雨乎：它难道不愿意下雨吗？彼，这里代指河伯。

[6]不然：不这样、不如此。

[7]河伯：古代传说中的黄河水神。

[8]竭：干涸。

[9]避宫殿暴露：离开宫殿，风餐露宿。避，离开。暴露，露宿。

[10]民尽得种时：百姓都及时补种上了庄稼。种时，庄稼集中播种的时间。

[11]其维有德：他是有德行的人啊。其，此指晏子。维，语气助词，无实际意义。

【品读】

本章讲的是齐国发生大旱的故事。对于灾荒，中国自古以来就有对付的一套办法。《周礼》将其称之为“荒政”。《周礼·地官·大司徒》：“以荒政十有二聚万民：一曰散利，二曰薄征，三曰缓刑，四曰弛力，五曰舍禁，六曰去

---

① 《论语·卫灵公》。

几，七曰眚礼，八曰杀哀，九曰蕃乐，十曰多昏，十有一曰索鬼神，十有二曰除盗贼。”“荒”，郑注：“凶年也。”《周礼》谈了十二种备荒抗灾的办法，其中，第七、八、九是指通过降低礼数来备荒，即所谓的“凶荒杀礼者也”[①]。本章中晏子建议景公“避宫殿暴露”就是“凶荒杀礼者”的变种。正常情况下，国君饮食起居于宫殿当中，但凶荒之年，降低礼数，国君一般要离开宫殿，在野外风餐露宿，以示国君与民共同抵御灾荒的决心。先秦时期，国君个人大多在吃肉、穿衣、听音乐方面进行礼仪贬损。鲁僖公二十一年（前 639 年），鲁国大旱，僖公欲焚烧巫尫，臧文仲曰：“非旱备也。修城郭、贬食、省用、务穑、劝分，此其务也。”[②]由此看来，国君个人“贬食省用”在春秋时期是荒政的举措之一，符合《周礼》所谓的“以凶荒杀礼也”的原则。《左传·成公二年》：“故山崩川竭，君为之不举，降服，乘缦，彻乐，出次，祝币，史辞以礼焉。”杜预注：不举，去盛馔；降服，损盛服；乘缦，车无文；彻乐，息八音。出次，舍于郊。[③]不举、降服、乘缦以及彻乐是春秋时期国君在灾荒之年贬损礼数的常举。“出次”，国君在国都郊外安营扎寨，要住上两天。这和晏子建议景公“避免宫殿暴露”有异曲同工之妙。

用孟子的话说，“与民同乐”是“仁政”。其实，晏子建议景公“避宫殿暴露”与民共患难也是“仁政”。君主能与百姓同甘共苦，或者用现在时髦的话说“同呼吸共命运”，实在是德政之举。对于有德之君，天必赐福。但对于以前有过错的君主，现在能够认识到错误，又能及时改进，古人认为上天同样会宽宥他们。所谓“人谁无过？过而能改，善莫大焉”[④]，说的就是这个道理。

这种荒政之举，在秦汉时期才开始频繁见诸史籍。如七国之乱中，汉景帝下诏历数七王叛乱时的暴行，对于这样的人为灾难，景帝表示要“素服避正殿”[⑤]。随着儒学正统地位的巩固，有人统计，因灾难，从汉武帝到后汉献帝共有十四次避正殿的记载。[⑥]

君主通过损杀礼数，在个人生活上，降低标准，灾荒和灾难就一定会消失吗？以旱灾为例，鲁僖公二十一年那场大旱，“修城郭、务穑、劝分”才是抗旱的有力举措，否则，国君再怎么“贬食、省用”，甚至“避宫殿暴露”，也无益于抗旱。对于天灾，空谈误国，实干兴邦，过分空谈，流于作秀，显然无济于事。

---

① 《周礼·秋官·掌客》。

② 《左传·僖公二十一年》。

③ （晋）杜预：《春秋经传集解》，上海古籍出版社 1988 年版，第 676～677 页。

④ 《左传·宣公二年》。

⑤ 《史记·吴王濞列传》。

⑥ 参见焦培民：《汉代因灾避正殿初探》，《商丘师范学院学报》2010 年第 5 期。

景公贪长有国之乐晏子谏第十六

景公将观于淄上[1]，与晏子闲立[2]。公喟然[3]叹曰："呜呼！使国可长保而传于子孙，岂不乐哉？"晏子对曰："婴闻明王不徒立[4]，百姓不虚至[5]。今君以政乱国，以行弃民久矣，而声欲保之，不亦难乎！婴闻之，能长保国者，能终善者也。诸侯并立，能终善者为长；列士并学[6]，能终善者为师。昔先君桓公，其方任贤而赞德之时[7]，亡国恃以存，危国仰以安，是以民乐其政，而世高其德，行远征暴[8]，劳者不疾，驱海内使朝天子[9]，而诸侯不怨。当是时，盛君之行不能进[10]焉。及其卒而衰，怠于德而并于乐，身溺于妇侍而谋因竖刁[11]，是以民苦其政，而世非其行，故身死乎胡宫而不举[12]，虫出而不收[13]。当是时也，桀纣之卒不能恶焉[14]。《诗》曰：'靡不有初，鲜克有终[15]'。不能终善者，不遂其君[16]。今君临民若寇仇，见善若避热，乱政而危贤，必逆于众[17]，肆欲于民[18]，而诛虐于下，恐及于身。婴之年老，不能待于君使[19]矣，行不能革[20]，则持节以没世[21]耳。"

【注释】

[1]景公将观于淄上：景公站在淄水岸边观赏景色。将，衍字。淄，淄水即今山东境内的淄河。

[2]闲立：悠闲地站立。闲，悠闲。

[3]喟然：叹息的样子。

[4]明王不徒立：圣明的君王不会凭空而立。徒，凭空。

[5]百姓不虚至：百姓不会无缘无故地顺从君王。至，归附、顺从。

[6]列士并学：众多士人一起学习。

[7]其方任贤而赞德之时：桓公正当任用贤德之士治理国家时。其，代指桓公。方，正在。

[8]行远征暴：率领军队讨伐暴虐之君。

[9]驱海内使朝天子：率天下诸侯朝见周天子。驱，指齐桓公依靠霸主的地位驱使诸侯朝见周天子。这种尊王的行为带有一定的强制性。

[10]进：增加、超过。

[11]谋因竖刁：管仲死后，齐桓公军国大事都依靠佞臣竖刁。因，凭借、依靠。竖刁，齐桓公时的佞臣。

[12]故身死乎胡宫而不举：桓公死在胡宫却没人祭祀。胡宫，齐国宫殿名。举，祭祀。

[13]虫出而不收：桓公死后，五公子争夺君位，桓公尸体停在胡宫六十天，以至于尸虫爬出户外也无人收拾。收，收拾。

[14]不能恶焉：不比他的境遇更惨了。

[15]靡不有初，鲜克有终：语出《诗经·大雅·荡》。善始者众多，善终者却很少。

[16]不遂其君：不能善终君王的事业。遂，竟、终。

[17]必逆于众：必定违背人民的意愿。逆，违背。

[18]肆欲于民：放肆地搜刮百姓。

[19]不能待于君使：不能再听候君主驱使了。

[20]行不能革：行为不能改变。革，改变。

[21]持节以没世：坚守自己的节操而直到死去。

【品读】

本章与《晏子春秋》卷一《内篇谏上·第十七》《内篇谏上·第十八》及卷七《外篇上·第四》讲的都是景公贪恋长有齐国。其中，《内篇谏上·第十七》《内篇谏上·第十八》中的第一则故事与《外篇上·第四》基本重复，且这三章中晏子有讥讽景公之言，却没有谈及如何才能长有齐国。本章中晏子郑重地告诉景公，“明王不徒立，百姓不虚至”，只有善始善终行德政，统治者才能长保有国之乐。春秋时人已经认识到“社稷无常奉，君臣无常位”①的道理。桓公正当行德政之时，百姓顺服，九合诸侯，盛极一时，然而，晚年却怠于行德政，贪恋女色，亲小人竖刁而远贤人，民苦其政，最终的下场比桀纣还要悲惨。《诗经·大雅·荡》曰：“靡不有初，鲜克有终。”就是对君主想要享国长久给出的最好的警示。

景公登牛山悲去国而死晏子谏第十七

景公游于牛山，北临其国城[1]而流涕曰：“若何滂滂去此而死乎[2]！”艾孔[3]、梁丘据皆从而泣。晏子独笑于旁，公刷涕[4]而顾晏子曰：“寡人今日游悲[5]，孔与据皆从寡人而涕泣，子之独笑，何也？”晏子对曰：“使贤者常守之，则太公[6]、桓公将常守之矣；使勇者常守之，则庄公、灵公[7]将常守之矣。数君者将常守之，则吾君安得此位而立焉？以其迭[8]处之，迭去之，至于君也，而独为之流涕，是不仁也。不仁之君见一，谄谀之臣见二，此臣之所以独窃笑也。”

【注释】

[1]北临其国城：向北看齐国都城。

[2]若何滂滂去此而死乎：为什么离开这么盛大的都城而死去呢？滂滂，“堂堂”之假

① 《左传·昭公三十二年》。

借，盛大的样子。

[3]艾孔：据刘师培《晏子春秋校补》，艾孔即本书中的会谴，《左传》叫裔款。①

[4]刷涕：揩眼泪。

[5]今日游悲：应为“今日之游悲”，意为今天出游很悲伤。

[6]太公：齐国开国之君姜尚。

[7]灵公：齐庄公之父，名环。在位时期，曾与当时的盟主晋国发生过大规模战争。

[8]迭：更迭、交替。

【品读】

景公到牛山游览，向北眺望齐国的都城，流着眼泪说：“为什么要离开这么盛大的都城而死去啊！”艾孔、梁丘据都跟着景公一起哭泣，只有晏子在一旁独自发笑。景公揩掉眼泪，回头看着晏子生气地问：“寡人今天出游心情很悲伤，艾孔、梁丘据都跟着寡人一起哭泣，先生却一个人笑，这是为什么？”晏子答：“如果说贤能的君主能常守国君的位子的话，那么太公、桓公将永远统治这个国家；若勇敢的国君常守国君的位子的话，那么庄公、灵公将常守君位。这几个先君要常守君位的话，那么您又怎么能够被立为国君呢？”正是因为他们交替地登上君位，交替地离开君位（相继死去），国君之位才传到您啊。而现在您因为惧怕死去不享君位而流泪，这是不仁之举。我看到一个不仁义的君主，旁边还有两个谄谀的臣子，这就是我为何暗自发笑的原因。

本章与下一章中的第一则故事重复，品读详见下一章。

景公游公阜一日有三过言晏子谏第十八

景公出游于公阜[1]，北面望睹齐国曰：“呜呼！使古而无死[2]，何如？”晏子曰：“昔者上帝以人之殁为善，仁者息焉，不仁者伏[3]焉。若使古而无死，丁公、太公将有齐国，桓、襄、文、武将皆相之，君将戴笠衣褐[4]，执铫[5]耨以蹲行畎亩之中，孰暇患死！”公忿然作色，不说。无几何而梁丘据御六马而来，公曰：“是谁也？”晏子曰：“据也。”公曰：“何如？”曰：“大暑而疾驰，甚者马死，薄者马伤，非据孰敢为之！”公曰：“据与我和[6]者夫！”晏子曰：“此所谓同也。所谓和者，君甘则臣酸，君淡则臣咸。今据也甘君亦甘，所谓同也，安得为和！”公忿然作色，不说。无几何，日暮，公西面望睹彗星[7]，召伯常骞[8]，使禳[9]去之。晏子曰：“不可！此天教[10]也。日月之气，风雨不时，彗星之出，天为民之乱见之，故诏之妖祥[11]，以戒不敬。今君若设文而受谏，谒圣贤人，

① 参见吴则虞：《晏子春秋集释》，第64页。

虽不去彗，星将自亡。今君嗜酒而并于乐，政不饰[12]而宽于小人，近谗好优[13]，恶文而疏圣贤人，何暇在彗！茀[14]又将见矣。”公忿然作色，不说。及晏子卒，公出，背而泣[15]曰：“呜呼！昔者从夫子而游公阜，夫子一日而三责我，今孰责寡人哉！”

【注释】

[1]公阜：齐国地名。孙星衍《晏子春秋音义》曰：“不详其地。”长孙元龄认为，“公”与“堂”篆书字形相似，疑“公阜”即“堂阜”之讹。据《左传·庄公九年》所载，“堂阜”所在地在今山东蒙阴县西北，位于齐、鲁两国交界之处。《左传·昭公二十年》所载之事与此同，然而所载地点为“遄台”。遄台，位于齐都临淄西南。吴则虞先生据“北面望睹齐国”之语认为“遄台”更可信。①

[2]古而无死：从古至今的人不死。

[3]伏：藏匿，引申为消失。

[4]衣褐：穿着粗布衣服，常指贫贱之人。

[5]铫(yáo)：大锄，一种农具。

[6]和：和谐，此处引申为协调。

[7]彗星：星名，也称“孛星”，俗名“扫把星”。古人认为出现彗星乃灾异即将出现的征兆。

[8]伯常骞：字伯常，名骞，齐国大夫。

[9]禳(ráng)：祭祀名，祭祀鬼神以祈求消除灾祸。

[10]教：教导、教诲，引申为告诫。

[11]诏之妖祥：告之凶吉之兆。

[12]饰：通“饬”，整治、修饬。

[13]优：表演杂戏、歌舞之人。

[14]茀(fú)：即孛星，其状与彗星略异，尾巴更长，光芒四射，如草木旁出。

[15]公出，背而泣：晏子死后，齐景公感伤朝无谏言，从屏门内出来，因思晏子而泣。背，当作“屏”，屏门。《群书治要》作“公出，屏而立”。王念孙《读晏子春秋杂志》认为，今本“出背”乃“出屏”之讹。吴则虞先生按：“《指海》本已改作‘出屏而泣’。”②

【品读】

“古而无死”与“和同之论”皆见于《左传·昭公二十年》；“禳除彗星”又见于《左传·昭公二十六年》。众所周知，《左传》是研究春秋乃至西周时期比较可信的史料。从《左传》所载的年代来看，以上齐景公与晏子的这三则故事并非发生在一日，而《晏子春秋》的作者将三则故事撮合在一章之下并冠以“景公游公阜一日有三过言晏子谏”的题目，这是我们在读此章之时需要注意的。

---

① 参见吴则虞：《晏子春秋集释》，第67页。

② 吴则虞：《晏子春秋集释》，第71页。

“古而无死”是本章的第一话题。本章对该事的描述与本书卷七《外篇上·第二》最接近。《外篇上·第四》也是说“古而无死”的事，但该篇与《左传·昭公二十年》所载最相似。对此，我们将在后文详加品读。通读全文可知，齐景公所言“古而无死”并非泛指古代所有的人，而是特指景公之前的齐国历代国君，尤其是齐国历史上有为的国君。当然，希望“古而无死”，实际上是妄想自己也长生不老。拥有这种想法的人，不独齐景公，中国古代很多君王莫不如此。比如秦始皇、汉武帝都曾绞尽脑汁地寻找“不死之药”，而明代的嘉靖皇帝则是自己炼丹想羽化成仙。然而，这些君王都免不了一死。

结合本书卷七《外篇上·第二》可知，齐景公是自己不想死。对此，晏子讥讽道：“如果古人不死的话，您的先祖太公、丁公父子将仍长久拥有齐国，而桓公、襄公、文公、武公都是太公父子的股肱大臣，至于您这样无所作为的人，应该是戴着斗笠、穿着粗布衣服在田间挥汗如雨除草劳作的农夫，哪还有空闲时间担心死亡啊？”晏子的讥讽不但打破了齐景公“不死”的幻梦，而且将其与齐国逝去的贤能之君作了一番比较，使景公意识到了自己与先祖治国能力的差距。另外，这一则故事也反映了晏子的生死观。晏子援引上古帝王的话说：“人死是好事，这样的话，仁德的人得到了安息，凶残的人则会因为死亡而消失。”晏子认为，生死不过是一个新陈代谢的自然现象而已，人们应该以一种平常的心态看待。

晏子的生死观与稍晚于他的孔子有相通之处。孔子认为，死亡是从古至今不变的规律。因此，他在《论语·颜渊》篇中说：“自古皆有死。”孔子的弟子子夏转引其师的话也说：“死生有命，富贵在天。”学者早已意识到孔子所谓的“命”不是命中注定的宿命，而是一种无法逆转的自然规律。[①] 尽管死亡无法逆转，但是孔子认为人在有生之年应该修身养性、积极作为，否则，浑浑噩噩活到老，再不死，那就是贻害社会了。故而，在《论语·宪问》篇中，孔子斥责好友原壤道：“幼儿不孙弟，长而无述焉，老而不死，是为贼。”其实，晏子的生死观中也有这层意思。他向齐景公提及齐国历代的贤能君主之时，即已暗含了警示景公要向先君学习治国的意思。人生短暂，只要活着就要奋发有为，不虚度光阴就是珍惜生命。等到死亡真正来临时，就以一种平常心看待，不留恋凡尘，不恐惧死亡。这话说来容易，但古往今来能做到者又有几人？

---

① 参见马新：《论语解读》，第241页。

“和同之论”是景公与晏子一天当中的第二个话题，又见本书卷七《外篇上·第五》。景公、晏子君臣二人看到远处一人驾六马之车飞奔而来，景公问驾车者谁，晏子答曰梁丘据。景公问：如此远的距离你怎么知道是梁丘据？晏子答曰：“大热天驾着公家的马车飞驰，轻者马伤，重则马死，敢这样干的人只有梁丘据。”景公说，梁丘据人不错啊，他和我相处很和谐。晏子郑重地告诉景公，这不是“和”而是“同”。君臣之间的“和”就像烹饪中的味道搭配，味道中和才是和谐。

《左传·昭公二十年》与本书《外篇上·第五》都举了“宰夫”（负责御膳的人）烹饪过程中的味道搭配技巧：“齐之以味，济其不及，以泄其过。”要让菜品的味道达到“齐”（即和），不咸或不甜要放盐或放糖。菜要是过咸过甜，那就加水，“以泄其过”。君臣之间的关系也是如此。君要是偏爱甜食，臣就要进之以酸；君要偏爱淡菜，臣就要给他加盐。君臣之间相互弥补、相得益彰，这才是“和”。国君偏爱什么，大臣就投其所好，这不是“和”而是“同”。

和晏子差不多同一时期的老子、孔子都持此观点。老子说：“天下皆知美之为美，斯恶矣；皆知善之为善，斯不善矣。故有无相生，难易相成，长短相较，高下相倾，音声相和，前后相随。”[①]老子认为，“和”就是矛盾的双方相辅相成，就像演奏音乐一样，长调短调相和，才能演奏出美妙和谐的音乐。“同”则是一味地追求一方面，即使美和善这样美好的东西，过分追求，也会变成“恶”和“不善”。孔子曰：“君子和而不同，小人同而不和。”[②]君子之间的交往是相互弥补、相互激励的“诤友”关系，小人之间的交往则是臭味相投、沆瀣一气的关系。前者就是“和”，后者就是“同”。道家更多地将“和”称作“无为”，儒家将“和”称为“中庸”。二者其实都是一个意思。现代的人际关系，尤其是上下级关系，“同”多“和”少，甚至好多人都把“和”“同”混淆了。建设“和谐社会”，我们有必要把先人的“和”“同”思想搞清楚。

景公欲禳去彗星是本章的第三则话题。本书《外篇上·第七》所载与此大同小异。彗星本是一种自然现象，然而古人有自己的理论体系。他们认为，具有长长尾巴的彗星（俗称“扫帚星”）一旦出现，预示人间将有凶兆出现。除了鲁昭公二十六年（前516年）齐国出现的这次彗星，《左传》春秋经还记有四次彗星：鲁文公十四年（前613年）秋七月，“有星孛入于北斗”，即彗星的尾巴扫荡至北斗星，结果是年齐国公子商人弑其君齐昭公。鲁昭公十七

① 《道德经》第二章。

② 《论语·子路》。

年(前525年)冬,"有星孛于大辰,西及汉",结果是年宋、卫、陈、郑四国皆出现了火灾。鲁哀公十三年(前482年)冬十有一月,"有星孛于东方",是年许国国君卒,晋国、吴国争霸中原,会于黄池。鲁哀公十四年(前481年)冬,"有星孛",是年鲁哀公西狩获麟。对此,孔子满意怀悲观地说道:"吾道穷已。"①田氏弑杀齐简公。这四次彗星出现之年几乎都有不祥的事情发生。在先秦时期,由于科技水平的落后以及人们认识的局限性,往往把这些灾难事件与当年出现的彗星联系起来,因此就得出一个规律性的认识:伴随着彗星的出现,灾难也会在人间上演。因此,齐景公看到有彗星出现,就慌忙让伯常骞通过祭祀的方式消除彗星。

晏子告诉景公,彗星的出现是上天的警戒。日月食、大风雨及彗星的出现都是上天因为统治者荒政导致百姓离乱后才出现,这是上天对统治者的警示。通过祭祀除去彗星的做法是行不通的。作为一国之君,整天嗜酒享乐,荒于政务,亲近小人,疏远贤人,导致百姓离乱,所以上天才以彗星的出现来警示您。如果您不改弦更张,别说尾巴短的彗星不会消除,恐怕不久长尾巴的茀星也将出现。

详加分析这段话,我们就会发现,晏子将统治者的行为与天象的变化联系起来。统治者荒政乱民,上天就以异常的天象警示之。消除异常天象的方法只能是统治者反省自责,改弦更张,勤政爱民,亲贤臣,远小人。到了西汉,汉代的大儒董仲舒又将之发挥为"天人感应"的理论。"天人感应"对后世王朝影响巨大。但是,从这一章可知通过上天来限制君权的思想早在先秦就已经存在了。其实,早在西周初年周公的"敬德保民"思想中就有了这种苗头。《尚书·蔡仲之命》曰:"皇天无亲,惟德是辅。"《尚书·泰誓中》:"天视自我民视,天听自我民听。"相比晏子的言论,周公的思想似乎更具"革命性",他将统治者的德政(主要是保民)与王位的合法性结合起来,不施行德政的统治者,老天就不会保佑他。言外之意,谁都可以推翻他。这就是替天行道。掌握权力的人有所畏惧是好事,怕就怕拥有权力的人无所畏惧。

① 《公羊传·哀公十四年》。

景公游寒涂不恤死胔晏子谏第十九

景公出游于寒涂，睹死胔[1]，默然不问。晏子谏曰："昔吾先君桓公出游，睹饥者与之食，睹疾者与之财，使令不劳力，籍敛[2]不费民。先君将游，百姓皆说[3]曰：'君当幸游吾乡乎！'今君游于寒涂，据四十里之氓，殚财[4]不足以奉敛，尽力不能周役[5]民氓，饥寒冻馁，死胔相望，而君不问，失君道矣。财屈[6]力竭，下无以亲上；骄泰奢侈，上无以亲下。上下交离，君臣无亲，此三代之所以衰也。今君行之，婴惧公族[7]之危，以为异姓[8]之福也。"公曰："然！为上而忘下，厚藉敛而忘民，吾罪大矣。"于是敛死胔，发粟于民，据四十里之氓不服政其年[9]，公三月不出游。

【注释】

[1]胔(zì)：尚存残肉的尸骨。

[2]籍敛：征收各种赋税。籍，赋税。敛，征收。

[3]说：通"悦"，高兴、愉快。

[4]殚财：竭尽财力。

[5]周役：服完劳役。周，完成。

[6]财屈(jué)：财力枯竭。屈，枯竭。

[7]公族：周代授予诸侯五等爵中公爵最尊，凡与诸侯同宗族者，皆曰"公族"。

[8]异姓：与国君不同姓者，这里主要代指田氏。

[9]其年：一年。其，通"期"。

【品读】

齐景公颇爱出游。本书卷一《内篇谏上·第十六》说他在淄水岸边游玩，《内篇谏上·第十七》说他在牛山游玩，《内篇谏上·第十八》中又说他在公阜游玩。卷五《内篇杂上·第十九》说他竟然跑到古纪国遗址去游玩，而且意外发现了文物——金壶。据《孟子·梁惠王下》，齐景公告诉晏子他甚至想"吾欲观于转附、朝舞，遵海而南，放于琅琊"。杨伯峻先生注："转附疑即今芝罘山(就是芝罘岛)，朝舞疑即今山东省荣成县东之召石山。"①而琅琊，就是今天山东青岛黄岛区琅琊台。

本章说的也是景公的一次出游，但地点不详。出游中，晏子告诫齐桓公，天子或国君出游并非简单的走马观花，而是要巡视地方民生民情，即"春

① 杨伯峻：《孟子译注》，中华书局1960年版，第35页。

省耕而补不足，秋省敛而补不足”。换句话说，春天天子或国君视察春耕，对于那些在青黄不接时节断粮的人家给予救济。秋天天子或国君视察粮食收获情况，对于那些粮食歉收的人家给予救济补助。

统治者巡狩的主要目的就是体察民情，救危济困。像桓公这样的国君，用晏子的话说，就是“德厚行广”的“帝王之君，明神之主”[①]。孟子说：“国君好仁，天下无敌焉。南面而征，北狄怨；东面而征，西夷怨。曰：‘奚为后我？’”[②]其实，最早描述百姓期盼仁德之君解民于倒悬之中的文献是《尚书》。《尚书·仲虺之诰》载商汤从征伐葛伯开始，就出现了这种情况：“东征西夷怨，南征北狄怨。曰：‘奚独后予？’攸徂之民，室家相庆，曰：‘徯予后，后来其苏。’”《孟子·尽心下》为证明“仁者无敌”，引用的论据就来源于《尚书》该篇。本章晏子所说的百姓对齐桓公出游的渴望可能也脱胎于《尚书》。

像景公那样，“游于寒涂，据四十里之氓，殚财不足以奉敛，尽力不能周役民氓，饥寒冻馁，死胔相望，而君不问”的出游，实在有失君道。晏子警告齐景公：“财屈力竭，下无以亲上；骄泰奢侈，上无以亲下。上下交离，君臣无亲，此三代之所以衰也。今君行之，婴惧公族之危，以为异姓之福也。”沉重的赋役将百姓的财和力压榨得喘不过气来，那么百姓就不会亲附君上；君上生性骄纵，生活奢侈腐败，就不会主动亲和百姓。上不亲和下，下不亲附上，上下离心离德，君臣之间互不相亲，这正是夏、商、周三代衰败的主要原因。现在您却这样做了，我怕公族失去民心，正好被田氏利用。从这里我们可以完全看出，晏子的民本思想，出发点仍没有超出维护贵族统治秩序的范畴。

中国古代社会结构为不平等的官民二元社会。尽管孔、孟、荀、墨诸子甚至是晏子这样的贵族官僚，都意识到统治者要体恤民生、施行仁德之政，孟子甚至发出了“民为贵，社稷次之，君为轻”的警告，但都没有突破维护等级秩序和社会稳定的范畴。

在中国传统农耕文明下的平民阶层，一直处在弱势地位，每每遇到官民矛盾之时，他们最先想到的不是揭竿而起的抗争，而是寄希望于官方代表中的明君和贤臣来解救自己。就这样，官方中的有识之士从维护统治的角度，呼吁统治阶层善待平民，施行仁德之政；善良而柔弱的平民又常常将自己的不公正的待遇寄托在官府中的“青天”或“好人”身上。这就是人治社会。在中国古代，规则和制度只是人统治人的手段。用韩非子的话来说，法只不过是统治者统治臣民的“二柄”（两种统治手段）中的“一柄”[③]而已。

---

① 《晏子春秋》卷一《内篇谏上·第十四》。

② 《孟子·尽心下》。

③ 《韩非子·二柄》。

景公衣狐白裘不知天寒晏子谏第二十

景公之时，雨雪三日而不霁[1]。公被[2]狐白之裘，坐堂侧陛[3]。晏子入见，立有间[4]，公曰：“怪哉！雨雪三日而天不寒。”晏子对曰：“天不寒乎？”公笑。晏子曰：“婴闻古之贤君饱而知人之饥，温而知人之寒，逸而知人之劳。今君不知也。”公曰：“善！寡人闻命矣。”乃令出裘[5]发粟，与饥寒[6]。令所睹于涂者，无问其乡，所睹于里者，无问其家；循国计数，无言其名。士既事者兼月[7]，疾者兼岁。孔子闻之曰：“晏子能明其所欲，景公能行其所善也。”

【注释】

[1]雨雪三日而不霁：雪下了三天却没有停止的样子。雨，名词用作动词，降，下雨。霁，雨后天晴，这里特指雪后天晴。

[2]被：通“披”，披着。

[3]坐堂侧陛：坐在堂前的台阶上。陛，台阶。

[4]立有间：站了一会儿。有间，一会儿。

[5]裘：这里泛指衣物。

[6]与饥寒：分发给饥寒之人。饥寒，这里代指饥寒之人。

[7]士既事者兼月：有一定职事的士大夫领两个月的口粮。既事，已经有一定职事的。兼月，两个月，这里代指两个月的口粮。

【品读】

大雪连绵不止，景公披着“狐白之裘”，坐在殿堂前侧边的台阶上。“狐白之裘”并非用一般的白狐之毛制作而成。《史记》裴骃《集解》引韦昭曰：“以狐之白毛为裘。谓集狐腋之毛，言美而难得者。”①“狐之白裘”（或简称“狐白裘”）是收集了千百只狐狸腋下的白毛制作而成的，其珍贵程度不言而喻。

齐景公穿着价值连城的“狐白裘”，疑惑下了三天大雪却感到并不寒冷，不禁让人联想到晋惠帝那句“何不食肉糜”。晋惠帝傻，齐景公却不傻。晏子趁机向景公进谏说：“古之贤君饱而知人之饥，温而知人之寒，逸而知人之劳。今君不知也。”晏子指出，古代的贤君自己吃饱的时候，能够想到别人还忍饥挨饿；自己穿暖和了，能够想到别人还在忍受严寒之冻；自己放松清闲了，能够想到别人还在辛苦劳作。贤君是怎样治理国家的？晏子在本书卷

① 《史记·孟尝君列传》。

三《内篇问上·第十七》中说："其政任贤，其行爱民。"本章就是从"爱民"的角度阐释"贤君"的。

在儒家那里，爱民属于"仁政"的范畴，也就是孟子说的"推恩"，是"老吾老，以及人之老，幼吾幼，以及人之幼"①。心里时时刻刻装着百姓，为百姓着想，把百姓当作自己的父母一样看待，这才是"父母官"。景公披"狐白之裘"谓天不冷，这种行为用孔子的话说就是"不仁"②。自己穿着"狐白之裘"不冷，能够让全天下的人都感到不冷，这就是"仁"。所以，晏子的思想和儒家思想多有相通之处。

齐景公听了晏子的话之后，马上改正自己的错误，"乃令出裘发粟，与饥寒"，命令政府官员在路上看到这些饥寒交迫的人，不要问是哪个乡的，在闾里看到这些人，不管他是哪一家的，只要是国人，不问其姓名，按照国家规定的救济数量给予衣物和粮食。担任公职的困难户，发给两个月的粮食；有病的困难户，发给两年的救济粮。在《晏子春秋》这本书中，景公被描述为亲近谄谀之臣、爱享乐却不体恤民生又迷信的坏君主。但是该书同时又将景公塑造为一个知错能改的好君主。前者可以看作景公的天性使然，后者可以看作后天教化养成的习惯。从景公个人的角度看，《晏子春秋》是主张"性恶论"的，但是它的"性恶论"和《荀子》的"化性起伪"③类似，人性的"恶"是可以通过教化改变的。这里对景公施以教化的就是晏子。孔子对晏子和景公倍加赞赏。他认为晏子能够达到劝谏景公向善的目的，景公也能够知错就改，施行晏子的正确建议。这就是和谐的君臣关系。

景公异荧惑守虚而不去晏子谏第二十一

景公之时，荧惑守于虚[1]，期年不去。公异之，召晏子而问曰："吾闻之，人行善者天赏之，行不善者天殃[2]之。荧惑，天罚也，今留虚，其孰当之[3]？"晏子曰："齐当之。"公不说，曰："天下大国十二[4]，皆曰诸侯，齐独何以当？"晏子曰："虚，齐野[5]也。且天之下殃，固于富强[6]，为善不用，出政不行，贤人使远，谗人反昌[7]，百姓疾怨，自为祈祥[8]，录录强食[9]，进死何伤[10]！是以列舍无次[11]，变星有芒[12]，荧惑回逆[13]，孽星在旁[14]，有贤不用，安得不亡！"公曰："可去乎？"对曰："可致者可去[15]，不可致者不可去。"公曰："寡人

① 《孟子·梁惠王上》。
② 孔子说："夫仁者，己欲立而立人，己欲达则达人。"（《论语·雍也》）
③ 《荀子·性恶》。

为之若何?”对曰:“盍[16]去冤聚之狱,使反田[17]矣;散百官之财,施之民矣;振孤寡而敬老人矣。夫若是者,百恶可去,何独是孽乎!”公曰:“善。”行之三月,而荧惑迁。

【注释】

[1]荧惑守于虚:荧惑星在虚宿旁边。荧惑,古人对火星的称呼。虚,古代占星者将天上的二十八星宿与地上的各郡国地方相对应,认为虚宿正好对应着齐国的分野。孙星衍《晏子春秋音义》曰:“《史记》司马贞《索隐》引《文耀钩》:‘赤帝,赤熛怒之神为荧惑,位南方,礼失则罚出。’”①

[2]殃:祸殃、灾难,这里作动词,降临灾难。

[3]其孰当之:哪一个国家对应此兆呢?其,代指荧惑守于虚这件事。孰,哪一个。当,承担,这里指应此兆。

[4]大国十二:景公之时,一流大国为晋、秦、齐、楚、吴、越,二流大国为鲁、卫、宋、郑、陈、蔡,所以景公称“天下大国十二”。

[5]齐野:齐国的分野,与星次相对应的区域。

[6]固于富强:本来富强的国家。固,本来。

[7]谗人反昌:谄谀之人反而被重用。昌,与“运”相对,引申为被重用。

[8]自为祈祥:自己招致妖祥。陶鸿庆《读晏子春秋札记》引《周礼·肆师》“及其祈珥”中郑玄注:“‘祈’当为进禨之‘禨’也。禨,妖祥也。”②

[9]录录强食:没有能力却只会掩过饰非。录录,即碌碌,平庸无能。食,读“饰”,伪装。

[10]进死何伤:自蹈死路而不知忧伤。进,蹈。

[11]列舍无次:各个星宿乱了次序。舍,星次。

[12]变星有芒:忽亮忽暗的星有着像尾巴一样的光芒。变星,亮度时亮时暗。有芒,有长长的光芒,像尾巴一样。

[13]荧惑回逆:火星时东时西,去而复返。

[14]孽星在旁:妖星(荧惑)在虚宿旁。

[15]可致者可去:招致妖星的人可以祛除。

[16]盍:何不。

[17]使反田:让他们返回家种田。反,通“返”。

【品读】

本章与《晏子春秋》卷一《内篇谏上·第十八》、卷七《外篇上·第三》《外篇上·第六》都是讲齐景公对不祥星象的反应。稍微不同的是,本章讲的妖星是荧惑(火星),后三者讲的是彗星。不论是荧惑还是彗星,在古人眼中都是不祥之兆,古人用“天人感应”的学说将妖星出现解释为天降惩罚。司马

---

① 转引自吴则虞:《晏子春秋集释》,第78而。

② 转引自吴则虞:《晏子春秋集释》,第78页。

迁说："礼失，罚出荧惑，荧惑失行是也。出则有兵，入则兵散。以其舍命国。"①太史公说，火星是个不祥之星，人间的君王失礼节，天以荧惑出现作为惩罚。荧惑出现则代表国家有战事，荧惑消失则战事结束。荧惑以其所处的星宿位置降临灾难于对应的国家。

本章中，齐景公在位的时候，荧惑星停留在虚宿的位置上，一整年都没消失。晏子给出了解决这一问题的办法，即"去冤聚之狱，使反田矣；散百官之财，施之民矣；振孤寡而敬老人矣"。这样的应对措施可归纳为"任贤爱民"②。

对于"天人感应"，我们在卷一《内篇谏上·第十八》中有过详尽的解读。这里需要说明的是，"天人感应"是中国古代的一种政治信仰。本章中齐景公说："吾闻之，人行善者天赏之，行不善者天殃之。"从景公说的话可以看出，人的行为与天的喜怒哀乐密切相关已经成为当时普遍意义上的信仰。时人认为天的喜怒哀乐又常常以天象呈现出来。如本章"荧惑守于虚"即被认为是"天罚也"。统治者只有"任贤爱民"，才能获得天的赐福，避免天罚。从人君的角度来说，任贤爱民是自五帝三王以来的一种主流价值观。这种价值观又巧妙地与天挂钩，即后来董仲舒的"天人感应"理论。

景公将伐宋梦二丈夫立而怒晏子谏第二十二

景公举兵将伐宋，师过泰山，公梦见二丈夫[1]立而怒，其怒甚盛。公恐，觉[2]，辟门[3]召占梦者，至。公曰："今夕吾梦二丈夫立而怒，不知其所言，其怒甚盛，吾犹识其状，识其声。"占梦者曰："师过泰山而不用事[4]，故泰山之神怒也。请趣召祝史祠乎泰山则可。"公曰："诺。"明日，晏子朝见，公告如占梦者之言也。公曰："占梦者之言曰：'师过泰山而不用事，故泰山之神怒也。'今使人召祝史祠之。"晏子俯有间，对曰："占梦者不识也，此非泰山之神，是宋之先汤与伊尹[5]也。"公疑，以为泰山神。晏子曰："公疑之，则婴请言汤、伊尹之状也。汤质皙而长[6]，颜以髯[7]，兑上丰下[8]，倨身而扬声[9]。"公曰："然，是已。""伊尹黑而短，蓬而髯[10]，丰上兑下，偻身而下声[11]。"公曰："然，是已。今若何？"晏子曰："夫汤、太甲、武丁、祖乙[12]，天下之盛君也，不宜无后。今惟宋耳[13]，而公伐之，故汤、伊尹怒，请散师以平宋[14]。"景公不用，终伐宋。晏子曰："伐无罪之国，以怒明神，不易行以续蓄[15]，进师以近

① 《史记·天官书》。

② 《晏子春秋》卷三《内篇问上·第十七》。

过，非婴所知也。师若果进，军必有殃。”军进再舍[16]，鼓毁将殪[17]。公乃辞谢乎晏子，散师，不果伐宋。

【注释】

[1]丈夫：古代对男子的称呼。

[2]觉：醒来。

[3]辟门：开门。

[4]不用事：不祭祀。事，用事、祭祀。《左传·成公十三年》曰：“国之大事，惟祀与戎。”

[5]宋之先汤与伊尹：宋国人的祖先汤与伊尹。汤，商朝开国之祖，三代的圣王之一。伊尹，汤的右相，历史上有名的贤相。

[6]质皙而长：皮肤白而身材高。皙，皮肤白。

[7]颜以髯：面有胡须。

[8]兑上丰下：额头窄，下巴宽。兑，通“锐”，尖窄。丰，宽大。

[9]倨身而扬声：佝偻着身体而声音洪亮。倨，弯着身体。扬声，声音洪亮。

[10]蓬而髯：头发蓬松，面部有胡须。

[11]偻身而下声：佝偻着身体而声音低沉。

[12]汤、太甲、武丁、祖乙：都是商朝有德行的君主。

[13]今惟宋耳：现在只有宋国了。

[14]散师以平宋：撤回军队，同宋国和好。散，罢休。平，和好。

[15]续蓄：续灾，既惹神怒，又不改行，是续灾难也。蓄，乃“菑”字之误。菑，古“灾”字。说从张纯一《晏子春秋校注》。

[16]再舍：行军六十里。行军三十里为一舍。

[17]殪：死亡。

【品读】

弗洛伊德说：“梦完全是有意义的精神现象；实际上，是梦者愿望的达成。”①齐景公欲伐宋国，这是他的一个愿望。晏子却谏曰：“伐无罪之国，以怒明神。”由此可见，宋国并未得罪齐国。

春秋时期，“伐无罪”仍是当时列国兼并战争中的一个禁忌。鲁襄公二十四年（前549年），楚康王欲讨伐舒鸠，楚国大夫薳子冯说：“不可。彼告不叛，且请受盟，而又伐之，伐无罪也。”②“伐无罪”在道义上是站不住脚的。最严重的是，时人一般认为“伐无罪”会惹怒神明。这一点景公也很清楚。既贪恋宋国的土地，又怕得罪神明，这个矛盾心理致使景公做了噩梦。弗洛伊德又说：“一旦愿望之达成，有所伪装，或难以认出，必表示梦者本身对此愿

---

① [奥]弗洛伊德著，陈放编撰：《梦的解析——揭开人类心灵的奥秘》，陕西人民出版1987年版，第13页。

② 《左传·襄公二十四年》。

望有所顾忌，而因此使这愿望只得以另一种改装的形式出现。”①愿望在梦里实现时，常常以另一种“改装形式”出现。景公欲讨伐宋国以求得领土的扩张，然而在现实中却有碍于“伐无罪之国，以怒明神”的框框。这个愿望在景公梦里得以实现，但是实现的结果是明神愤怒。

晏子仿佛早已通晓了弗洛伊德的学说，所以当占梦者和景公都认为梦中的两个男子是泰山神时，晏子指出，这是宋人的祖先汤和伊尹。晏子为什么能够详细而准确地描述出景公梦中的两男子形象，可能有两个原因：其一，春秋社会可能普遍流传着商汤和伊尹长相的鲜明特征描述。如孟子的弟子曹交就曾说“闻文王十尺，汤九尺”②的身高特征。其二，景公向占梦者描述过梦中两男子的形象，这个消息可能透露出去，晏子正好得到了这个消息，所以能够准确地描述出两男子的形象。

通过这则故事，我们也可以大致了解晏子的“不伐无罪之国”“以义服远”的外交政策。本书卷三《内篇问下·第八》中景公问晏子“国如何可谓安矣”时，晏子在外交政策方面回答景公：“地博不兼小，兵强不劫弱；百姓内安其政，外归其义，可谓安矣。”实际上，早在鲁闵公元年（前661年），齐国大夫仲孙湫向齐桓公建议：“亲有礼，因重固，间携贰，覆昏乱，霸王之器也。”③亲近有礼的国家，依靠力量雄厚的国家，离间内部分裂的国家，推翻国内昏乱的国家，这是成就霸王之业的才能。管仲就告诉桓公：“招携以礼，怀远以德。德礼不易，无人不怀。”④可见，晏子“以义服远”的外交政策就是齐桓公“修礼于诸侯”的外交政策的余续。

景公从畋十八日不返国晏子谏第二十三

景公畋于署梁[1]，十有八日而不返。晏子自国往见公。比至[2]，衣冠不正，不革衣冠[3]，望游[4]而驰。公望见晏子，下而急带[5]曰：“夫子何为遽[6]？国家无有故乎？”晏子对曰：“不亦急也！虽然，婴愿有复[7]也。国人皆以君为安野而不安国[8]，好兽而恶民，毋乃不可乎？”公曰：“何哉？吾为夫妇狱讼之不正[9]乎？则泰士[10]子牛存矣；为社稷宗庙之不享乎？则泰祝[11]子游存矣；为诸侯宾客莫之应[12]乎？则行人[13]子羽存矣；为田野之不僻[14]，仓库之

① [奥]弗洛伊德著，陈放编撰：《梦的解析——揭开人类心灵的奥秘》，第25页。

② 《孟子·告子下》。

③ 《左传·闵公元年》。

④ 《左传·僖公七年》。

不实？则申田[15]存焉；为国家之有余不足聘乎？则吾子存矣。寡人之有五子，犹心之有四支[16]，心有四支，故心得佚焉。今寡人有五子，故寡人得佚焉，岂不可哉！”晏子对曰：“婴闻之，与君言异。若乃心之有四支，而心得佚焉，可；得令四支无心，十有八日，不亦久乎！”公于是罢畋而归。

【注释】

[1]畋(tián)于署梁：在署梁这个地方打猎。畋，打猎。署梁，地名，地址不详。

[2]比至：等到。比，等。

[3]不革衣冠：没有束好皮带、戴正帽子。革，名词用作动词，束好皮带。

[4]游：同“旒”，古代旗帜边缘的条状饰物。

[5]下而急带：景公下车急忙整理好着装。下，下车。带，名词用作动词，束好腰带。

[6]遽：着急。

[7]复：禀报、报告。

[8]安野而不安国：安于野外打猎却不愿处理国政。

[9]不正：不公正。正，公正。

[10]泰士：即大士，官职名，先秦时期主管诉讼、刑罚等司法事务。泰，同“太”或“大”。

[11]泰祝：即太祝，主管祭祀、祈祷等宗教事务。

[12]应：接待。

[13]行人：官职名，主管送迎聘往等外交事务。

[14]僻：通“辟”，开辟。

[15]申田：主管垦田、保管粮仓事务。

[16]四支：即四肢。支，通“肢”。

【品读】

本章与《晏子春秋》卷一《内篇谏上·第二十四》、卷二《内篇谏下·第八》《内篇谏下·第九》《内篇谏下·第十》、卷五《内篇杂上·第九》以及卷七《外篇上·第十三》中都涉及景公打猎的描述。在古代，国君在礼的范畴内的打猎是一项军事行动。《左传·隐公五年》曰：“春蒐、夏苗、秋狝、冬狩，皆于农隙以讲事也。三年而治兵，入而振旅，归而饮至，以数军实。”天子或国君于农忙闲暇之隙率领各级贵族和国人所进行的打猎活动，以四季的不同称之为“春蒐”“夏苗”“秋狝”“冬狩”。这四种集体打猎活动可以统称为“大蒐礼”。据杨宽先生考证，“大蒐礼”起源于原始社会“军事民主制时期武装的‘人民大会’”，它具有“练习战争、检阅兵力”和“部署军事”等性质。[①] 除此之外，还有一种打猎行为就是纯粹的天子或国君的个人游乐行为。“大蒐礼”式的打猎是加强武备、树立君主权威的重要手段。

---

① 参见杨宽：《古史新探》，中华书局1965年版，第279页。

君主个人打猎称作“田”或“畋”。君主整日处理繁重的国家事务，在闲暇之余需要放松休息，而在国家苑囿中田猎是个不错的运动。但是，凡事都有个度，君主过分地迷恋田猎，就会导致其无心理会朝政，如景公田猎十八日仍无心返回国都就是个典型的例子。早在先周时期，周太王、王季就“克自抑畏”，抑制自己的欲望，积极拓展周人的势力。周文王“不敢盘于游田”，“自朝至于日中昃，不遑暇食，用咸和万民”①。殷灭周兴，周公告诫子孙：“继自今嗣王，则其无淫于观、于逸、于游、于田，以万民惟正之供。”②景公淫于观（卷一《内篇谏上·第九》）、于逸（卷一《内篇谏上·第六》）、于游（详见卷一《内篇谏上·第十六》品读）、于田（本章），可谓“四毒”俱全。

就“淫于田”来说，君主整日迷恋打猎而不理会朝政，也就是晏子所说的“安野而不安国，好兽而恶民”。君主的喜好一旦过度都可以称为“淫”。“淫”本身就是一个饱受诟病的词语。古代先王的治国理念中，“淫于田”是个禁区。《内篇谏上·第九》中晏子说：“淫于耳目，不当民务，此圣王之所以禁也。”从《尚书·无逸》可知，“淫于田”也是圣王禁止的。圣王规定，君主主要的任务就是勤政爱民。按照这套理论，君主甚至不应该有自己的爱好，如孟子说君主要与民同乐，“与百姓同之”③。“与百姓同之”就是让君主克制自己的欲望，服从于最大多数人的欲望。在中国古代，放纵自己欲望的君主往往背负恶名，能节制私欲的君主往往有令名。能克制自己的君主就达到了理性的“义”，而“义”又是普遍的社会品格，“义以为上”的道义原则在儒家那里特别明显。④ 谋求普遍道德层面的品质——义，在思想和行动上就需要克制、忍耐。这是中国文化中的一个重要特质。

景公欲诛骇鸟野人晏子谏第二十四

景公射鸟，野人骇之[1]。公怒，令吏诛之。晏子曰：“野人不知也。臣闻赏无功谓之乱，罪不知谓之虐。两者，先王之禁也；以飞鸟犯先王之禁，不可！今君不明先王之制，而无仁义之心，是以从[2]欲而轻诛。夫鸟兽，固人之养也，野人骇之，不亦宜乎！”公曰：“善！自今已后[3]，弛鸟兽之禁[4]，无以苛民也。”

---

① 《尚书·无逸》。

② 《尚书·无逸》。

③ 《孟子·梁惠王下》。

④ 参见张岱年、方克立：《中国文化概论》，北京师范大学出版社 2004 年版，第 317 页。

【注释】

[1]野人骇之:一个乡野里的平民百姓把鸟吓跑了。野人,乡野的百姓。骇,惊吓。

[2]从:通"纵",放纵。

[3]已后:以后。已,通"以"。

[4]弛鸟兽之禁:解除射猎鸟兽的禁令。弛,放松、解除。

【品读】

本章与下一章《内篇谏上·第二十五》、卷七《外篇上·第十三》所讲的故事情节大致相同。这里都讲了一个道理:以人为本。以人为本是中国文化的基本精神之一。张岱年、方克立先生说:"人为万物之灵,天地之间人为贵,是中国传统文化的基调。"①周武王在孟津大誓诸侯时说:"惟天地万物父母,惟人万物之灵。"②人是世间万物的中心,统治者考虑任何事情都要以人为中心。《论语·乡党》篇中讲了一则故事,说孔子退朝之后回家,家人报知马厩失火,孔子并未问马受伤了没有,而是关切"伤人乎"。不关心禽兽而关心人的安危,这就是以人为本。《孙膑兵法·月战》中说:"间于天地之间,莫贵于人。"《晏子春秋》卷二《内篇谏下·第二》中借伤槐女之口说:"明君莅国立政……不为禽兽伤人民。"为禽兽而杀人,用孟子的话说就是"率兽食人"③。按照这个逻辑,"率兽食人者"亦禽兽也。为了一己私欲而杀人,这是中国古代精英最厌恶的事情。以人为本的底线就是保证人的基本生存权,这个信条在中国古代早已存在。

需要交代的一点是,文中景公听取了晏子的谏言之后,下令"弛鸟兽之禁"。这里所谓"弛鸟兽之禁",预设的前提并不是说在此之前景公曾下令禁止所有老百姓在齐国境内捕猎,而应该是指齐景公下令允许齐国的老百姓在国君苑囿中捕猎。中国古代的皇帝一般都有自己游猎玩乐的苑囿。如《孟子·梁惠王下》说周文王的苑囿方圆七十里,老百姓却嫌小;齐宣王的苑囿方圆四十里,百姓却抱怨大。这是什么原因呢?孟子说:

> 文王之囿方七十里,刍荛者往焉,雉兔者往焉。与民同之,民以为小,不亦宜乎!臣始至于境,问国之大禁,然后敢入。臣闻郊关之内有囿方四十里,杀其麋鹿者如杀人之罪。则是方四十里为阱于国中,民以为大,不亦宜乎?④

这段话透露了一条隐藏信息:原则上,君主的苑囿是禁止百姓随便进去砍

---

① 张岱年、方克立:《中国文化概论》,第290页。

② 《尚书·泰誓上》。

③ 《孟子·梁惠王上》。

④ 《孟子·梁惠王下》。

柴、打猎的。但是，周文王的苑囿，不仅允许老百姓自由出入，而且还允许百姓在里面砍柴、打猎。而齐景公欲诛杀惊动飞鸟的乡野百姓和齐宣王“杀其麋鹿者如杀人之罪”的禁令没有什么两样，都是违背先王之制和仁义之心的。

景公所爱马死欲诛圉人晏子谏第二十五

景公使圉人[1]养所爱马，暴死。公怒，令人操刀解[2]养马者。是时晏子侍前，左右执刀而进，晏子止而问于公曰：“尧舜支解[3]人，从何躯始？”公矍然[4]曰：“从寡人始。”遂不支解。公曰：“以属狱[5]。”晏子曰：“此不知其罪而死，臣为君数之，使知其罪，然后致之狱。”公曰：“可。”晏子数之曰：“尔罪有三：公使汝养马而杀之，当死罪一也；又杀公之所最善马，当死罪二也；使公以一马之故而杀人，百姓闻之必怨吾君，诸侯闻之必轻吾国，汝杀公马，使怨积于百姓，兵弱于邻国，汝当死罪三也。今以属狱。”公喟然叹曰：“夫子释之！夫子释之！勿伤吾仁也。”

【注释】

[1]圉(yǔ)人：掌管养马刍牧的官，也泛指天子、诸侯的养马人。

[2]解：肢解。

[3]支解：肢解。支，通“肢”。

[4]矍(jué)然：震惊的样子。

[5]以属(zhǔ)狱：即“以(之)属狱”，将圉人交付狱吏治罪。属，交付。

【品读】

圉人负责为天子或诸侯养马，虽然官职小，从事的劳动低贱，但是他能够直接接触到天子或诸侯，这就非同一般。《左传·庄公三十二年》就曾讲到负责给鲁庄公养马的名叫荦的圉人，在庄公死后，被鲁国的卿大夫庆父利用，杀死了庄公的继承人子般。因为为天子生活直接服务的人员有机会近距离地和最高统治者接近，这就为他们地位和生活的提升提供了最好的机会。这些人一旦受到君主的器重或青睐，常常平步青云。比如膳夫，它本是天子或者诸侯的厨师长，如果膳夫能够烧一手好菜，再比较会说话，往往能够得到最高统治者的青睐。商初的名臣伊尹最初可能就是通过膳夫这个为王做饭的小官而发迹的。因此，孟子的学生万章就曾说：“伊尹以割烹要汤。”[1]司马迁也说：“（伊尹）负鼎俎，以滋味说汤，致于王道。”[2]

为天子或诸侯的服务人员很庞杂。除了圉人、膳夫外，像御者（驾车者）、寺人（宦官）、阍人（被砍去脚的守门人）、史、祝、侍卫等，都有机会直接接触最高统治者。能够近水楼台地接近最高统治者，这就意味着更多的机遇。但凡事都有两面性，有机遇有时候也意味着高风险。这就是所谓的伴君如伴虎，像给齐景公养马的这个圉人就大祸临头。

景公命令圉人细心养护他所喜爱的一匹马。但是很不幸，这匹马到了圉人手里，没几天不知得了什么病就突然死了。景公得知后大发雷霆，命令左右侍卫用刀肢解圉人。晏子全力支持景公，并痛沉圉人三宗罪：“国君让你养马，你却把马养死了，这是判你死罪的第一条罪状；死的这匹马恰是国君最喜爱的马，你却把它养死了，这是判你死罪的第二条罪状；你让国君因为一匹马而杀人，国中的百姓听说了肯定怨恨国君，其他诸侯听说了这件事，势必轻视我们齐国。你养死了国君的马，使百姓对国君心存怨恨，又使得邻国轻视我们的军事实力，时时刻刻伺机侵略齐国，这是判你死罪的第三条罪状。现在就把你交给狱吏惩治。”晏子表面上支持景公，实则正话反说，警示景公杀死圉人有损仁爱的名声。

什么是君主的“仁”？通读本章，景公所谓的“仁”大约是指君主施政要一切以人为本，不能因为禽兽而杀人民。卷二《内篇谏下·第二》说：“明君莅国立政，不损禄，不益刑，又不以私恚害公法，不为禽兽伤人民。”《晏子春秋》对“仁”的理解和儒家有相通之处。孔子告诉他的学生樊迟“仁”就是“爱人”[3]。“仁”是一切以人为出发点，其实也就是我们说的“以人为本”。孟子继承和发展了孔子“仁”的学说。他说：“仁者爱人。”[4]孟子说的“不嗜杀人者”其实就是“仁”的底限。没有杀人的嗜好，不随便杀人，不因为禽兽杀人，都是讲以人为本。《晏子春秋》中的“仁”与儒家的“仁”有相同的内核，这个内核就是以人为本，二者都发源于周公的“敬天保民”思想。

① 《孟子·万章下》。
② 《史记·殷本纪》。
③ 《论语·颜渊》。
④ 《孟子·离娄下》。

内篇谏下第二

景公藉重而狱多欲托晏子晏子谏第一

景公藉重而狱多[1]，拘者满圄[2]，怨者满朝[3]。晏子谏，公不听。公谓晏子曰："夫狱，国之重官[4]也，愿托之夫子。"晏子对曰："君将使婴敕其功[5]乎？则婴有壹妄能书[6]，足以治之矣。君将使婴敕其意[7]乎？夫民无欲残其家室之生，以奉暴上之僻者，则君使吏比而焚之[8]而已矣。"景公不说，曰："敕其功则使壹妄，敕其意则比焚，如是，夫子无所谓能治国乎？"晏子曰："婴闻与君异。今夫胡狢[9]戎狄之蓄狗也，多者十有余，寡者五六，然不相害伤。今束鸡豚妄投之，其折骨决皮[10]，可立得也。且夫上正其治，下审其论[11]，则贵贱不相逾越。今君举千钟爵禄，而妄投之于左右，左右争之，甚于胡狗，而公不知也。寸之管无当[12]，天下不能足之以粟。今齐国丈夫耕，女子织，夜以接日，不足以奉上，而君侧皆雕文刻镂之观，此无当之管也，而君终不知。五尺童子，操寸之烟[13]，天下不能足以薪。今君之左右，皆操烟之徒，而君终不知。钟鼓成肆[14]，干戚[15]成舞，虽禹不能禁民之观。且夫饰民之欲[16]，而严其听[17]，禁其心，圣人所难也，而况夺其财而饥之，劳其力而疲之，常致其苦而严听其狱，痛诛其罪，非婴所知也。"

【注释】

[1]藉重而狱多：赋税沉重且诉讼繁多。藉，赋税。狱：诉讼。

[2]圄：监狱。

[3]朝：从下文可知"怨者"为齐国百姓，因此"朝"并非朝廷，而是朝堂之外的意思。

[4]重官：重要部门。

[5]敕(chì)其功：整饬监狱里的各种事务。敕，通"饬"，整理。功，事，这里代指监狱中各种事务。

[6]壹妄能书：一个会写几个字的人就能打理好监狱中的事务。孙星衍《晏子春秋音义》："言一妄男子能书记者，即成谳矣。"妄，乱。妄男子能书记者，即一男子能胡乱书写者。俞樾、刘师培皆以"妄"为"妾"之讹，言"妾"意为治理监狱极其容易，一女子即能打

理。[①] 本书从孙说。

[7]敕其意:整顿民心、民愿。意,指民情、民心。

[8]使吏比而焚之:可以命令官吏挨家反户地杀人。比,并列。焚,通"偾(fèn)",毙命。

[9]狢(hé):即貉(mò),中国古代东北地区的一个少数民族。

[10]折骨决皮:折断骨头,抓破皮肉。

[11]论(lún):等级。

[12]当(dàng):容器的底。

[13]烟:应为"熛(biāo)"之讹写,火。

[14]肆:列。

[15]干(gān)戚:盾牌和斧头。

[16]饰民之欲:增饰人们的欲望。此句意谓国君贪欲无求,生活腐化,导致臣民纷纷效仿。饰,装饰,引申为增饰。

[17]严其听:严格控制百姓的听闻。严,整治,这里引申为控制。

【品读】

齐景公统治时期,重赋敛,严刑罚。晏子访问晋国时曾告诉晋国大夫叔向:"公聚朽蠹,而三老冻馁,国之诸市,屦贱踊贵。"[②]"公"就是指齐景公。齐景公赋敛极重,搜刮来的东西都在仓库里腐烂、生虫,但是朝廷之外乡官三老却忍冻挨饿。由于刑罚酷严,犯法被砍脚的人特别多,市场上假肢比鞋子还要贵。《左传·昭公三年》又说:"于是景公繁于刑,有鬻踊者。故对曰:'踊贵,屦贱。'"本章的故事就是在这个背景下发生的。

齐景公在位时赋税沉重,刑罚严酷,被逮捕的犯人充斥监狱,百姓怨声载道。晏子劝谏景公薄赋税、轻刑罚,景公不听。景公告诉晏子:"监狱是个重要的部门,我打算让您掌管监狱。"晏子说:"您打算让我整顿监狱的事务吗?那么我下面只要有个会胡乱书写的人就足以治理好监狱。您打算让我整顿民心吗?百姓没有谁愿意毁掉自己的家室生计,来供奉残暴之君的嗜好,那么您不如派遣官吏把他们都抓起来一个个杀掉。"景公听了很不高兴,他说:"我让您整饬监狱事务,您认为派个会胡乱写几个字的人就能治理好;让您整顿民心,您却要我把他们都抓起来一个个杀掉。如果是这样的话,您也就算不上能治理好国家的人了。"晏子说:"我听说的和国君您说的不一样。那些胡、貉、戎、狄等游牧部落养狗,多的十几条,少的五六条,然而它们相处在一起都不会互相伤害。现在把捆好的鸡和猪扔到狗群中,这些狗相互撕咬,争夺食物,折断骨头,抓破毛皮,这样的状况一会儿就能看到。君主修正治国政策,

① 参见吴则虞:《晏子春秋集释》,第98页。

② 《左传·昭公三年》。

臣民就会认真恪守贵贱等级身份，身份的贵贱就不会颠倒错位。现在国君您将千钟的爵位和俸禄随意地赐给左右近臣，左右近臣为了争夺高爵厚禄，比胡人养的狗还疯狂，而您却还没意识到。一寸长的竹管若没有底的话，即使全天下的粮食往里填也填不满。现在整个齐国的男子都去耕田劳作，女子都去纺织，夜以继日，也没法满足君上的贪欲，而您身边精工雕镂的宫殿、珍玩，这些都是没有底的竹管，而君上您却始终没有觉察到。五尺高的孩童，只要拿着寸长的火把，即使天下所有的干柴也不够它燃烧的。现在国君左右的近臣，都是拿着火把之辈，而您却始终没有意识到。现在宫内钟鼓等乐器成列，整日舞干弄戚，即使大禹那样的圣王也不能禁止百姓去观看。且国君向臣民展示出贪欲无求的本性，现在却要严格控制他们的听闻，禁锢他们的思想，即使是圣人也很难做到。何况掠夺他们的财产使得他们饥寒交迫，征用他们的劳动力使他们疲惫不堪，经常给他们带来痛苦，却还严厉地处置他们，狠狠地惩治他们的罪行，这些做法是晏婴无法理解的。”

国君贪心，赋役繁多而致使民不聊生。国君的贪欲如“寸之管无当”，如无底洞般无法填满。重用左右谄谀之人，如梁丘据、裔款之流。左右阿谀奉承之辈不劝谏国君薄赋敛、省刑罚，反而怂恿国君腐败并成为国君压榨人民的爪牙，晏子比之为“操烟之徒”。国君贪婪如“寸之管无当”，左右阿谀奉承之辈又如“操烟之徒”，天下一切钱财珍玩皆无法满足贪欲无求的人。百姓无法缴纳赋税者，皆被关进监狱。《管子》说：“故刑罚不足以畏其意，杀戮不足以服其心。故刑罚繁而意不恐，则令不行矣。杀戮众而心不服，则上位危矣。”[①]靠屠刀和刑具来威胁民众，最终的结果就是人民被迫铤而走险。秦朝末年，陈胜、吴广振臂一呼，天下群起而响应，秦帝国摧枯拉朽般地覆灭就是活生生的例子。但是齐国的情况比较特殊，统治集团中的田氏家族以大斗出小斗进的方式收揽民心，公室本身不思进取，民心的天平逐渐滑向私家，所以晏子说“此季世也”[②]。景公死后，齐国实权逐渐转移到了田氏手中。对此，战国时期的孟子看得最清楚。他说：“得天下有道，得其民，斯得天下矣。得其民有道，得其心，斯得民矣。得其心有道，所欲与之聚之，所恶勿施尔也。”[③]

① 《管子·牧民》。
② 《左传·昭公三年》、《晏子春秋》卷四《内篇问下·第十七》。
③ 《孟子·离娄下》。

景公欲杀犯所爱之槐者晏子谏第二

景公有所爱槐，令吏谨守之，植木县之[1]。下令曰："犯槐者刑[2]，伤之者死。"有不闻令，醉而犯之者，公闻之曰："是先犯我令[3]。"使吏拘之，且加罪焉。其女子往辞晏子之家[4]，托[5]曰："负廓之民贱妾[6]，请有道于相国[7]，不胜其欲[8]，愿得充数乎下陈[9]。"晏子闻之，笑曰："婴其淫于色乎？何为老而见奔[10]？虽然，是必有故。"令内之[11]。女子入门，晏子望见之，曰："怪哉！有深忧。"进而问焉，曰："所忧何也？"对曰："君树槐县令，犯之者刑，伤之者死。妾父不仁[12]，不闻令，醉而犯之，吏将加罪焉。妾闻之，明君莅国[13]立政，不损禄，不益刑，又不以私恚[14]害公法，不为禽兽伤人民，不为草木伤禽兽，不为野草伤禾苗。吾君欲以树木之故杀妾父，孤妾身，此令行于民而法于国矣。虽然，妾闻之，勇士不以众强凌孤独，明惠之君不拂是[15]以行其所欲。此譬之犹自治鱼鳖者[16]也，去其腥臊者而已。昧墨与人比居庾肆[17]，而教人危坐。今君出令于民，苟可法于国[18]，而善益于后世，则父死亦当矣，妾为之收亦宜矣。甚乎！今之令不然，以树木之故，罪法妾父，妾恐其伤察吏之法，而害明君之义也。邻国闻之，皆谓吾君爱树而贱人，其可乎？愿相国察妾言以裁犯禁者。"晏子曰："甚矣！吾将为子言之于君。"使人送之归。明日，早朝，而复[19]于公曰："婴闻之，穷民财力以供嗜欲谓之暴，崇玩好，威严拟[20]乎君谓之逆，刑杀不辜谓之贼，此三者，守国之大殃。今君穷民财力，以羡馁食之具[21]，繁钟鼓之乐，极宫室之观，行暴之大者；崇玩好，县爱槐之令，载过者驰，步过者趋，威严拟乎君，逆之明者也；犯槐者刑，伤槐者死，刑杀不称，贼民之深者。君享国，德行未见于众，而三辟[22]著于国，婴恐其不可莅国子民也。"公曰："微大夫教寡人，几有大罪以累[23]社稷，今子大夫教之，社稷之福，寡人受命矣。"晏子出，公令趣罢守槐之役[24]，拔置县之木，废伤槐之法，出犯槐之囚。

【注释】

[1]植木县之：竖立木桩，将禁令悬挂在上面。植木，竖立木桩。县，通"悬"。

[2]犯槐者刑：碰撞了槐树的判刑。犯，侵犯，这里引申为碰撞。

[3]是先犯我令：这句话有两种理解：第一，我有令在先，你们却偏偏触犯，这个不能怪我；第二，这是第一个犯了我命令的人，我必须严厉地惩处首犯，以儆效尤。

[4]其女子往辞晏子之家：伤槐者的女儿往晏子家陈辞其父伤槐之事。女子，伤槐者的女儿，先秦时期称女儿为"子"或"女"，"女子"连称者较少见。辞，陈辞。

[5]托：一说为"说"之讹写，然先秦、秦汉时"说"并无说话的意思。一说为"请托"。

王更生先生释为“有女子自媒之意”[①]。

[6]负廓之民贱妾：住在城墙外边上的民女。负，背靠、背倚。廓，即“郭”，城墙。贱妾，古代女子的谦称。

[7]有道于相国：有所陈述于相国（晏子）。道，陈述。相国，春秋时期大部分诸侯国称宰相为“相”，而齐国的宰相又分为“左相”“右相”，如景公时期，崔杼为右相，庆封为左相，崔杼掌握大权。“相国”一称流行于战国时期，如秦相国吕不韦、燕相国子之，等等。

[8]不胜其欲：情不自禁，按捺不住自己的想法。胜，禁不住、按捺不住。欲，想法、愿望。

[9]愿得充数乎下陈：愿在您的妻妾中充个数。下陈，妻妾之列。陈，列。《战国策·齐策四》曰：“美人充下陈。”

[10]奔：是指未经明媒正娶的私奔。周礼中的婚礼礼节包括纳采（提亲送见面礼）、问名（问女方名字，回去占卜）、纳吉（占卜女方名字，类似于后世看生辰八字）、纳征（向女家下聘礼）、请期（请女主家确定日子）、亲迎（黄昏迎娶新妇）六个环节。《管子·形势》曰：“自媒之女，丑而不信。”没有经过正常礼仪程序而结合的婚姻形态，是备受诟病的，大多不被社会理解。

[11]令内之：令伤槐者女进来。内，通“纳”。

[12]不仁（nìng）：即“不佞”，不才、不聪明。

[13]莅国：亲临国政，即亲自主持国政。

[14]私恚（huì）：个人的愤怒。

[15]不拂是：不违背正理。拂，违背。是，正理。

[16]自治鱼鳖者：亲自料理鱼鳖的人。

[17]昧墨与人比居庾肆：强迫人挨着人坐在黑暗的露天谷仓中，比喻法令严苛，人民手足无措。昧，黑暗。墨，黑。比居，并排坐着。庾，露天的谷仓。肆，市廛。

[18]苟可法于国：如果可以行之全国。苟，如果。

[19]复：禀报。

[20]拟：比拟于。

[21]以羡馁食之具：用以美化饮食器具。

[22]三辟：三种邪僻，即暴、逆、贼。

[23]累：连累。

[24]趣罢守槐之役：赶紧取消了看守槐树的差事。趣，同“促”，赶紧。役，差事。

【品读】

景公有一棵心爱的槐树。他命令官吏小心看护，并在槐树旁边树立了一根木桩，上面悬挂了一块木牌，明确禁令：“碰了槐树的人处以刑罚，伤了槐树的人处以死罪。”有个人不知道禁令，喝醉了酒触碰了槐树，景公听说后命官吏逮捕了这个人，并且要治他的罪。

本章借伤槐者的女儿之口，控诉景公为一己之私大动干戈，滥施刑罚，

---

① 王更生注译：《晏子春秋今注今译》，第62页。

有违贤明君主的道义。

所谓"明君莅国立政，不损禄，不益刑，又不以私恚害公法，不为禽兽伤人民，不为草木伤禽兽，不为野草伤禾苗"，这是晏子思想的亮点。在涉及司法方面，晏子主张执法要公正，要赏罚分明。《内篇谏上·第二十四》中就说："赏无功谓之乱，罪不知谓之虐。"本章中的"不损禄，不益刑"讲的就是司法的公平、公正。晏子认为，司法公平、公正要以统治者"仁义之心"作为前提。统治者不能为欲望所左右，"不以私恚害公法"就是统治者的"仁义之心"。不"从欲而轻诛"就等同于"不以私恚害公法"。所以，在下一章《内篇谏下·第三》甚至说："人君者，宽惠慈众，不身传诛。"君主只能做好事，甚至不能下命令去杀人，这才是"仁义"之君。卷七《外篇上·第九》也秉持此观点说："婴未尝闻为人君而自坐其民者也。"《晏子春秋》要求君主做"明君""圣王"，而"明君""圣王"都有一颗"仁义之心"。这颗"仁义之心"要求君主摒弃欲望，专做宽惠济众之事。这种几近苛刻的要求是想把君主打造成一心想着奉献而不能享乐的全能神。需要指出的是，君主的"仁义之心"不是等齐的泛爱，而是有轻重的爱。其原则就是，人最贵，禽兽次之，禾苗、草木再次之。有等差的爱在中国人的思维习惯中很普遍。譬如儒家的"仁"就是以血缘关系的亲疏而形成的有等差的爱。

"昧墨与人比居庾肆，而教人危坐"一句解释难度大，历来注家聚讼纷纭。如果按照字义强行解释的话，在全文中给人一种突兀不类的感觉。但通读上下文可知，这句话可以大致这样解释：自己怀有贪欲之心，不能在黑暗中守法守规矩地端坐在那里，却让别人在黑暗中正经端坐。自己做不到不说，还得让别人做到，这就有点强人所难了。清末学者苏时学《爻山笔话》中就有类似观点。[①] 观下文晏子列举景公有"三辟"（三大罪过），其中的"暴""逆"其实都涉及了景公的贪欲，而"三辟"中的"贼"就是为满足自己的贪欲而"刑杀不辜"。这不就说明了自己没有德行却要求他人有德行的道理吗？

晏子禀告齐景公说："穷民财力以供嗜欲谓之暴，崇玩好，威严拟乎君谓之逆，刑杀不辜谓之贼，此三者，守国之大殃。"晏子对"暴""逆""贼"作了定义，并将三者视为"守国之大殃"。所谓的"暴"就是剥夺百姓的财力满足一己之私欲。中国历史上很多统治者的行为都可以贴上"暴"的标签，如秦始皇求长生不老药、修阿房宫、建骊山陵墓都是满足一己之私欲。"逆"就是宠爱的人或物所拥有的礼节和规格都和国君一样，如春秋时期卫懿公好鹤，使鹤乘"轩"——大夫乘坐的车（如果是国君乘坐的车——"辂"的话，那就更是

① 参见吴则虞：《晏子春秋集释》，第104页。

"逆"了)。至于"贼",专制的君主刑杀无罪之人就更常见了。接着,晏子列举了齐景公"暴""逆""贼"的行径,使景公听从了晏子的谏言,废除了"伤槐之法",释放了伤槐者。

品读到本章,我们可以看到《晏子春秋》中有这样一条规律,即晏子敢于谏言景公,有什么就说什么,有时候甚至不给国君留一点情面,而景公尽管昏庸无道,但是一旦听了晏子的教育,便立刻心服口服,赶紧去改正,如此的故事构思肯定和史实大相径庭。如果景公每次都能听从晏子的谏言,《左传》中的晏子就不会一直对国家的命运忧心忡忡了。本书品读的不仅仅是晏子本人的真实思想,更多的是《晏子春秋》这本书所折射出的思想精华。这是读者在阅读此书时应该注意的。

景公逐得斩竹者囚之晏子谏第三

景公树[1]竹,令吏谨守之。公出,过之,有斩竹者焉,公以车逐,得而拘之,将加罪焉。晏子入见,曰:"君亦闻吾先君丁公[2]乎?"公曰:"何如?"晏子曰:"丁公伐曲沃[3],胜之,止其财,出其民。公日自莅之[4],有舆死人以出者[5],公怪之,令吏视之,则其中金与玉焉。吏请杀其人,收其金玉。公曰:'以兵降城,以众图财,不仁。且吾闻之,人君者,宽惠慈众,不身传诛。'令舍之。"公曰:"善!"晏子退,公令出斩竹之囚。

【注释】

[1]树:栽种。

[2]丁公:齐太公姜尚的儿子,齐太公死后,承继为齐国第二任国君。

[3]曲沃:王念孙《读书杂志》:"'曲沃'本作'曲城',此后人妄改之矣。"本章从王说。曲沃(今山西闻喜东)曾一度是春秋时晋国的国都,距离齐国西周初年的国都营丘一两千里的路程,丁公当时远离国都作远程奔袭晋国,而孤军深入晋国占领曲沃的可能性不大,且目前所见的传世文献并未有丁公伐曲沃的记载。苏时学《爻山笔话》认为曲沃是曲城,其证据是《竹书纪年》有一条记载说:"成王十四年,齐师围曲城,克之。"王念孙据《汉书·地理志》考证出"曲城"即汉代东莱郡"曲成"县。① 其故城在今莱州(旧称掖县)东北,莱州距今天淄博并不遥远。因此,此说可信。

[4]公日自莅之:在曲城,丁公每天都亲临检查事务。莅,亲临。

[5]有舆死人以出者:有用车拉死人出曲城的。舆,用作动词,拉车。

---

① 参见吴则虞:《晏子春秋集释》,第108页。

【品读】

本章主旨和上一章相同，都是在告诫景公要行仁政。故事说景公亲自栽种了一些竹子，并专门派人认真看护。景公一次外出，经过竹林，正好发现有人在砍伐竹子。砍伐竹子的人被发现后，立刻逃跑。景公驱车追赶，最终追赶上砍伐竹子者，并逮捕了他们，准备问罪定刑。晏子听说了此事，进宫面见景公。他问景公："君上您也听说我们的先君丁公的事了吧？"景公问："丁公什么事？"晏子说："丁公讨伐莱夷盘踞的曲城，最终齐军取得了胜利，曲城被攻下。丁公下令曲城的财物不得搬运出去，人员可以自由出入。丁公很重视这道禁令，他每天都亲临视察。有一天，曲城中有个用车拉死人出城的人，丁公感到很蹊跷，就命令官吏检查这个人，结果发现棺材里都是金银珠宝（显然，这个人触犯了丁公的禁令）。官吏请示丁公杀了这个人，没收他的金银珠宝。丁公却说：'用武力迫使他国的城邑投降，却又凭借着武力抢夺人家的钱财，这种做法很不仁义。我听说，作为人民的君主，就要宽和仁慈地对待民众，君主不亲自下令随便杀人。'所以，最终丁公还是放了那个偷运财物的人。"景公听了之后说："您说得好啊！"晏子退出之后，景公下令把砍伐竹子的人释放了。

晏子政治思想中的"仁"多指体恤爱护百姓。本章晏子在劝谏景公释放砍伐竹子的人时引用齐国先君丁公伐曲城的典故。丁公以为"以兵降城，以众图财"是"不仁"之举。什么是"仁"呢？统治者不以权位图谋甚至掠夺百姓的生命和财产就做到了仁。在晏子的思想中，君主要"宽惠慈众"，对百姓宽宏大量、施恩加惠。仅仅因为百姓砍伐了几棵竹子就要杀人，这显然非仁德之君所为。君主仁德，不亲自下令杀人（"不身传诛"）。这与儒家思想比较贴近。孟子以为天下终究被施仁政者统一（"定于一"），只有那些"不嗜杀人者"能做到这一点（《孟子·梁惠王上》）。由此可知，不滥杀人是君主具备"仁"的最基本条件。

景公以抟治之兵未成功将杀之晏子谏第四

景公令兵抟治[1]，当腊冰月[2]之间而寒，民多冻馁，而功不成。公怒曰："为我杀兵二人。"晏子曰："诺。"少间，晏子曰："昔者先君庄公之伐于晋也，其役杀兵四人[3]，今令而杀兵二人，是师杀之半[4]也。"公曰："诺！是寡人之过也。"令止之。

【注释】

[1]抟治：抟土为砖。即把和好的土弄成一个个泥团，然后再用制砖的模子制成土坯砖，最后放进窑里烧制成砖。治，砖。

[2]腊冰月：指结冰的深冬季节。腊，农历十二月。冰月，农历十一月。

[3]其役杀兵四人：整个战役仅损兵四人。齐庄公姜光讨伐晋国的朝歌之役打得相当漂亮，齐军远程奔袭晋国，并深入晋国腹地，最后齐军主动撤出晋国。按照本章的记载，整个战役齐国才损失了四个人。所以《晏子春秋》常称齐庄公有“勇”。

[4]师杀之半：景公因为士兵寒冬腊月制砖不成，欲杀士兵二人，所以晏子说这是齐庄公伐晋之役损失的兵力的一半。师杀，杀师。

【品读】

本章比较特殊，讲的不是普通百姓服劳役，而是说齐军中的一部分士兵应国君命令制砖。这些士兵因为天寒地冻的气候没有完成国君下达的制砖的任务，景公要杀两名士兵以正法。晏子以高超的语言艺术，巧妙地用数字对比的方法说服景公放弃了杀戮两名士兵的命令。

士兵是捍卫国家安全的柱石，统治者一般对士兵比较宽容，但是景公却对士兵要求同样严格。由此可见，齐景公时期刑罚还是比较酷严的。当然较之真正的法家，景公的做法基本上是滥用刑罚。比如本章中士兵们没有完成国君安排制砖的任务，景公就下令随便处置两个士兵，这种没有“法度”的事情根本不是法家的行径。法家特别注重首、从犯的区分，而本章中，如果是法家处理此事的话，绝不是任意杀两个士兵来吓唬余众，而是将负责制砖这项任务的主要军官正法。军人完不成任务应该受到惩罚，至于如何惩罚，这是个大问题。“一刀切式”的都用杀人的办法来处置违法者，这叫“刑杀不称，贼民之深者”（卷二《内篇谏下·第二》）。

景公冬起大台之役晏子谏第五

晏子使于鲁，比其返[1]也，景公使国人起大台之役，岁寒不已，冻馁之者乡有焉[2]。国人望晏子[3]。晏子至，已复事[4]，公延坐[5]，饮酒乐，晏子曰：“君若赐臣，臣请歌之。”歌曰：“庶民之言曰：‘冻水洗我，若之何！太上靡散我[6]，若之何！’”歌终，喟然叹[7]而流涕。公就止之[8]曰：“夫子曷为至此？殆为大台之役夫！寡人将速罢之。”晏子再拜，出而不言，遂如大台，执朴鞭其不务者[9]，曰：“吾细人也，皆有盖庐[10]，以避燥湿，君为壹台而不速成[11]，何为？”国人皆曰：“晏子助天为虐。”晏子归，未至，而君出令趣罢役，车驰而人趋。仲尼闻之，喟然叹曰："古之善为人臣者，声名归之君，祸灾归之身，入则切磋其君之不善[12]，出则高誉其君之德义，是以虽事惰君，能使垂衣裳[13]，朝诸侯，不敢伐[14]其功。当此道者，其晏子是耶！"

【注释】

[1]返：当为"出"字。景公发起修建大台的劳役当在晏子出使鲁国未返回之时，若此处为"比其返也"，与下文"晏子至"相矛盾。吴则虞先生引吴大澂《字说》说："'返'即'反'，古'反'、'出'二字形近易混，此'反'当为'出'字之伪。"①

[2]冻馁之者乡有焉：为修筑大台服劳役的百姓，冻伤挨饿的每个乡都有。"之"字为衍文，当省之。

[3]国人望晏子：国人盼望着晏子回来能向景公进谏，停止大台之役。望，期望、盼望。

[4]已复事：这里指晏子出使鲁国归来，向景公复命使鲁之事。复，复命。

[5]公延坐：景公请晏子入座。"延"与"坐"之间省略"之"字，原句当为"公延之坐"。"之"代指晏子。

[6]太上靡散我：天寒地冻，上天困顿、折磨我。这里的弦外之音当指景公为一己之私，寒冬腊月发起修筑大台的劳役，结果冻伤、饿坏百姓。太上，本指"上天"，这里代指朝廷或景公。靡散，吴则虞先生引苏时学《爻山笔话》曰："'靡'当为'敝'，'敝'与'散'相近而讹，下章言'靡弊'，是也。"②靡弊，即"靡敝"，败坏，凋敝。

[7]喟然叹：喟然，本是叹息的意思，与"叹"重复，故"叹"字为衍文，当省去。

[8]公就止之：景公制止了晏子。"就"字为衍文，当省去。

[9]执朴鞭其不务者：晏子拿起一根树枝鞭打不努力修筑大台的人。朴，未经砍斫的木棍或树枝。不务者，不努力修筑大台的人。

[10]盖庐："盖"之繁体"蓋"与"盍"形近，"蓋"乃"盍"字之误。"盍"即"阖"，门、门板。阖庐，即指房屋。

[11]君为壹台而不速成：现在国君仅仅建了一座大台却不赶紧完成。"君"字之前当增一"今"字，说从卢文弨《晏子春秋拾补》引《太平御览》。

[12]入则切磋其君之不善：进入朝廷就指出并改正君主的错误。切磋，本指玉石切割之后的打磨，后引申为学问技艺等方面的相互交流、相互辩难。

[13]垂衣裳：穿着宽大下垂的衣裳。这里指君主不用操心国事，垂拱而治。

[14]伐：自我夸耀。

【品读】

晏子出使鲁国期间，景公征发齐国的百姓修筑大台。寒冬时节，仍没有结束的迹象，每一个乡都有服役的百姓冻伤挨饿。百姓们都盼望着晏子回

① 吴则虞：《晏子春秋集释》，第112页。

② 吴则虞：《晏子春秋集释》，第112页。

来劝谏国君停止修筑大台。晏子出使鲁国回来，向景公复命之后，景公请晏子入座，设酒宴慰劳晏子。晏子说："君上如果想赏赐为臣的话，我请求高歌一曲，以答谢君上的厚意。"晏子唱道："百姓有歌是这样唱的：'冰冻的水湿透了我的衣服，怎么办啊？天寒地冻，上天困顿、折磨我，怎么办啊？'"晏子唱罢，叹了口气，痛哭流涕。景公赶紧劝晏子说："先生为何伤心到这等地步啊？大概是我修筑大台征发劳役的事吧！寡人马上停止这项工程。"晏子拜了又拜，出去之后，一言不发，一直走到修筑大台的工地。晏子拿起一根树枝鞭打不努力劳作者，一边打一边说："我们这些普通的小民都有房屋防避燥热潮湿，国君建这么一座大台却迟迟不能完工，这是为什么？"服役的百姓都私底下议论说："晏子伤天害理，专门帮助国君虐待老百姓。"晏子离开大台，还没到家，景公就马上命令人赶快停止修筑大台，工地上监督的官吏乘车赶紧离开，服役的百姓也一哄而散。孔子听到这个消息后，叹息说："上古善于当臣子的人，把美名都推到君主身上，灾祸都揽在自己身上，上朝就极力指陈君主的过失，出了朝廷就高声赞扬君主的美德，即使是侍奉懒惰无能的君主，也能使君主垂衣拱手，无为而治，使得天下的诸侯都来朝见君主，而臣子却不敢夸耀自己的一点功劳，能像这样当之无愧的，恐怕就是晏子了吧！"

孟子的学生公孙丑也说："晏子以其君显。"①正是晏子才使得景公名扬天下。通读《晏子春秋》全书，其书写模式大致就三部曲：先将景公抹黑，接着是晏子进谏，然后景公知错能改。这样最终的结果就是，晏子是忠臣，景公是善于纳谏、知错能改的明君。贪婪、享乐是人的欲望，正是在晏子的劝谏下，才成就了景公那样知错就改、善莫大焉的明君。

景公为长庲欲美之晏子谏第六

景公为长庲[1]，将欲美[2]之，有风雨作，公与晏子入坐饮酒，致堂上之乐[3]。酒酣，晏子作歌曰："穗乎不得获[4]，秋风至兮殚零落，风雨之拂杀也，太上之靡弊也。"歌终，顾而流涕，张躬而舞[5]。公就晏子而止之曰："今日夫子为赐而诫于寡人[6]，是寡人之罪。"遂废酒，罢役，不果成长庲。

【注释】

[1]长庲(lái)：长舍。庲一说为舍，即房屋类的建筑；一说为"台"。从下文"公与晏子入

① 《孟子·公孙丑上》。

坐饮酒，致堂上之乐”之语看，该建筑应该是有堂、室的宫殿类建筑，因此，本文注释取前者。

[2]美：装饰美化。

[3]致堂上之乐：将乐工、舞女之类招来堂上奏乐、舞蹈。

[4]穗乎不得获：禾穗啊禾穗不能收获。王念孙《读书杂志》曰：“案‘穗乎’本作‘穗兮’，与下句文同一例，隶书‘兮’、‘乎’相似，故‘兮’误为‘乎’。”又，于鬯《香草校书》曰：“‘穗乎’二字疑当复叠，歌体七字句。”[①]结合王念孙、于鬯的观点，该句应为“穗兮穗兮不得获”。

[5]张躬而舞：张开臂膀，手舞足蹈。躬，通“肱”。

[6]今日夫子为赐而诫于寡人：今日夫子赐诗而劝诫寡人。吴则虞先生据《太平御览》四百五十六引“为”作“有”，“诫”作“讥”，无“于”字。[②]

【品读】

景公修筑长庲之舍（疑为宫殿类的建筑），正准备装饰美化它，适逢风雨大作，景公和晏子一起进入长庲里面饮酒，并招来乐工舞女等奏乐、舞蹈。酒喝得正酣畅，晏子唱起歌曰：“禾穗啊禾穗，不能收获；秋风到来啊，被吹得七零八落；冷风吹打着，老天这是要败坏我啊！”歌罢，转过身去，掩面流泪。接着，晏子挥舞双臂，起身而舞。景公走向晏子而劝止道：“（先生不要再难过了）今日先生赐诗而劝诫寡人，这都是寡人的错啊。”于是，景公撤去酒宴，停止修筑长庲的工程，不再装饰长庲之台。

劝谏君主要有一定的技巧。有些人劝谏君主，直言不讳，不管君主爱听不爱听，最终不是挨了板子，就是丢了官职，有的甚至把命都搭上了。西汉时期的汲黯以耿直敢谏著称，连汉武帝都忌惮他三分。然而，也正是由于他劝谏君主时常“犯主之颜色”，结果本是九卿的他，“不得久居位”[③]，老死在郡守任上。汉初的右丞相王陵“少文任气，好直言”[④]，结果因为不同意封吕氏子弟为王，被吕后架空了权力。相反，处于副相的左丞相陈平，为人沉稳，灵活地与吕后周旋，先答应吕后封吕氏为王，在吕后忌惮功臣的恶劣环境下，不仅能够依然受到重用，而且在最后铲除吕氏之时起了关键作用。

另外，齐国地区在先秦秦汉时期一直有“滑稽”的传统。“滑稽”不是幽默，而是用类他性的语言，间接巧妙地说服对方。淳于髡、邹忌、东方朔都是齐国人，且属于“滑稽”之列。就连儒家的“亚圣”孟子多年生活在齐国，也学会了“滑稽”。[⑤] 从语言艺术上看，齐国的“滑稽”不直言其事，而是用触类旁通的语言，曲折委婉地道出问题的实质，间接地说服对方，而且其中还不乏

---

① 参见吴则虞：《晏子春秋集释》，第114页。

② 参见吴则虞：《晏子春秋集释》，第114页。

③ 《汉书·汲黯传》。

④ 《汉书·王陵传》。

⑤ 《孟子·梁惠王上》中的第四章、第七章都有“滑稽”的表现。

幽默感。这种以柔克刚的语言艺术很有特点。因此,《史记·滑稽列传》开篇序言中就说:"孔子曰:'六艺于治一也。《礼》以节人,《乐》以发和,《书》以道事,《诗》以达意,《易》以神化,《春秋》以义。'太史公曰:'天道恢恢,岂不大哉!谈言微中,亦可以解纷。'"用儒家六艺来劝谏君主,这个属于鲁文化的内涵。司马迁说"谈言微中,亦可以解纷",即用微妙的语言也可以解决问题。这种语言文化独具特色,显然它不是鲁文化,而是齐文化。看来,在语言艺术上,齐、鲁文化还是各有千秋。

景公为邹之长途晏子谏第七

景公筑路寝[1]之台,三年未息;又为长庲之役,二年未息;又为邹之长途[2]。晏子谏曰:"百姓之力勤矣!公不息乎[3]?"公曰:"途将成矣,请成而息之。"对曰:"明君不屈民财者,不得其利;不穷民力者,不得其乐[4]。昔者楚灵王作顷宫[5],三年未息也;又为章华之台[6],五年又不息也;乾溪之役[7],八年,百姓之力不足而自息也。灵王死于乾溪,而民不与君归。今君不遵明君之义,而循灵王之迹,婴惧君有暴民之行,而不睹长庲之乐也。不若息之。"公曰:"善!非夫子者,寡人不知得罪于百姓深也。"于是令勿委坏[8],余财勿收,斩板[9]而去之。

【注释】

[1]路寝:又称"正寝"。名始见于《诗经·鲁颂·閟宫》:"路寝孔硕。"毛亨《传》曰:"路寝,正寝也。"①《礼记·玉藻》说祭祀:"君日出而视之,退适路寝以清听政。"可见,路寝是帝王正殿所在,意指古代天子、诸侯的正厅。

[2]邹之长途:从临淄到邹的长路。邹,今山东邹平。长途,长路。途,路。

[3]公不息乎:君上不打算停止修筑长路吗?息,息事,这里代指停止修筑长路。

[4]明君不屈民财者,不得其利;不穷民力者,不得其乐:据文意当作"明君不屈民财,不穷民力;君屈民财者不得其利,穷民力者不得其乐",意思是贤明的君主不搜刮尽百姓的财物,不耗尽百姓的力气;君主搜刮尽百姓财物的得不到收益,耗尽民力的不会得到快乐。屈,竭尽,搜刮尽。

[5]楚灵王作顷宫:楚灵王,春秋后期楚康王之弟,本名熊围,后弑杀郏敖自立,改名熊虔。顷宫,一本作"倾宫",宫殿名。

[6]章华之台:台名,楚灵王造,《左传·昭公七年》:"楚子成章华之台。"楚子,就是楚灵王。杜预注:"台在今华容城内。"即在今天湖北监利西北。

① 《毛诗正义》,清阮元校刻《十三经注疏》本,中华书局1980年影印本。

[7]乾溪之役:《史记·楚世家》曰:“(楚灵王)十二年春,楚灵王乐乾溪,不能去也。国人苦役。”

[8]令勿委坏:当为“令勿委壤”。不再堆积土方,继续修筑长路。委,积聚。坏,其繁体“壞”与“壤”字形相近,因此当为“壤”字之误。

[9]斩板:砍断绳索,去掉模板,以示停止工程。板,筑路用的夹板,今又称“模板”,其方法为安装木板于两边,用绳索捆扎,使木板得以立,两板之间填以土方,模板间土方固定,再拆卸绳索和模板,这种方法又称为“版筑法”。

【品读】

景公修筑正寝附近的台阁,三年都没有完工;又修筑长庲之舍,两年没有完工;又修筑通往邹平的长路。晏子进谏说:“老百姓的劳役太重了,君上还不停下来吗?”景公说:“到邹平的长路马上就要修筑完毕了,请修筑完了再停吧。”晏子说:“圣明的君主不搜刮尽百姓的财产,不无休止地征用民力;搜刮尽民财的君主得不到好处,无休止地征发民力的君主,最终也得不到快乐。往昔,楚灵王修筑顷宫,三年未修筑完;又建章华台,五年都没完成;征伐吴国的乾溪之战,打了整整八年,百姓再也没有足够的财力和人力支援战争了,这样战争才自行停下来。最后,楚灵王众叛亲离,自缢在乾溪,百姓也不愿意把他的灵柩移回楚国国都。现在,君上您不遵循明君治国的仁义之举行事,而是循迹楚灵王,晏婴怕君上有暴虐施于百姓的行为,而看不到居住在长庲里面的快乐了,我劝您不如停止一切劳役吧。”景公说:“您说得太好了!若非先生教导,寡人都不知道得罪百姓有多深。”于是,景公随即下令不要继续堆积土方,为修筑长路而没有征收完毕的赋税也不要征收了,砍断筑板的绳索,去除筑板,停止修筑到邹平的长路。

读罢《晏子春秋》卷二《内篇谏下·第五》《内篇谏下·第六》,给人的感觉是齐景公虽然擅发劳役,但是他所征发的劳役都是在冬季,似乎不存在妨碍农事的事情,但读到本章我们就会发现,景公征发的劳役都是旷日持久的大工程。晏子批评景公的是,他修筑了大台,三年没有完成,修筑长庲之舍,两年没完工,又开始修筑邹之长途,这不仅妨碍了农时,而且穷尽了百姓的力气,往往会引发农民起事。其实,统治者要慎用民力,这一点晏子说得很明白:“屈民财者,不得其利;穷民力者,不得其乐。”《管子·牧民》就说:“政之所兴,在顺民心;政之所废,在逆民心。民恶忧劳,我佚乐之。”百姓讨厌劳役不断,那就要尽量减少劳役,让百姓快乐。能够让百姓快乐,“则民为之忧劳”。这就是所谓的“知予之为取者,政之宝也”[①]的道理。

---

① 《管子·牧民》。

景公春夏游猎兴役晏子谏第八

景公春夏游猎，又起大台之役。晏子谏曰："春夏起役，且游猎，夺民农时，国家空虚，不可。"景公曰："吾闻相贤者国治，臣忠者主逸。吾年无几矣，欲遂吾所乐[1]，卒吾所好[2]，子其息矣。"晏子曰："昔文王不敢盘于游田[3]，故国昌而民安。楚灵王不废乾溪之役，起章华之台，而民叛之。今君不革[4]，将危社稷，而为诸侯笑。臣闻忠不避死，谏不违罪[5]。君不听臣，臣将逝[6]矣。"景公曰："唯唯[7]，将弛罢之。"未几，朝韦冏解役而归[8]。

【注释】

[1]遂吾所乐：满足我的快乐。遂，满足。

[2]卒吾所好：满足我的嗜好。卒，达到、满足。

[3]盘于游田：喜好游猎之事。盘，作乐、玩乐。

[4]革：更改。

[5]违罪：避罪。

[6]逝：去、离开。

[7]唯唯：诺、是。

[8]朝韦冏解役而归：召齐大夫韦冏解除劳役。朝，召。韦冏，人名，齐大夫。解役，解除劳役。

【品读】

此章景公曰："吾闻相贤者国治，臣忠者主逸。"卷一《内篇谏上·第二十三》中景公语晏子："寡人之有五子，犹心之有四支，心有四支，故心得佚焉。今寡人有五子，故寡人得佚焉，岂不可哉！"两章中景公所言虽然基本吻合，但是两章所论主旨不同。本章中，景公认为生命太短暂了，要及时行乐。这可能是景公享乐腐化的借口，也可能是景公真实的心态。曹操《短歌行》曰："对酒当歌，人生几何？譬如朝露，去日苦多。"这是很多统治者的悲凉心态，折射出统治阶层对地位、名利以及财富的留恋和不舍，这就是享乐主义。

悲观主义常常与现世享乐主义盘结在一起，令有些责任重大的人贪于享乐、不思进取。这其实是一种心理的病态。齐景公的这种心理疾病尤其严重。我们看卷一《内篇谏上·第十六》《内篇谏上·第十七》《内篇谏上·第十八》以及卷七《外篇上·第三》《外篇上·第四》，每一篇都记载了景公对现实世界的迷恋和不舍，而悲观主义的情绪都充斥在篇章之中。

然而，春秋时人对悲观主义和享乐主义往往痛加笔伐。《左传·昭公元年》借刘定公之口讥讽晋国执政赵武"为晋正卿，以主诸侯，而侪于隶人，朝

不谋夕，弃神、人矣”。地位越高的人，责任越大，本应该考虑如何更好地为国家、人民服务，却对现实世界产生了悲观主义情绪，唯恐生命时日不多，因而把精力都放在了腐化、享乐上。《左传》指出，这样自暴自弃的人，终究会被神人共弃。《管子·牧民》曰：“不处不可久，不偷取一世也。”任重道远，人不要贪图一时的享乐，而要树立远大的志向，立志为国为民谋福利，这样的境界才是“大我”的境界。贪图享乐，搜刮、奴役他人的做法，那是“小我”的境界，换句话说，就是自私自利。

景公猎休坐地晏子席而谏第九

景公猎休[1]，坐地而食，晏子后至，左右灭葭而席[2]。公不说，曰：“寡人不席而坐地，二三子莫席，而子独搴草[3]而坐之，何也？”晏子对曰：“臣闻介胄坐陈不席[4]，狱讼不席，尸坐堂上不席[5]，三者皆忧也[6]。故不敢以忧侍坐。”公曰：“诺。”令人下席[7]曰：“大夫皆席，寡人亦席矣。”

【注释】

[1]景公猎休：景公打猎之后停下来休息。休，休息。

[2]左右灭葭(jiā)而席：晏子拔掉左右前后的芦苇铺成席子样。左右，泛指晏子左右前后。葭，初生的芦苇。席，名词作动词，拔芦苇为席。

[3]搴草：拔草。

[4]介胄坐陈不席：披甲戴盔的将士坐时不用铺设席子。介胄，披甲戴盔的将士。陈，《北堂书钞》《艺文类聚》《太平御览》皆无“陈”字，疑“陈”字为衍文。

[5]尸坐堂上不席：尸体停放在堂上，所有在堂上之人可以不坐在席上。

[6]三者皆忧也：这三者都是忧伤的事。三者，指前面所谓的“介胄坐不席”“狱讼不席”及“尸在堂上不席”。忧，忧伤、忧患。

[7]下席：铺下席子。

【品读】

古人席地而坐(实为跪)，没有特殊情况，必须跪在席子上，甚至席子摆的方向不端正都不入座。因此，《论语·乡党》说：“席不正，不坐。”没有席子的话，就更不会坐在地上了。这些都是西周以来形成的礼仪，而席地而坐的习俗可能更为久远。① 所谓不用坐在席子上的特殊情况，晏子列举了三种“介胄坐不席”“狱讼不席”及“尸在堂上不席”。因为这三种都是忧患之事，

---

① 参见翟睿：《以礼而序——中国古代席坐方式与礼仪》，《南京艺术学院学报》(美术与设计版)2015年第1期。

且场合和身份的特殊性也决定了坐不铺席。

古代的盔甲都相当重，披挂在身上本不轻松，加之在战场上，将士们随时有可能投入到战斗中去，铺设席子后再坐下就显得过分讲究了。诉讼双方到审判的官员那里本是辨别是非曲直的，诉讼不是轻松、愉快的事情，给原、被告都铺上席子，再让他们坐下诉讼也不太严肃。丧礼上，尸体停放在堂上，丧亲之家本已经悲痛至极，根本没有心思再留意给吊丧的客人铺设席子了。这三种情况都不算违礼。正式、闲适的场合，大夫以上的统治阶层不铺设席子而坐就违背礼仪了。《礼记·曲礼上》曰："礼不下庶人，刑不上大夫。"行礼之事本就是统治阶层的事。借用孟子的话，我们可以把行礼的阶层称为"大人"①。晏子认为，这些"大人"们如果不行礼，"则是禽兽也"②。

在我看来，礼就是衣食充足、生活安定的时候一种刻意的"讲究"，而这种"讲究"本是维护等级身份的一种工具。然而，晏子生活的春秋后期的社会变动更加剧烈，等级身份被社会变革打得七零八乱。社会身份等级秩序是"本"，礼是"末"。"本"都乱了套，晏子、孔子这些老先生们再期望用这些"末"来拯救大厦将倾的"本"，必然是徒劳的。春秋后期的"礼崩乐坏"就是这种结果的真实写照。

景公猎逢蛇虎以为不祥晏子谏第十

景公出猎，上山见虎，下泽见蛇。归，召晏子而问之曰："今日寡人出猎，上山则见虎，下泽则见蛇，殆所谓不祥也[1]？"晏子对曰："国有三不祥，是不与焉[2]。夫有贤而不知，一不祥；知而不用，二不祥；用而不任，三不祥也。所谓不祥，乃若此者。今上山见虎，虎之室也。下泽见蛇，蛇之穴也。如虎之室，如蛇之穴，而见之，曷为不祥也[3]！"

【注释】

[1]殆所谓不祥也：大概是所谓的不吉利的事吧。殆，大概。不祥，不吉利。

[2]是不与焉：这都不在三不祥当中。是，代词，代指上山见虎、下泽见蛇这两件事。焉，代词，相当于"之"，代指"国有三不祥"。

[3]曷为不祥也：有什么不吉利的呢？曷，通"何"。

【品读】

晏子向来不迷信，前面几章我们也谈到了一些。老虎，今天看来比较稀

---

① 《孟子·告子上》。

② 《晏子春秋》卷一《内篇谏上·第二》。

奇，成了国家一级保护动物。但在晏子那个时代，老虎和蛇本是大自然常见的动物，见到老虎和见到蛇的概率估计差不多。可是，景公见到后却疑神疑鬼。这是为什么？这大柳是景公接连遇到这两种动物的缘故。

蛇，在古人印象中寓意为龙，先见到虎，后见到代表龙的蛇，这两件事联系到一起，就让当时的人疑惑半天了。春秋时人对特殊的动物的出现都有解读和附会。比如鲁昭公十九年（前523年），郑国发大水，“龙斗于时门之外洧渊，国人请为禜焉”①。禜，祭祀名。这里的“龙”可能是扬子鳄之类。当时，河南新郑地区气候较之今天温暖湿润，扬子鳄的生活区域有可能北达该地区的河流。两条扬子鳄相斗，本是自然之事，但是当时的人都很紧张，希望政府通过祭祀的方式消除隐患。而郑国的执政子产却说：“我斗，龙不我觌也；龙斗，我独何觌焉？禳之，则彼其室也。吾无求于龙，龙亦无求于我。”②我们人类争斗，鳄鱼不干预；鳄鱼相斗，我们人类也不应该干预。水泽本来就是鳄鱼的生活地，怎么能够通过祭祀的办法来赶走鳄鱼呢？这则故事的情节和本章类似。

春秋时期，一部分先进的人士已经对一些自然现象有所了解，迷信在那时已经被人看穿。晏子、子产就属于此类人。自然现象不是人类祸福的征兆，人事才是人类祸福的征兆。这一点晏子看得很清楚。他说国家有三种不祥：“夫有贤而不知，一不祥；知而不用，二不祥；用而不任，三不祥也。”对于国家来说，国家的治乱兴衰，关键在于统治者“用人”。这就好比市场化的今天，人才对于一个企业的发展来说最为关键。国家也不例外，如果国家有贤能之士，统治者却不能察觉，这是不幸的事；知道国内有贤能之士却不起用他们，这是第二个不幸的事；起用了贤能之士，但又不委以重任，这是第三个不幸的事。

景公为台成又欲为钟晏子谏第十一

景公为台，台成，又欲为钟[1]。晏子谏曰：“君国者不乐民之哀[2]。君不胜欲[3]，既筑台矣，今复为钟，是重敛于民，民必哀矣。夫敛民之哀，而以为乐，不祥，非所以君国者。”公乃止。

【注释】

[1]又欲为钟：又打算铸造大钟。这里的“钟”似乎就是下一章所谓的“泰吕”。

① 《左传·昭公十九年》。

② 《左传·昭公十九年》。

[2]君国者不乐民之哀：一国之君不把百姓的哀伤当作自己的快乐。

[3]不胜欲：不克制自己的欲望。

【品读】

景公修筑大台，大台竣工了，又打算铸造大钟。晏子劝谏说："君临天下者，不把自己的快乐建立在百姓的痛苦之上。君上您不克制欲望，已经修筑了大台，现在又要铸造大钟，这是加重老百姓的负担，百姓必定凄苦、忧伤。把加重百姓的负担而造成的痛苦当成自己的快乐，是不吉利的事情，这不是君临天下者的所作所为。"景公听到后，就停止了铸造大钟的计划。

统治者治理国家，要想成就一番大事业，必须首先克制自己的欲望。"修身"是根基，而"修身"的关键就是"克己"。克制自己什么？克制自己的欲望。凡是成就大事业者都是能够克制自己欲望的人。只有能够做到"克己"，然后才能做到"齐家""治国""平天下"。像齐景公这样的统治者，修筑了大台，又要铸造大钟，欲望无休止，把自己的快乐建立在百姓的痛苦之上，终究成不了大事业。景公有复齐桓公霸业的理想，这一点我们可以从《晏子春秋》卷三《内篇问上·第六》《内篇问上·第七》、卷四《内篇问下·第二》以及《内篇问下·第三》中得到证据。但景公虽然志向远大，但私欲却更多，最后的结果证明，景公的欲望吞噬了他的志向。他的齐国最终也落入懂得亲民、保民的田氏手中。

景公为泰吕成将以燕飨晏子谏第十二

景公为泰吕[1]成，谓晏子曰："吾欲与夫子燕[2]。"对曰："未祀先君而以燕，非礼也。"公曰："何以礼为？"对曰："夫礼者，民之纪[3]，纪乱则民失，乱纪失民，危道也。"公曰："善。"乃以祀焉。

【注释】

[1]泰吕：又名"大吕"。吴则虞先生在上一章的注中说："古之制，天子钟三等：曰特钟，配十二正律，为十二辰钟；曰大编钟镈；曰小编钟。诸侯钟二等，无特钟。今齐侯为泰吕钟，即天子十二正律之特钟，其僭礼甚矣。"①

[2]燕：通"宴"，酒宴。

[3]民之纪：约束百姓的纲纪。纪，纲纪。

【品读】

景公铸造大吕编钟，最终铸造成功了。景公和晏子说："我打算用这个

① 吴则虞：《晏子春秋集释》，第123页。

泰吕编钟伴奏着和先生宴饮一番。”晏子说:“不先祭祀先君就用这个编钟伴奏着宴饮,这是违礼了。”景公说:“何必讲究礼数呢?”晏子答曰:“礼是约束百姓的纲纪,纲纪乱了,百姓就乱了。乱了纲纪,乱了百姓,对国家来说,这是危险的道路。”景公说:“好啊。”就先用这个编钟在祭祀的时候演奏。

纵览《仪礼》,我们会发现这样一个细节,古人在饮酒的场合,必先祭祀,这是对祖先的尊重。曾子说:“慎终追远,民德归厚矣。”饮酒的场合,先祭祀祖先,就是“慎终追远”的体现,这样做的意义恐怕就是曾子所说的“民德归厚矣”。

当然,对于铸造编钟这件事来说,编钟既是乐器,又是礼器。而在先秦,礼与乐是相辅相成的。依照周礼,既然饮酒奏乐,就必须要行礼,先让长辈享用。《论语·为政》曰:“有事,弟子服其劳;有酒食,先生馔。”对于活着的长辈,有酒食(包括美乐)要先给予长辈;对于死去的祖先,也要先给予祭祀。

景公为履而饰以金玉晏子谏第十三

景公为履,黄金之綦[1],饰以银,连以珠,良玉之约[2],其长尺,冰月服之以听朝。晏子朝,公迎之,履重,仅能举足[3]。问曰:“天寒乎?”晏子曰:“君奚[4]问天之寒也?古圣人制衣服也,冬轻而暖,夏轻而清,今君之履,冰月服之,是重寒[5]也,履重不节[6],是过任[7]也,失生之情矣。故鲁工不知寒温之节[8],轻重之量,以害正生[9],其罪一也;作服不常[10],以笑诸侯,其罪二也;用财无功[11],以怨百姓,其罪三也。请拘而使吏度[12]之。”公苦[13],请释之。晏子曰:“不可。婴闻之,苦身为善者,其赏厚;苦身为非者,其罪重。”公不对。晏子出,令吏拘鲁工,令人送之境,吏不得入。公撤履,不复服也。

【注释】

[1]黄金之綦(qí):用黄金丝线做成的鞋带。綦,鞋带。

[2]良玉之约(qú):美玉装饰的鞋头。约,古代鞋头的装饰物,一般由染丝编织而成。

[3]仅能举足:由于景公的鞋子制作材料有金、银、珠、玉等重的珠宝,所以穿上之后勉强能够抬起脚。仅,勉强。举,抬。

[4]奚:怎么。

[5]重寒:鞋子太重而不暖和。重寒,应该为“重而寒”,据《太平御览》六百九十七补。

[6]节:舒适。

[7]过任:超过负担,过于笨重。任,负担。

[8]鲁工不知寒温之节:鲁国擅长缝纫的工匠不知根据气候的冷热程度不同(缝制鞋子)。鲁工,鲁国工匠,春秋时期,鲁国在缝纫方面的工匠举世闻名。鲁成公二年(前589

年），楚军入侵鲁国的蜀，鲁国为了求和，贿赂楚国以“执斫、执针、织纴，皆百人”[①]。执斫，伐木工。执针、织纴，缝纫方面的工匠。

[9]正生：正常的生理。生，性。

[10]不常：不符合礼制常法。常，常法，代指礼。

[11]功：功效。

[12]度：根据罪行的轻重对他们进行发落。

[13]公苦：王念孙《读书杂志》曰：“案‘公’下‘曰’字，‘苦’上亦有脱文，盖谓鲁工为此履甚苦也。”[②]

【品读】

景公做了双鞋子，用黄金丝做成鞋带，用白银做装饰，用珍珠连贯起来，又用美玉装饰在鞋头，鞋子长一尺，寒冬腊月间穿这双鞋上朝听事。晏子上朝，景公站起身来迎接他。由于鞋子太重，景公勉强抬起脚来走。景公问晏子：“外面天寒冷吗？”晏子说：“君上为何问天是否寒冷呢？古代的圣人制作衣服，务求衣服冬天轻便而暖和，夏天轻薄而凉爽，现在君上的鞋子，冬天穿它，沉重而又寒冷，鞋的重量不适当，脚就不舒服，这样设计的鞋子不符合人的生理常情，华而不实。因此，鲁国做鞋子的工匠不了解鞋子对脚冷暖的适度、轻重的分量，做出这样的鞋子损害脚的健康。这是他的第一宗罪状；他制作的鞋子样式新颖、高贵华丽，但是不符合礼制，这就被诸侯们笑话了，这是他的第二宗罪状；他做鞋子耗用了不少金银珠宝，却一点都不实用，惹得百姓怨气满腹，这是他的第三宗罪状。请您下令拘捕鲁国做鞋子的工匠，把他交给官吏根据罪状的大小判刑。”景公说：“鲁国的工匠为寡人做鞋子很是辛苦，还是请您放过他们吧。”晏子说：“不可以。晏婴听说，辛辛苦苦做善事的人，要给予重赏；一门心思做坏事的人，要给予重罚。”景公听了之后，便不作声了。晏子走出朝堂，命令官吏抓捕鲁国的鞋匠，并派人把他们送出境外，命令他们不许再进入齐国。景公脱下鞋子，再也不穿它了。

读本章给人的感觉是，春秋后期的相权还相当强大，君权并非后世想象得那样可以乾纲独断。例如，本章中齐景公让鲁国的工匠用金银珠宝做了双鞋子，很是喜爱。他穿上这双鞋子想向群臣炫耀一番。结果，晏子见了就细数了制作鞋子的鲁国工匠三宗罪，且不由分说，就让官吏逮捕这些工匠。景公求情，晏子断然拒绝。最终，晏子派官吏把鲁国的工匠赶出齐国。有人可能认为，这篇文章写得不符合历史实际，或者认为景公虚心纳谏，不因为晏子的坚持己见而怪罪晏子。但我想景公可能会虚心纳谏，但是综合考量

① 《左传·成公二年》。

② 转引自吴则虞：《晏子春秋集释》，第128页。

当时的历史大环境，春秋后期执政的卿大夫（可以看作宰相）仍然掌握国家实权，国君暗弱。在这样的情况下，卿大夫权力强大，君权弱，也就顺理成章了。再考之史实，景公是被当时齐国掌握实权的崔杼扶植上台的，崔氏被灭后，庆封又上台，庆封被赶跑后，齐国的老牌卿大夫栾、高二氏又上台，栾、高被铲除后，田氏又掌握了齐国的大政。田氏、鲍氏联手铲除栾、高后，但根基不牢，且双方又有矛盾，都需要出身大族且忠于国君的晏子的支持，所以在这一时期，晏子的权力可谓达到了他人生中的顶峰，接近于执掌齐国的大政，所以后人就认为晏子在齐景公时期一直就是相。晏子到底有没有担任齐国的相，这个问题很难说清楚。但可以确定的是，齐景公终其一生都没有完全掌握齐国的大权，君权弱是不争的事实。

本章与卷二《内篇谏下·第十四》《内篇谏下·第十五》《内篇谏下·第十六》都是以景公所穿的服饰作为话题。晏子以节俭著称，孔子的学生有若说："晏子一狐裘三十年。"[1]孔子也说："晏平仲祀其先人，豚肩不揜豆。浣衣濯冠以朝，君子以为隘矣。"[2]晏子一件狐裘皮衣穿了三十年仍不舍得扔掉。祭祀先人用的小猪肘子都盖不过盛食品的豆。衣服也没有多少件，常常是衣服和帽子洗了还不干，就穿着上朝去了。以至于当时有权力和知识的"君子"都认为晏子太吝啬了。晏子和儒家都提倡节俭，但二者的节俭观并不一致。孔子说："礼，与其奢也，宁俭；丧，与其易也，宁戚。"[3]但他同时又认为"'礼，不可不省也。'礼不同，不丰，不杀，此之谓也"[4]。孔子认为，礼相当重要，不能不认真地对待。礼仪有不同，礼器有的场合应少不应多，有的场合却应多不应少。这和晏子的观点就不太一样。晏子崇尚上古礼仪，提倡节俭、质朴，衣服能朴实就朴实，住所能简陋就简陋。卷二《内篇谏下·第十四》说："夫冠足以修敬，不务其饰；衣足以掩形御寒，不务其美。衣不务于隅肶之削，冠无觚羸之理，身服不杂彩，首服不镂刻。"可见晏子务实用而不务虚华。本章也说："圣人制衣服也，冬轻而暖，夏轻而清。"这里的圣人就是三代以前的上古圣人。服饰的穿戴应该属于礼的范畴，而礼的外在形式有时就会刻意讲究。如此，节俭和礼仪有时就会存在冲突。晏子认为，上古时人就把实用和节俭放在第一位，这和儒家是不同的。

---

① 《礼记·檀弓下》。
② 《礼记·礼器》。
③ 《论语·八佾》。
④ 《礼记·礼器》。

景公欲以圣王之居服而致诸侯晏子谏第十四

景公问晏子曰："吾欲服圣王之服[1]，居圣王之室，如此，则诸侯其至乎?"晏子对曰："法其节俭则可，法其服、居其室，无益也。三王不同服而王，非以服致诸侯也，诚于爱民，果于行善，天下怀其德而归其义，若[2]其衣服节俭而众说也。夫冠足以修敬，不务其饰；衣足以掩形御寒，不务其美。衣不务于隅肶之削[3]，冠无觚羸[4]之理，身服不杂彩，首服不镂刻。且古者尝有紩衣挛领[5]而王天下者，其义好生而恶杀，节上而羡下[6]，天下不朝其服，而共归其义。古者尝有处橧巢窟穴[7]而不恶，予而不取，天下不朝其室，而共归其仁。及三代作服，为益敬[8]也。首服[9]足以修敬，而不重[10]也，身服足以行洁，而不害于动作。服之轻重便于身，用财之费顺于民。其不为橧巢者，以避风也；其不为窟穴者，以避湿也。是故明堂之制，下之润湿，不能及也；上之寒暑，不能入也，土事不文[11]，木事不镂[12]，示民知节也。及其衰也，衣服之侈过足以敬[13]，宫室之美过避润湿[14]，用力甚多，用财甚费，与民为仇。今君欲法圣王之服，不法其制[15]，法其节俭也，则虽未成治[16]，庶其有益[17]也。今君穷台榭之高[18]，极污池[19]之深而不止，务于刻镂之巧，文章之观[20]而不厌，则亦与民而仇矣。若臣之虑，恐国之危，而公不平[21]也。公乃愿致诸侯，不亦难乎！公之言过矣。"

【注释】

[1]欲服圣王之服：想要穿上古圣王所穿的样式的衣服。第一个"服"为动词，指穿衣。第二个"服"为名词，指衣服。

[2]若：当为"善"字之误也。

[3]衣不务于隅肶之削：上古三代穿衣将一块整布不加剪裁，稍加缝制就披在身上，如《左传·闵公二年》说卫文公复国后"大布之衣，大帛之冠"。"大布之衣"意同于"衣不务于隅肶之削"。隅，角也。肶，当为"眦"字之误。隅眦，隅差也。幅之削者，必有隅差之形，说从王念孙《读书杂志》。所谓"隅差之形"，就是经过裁剪之后的边角分明的样子。

[4]觚羸：即"解果"，指经过特意加工缝制的帽子，样式一般是中间高、两边低。刘师培《晏子春秋补释》引《荀子·儒效篇》"解果其冠"中杨倞注"解果，狭隘也"说："'解果其冠'，冠之中高旁狭者也。"①

[5]紩(zhì)衣挛领：紩衣。补缀之衣；挛领，卷领或圆领。上古人穿衣简单，把一块整布缝制成上口小、下口大的衣服。上口小的地方自然成为圆领，这样简单缝制的布套在

① 参见吴则虞：《晏子春秋集释》，第130页。

身上就是衣服，卫文公“大布之衣”就是这样缝制的。

[6]其义好生而恶杀，节上而羡下：上古圣王治国爱护人民，刑罚罕用，自己厉行节俭，却让人民富足快乐。义，当作“政”，《荀子·哀公》曰：“古之王者，有务而拘领者，其政好生而恶杀焉。”羡，有余。

[7]橧(zēng)巢窟穴：中国上古有有巢氏筑巢之传说，这里的“橧巢”就是指上古人用树枝、木棍叠加而成的没有屋顶的居室。窟穴，洞穴，上古人先是居住天然洞穴，后又挖成半地穴式的地窖居住，西安半坡遗址就曾发现这种半地穴式的建筑。橧，当为“竲”，《说文》：“北地高楼无屋者。”

[8]益敬：上古三代制作衣服的目的是为礼的主旨“敬”增加修饰。

[9]首服：冠，头上的帽子。

[10]不重：不是增加过多的装饰品。

[11]土事不文：墙壁上不粉刷彩色的漆。土事，这里代指墙壁之类的用土修筑而成的部分。文，用作动词，增添文采。

[12]木事不镂：房屋宫殿类建筑中柱子、椽子不经镂刻。木事，房屋宫殿类建筑中的柱子、椽子。

[13]衣服之侈过足以敬：衣服的奢华超过了礼敬的功能。

[14]宫室之美过避润湿：宫殿的华丽超过了避免潮湿的基本要求。

[15]制：道德规范或典章制度。

[16]虽未成治：即使没有达到治世的局面。治，治世。

[17]庶其有益：或许也有益于国家治理。庶其，或许可以。

[18]穷台榭之高：穷尽楼台亭榭的高度。

[19]污池：人工挖掘的蓄水池。

[20]文章之观：花纹的华丽外表。文章，花纹华丽、美观。观，外观。

[21]公不平：国君您不会安然无忧的。公，齐景公。平，平缓、安适。

【品读】

晏子认为，从上古到春秋，大致可以分为以下三段时期：上古时期，圣王穿着、居住最质朴，但是德行最高，制度最好，统治也最理想；三代时期，号称“三王”的夏禹、商汤和周武王依照身份等级的不同规定了服饰的不同，目的只是为了增强社会的尊敬观念，所穿的衣服素净轻便，所住的宫殿朴素实用，既不费民力，也无奢华之感；三代衰败之后，衣服奢华，宫殿装饰华美，都超过了这些物品的基本作用，浪费了民力和民财，统治者与百姓之间关系紧张，如寇仇一般。

从生产力发展的角度看，从上古到三代衰败时期，人们的穿衣和住宿等条件越来越好，这是符合事物的发展规律的。但是，这个社会因此而变好了吗？晏子的答案是否定的。这个社会不仅没有变好，反而越来越坏。生产力的发展不代表社会管理者素质的提高和管理制度的进步，相反，社会越发展，社会管理阶层的道德素质就越下降。人们在乎的只是外表的奢华，而不是内在素质的升华。这样发展下去，官与民之间的关系就会越来越疏远，甚至视彼此为仇人。

春秋后期，不独齐国，各国的统治阶层都追逐奢靡生活，在这样的大环境下，晏子不仅向统治阶层大声疾呼要节俭，而且自己也身体力行。在当时，晏子的节俭是出了名的，以至于孔子的学生有若曾讥笑其不懂礼。① 这个评价显然有失公允。读《晏子春秋》我们不难发现，晏子一直在提倡礼。不过，他最仰慕的是上古、三代时期的古礼，而不是“衰世之礼”。

鲁襄公十七年(前556年)，晏子的父亲晏桓子去世。晏子严格依照周初守丧三年的古礼为父亲守孝。孟子说：“三年之丧，齐疏之服，饘粥之食，自天子达于庶人，三代共之。”②“守孝三年”的丧礼自夏、商、周三代就通行于从天子到庶人的各个阶层。晏子“粗缞斩，苴绖、带、杖，菅屦，食鬻，居倚庐，寝苫，枕草”③。“粗缞斩”，将用三升粗麻布简单缝制的孝衣披在身上；“苴绖、带、杖”，用粗麻纺织的布缝制孝帽、腰带，用麻秆做丧杖；“菅屦”，草鞋；“食鬻”，居丧期间一直喝粥；“居倚庐”，住在另外搭建的草棚子里；“寝苫，枕草”，睡在用稻草或麦秸编织成的草苫子上，用束草当枕头。当时，这种守孝三年的古礼已经不为世人所遵守。所以，晏子的家宰说：“非大夫之礼也。”可见，春秋后期“守孝三年”的古礼已多不施行。难怪晏子这么做，时人都以为非礼了。

景公自矜冠裳游处之贵晏子谏第十五

景公为西曲潢[1]，其深灭轨[2]，高三仞[3]，横木龙蛇，立木鸟兽[4]。公衣黼黻[5]之衣，素绣之裳[6]，一衣而五彩具焉；带球玉而冠且[7]，被发乱首，南面而立，傲然。晏子见，公曰：“昔仲父[8]之霸何如？”晏子抑首[9]而不对。公又曰：“昔管文仲之霸何如？”晏子对曰：“臣闻之，维翟人与龙蛇比[10]，今君横木龙蛇，立木鸟兽，亦室一就矣[11]，何暇在霸哉！且公伐宫室之美[12]，矜衣服之丽[13]，一衣而五彩具焉，带球玉而乱首被发，亦室一容矣，万乘之君，而壹心于邪[14]，君之魂魄亡矣，以谁与图霸哉？”公下堂就晏子曰：“梁丘据、裔款以室之成告寡人，是以窃袭此服[15]，与据为笑，又使夫子及[16]，寡人请改室

---

① 参见《礼记·檀弓下》。

② 《孟子·滕文公上》。

③ 参见《左传·襄公十七年》，又见《晏子春秋》卷五《内篇杂上·第三十》。

易服而敬听命，其可乎?”晏子曰：“夫二子营君以邪[17]，公安得知道[18]哉！且伐木不自其根，则蘖[19]又生也，公何不去二子者，毋使耳目淫焉。”

【注释】

[1]西曲潢：吴则虞先生按：“《北堂书钞》一百二十九引无‘西’字。”①潢，积水池，这里指人工挖掘的积水池。

[2]其深灭轨：其深度没过车轮。灭，淹没。轨，古代车轮。

[3]高三仞：仞，古代测量单位，周制八尺为一仞(一说七尺)。三仞，二十四尺。于鬯《香草校书》：“‘高三仞’上当有脱文……当谓‘筑室于曲潢之上高三仞’耳。”于说可从。

[4]横木龙蛇，立木鸟兽：横梁上画龙蛇，楹柱上雕鸟兽。“立木”当与“横木”相对应，即竖木。苏舆《晏子春秋校注》：“立木，直木也。”据李万寿注，横木当为梁，直木或竖木为柱。② 李说可从。

[5]黼黻(fǔ fú)：古代绘、绣的黑白相间的斧形或“亚”字形的礼服。黼，古代礼服上绣的黑白相间的斧形花纹。黻，古代礼服上绣的青黑相间的“亚”字形图案。

[6]素绣之裳：以白色为底绣花的裙。素，白色。裳，古人不论男女下衣一般着裙。

[7]带球玉而冠且：带，腰带。球玉，一种球形的美玉，本章说景公把球玉装饰在腰带上。且，当作“组”，《说文·系部》：“组，绶属，其小者以为冕缨。”

[8]仲父：齐桓公对管仲的敬称。

[9]抑首：低头。

[10]维翟人与龙蛇比：只有翟人与龙蛇为伍。比，与之为伍。

[11]亦室一就矣：精力也就是修筑一座宫室而已。下文“亦室一容矣”当为“亦容一室矣”。

[12]伐宫室之美：自夸宫室的华美。伐，自夸。

[13]矜衣服之丽：夸耀衣服的华丽。矜，夸耀。

[14]壹心于邪：一心专注于邪念。

[15]窃袭此服：偷偷地穿这身衣服。袭，穿。

[16]及：正巧赶上。此指正巧被先生赶上。

[17]营君以邪：该句为倒装句，本为“以邪营君”，即用邪恶来迷惑国君。营，通“荧”，惑也。

[18]知道：知道或了解治国的道理。道，治国之道。

[19]蘖：树木砍伐后又生的新芽。

【品读】

君主衣食住行皆有礼制。《左传·桓公二年》曰：

> 君人者，将昭德塞违，以临照百官，犹惧或失之，故昭令德以示子孙：是以清庙茅屋，大路越席，大羹不致，粢食不凿，昭其俭也。衮、冕、黻、珽，

① 吴则虞：《晏子春秋集释》，第136页。

② 参见李万寿译注：《晏子春秋全译》，第91页。

带、裳、幅、舄，衡、紞、纮、綖，昭其度也。藻、率、鞞、鞛，鞶、厉、游、缨，昭其数也。火、龙、黼、黻，昭其文也。五色比象，昭其物也。钖、鸾、和、铃，昭其声也。三辰旂旗，昭其明也。夫德，俭而有度，登降有数，文、物以纪之，声、明以发之，以临照百官。百官于是乎戒惧，而不敢易纪律。

《左传》中臧哀伯所言君人者衣食住行的等级制度确立的年代大约是三代时期，最晚不过西周初年。据此可知，为人君者所居住的房屋当是"清庙茅屋"，所穿的衣服当时当是"衮、冕、黻、珽，带、裳、幅、舄"之属，衣服上的花纹为"火、龙、黼、黻"。本章说景公所筑宫室"高三仞，横木龙蛇，立木鸟兽"，这和茅草屋相比显然就奢侈多了。"衣黼黻之衣，素绣之裳，一衣而五彩具焉"，"黼黻"本是为人君者所穿衣服上的花纹，景公穿这样的衣服不算违背礼制，然景公下面所穿的"素绣之裳"就不合礼制了。"素绣之裳"就是白底裙子上绣着花，这个有点类似女子所穿的衣服了。《左传》中的"五色"特指青、黄、赤、白、黑五种颜色，"比象"是指用这五种颜色描绘出山、龙、华、虫之象。景公的衣服滑稽了一点，特别是他的裙子尤其不合礼制。至于"带球玉而冠且"，《左传》中的"带"就是一条宽大的丝带，上面不点缀任何珠宝，景公的带子上却点缀着球形的美玉，而且这种点缀在大带上的球玉可能还不止一个。设想一下，在腰带上挂满了小玉球，这就比较奢侈了。景公"冠且"，即帽子上系着细丝缨带，这个也不违背礼制。"被发乱首"就显得很荒唐了。因此，景公遭到了晏子的批评。

事实上，春秋时人的主流观点就认为，节俭是大德，奢侈是大恶。鲁庄公让人在供奉他父亲桓公的庙宇中的柱子上粉刷了朱漆，在庙顶上的桷上雕刻了图案，就招来鲁国大夫御孙的批评。御孙说："臣闻之：'俭，德之共也；侈，恶之大也。'先君有共德而君纳诸大恶，无乃不可乎！"① 与鲁庄公相比，齐景公的奢侈就更严重了。春秋时人还认为，衣服不符合自己的身份等级往往会招来杀身之祸。《左传·僖公二十四年》说郑国公子子臧因权力斗争出奔到宋国，结果子臧在宋国也不低调，"好聚鹬冠"，身在国内的郑文公听说这事后，相当生气，就派人将其杀死在陈、宋两国交界处。《左传》以君子的口吻说："服之不衷，身之灾也。"齐景公所穿的衣服不符合自己的身份，虽然没有招致杀身之祸，但却与光复桓公霸业的志向背道而驰。

① 《左传·庄公二十四年》。

景公为巨冠长衣以听朝晏子谏第十六

景公为巨冠长衣[1]以听朝，疾视矜立[2]，日晏不罢[3]。晏子进曰："圣人之服中[4]，倪而不驵[5]，可以导众，其动作，倪顺而不逆[6]，可以奉生[7]，是以下皆法其服，而民争学其容。今君之服，驵华不可以导众民，疾视矜立，不可以奉生，日晏矣，君不若脱服就燕[8]。"公曰："寡人受命。"退朝，遂去衣冠，不复服。

【注释】

[1]巨冠长衣：高帽宽衣。巨冠，又高又大的帽子。长衣，肥大体长的衣服。

[2]疾视矜立：庄严地站在那里，愤怒地注视着廷下的群臣。疾视，疾目而视。矜立，矜庄自持。

[3]日晏不罢：天快黑了也不退朝。晏，晚。

[4]圣人之服中：圣人的衣服不长不短，适中而舒服。中，适中。

[5]倪(tuō)而不驵(zǎng)：简易不肥大。倪，简单、简易。驵，本义为骏马、壮马，这里引申为大。

[6]倪顺而不逆：温顺而不暴躁。据张纯一注，"倪"涉上句中"倪"而误，当为"克"。①

[7]奉生：可以延长生命，即可以长寿。奉，帮助。

[8]燕：安息、休息。

【品读】

齐景公戴着又高又大的帽子，穿着肥大体长的衣服上朝听政，愤怒地扫视着下方的臣子，庄严而严肃地站在堂上，天快黑了也不退朝。晏子进谏说："圣人所穿的衣服讲究大小适中，服装裁剪要简易不肥大，这样可以引导百姓；其举止动作，要温顺而不暴躁，这样可以延年益寿。所以臣民都效法圣人穿衣，而百姓都争相学习他们的仪容。现在君上的服饰宽大、华丽，不可以引导百姓；怒目而视，严肃而庄重地站在堂上临朝听政，这样有损寿命。天色不早了，君上不如换掉这身衣服，退朝早早休息。"

这一章的解释，注家多不明其义。本章所言有两事，"服"与"容"而已。"服"指衣服，"容"指仪态。景公"为巨冠长衣以听朝"，是所谓穿衣不合礼制；"疾视矜立，日晏不罢"，是指仪态不利于长生。注家往往将"疾视矜立"释为目光迅速扫视，傲然自得站立。② 唯有台湾王更生先生的注释最得其

---

① 参见张纯一校注：《晏子春秋校注》，第53页。

② 参见李万寿译注：《晏子春秋全译》，第93页；石磊：《晏子春秋译注》，第73页；卢守助：《晏子春秋译注》，第49页。

义，他将“疾视”释为“瞋目而视”，“矜立”释为“矜庄自持”。① 何以有此言？下文晏子言“圣人之服中，倪而不驵，可以导众”与“是以下皆法其服”对应；“其动作，倪顺而不逆，可以奉生”与“而民争学其容”相对应。景公“为巨冠长衣以听朝”不可以导众；“疾视矜立，日晏不罢”不可以奉生。若解释为“目光迅速扫视，傲然自得站立”不能长寿的话，这不符合逻辑。再结合下一章“景公朝居严下不言晏子谏第十七”可知，景公曾一度临朝听政，主张严厉。本章中的“疾视”当有愤怒之意；“矜立”也有严厉之意。民谚“怒伤肝”，愤怒最易折寿，故不能“奉生”。

景公朝居严下不言晏子谏第十七

晏子朝[1]，复于景公曰：“朝居严[2]乎？”公曰：“严居朝，则曷害于治国家哉？”晏子对曰：“朝居严则下无言，下无言则上无闻矣。下无言则吾谓之瘖[3]，上无闻则吾谓之聋。聋瘖，非害国家而如何也？且合升斞[4]之微以满仓廪，合疏缕之绨以成帷幕[5]，大山[6]之高，非一石也，累卑然后高[7]，天下者，非用一士之言也，固有受而不用[8]，恶有[9]拒而不受者哉！”

【注释】

[1]朝：据吴则虞先生注，《说苑·正谏》无“朝”字，“此退朝后之言，苟在朝为此谏，殊失礼”②。此说可从。

[2]朝居严：上朝听政是不是太严厉了。严，严厉。

[3]瘖(yīn)：哑，引申为沉默无语。

[4]斞：量器，同“斗”，古代常用来盛粮食。

[5]合疏缕之绨(tí)以成帷幕：把一丝一缕的经纬丝线集合起来纺织成帷幕。绨，本指质地粗且厚、平滑又有光泽的丝织品，这里代指绨上的经纬线。

[6]大山：太山(泰山)。大，太。

[7]累(lěi)卑然后高：泰山的高度不是一开始就如此，而是由众多石头由矮到高累积而成。累，堆积、聚积。卑，低、矮。

[8]固有受而不用：固然有接受意见却不见用的。

[9]恶有：哪有。

【品读】

晏子退朝之后，留下来禀告景公：“君上您上朝听政是不是太严厉了？”景

---

① 参见王更生注译：《晏子春秋今注今译》，第89页。

② 吴则虞：《晏子春秋集释》，第140页。

公说:"国君上朝听政,对待大臣严厉,这对国家的治理来说还有什么危害吗?"晏子回答说:"上朝听政严厉,那么臣下就不敢说话了,臣下不敢说话了,君主也就听不到下面声音了。臣下不敢说话,我称之为'哑';君主听不到下面的声音,我谓之'聋'。聋和哑,不是危害国家,是什么?况且,只有把一升一斗的粮食收集起来才能装满粮仓,只有把一丝一缕的丝线集合起来才能纺织成帷幕。高耸的泰山,也并非一块石头而已,而是由众多石头由矮到高累积而成的。君临天下者,都不是只采用一个人的意见就能达到大治,固然,有的意见接受了却并不见用,但哪有拒不接受下面的意见(却想达到天下大治)的?"

《晏子春秋》给人的印象就是晏子善于进谏,景公能虚心纳谏,但是,从上一章开始,不知什么缘故,齐景公上朝听政突然严厉起来。上一章说齐景公"为巨冠长衣以听朝,疾视矜立,日晏不罢"。"疾视矜立"是指用严厉的眼光不时地扫视着堂下的群臣,"矜立"意为严肃庄重地站在那里。与前面的篇章相比,给人的印象就是,本属于性情中人的齐景公突然对群臣严厉起来。本章承接上一章,景公继续"朝居严",上朝听政依然严厉。从晏子的话可以推测,景公"朝居严"之后,朝堂上的大臣大多不敢言语了。因此,本章说退朝之后,晏子私下里告诉景公,上朝的时候有点太严厉了。言外之意,朝堂之上,君主在威严不失的情况下,要开放言路,要让群臣说话,并且说真话。如果君主在朝堂之上太严厉了,百官就噤若寒蝉了。百官不说话了,君主也就听不到下面的声音了。晏子言:"朝居严则下无言,下无言则上无闻矣。下无言则吾谓之瘖,上无闻则吾谓之聋。聋瘖,非害国家而如何也?"如此,朝堂之上的宫廷会议也就成了一群哑巴(群臣百官)和一个聋子(君主)的哑剧了。试想一下,一个聋子和一群哑巴能够治理好国家吗?所以,明君治国,要广开言路,虚心纳谏。只有君主和群臣群策群力,国家才可能治理好。

可以说,在上古三代,君主身边所有的人都有义务进谏。而封闭言路的做法常常被看作是暴虐的表现。西周末年,周厉王统治暴虐,国人诽谤之,厉王就派卫巫监视诽谤天子者,结果弄得百姓见面不敢说话,只能道路以目。邵穆公警告周厉王说:"防民之口,甚于防川。川壅而溃,伤人必多,民亦如之。是故为川者决之使导,为民者宣之使言。"[①]统治者堵塞民口,禁锢言论自由,最终会被人民起来推翻。这个道理不难懂,但不是每一个领导都能做到开放言路。毕竟,忠言逆耳,建议或意见免不了要批评领导的过失。换句话说,正是由于领导爱面子,所以才不爱听忠言。但是,这样做的后果常常是,有了面子却丢了位子,这就叫得不偿失。

---

① 《国语·周语上》。

景公登路寝台不终不悦晏子谏第十八

景公登路寝之台，不能终[1]，而息乎陛[2]，忿然而作色，不说[3]，曰："孰[4]为高台？病人之甚也[5]！"晏子曰："君欲节于身而勿高，使人高之而勿罪也[6]。今高，从之以罪，卑亦从以罪，敢问使人如此可乎？古者之为宫室也，足以便生[7]，不以为奢侈也，故节于身，谓[8]于民。及夏之衰也，其王桀背弃德行，为璿室玉门[9]。殷之衰也，其王纣作为顷宫灵台[10]，卑狭者有罪，高大者有赏，是以身及焉。今君高亦有罪，卑亦有罪，甚于夏殷之王，民力殚乏矣，而不免于罪，婴恐国之流失[11]，而公不得享[12]也！"公曰："善！寡人自知诚费财劳民，以为无功，又从而怨之，是寡人之罪也！非夫子之教，岂得守社稷哉！"遂下，再拜，不果登台[13]。

【注释】

[1]不能终：没有爬到路寝的终点。终，结束，这里引申为爬到路寝的终点。

[2]息乎陛：在台阶上休息。陛，台阶。

[3]说：通"悦"，高兴。

[4]孰：谁。

[5]病人之甚也：使人疲劳得厉害。病，使……疲劳。

[6]君欲节于身而勿高，使人高之而勿罪也：君上若想方便攀登就不要将路寝之台修筑得太高，让人修筑得高了就不要怪罪修筑的百姓。两句中的"而"字作"则"讲，"而"与"则"同义。

[7]便生：便于生活。

[8]谓：当作"惠"，说从于省吾《晏子春秋新证》。①

[9]为璿室玉门：修筑美玉点缀的宫室和汉白玉筑造的阙门。"为"字之上有"作"字，与下文"作为顷宫灵台"对应。璿室，美玉点缀的宫室。璿，美玉。玉门，汉白玉筑造的阙门。

[10]顷宫灵台：巍峨的宫殿，华美的高坛，形容宫室的奢侈、豪华。顷，又作"倾"。

[11]流失：百姓离心离德，逃亡四方。

[12]享：享有齐国。

[13]不果登台：没能实现登台。果，实现。

【品读】

齐景公攀登路寝的高台，还没有爬到终点，就累得坐到台阶上休息。他脸色一变，生气地说："这是谁修筑的高台？累死人了！"晏子说："君上您想

① 参见吴则虞：《晏子春秋集释》，第144页。

节省体力，就别令人把台修得这么高；既然您让人把台修筑得这么高，就别怪罪人家。如今，把高台修高了有罪，修低了也有罪，请问如此使唤人能行吗？上古圣王修筑宫室，是为了让生活便利，而不是为了奢侈享乐，百姓因此也受到了节俭的教诲。等到夏王朝衰落之时，夏桀背弃先王的德行，修筑了美玉装饰的宫室、白玉雕砌的阙门。殷商衰落之时，纣王修筑了高大的顷宫、豪华的灵台，修筑得低窄有罪，修筑得高大有奖赏，因此，身死国灭的灾难最终延及自身。现在君上您修筑路寝之台，修筑高了有罪，修筑低了也有罪，这比夏桀和商纣王都严酷啊！百姓为君上修筑路寝之台已经耗尽了力气，而最终也没有逃脱被降罪的命运，我担心国家将会出现百姓逃散的危险，最终君上也不会享有齐国社稷江山了。”景公说：“您说得太好了。寡人自知修筑路寝高台实在是耗费钱财、役苦百姓，修筑高了又不方便，所以埋怨那些修筑高台的人，这是我的罪过啊！要不是先生的教诲，我哪能守住社稷江山啊！”于是，走下台来，向晏子拜了又拜，没有再向上攀登。

从本章到卷二《内篇谏下·二十》都是以景公生活奢侈腐化、厚敛百姓、劳役百姓为背景展开，地点都是路寝之台，这是这三章的共同话题。本章承接卷二《内篇谏下·第五》(卷二《内篇谏下·第五》说景公修筑大台，但从卷二《内篇谏下·第七》可知，此“大台”就是路寝之台)，说景公修筑路寝之台，终于修筑成了(卷二《内篇谏下·第五》说景公听了晏子的劝谏，停止了修台计划，然从后面几章可以看出，景公最终还是修筑了路寝之台)。由于路寝之台修筑得太高，加之景公的生活奢侈腐化，估计是缺乏锻炼，体力不支，还没有攀登到终点就累得气喘吁吁，因此，景公抱怨修台者把路寝之台修得太高。

晏子趁机批评景公修筑宫室不为“便生”，只为奢侈，竭尽民力，又怪罪百姓，这比桀纣都要暴虐。最后，晏子警告景公，如果降罪于修筑高台的百姓的话，恐怕百姓就要逃散四方，社会就会出现动荡，那么国君也就无法享有这美好的社稷江山了。“公不得享也”就是晏子向景公发出的警告。这一句话也开启了下一章。谁能长享社稷江山呢？晏子在下一章说：“欲知把齐国者，则其利之者耶？”能够长久掌握社稷大权的人，必定是利百姓者。

景公登路寝台望国而叹晏子谏第十九

景公与晏子登寝而望国[1]，公愀然[2]而叹曰：“使后嗣世世有此，岂不可哉！”晏子曰：“臣闻明君必务正其治，以事利民[3]，然后子孙享之。《诗》云：‘武王岂不事[4]，贻厥孙谋，以燕翼子。’今君处佚怠[5]，逆政害民有日矣，而犹出若言，不亦甚乎！”公曰：“然则后世孰将把齐国[6]？”对曰：“服牛[7]死，夫妇哭，非骨肉之亲也，为其利之大也。欲知把齐国者，则其利之者耶？”公曰：“然，何以易[8]？”对曰：“移之以善政。今公之牛马老于栏牢，不胜服也；车蠹于巨户[9]，不胜乘也；衣裘襦袴[10]，朽弊于藏，不胜衣也；醯醢[11]腐，不胜沽也；酒醴酸，不胜饮也；府粟郁[12]而不胜食；又厚藉敛于百姓，而不以分馁民[13]。夫藏财而不用，凶也，财苟失守，下其报环至[14]。其次昧财之失守[15]，委[16]而不以分人者，百姓必进自分也。故君人者与其请于人，不如请于己也。”

【注释】

[1]登寝而望国：登上路寝之台而俯瞰国都。寝，路寝。国，国都。

[2]愀(qiǎo)然：忧惧或严肃的样子。

[3]以事利民：做有利于百姓的事。

[4]武王岂不事，贻厥孙谋，以燕翼子：语出《诗经·大雅·文王有声》。据毛亨《笺》："武王岂不以功业为事乎？以之为事，故传其所以顺天下之谋，以安其敬事之子孙，谓使之行也。"①

[5]佚怠：安逸、懈怠。

[6]把齐国：掌握齐国或享有齐国。把，掌握、把持。

[7]服牛：驾车载物之牛。

[8]易：改变。

[9]车蠹(dù)于巨户：车被虫蛀蚀在车棚中。蠹，蛀虫，这里用作动词，被虫蛀。巨户，据文义当为大车棚、车库。

[10]襦袴(rú kù)：襦，短袄、短衣。袴，无裆的套裤。

[11]醯醢(xī hǎi)：醯，醋。醢，肉酱。

[12]郁：郁结成块。

[13]馁民：饥民。馁，饥饿。

[14]环至：环绕而至。

[15]昧财之失守：不明白财物不该坚决死守。昧，昏昧、不明白。失，当作"矢"，意为誓，引申为坚决。

[16]委：积聚。

【品读】

上一章结尾说齐景公"不果登台"，也就是没有登上路寝之台。本章中的齐景公与晏子一同登上了高大的路寝之台。他站在台上眺望齐国国都，眼前的繁华景象，使得景公又发出了"使后嗣世世有此，岂不可哉"的感叹。本章与《外篇上·第十》地点、话题相同，但晏子的观点却不尽相同。本章中，晏子说唯有"以事利民"者才能长有齐国。《外篇上·第十》中晏子明确

① 《毛诗正义》，阮元校刻《十三经注疏》本，中华书局1980年影印本。

表示田氏将有齐国。景公问怎么办，晏子答曰要“为善”，具体来说，就要像田氏那样“厚施于民”。这和本章的“以事利民”是一个意思，即“施惠于民”。另外，晏子以“服牛死，夫妇苦”为例指出君与民的关系是利益之间的关系。这和法家有点类似，却与儒家的思想大相径庭。

韩非说人人都有“欲利之心”①，人和人之间都是以“计算之心相待”②。而孔子“罕言利”③，孟子高呼“何必曰利”④。《晏子春秋》的“利益观”与法家类似，但没有法家浓厚，与儒家也不尽相同。而在与《外篇上·第十》高度相似的《左传·昭公二十六年》中晏子却说“唯礼可以已之”，这倒是与儒家的观点类似。同样是一件事，为什么《左传》与《晏子春秋》中晏子的观点迥异呢？众所周知，《左传》成书年代要比《晏子春秋》早。《左传》的观点基本继承了西周初年以来的传统，《左传》倡导礼与儒家的主张比较接近。而《晏子春秋》的观点大体可以代表战国时期的观点，而战国风气务实，多言利、罕言礼。另外，《左传》的作者基本可以确定主要是鲁国人，《晏子春秋》的作者则是齐国人。齐、鲁文化的差异性，也造成了《左传》与《晏子春秋》针对同一件事有不同的观点。

同时，本章也体现了晏子的财富观。晏子认为财富藏而不用是件不吉利的事情。所谓“夫藏财而不用，凶也”讲的正是这个道理。本章的财富观主要是针对于统治者而言。晏子指出，统治者不能只会敛财而不会分财。如果统治者“厚藉敛于百姓，而不以分馁民”的话，“百姓必进自分也”。得了财却失了人心是最不划算的一笔买卖。因此，晏子主张统治者要行“善政”。“善政”主要指什么？晏子也作了解答——“以事利民”。《内篇问上·第十七》说：“其政，刻上而饶下，赦过而救穷。”其实，也就是“行善政”。对待在位者要严格要求，对待老百姓要宽容，赦免百姓的小过失，扶危救困。这正是本章所说的“以事利民”。

景公路寝台成逢于何愿合葬晏子谏而许第二十

景公成路寝之台[1]，逢于何遭丧，遇晏子于途，再拜乎马前。晏子下车挹之[2]，曰：“子何以命婴也？”对曰：“于何之母死，兆在路寝之台牖下[3]，愿请

① 《韩非子·解老》。
② 《韩非子·六反》。
③ 《论语·子罕》。
④ 《孟子·梁惠王上》。

命合骨[4]。”晏子曰：“嘻！难哉！虽然，婴将为子复之，适为不得[5]，子将若何？”对曰：“夫君子则有以[6]，如我者侪[7]小人，吾将左手拥格[8]，右手梱心[9]，立饿枯槁而死，以告四方之士曰：‘于何不能葬其母者也。’”晏子曰：“诺。”遂入见公，曰：“有逢于何者，母死，兆在路寝，当如之何？愿请合骨。”公作色不说，曰：“古之及今，子亦尝闻请葬人主之宫者乎？”晏子对曰：“古之人君，其宫室节，不侵生民之居，台榭俭，不残死人之墓，故未尝闻诸请葬人主之宫者也。今君侈为宫室，夺人之居，广为台榭，残人之墓，是生者愁忧，不得安处，死者离易[10]，不得合骨。丰乐侈游[11]，兼傲生死[12]，非人君之行也。遂欲满求，不顾细民[13]，非存之道。且婴闻之，生者不得安，命之曰蓄忧[14]，死者不得葬，命之曰蓄哀。蓄忧者怨，蓄哀者危，君不如许之。”公曰：“诺。”晏子出，梁丘据曰：“自昔及今，未尝闻求葬公宫者也，若何许之？”公曰：“削人之居，残人之墓，凌人之丧，而禁其葬，是于生者无施，于死者无礼。《诗》云：‘穀则异室，死则同穴[15]。’吾敢不许乎？”逢于何遂葬其母路寝之牖下，解衰去绖[16]，布衣縢履[17]，元冠茈武[18]，踊[19]而不哭，躃[20]而不拜，已乃涕洟[21]而去。

【注释】

[1]路寝之台：路寝的台基。“台”当为“基”，是时路寝之台的地基刚刚落成，逢于何父先葬于此，其母新丧，故请求合葬于台下。

[2]挹之：揖之。挹，通“揖”，作揖。之，代指逢于何。

[3]兆在路寝之台牖(yǒu)下：墓地在路寝台基墙下。兆，通“垗”，界域，墓地的所在范围。牖，本义为窗户，实为“墉”，墙。

[4]合骨：将两具尸体合葬。

[5]适为不得：但如果这件事不成。适，古通“啻”，但，恰恰。为，如。

[6]有以：有办法。

[7]侪(chái)：辈，表示多数。

[8]拥格：用手牵挽着灵车。格，通“辂”，灵柩车上的横木，用手牵挽。

[9]梱心：捶胸，形容极度悲哀的样子。梱，“捆”的俗写，扣，敲击。

[10]离易：分离、分开。

[11]丰乐侈游：尽情、充分地享乐、游玩。

[12]兼傲生死：又轻慢生死。兼，又。傲，轻慢。

[13]细民：小民。

[14]蓄忧：积聚忧伤。

[15]穀则异室，死则同穴：出生不同地，死了要一起。语出《诗·王风·大车》。穀，生。

[16]解衰(cuī)去绖(dié)：解掉缞，去掉绖。衰，通“缞”，服丧之人胸前的麻布条。绖，古代服丧期间缠在头上或腰上的麻布带。

[17]縢(téng)履:麻布做的鞋。縢,草绳。

[18]元冠茈武:元,即玄,黑色。茈,当作"芘",通"纰",帽子上镶的边缘。武,古时冠上的结带,《礼记·玉藻》:"缟冠玄武。"

[19]踊:顿足。

[20]躃(bì):通"擗(pǐ)",捶胸。

[21]涕洟(yí):涕,眼泪。洟,鼻涕。

【品读】

本章承接上两章,故事发生的地点都是路寝之台,起因都是景公暴虐奢侈,大建宫室楼台。《内篇谏下·第十八》是说景公役民无度,费财劳民,而又抱怨人民修筑的路寝台级过高,这就是本章所说的使"生者不得安"。本章又讲景公"残死人之墓",而且又"禁其葬",为了一己之私,残暴到连死人都不放过了。晏子说景公"侈为宫室,夺人之居",即为了扩建宫室,强行拆毁了人家的房屋。景公到底有没有强拆民居的行为?在本书卷六《内篇杂下·第二十二》中记载,景公为了给晏子改善住房条件,就把晏子家附近的民居都强行拆迁了。从这一迹象可以推测,景公为了改善大臣的住房条件都去强拆民居,那么为了改善自己的居住条件,更应该会强拆民居。把老百姓的房子扒了还不算完,又把百姓的祖坟给挖了,在古代没有比这更残暴的了。

战国时期,田单主持的即墨保卫战中,燕军挖了即墨人的祖坟,"即墨人从城上望见,皆涕泣,俱欲出战,怒自十倍"①。挖了人家祖坟,惹得人家"怒自十倍",可见这种行为有多残暴。晏子说强拆人家房屋,让生者不得安宁,这叫"蓄忧";把人家坟墓挖了,让人家没有地方埋葬亲人,这叫"蓄哀"。"蓄忧"就是累积仇恨,"蓄哀"就是让人家更仇恨。当权者制造仇恨,社会如何安定?

景公嬖妾死守之三日不敛晏子谏第二十一

景公之嬖妾婴子死,公守之,三日不食,肤著于席[1]不去,左右以复,而君无听焉。晏子入,复曰:"有术客[2]与医俱言曰:'闻婴子病死,愿请治之。'"公喜,遽起[3],曰:"病犹可为乎?"晏子曰:"客之道[4]也,以为良医也,请尝试之。君请屏[5],洁沐浴饮食,间病者之宫[6],彼亦将有鬼神之事[7]焉。"公曰:"诺。"屏而沐浴。晏子令棺人入敛,已敛,而复曰:"医不能治病,已敛矣,

① 《史记·田单列传》。

不敢不以闻。”公作色不说，曰：“夫子以医命寡人，而不使视，将敛而不以闻，吾之为君，名而已矣[8]。”晏子曰：“君独不知死者之不可以生邪？婴闻之，君正臣从谓之顺，君僻臣从谓之逆。今君不道顺而行僻，从邪者迩，导害者[9]远，谗谀萌通[10]，而贤良废灭[11]，是以谄谀繁于间[12]，邪行交于国也。昔吾先君桓公用管仲而霸，嬖乎竖刁[13]而灭。今君薄于贤人之礼，而厚嬖妾之哀。且古圣王畜私[14]不伤行，敛死不失爱[15]，送死不失哀。行伤则溺己[16]，爱失则伤生，哀失则害性。是故圣王节之也。即毕敛，不留生事，棺椁衣衾，不以害生养，哭泣处哀，不以害生道。今朽尸以留生，广爱以伤行，修哀以害性[17]，君之失矣。故诸侯之宾客惭入吾国，本朝之臣惭守其职。崇君之行[18]，不可以导民，从君之欲，不可以持国。且婴闻之，朽而不敛，谓之僇尸[19]，臭而不收，谓之陈胔[20]。反明王之性，行百姓之诽，而内嬖妾于僇胔[21]，此之为不可。”公曰：“寡人不识，请因夫子而为之。”晏子复曰：“国之士大夫，诸侯四邻宾客，皆在外，君其哭而节之。”仲尼闻之曰：“星之昭昭[22]，不若月之曀曀[23]，小事之成，不若大事之废，君子之非[24]，贤于小人之是也。其晏子之谓欤！”

【注释】

[1]肤著于席：景公的肌肤贴在席上，实为景公跪在席子上。

[2]术客：会巫术的外国人，如《晏子春秋》卷一《内篇谏上·第十四》中楚巫之类。

[3]遽起：急忙起身。

[4]客之道：术客自己陈说能够让婴子起死回生。道，陈说。

[5]君请屏：请国君回避一下。应为“请君屏”。屏，回避。

[6]间病者之宫：与病人所住的房间隔离。间，与……隔离。

[7]鬼神之事：驱逐鬼怪的法事。

[8]名而已矣：徒有虚名而已。

[9]导害者：应为“道善者”，意为劝导向善者。王念孙《读书杂志》谓“导”为“道”，“害”当为“善”，且“道善”与“从邪”对文。① 本章从王说。

[10]萌通：受表彰而得到重用。萌，通“明”，受表彰。通，得到重用。

[11]废灭：被疏远而得不到重用。废，疏远。灭，不受重用。

[12]间：中、内。这里指宫内。

[13]竖刁：齐桓公宠幸的佞臣。

[14]畜私：畜养私宠，这里特指姬妾或近臣。

[15]敛死不失爱：入殓死者不会过分哀思。敛死，入敛死者，为死者穿好衣服，收尸入棺。失爱，过分哀思。

[16]行伤则溺己：举动过分哀伤则会使自己处在无尽的忧伤之中不能自拔。这样终

① 参见吴则虞：《晏子春秋集释》，第157页。

究对身体不好。行，举动。伤，哀伤。溺，沉溺。

[17]修哀以害性：哀伤不止则会伤害性情与身体。修哀，哀伤不止。

[18]崇君之行：推崇国君的品行。

[19]僇尸：古代一种酷刑，为惩罚死者，挖坟开棺，将尸体斩首示众，使死者永不复生。僇，同“戮”，杀。

[20]陈胔(zì)：腐尸。胔，腐肉。

[21]内嬖妾于僇胔：把宠幸的姬妾置于戮尸和腐尸的境遇上。内，同“纳”，将……置于。

[22]昭昭：明亮的样子。

[23]瞌(yì)瞌：昏暗的样子。

[24]君子之非：君子的过失。非，过失。

【品读】

中国自上古圣王传承下来的“为君之道”，就是要求君主把个人的感情藏起来，甚至要把个人的感情忘掉。《世说新语》说：“圣人忘情。”[①]道家讲究“自然无为”，个人的感情不能泛滥，要处在一种自然的状态。法家吸收了道家的精华，认为“圣人执一以静”[②]。什么是“静”？“静”就是让你琢磨不透君主的性情。韩非子还警告说：“人主不掩其情，不匿其端，而使人臣有缘以侵其主。”[③]儒家讲究“中庸之道”，个人的感情释放也得秉持此点，否则有害无益。其实，所有这些都是相通的。对于国家或个人来说，那就是要“节制”感情。晏子说：“古圣王畜私不伤行，敛死不失爱，送死不失哀。行伤则溺己，爱失则伤生，哀失则害性。是故圣王节之也。”不独哀要节制，喜、怒皆要节制，甚至是一举一动也要节制。《晏子春秋》卷二《内篇谏下·第十六》就说：“疾视矜立，不可以奉生。”作为一国之君，所处的位置最高，责任也最大。君主的使命是匡世济民，以天下为己任，非为儿女情长。所以，中国古代的政治思想家一致认为君主的身体健康很重要，不能因为儿女情长损害了身体。

在古人的观念中，君主的事业要比个人的感情重要得多。健康的身体也是为了国家和社稷的安危。君主没有小我，只有大我，君主即使有感情也是为了天下苍生。这是一种无私奉献的精神。“君主无私”听起来很美，但是不太符合人性。本书中的齐景公尽管被描述成有着贪婪、残暴、自私等性格缺陷的国君，但他是一个性情中人。宠幸的姬妾婴子死了，他悲痛欲绝；

---

① 《世说新语·伤逝》，(南朝宋)刘义庆撰，张万起、刘尚慈译：《世说新语译注》，中华书局1998年版。

② 《韩非子·扬权》。

③ 《韩非子·二柄》。

自己宠幸的臣子梁丘据死了，景公要厚葬他；自己的宠物死了，也要厚葬；甚至反对他个人感情泛滥的晏子死了，他“行哭而往，伏尸而号”。抛开好君主的评价标准，仅从人性上来看，景公也很可爱。这就是齐景公，一个时时流露真性情的国君。

景公欲厚葬梁丘据晏子谏第二十二

梁丘据死，景公召晏子而告之，曰：“据忠且爱我，我欲丰厚其葬，高大其垄[1]。”晏子曰：“敢问据之忠与爱于君者，可得闻乎？”公曰：“吾有喜于玩好，有司未能我具[2]也，则据以其所有共我[3]，是以知其忠也；每有风雨，暮夜求必存[4]，吾是以知其爱也。”晏子曰：“婴对则为罪，不对则无以事君，敢不对乎！婴闻之，臣专其君[5]，谓之不忠；子专其父，谓之不孝；妻专其夫，谓之嫉。事君之道[6]，导亲于父兄[7]，有礼于群臣，有惠于百姓，有信于诸侯，谓之忠。为子之道，以钟爱其兄弟，施行于诸父[8]，慈惠于众子，诚信于朋友，谓之孝；为妻之道，使其众妾皆得欢忻[9]于其夫，谓之不嫉。今四封[10]之民，皆君之臣也，而维据也以其私财忠于君，何忠者之寡邪？据之防塞群臣[11]，拥蔽君，无乃甚乎？”公曰：“善哉！微子，寡人不知据之至于是也。”遂罢为垄之役，废厚葬之令，令有司据法而责[12]，群臣陈过而谏。故官无废法，臣无隐忠，而百姓大说。

【注释】

[1]高大其垄：使他的坟墓又高又大。高、大，皆为使动用法。垄，坟头。

[2]未能我具：没有给我准备。具，准备。

[3]共我：供给我。共，作“供”。

[4]每有风雨，暮夜求必存：每逢刮风下雨的夜晚，召他来，他都能随时到。“求”字下脱一“之”字，代指梁丘据。

[5]臣专其君：大臣把君主当成他个人专一侍奉的对象。

[6]事君之道：侍奉君主的方法。道，方法、原则。

[7]导亲于父兄：劝导父亲、兄长和睦亲近。

[8]诸父：叔父、伯父。

[9]欢忻：欢悦。忻，同“欣”。

[10]四封：四面封疆，全国之内。封，封疆。

[11]防塞群臣：妨碍阻塞群臣与国君之间的关系。

[12]据法而责：根据法律来督责臣下。

【品读】

景公宠幸的近臣梁丘据死了，景公召见晏子，告诉他：“梁丘据对我忠心耿耿并且处处为我着想，我打算把他的葬礼办得隆重些，把他的坟墓修筑得又高又大。”晏子说：“我冒昧地问一下，梁丘据对您的忠诚和爱护，能说出来听听吗？”景公说：“我有喜爱玩赏的东西，掌管这方面的官吏没有搜罗到，梁丘据就会把他自己的东西拿来供奉我，因此知道他对我十分忠诚；每逢刮风下雨，即使晚上召见他，他也会赶来陪我，我因此知道他心里有我。”

晏子说：“晏婴要是回答您就有可能得罪您，不回答您就没有尽到服务君上的责任，两相权衡，我敢不回答吗？我听说臣子使君主专宠他一个人，这叫不忠；儿子使父亲只疼爱他一个人，这叫不孝；妻子独占丈夫的宠爱，这叫嫉妒。侍奉君主的原则，是要引导君主亲近伯叔兄弟，礼遇群臣，施恩于百姓，树立威信于诸侯间，这才叫忠；作为人子的原则，是让父亲钟爱他的兄弟，也就是把这种爱推及自己的伯叔之间，使得父亲对所有的孩子（不管嫡庶）都慈惠，使得父亲在朋友之间树立诚信，这才是孝道；作为妻子的原则，让众妾都得到丈夫的欢心，这叫不嫉妒。现在齐国四封之内的百姓，都是国君的臣民，而梁丘据一个人倾尽全力爱戴君上，爱戴君上的臣民是多么少啊？疆域四境之内的财货都是君上的，而梁丘据仅仅把他自己的私财拿来效忠君上，效忠君上的是多么少啊？梁丘据妨碍阻塞国君与其他臣子间的关系，蒙蔽国君，岂不太过分了吗？”

景公说：“您说得好啊！没有您的这席话，我都不知道梁丘据竟然如此呢。”于是，景公取消了为梁丘据造坟的劳役，废除了厚葬他的法令，下令有司根据法律督责众官，让群臣纷纷指陈政事的过失、向国君进谏。因此，齐国的官府严格执行法律，大臣没有不尽忠的，百姓为此都很高兴。

晏子认为，臣子对君主，儿子对父亲，妻妾对丈夫不能独占对方的宠爱，这是理顺传统社会君臣、父子、夫妻三种伦理关系的关键。君主不专宠其臣，兼听群臣意见，则能明了政事，治理好国家；父亲不专宠一子，则子嗣和睦，家业兴旺；丈夫不专宠妻妾，则家和人睦。

景公欲以人礼葬走狗晏子谏第二十三

景公走狗[1]死，公令外共之棺[2]，内给之祭。晏子闻之，谏。公曰：“亦细物[3]也，特以与左右为笑耳。”晏子曰：“君过矣！夫厚藉敛不以反民[4]，弃货财而笑左右[5]，傲细民之忧[6]，而崇左右之笑，则国亦无望已。且夫孤老冻馁，而死狗有祭，鳏寡不恤，死狗有棺，行辟若此[7]，百姓闻之，必怨吾君，诸侯闻之，必轻吾国。怨聚于百姓，而权轻于诸侯，而乃以为细物，君其图之。”

公曰："善。"趣庖治狗[8]，以会朝属[9]。

【注释】

[1]走狗：猎狗。

[2]外共之棺：朝廷有关部门供给猎狗棺材。外，朝廷。共，供。下文的"内"与"外"相对应，当指宫内有关部门。

[3]细物：小事。

[4]厚藉敛不以反民：征收的重税却不用在百姓身上。反，返还。

[5]弃货财而笑左右：把国家的财货浪费在一只死狗上来与左右取笑为乐。弃，丢掉、浪费。

[6]傲细民之忧：轻视百姓的疾苦。傲，轻视。

[7]行辟若此：行为如此邪僻。辟，通"僻"，邪僻。

[8]趣庖治狗：赶快下令让厨师把死狗宰了烹制。趣，通"促"，赶快下令。庖，厨师。治，宰杀烹制。

[9]以会朝属：烹制死狗用来宴请朝臣。朝属，朝廷上的大臣。

【品读】

景公的猎狗死了。景公下令朝廷有关部门给死狗准备棺材，宫内有关部门准备给死狗祭祀。晏子听说了这件事，前来劝谏。景公说："也不过是件小事，只是想借此与左右侍臣取乐罢了。"晏子说："君上您这话错了。向百姓横征暴敛的财物不舍得用在百姓身上，而为了与左右侍臣取笑为乐，竟然为一条死狗而不惜浪费国家的钱财。这样轻视小民的疾苦，而看重左右侍臣的嬉笑，那国家就没有希望了。况且，民间孤儿、老人在忍冻挨饿，而您的一条死狗却还享受祭祀，鳏寡无告的人得不到救济，而您的死狗还要占用棺材，行为荒唐到这种地步，如果百姓听说这件事，必定怨恨我们的国君；如果诸侯知道这件事，必然轻视我国。在百姓那里积聚怨恨，在诸侯那里权威尽失，还认为这是区区小事，您还是自己考虑考虑吧。"景公说："您说得对。"赶紧下令让厨师宰杀了死狗去烹制，以便和群臣饮宴。

《晏子春秋》卷二《内篇谏下·第二十一》《内篇谏下·第二十二》以及本章都是由丧葬引起的话题，然而文章的主旨却各不相同。《内篇谏下·第二十一》由景公"厚嬖妾之哀"而引发晏子对君主节制情感的讨论；《内篇谏下·第二十二》则以景公欲厚葬宠臣梁丘据为切入点，以晏子的口吻探讨了忠、孝、不嫉等概念，指出"臣不能专其君"的道理；本章则讲景公欲以人礼葬走狗，晏子谏以养民、保民，不可重物轻人。所谓"傲细民之忧"就是指无视百姓的疾苦。

景公养勇士三人无君臣之义晏子谏第二十四

公孙接、田开疆、古冶子[1]事景公，以勇力搏虎闻。晏子过而趋，三子者不起。晏子入见公曰："臣闻明君之蓄[2]勇力之士也，上有君臣之义，下有长率之伦[3]，内可以禁暴，外可以威敌，上利其功，下服其勇，故尊其位，重其禄。今君之蓄勇士之力也，上无君臣之义，下无长率之伦，内不以禁暴，外不可威敌，此危国之器[4]也，不若去之。"公曰："三子者，搏之恐不得，刺之恐不中也。"晏子曰："此皆力攻勍敌[5]之人也，无长幼之礼。"因请公使人少馈之二桃，曰："三子何不计功而食桃[6]？"公孙接仰天而叹曰："晏子，智人也！夫使公之计吾功者，不受桃，是无勇也，士众而桃寡，何不计功而食桃矣。接一搏猏而再搏乳虎[7]，若接之功，可以食桃而无与人同[8]矣。"援[9]桃而起。田开疆曰："吾仗兵而却三军者再，若开疆之功，亦可以食桃，而无与人同矣。"援桃而起。古冶子曰："吾尝从君济于河，鼋衔左骖以入砥柱之流[10]，当是时也，冶少不能游，潜行，逆流百步，顺流九里，得鼋而杀之，左操骖尾，右挈鼋头，鹤跃而出。津人[11]皆曰：'河伯也！'若冶视之，则大鼋之首。若冶之功，亦可以食桃而无与人同矣。二子何不反桃！"抽剑而起，公孙接、田开疆曰："吾勇不子若[12]，功不子逮，取桃不让，是贪也；然而不死，无勇也。"皆反其桃，挈领[13]而死。古冶子曰："二子死之，冶独生之，不仁；耻人以言，而夸其声，不义；恨乎所行，不死，无勇。虽然，二子同桃而节，冶专其桃而宜[14]。"亦反其桃，挈领而死。使者复曰："已死矣。"公殓之以服，葬之以士礼焉。

【注释】

[1]公孙接、田开疆、古冶子：景公的三个以勇力著称的臣子。公孙接，公室之人，齐顷公之孙，字子车。田开疆，应是田无宇之宗。古冶子，姓公，名冶，子乃敬称。

[2]蓄：养。

[3]长率之伦：长幼尊卑的道理。长率，长幼。

[4]危国之器：危害国家的人。器，具有某一方面特长的人，就如同器具，功能单一。所以《论语·为政》曰："君子不器。"

[5]勍(qíng)敌：劲敌。勍，强劲。

[6]计功而食桃：按照功劳的大小吃桃。

[7]一搏猏而再搏乳虎：一次杀死成年的野猪，二次杀死母虎。猏，三岁的猪，这里指成年的野猪，凶猛无比。乳虎，哺乳期的母虎，性情最凶狠。

[8]无与人同：不与人共享桃子。同，共。

[9]援：持，取。

[10]鼋衔左骖以入砥柱之流：大鳖衔着左骖进入了砥柱山下的黄河急流中。鼋，大鳖。左骖，古代四匹马拉一辆车，两边的马叫骖。左边叫左骖。砥柱，砥柱山，位于河南陕县东北的三门峡黄河中间，此处水流湍急。

[11]津人：渡口边上的人。

[12]吾勇不子若：我的勇气不如你。宾语前置，原句为“吾勇不若子”。若，如。

[13]挈领：用剑抹脖子自杀。挈领，刎领、刎颈。

[14]二子同桃而节，冶专其桃而宜：即公孙接、田开疆二人既然都不食桃，我古冶子专享其桃还合适吗？节，气节。宜，适宜。此处应为“二子既同反桃而节，冶专其桃而宜耶”。

【品读】

《晏子春秋》中的晏子一直是光明磊落的形象，而唯独这一篇“二桃杀三士”的故事争议颇大。旧说为诸葛亮所作的《梁甫吟》曰：

步出齐城门，遥望荡阴里。
里中有三墓，累累正相似。
问是谁家墓，田疆古冶子。
力能排南山，又能绝地纪。
一朝被谗言，二桃杀三士。
谁能为此谋，国相齐晏子。[①]

“田疆古冶子”就是指本章中的田开疆、古冶子。这首诗将晏子向景公的谏言说成“谗言”，并明确地指出，利用“二桃”杀掉三人的计谋就是晏子出的。这一点倒是很符合本章的描述。“二桃杀三士”的起因就是公孙接、田开疆、古冶子三位景公的勇士不敬晏子（“晏子过而趋，三子者不起”），晏子就向景公说三人虽有勇力，但不守礼仪，“此危国之器也，不若去之”。用今天的话说，“危国之器”就是对国家造成威胁的人。

“不若去之”有两种解释：（一）不如把他们赶出去；（二）不如除掉他们。读到这里我们认为，他们顶多是被赶出去而已。况且从三人的过失上来看，他们并没有随意杀人放火的犯罪行为，其罪不至于死。但是，晏子却给景公出了一个置人于死地的主意。三人虽不行礼，但有仁有义，为了捍卫勇、仁、义的气节，纷纷反桃自杀。这就更让人怀疑是晏子进了谗言而错杀了好人。连“诗仙”李白都为三士鸣不平。李白《惧谗》一诗的前两句就说：“二桃杀三士，讵假剑如霜？”[②]晏子向景公进了谗言，用二桃杀害了三士，难道会比用如霜一样白亮锐利的剑杀人危害小吗？可见李白也不满意晏子的做法。晏子因为三士对自己不敬就进谗言借“桃”杀人，这未免显得晏子的度量也太小

---

① （宋）郭茂倩编：《乐府诗集》卷四一《相和歌辞十六》，中华书局1979年版，第606页。

② 《全唐诗》（上），上海古籍出版社1986年版，第429页。

了吧？这种行径为人不齿。

但是，本章实实在在地记录了晏子借"桃"杀人的具体情节。这和孔老夫子说"善与人交，久而敬之"的晏平仲是一个人吗？细细阅读本书，你就会发现这也不矛盾。为什么这么说呢？

首先，晏子最反感不讲仁义、不行礼的匹夫之勇。晏子在《内篇谏上·第一》中就定义了"勇""力"。胆子大、有力气这不是勇力，晏子说："轻死以行礼谓之勇，诛暴不避强谓之力。"勇和力不是不受约束的魔鬼，而是带着"礼义"紧箍的孙大圣。没有"礼义"约束的行为就是"禽兽"之行，这就如同没了紧箍的孙猴子终究是个泼猴。对于傲慢、不行礼的三士，晏子很有可能是设计除掉了他们。其次，晏子的角色是一个政治家。在政治家那里，永远没有对与错的评价标准，只有国家利益高于一切的考量。三士都是举世闻名的勇士，但是晏子说没有"礼义"约束，"勇多则弑其君，力多则杀其长"①。所以，危害国家安全的分子（危国之器）务必要除掉。这就是政治家做事的出发点，它不关乎感情。

景公登射思得勇力士与之图国晏子谏第二十五

景公登射[1]，晏子修礼而侍。公曰："选射之礼[2]，寡人厌之矣！吾欲得天下勇士，与之图国。"晏子对曰："君子无礼，是庶人也；庶人无礼，是禽兽也。夫勇多则弑其君，力多则杀其长，然而不敢者，维礼之谓也。礼者，所以御民也，辔者[3]，所以御马也，无礼而能治国家者，婴未之闻也。"景公曰："善。"乃饰[4]射更席，以为上客，终日问礼。

【注释】

[1]登射：登，齐国方言中的发语词，没有实际意义。射，诸侯举行的大射礼。据《仪礼·大射》，天子或诸侯举行的大射礼繁文缛节，一举一动都要合乎礼。古代的射礼不是简单的体育竞技，而是一次礼仪的表演活动。所以齐景公厌恶了这种枯燥的礼仪。

[2]选射之礼：就是指大射礼。

[3]辔者：马缰绳。

[4]饰：通"饬"，整饬。

【品读】

景公将要举行大射礼，晏子在一旁相礼以待。景公说："选士的大射礼，

---

① 《晏子春秋》卷二《内篇谏下·第二十五》。

我早就讨厌了。我想得到天下的勇力之士，和他们一起谋划国事。”晏子回答说：“君子若不讲习礼，就和普通的百姓没啥两样；普通老百姓若不讲习礼，就和禽兽一样了。勇武过多就会做出杀害君主的事，力量过大就会做出杀害尊长的事，然而拥有勇力的人不敢这样做的原因，正是因为礼约束了他们。礼是用来约束百姓的，辔是用来驾驭马的。不讲习礼而能治理好国家的事，我没听说过。”景公说：“好。”于是，景公下令整饬射礼，更换坐席，把晏子尊为上宾，整天向他请教礼仪的事情。

晏子极其重礼。春秋末期虽已是“礼崩乐坏”，但观此章可知中，齐国仍未废“大射礼”。景公对“射礼”的态度可以代表春秋时期大部分统治者的观点。周礼的仪式虽存，但各国在战乱纷争中更加推崇勇力。“以力为政”的逻辑乃弱肉强食的丛林法则，这是时势发展的必然，此种观念的逐渐盛行就是周礼的衰败的体现。周礼维护的是宗法血缘贵族等级制，因此晏子将之喻为“御民之辔”。然而新兴的卿大夫势力如田氏等就是要通过“力”来打破套在整个社会上的“辔”（礼），甚至连齐景公都对周礼产生了厌烦情绪，仅晏子、孔子等人是无法阻挡这股潮流的。

内篇问上第三

庄公问威当世服天下时耶晏子对以行也第一

庄公问晏子曰："威当世而服天下，时[1]耶？"晏子对曰："行[2]也。"公曰："何行？"对曰："能爱邦内之民者，能服境外之不善；重士民之死力者，能禁暴国之邪逆；听赁贤[3]者，能威诸侯；安仁义而乐利世者，能服天下。不能爱邦内之民者，不能服境外之不善；轻士民之死力者，不能禁暴国之邪逆；愎谏傲贤者之言[4]，不能威诸侯；倍[5]仁义而贪名实者，不能威当世。而服天下者，此其道也已。"而公不用，晏子退而穷处[6]。公任勇力之士，而轻臣仆之死，用兵无休，国罢[7]民害，期年[8]，百姓大乱，而身及崔氏祸[9]。君子曰："尽忠不豫[10]交，不用不怀禄，其晏子可谓廉矣！"

【注释】

[1]时：时运。

[2]行：行动。

[3]听赁贤：当作"中听任贤"，意为能听从谏言，任用贤能之士。"听赁贤"与下文"愎谏傲贤"对文，"听"前脱一"中"字，"赁"当为"任"字之讹。

[4]愎谏傲贤者之言：固执己见，不听谏言，轻视贤人的建议。愎，固执、任性。傲，轻视。

[5]倍：通"背"，背离。

[6]穷处：退出朝堂，不任政事，过着清闲的生活。

[7]罢(pí)：通"疲"，疲乏。

[8]期(jī)年：一年。

[9]崔氏祸：鲁襄公二十四年(前549年)，齐国大夫崔杼因庄公不礼且淫其妻，弑杀庄公于其舍，复立景公，其后崔杼与庆封执掌齐国大权。

[10]豫：事先准备。

【品读】

威服天下、称霸诸侯是齐桓公去世之后，历代齐国国君的一个共同梦想。齐庄公素以勇力著称，这一点晏子也承认。《晏子春秋》卷二《内篇谏上·第十七》曰："使勇者常守之，则庄公、灵公将常守之矣。"此齐庄公英勇的证据。

英勇的庄公一直想恢复桓公霸业，终究未能如愿，所以他感慨地问晏子威服天下靠的是否是“时”，即时运。晏子答曰：“行也。”是行动成就了霸业。是什么样的具体行动呢？晏子说了四个方面：爱护邦民，奖赏死士，任用贤能，安仁乐利。这四个方面的具体行动都包括在“内修政治”之下。我们可以简单地概括一下晏子的图霸方针：称霸必先强国，强国必先修政。“内修政治”，做大做强齐国，才是齐国进一步对外图霸的前提。

这一方针并非晏子首创，其根源来自管仲。管子说：“君若将欲霸王举大事乎？则必从其本事矣。”何为“本”？管子答桓公：“齐国百姓，公之本也。”①晏子的“内修政治”的方针是否和管仲称霸政策的“本”相吻合？爱护邦民就是指爱护齐国的百姓，奖赏死士是激励齐国百姓奋勇杀敌，任用贤能是为齐国百姓选拔合格的管理者，安仁乐利的对象就是齐国的百姓。所以，晏子的“内修政治”的策略实际上继承了管子的称霸方针。其实，晏子的其他政治思想大多也能找到管子施政思想的痕迹。

庄公问伐晋晏子对以不可若不济国之福第二

庄公将伐晋，问于晏子，晏子对曰：“不可。君得合而欲多[1]，养[2]欲而意骄。得合而欲多者危，养欲而意骄者困。今君任勇力之士，以伐明主[3]，若不济，国之福也，不德而有功，忧必及君。”公作色不说。晏子辞不为臣，退而穷处，堂下生蓼藿[4]，门外生荆棘。庄公终任勇力之士，西伐晋，取朝歌[5]，及太行、孟门[6]，兹于兑[7]，期[8]而民散，身灭于崔氏。崔氏之期，逐群公子，及庆氏[9]亡。

【注释】

[1]得合而欲多：想要得到的一经满足，欲望就会更多。合，通“给”，供给、满足。

[2]养：滋长。

[3]明主：当作“盟主”，晋国自文公称霸之后一直是中原诸侯（包括齐国）的盟主。

[4]蓼（liǎo）藿：蓼，一年生草本植物。藿，藿香。

[5]朝歌：商代都邑，在今河南淇县。春秋时期为晋国的领土。

[6]孟门：春秋时期晋国著名的要隘，在今河南辉县西。

[7]兹于兑：王念孙云：“案‘兑’读为‘隧’，‘兹于兑’者，且于之隧也。此言庄公还自

① 《管子·霸形》。

伐晋，遂袭莒，入且于之隧也。"①

[8]期：整一年。

[9]庆氏：庆封，本是崔杼的同党，但两人有矛盾，庆封将崔杼杀害，专权齐国，后被惠公的孙子子尾、子雅赶出齐国。

【品读】

齐庄公将要讨伐晋国，就向晏子征询意见。晏子说："不可以讨伐晋国啊。您该得到的都已经得到了，还如此贪婪，欲望滋长就会导致意气骄横。已经得到了还不满足就会遭遇危险，贪欲滋长、意气骄横者必会面临困厄。现在君上任用勇力之士来讨伐盟主晋国，若不成功，倒还是国家的幸事。没有德行却有了大功，忧患必然会落到君上身上。"庄公听了晏子的话，愤然作色。晏子就辞去公职，到穷僻的地方过着悠闲的生活。齐庄公最终任用勇力之士，向西讨伐晋国，夺取了朝歌，一直打到晋国的腹地太行、孟门。班师回国后，又侵略了莒国的且于之隧。一年过后，百姓疲于奔命，四散逃亡，庄公最终也被崔杼杀害。崔杼专政齐国，把公室的公子们都驱逐出齐国，一直到庆封灭亡。

鲁襄公二十三年(前550年)，齐庄公趁着晋国忙于平定栾盈之乱的时机，举兵伐晋。伐晋之役前夕，齐国大夫大部分不主张乘人之危讨伐晋国。晏子向庄公进谏说："君得合而欲多，养欲而意骄。得合而欲多者危，养欲而意骄者困。今君任勇力之士，以伐明主，若不济，国之福也，不德而有功，忧必及君。"晏子的这段谏言和《左传》大致相同，但是《左传》更简略。《左传》中的晏子对庄公说："君恃勇力，以伐盟主。若不济，国之福也。不德而有功，忧必及君。"②结合两书的记载，晏子反对庄公伐晋的原因可以归纳为两点：一是庄公多欲而意骄，必遭困厄；二是庄公恃勇力，伐盟主，非国之福。

为什么说多欲而意骄就会遭遇困厄呢？对此，晏子说得相当含蓄。读《左传》我们就会明白晏子所说的弦外之音。晏子说庄公想要的东西都得到了，但仍贪得无厌，讨伐晋国的胜利无疑是滋长了庄公的欲望。而欲望这东西往往和骄纵是孪生兄弟。贪欲无厌必然会骄纵无防备，这样很可能招致灾难。凭恃勇力，讨伐盟主，本身就是得罪老大的行为，很可能会招致报复。这貌似和齐庄公个人的灾难没有直接关系，但是晏子的意思却是指庄公如果讨伐晋国取得成功，那么实际上就是滋长了欲望，这样庄公肯定会沉浸在胜利的狂喜中而骄纵大意，而齐国掌握实权的卿大夫就会趁机谋杀国君以取悦晋国。这才是真正的危险。

《左传·襄公二十三年》的记载除了晏子劝谏庄公外，崔杼也劝谏庄公不

---

① 转引自吴则虞：《晏子春秋集释》，第176～177页。

② 《左传·襄公二十三年》。

要讨伐晋国,以免遭到晋国的报复。庄公不听。田文子(田须无,景公朝中田无宇的父亲)见到崔杼之后,建议崔氏劝止庄公伐晋。崔杼说:"吾言于君,君弗听也。以为盟主,而利其难。群臣若急,君于何有?"这话的意思就是说:"我已经劝国君不要讨伐晋国了,可他不听。晋国是我们齐国的盟主,而我们趁着晋国栾盈之乱,落井下石,捅盟主背后一刀,这是以下犯上啊。齐国的大臣遇到急事,也会学国君以下犯上,那国君的命还在吗?"田文子听了这话,吓得出了一身冷汗,他出来之后告诉其他人说:"崔子将死乎!谓君甚而又过之,不得其死。过君以义,犹自抑也,况以恶乎?"这意思是说:"崔杼也将不得好死。说国君过分,自己说得更过分,这样的人不得好死。自己的品行超过国君的品行,尚且战战兢兢,自我反省,何况自己做得比国君说得还绝?"

虽然晏子劝谏庄公在崔杼有心谋杀庄公之后,但是齐国的形势,晏子可能心知肚明。彼时,齐庄公虽以勇力著称,但是齐国的权力很大一部分还掌握在崔杼这样的卿大夫手中。庄公和崔杼的夫人棠姜私通的事,可能已经不是什么秘密了。庄公如果讨伐晋国取得胜利,必然骄纵,更不把崔杼这样的权臣放在眼里。而骄纵就会令人大意,大意就容易丧生。鲁襄公二十五年(前 548 年),沉浸在胜利喜悦中的齐庄公,愈加我行我素,屡屡跑到崔杼家里与其妻棠姜淫乱。霸占了崔杼的妻子不说,庄公还在朝堂之上"以崔子之冠赐人"。如此欺负人,连庄公的侍者都看不下去了,庄公却说:"不为崔子,其无冠乎?"①翻译过来就是说:"不用崔杼的冠,难道就没有其他人的冠可用吗?"霸占了人家的妻子,又当众羞辱人家,最后还要摘人家的乌纱帽,是可忍,孰不可忍,崔杼能不弑杀庄公吗?

景公问伐鲁晏子对以不若修政待其乱第三

景公举兵欲伐鲁,问于晏子,晏子对曰:"不可。鲁好义而民戴之,好义者安,见戴者和,伯禽[1]之治存焉,故不可攻。攻义者不祥,危安者必困。且婴闻之,伐人者德足以安其国,政足以和其民,国安民和,然后可以举兵而征暴。今君好酒而辟[2],德无以安国,厚藉敛,意使令[3],无以和民[4]。德无以安之则危,政无以和之则乱。未免乎危乱之理,而欲伐安和之国,不可,不若修政而待其君之乱也。其君离[5],上怨其下,然后伐之,则义厚而利多,义厚则敌寡,利多则民欢。"公曰:"善。"遂不果伐鲁。

① 《左传·襄公二十五年》。

【注释】

[1]伯禽：周公的长子，周公东征之后，封其长子伯禽于鲁。

[2]辟：通“僻”，邪僻、邪恶。

[3]意使令：随意发号施令。

[4]无以和民：当为“政无以和民”，意为施政无法使君民和谐。据前文“政足以和其民”与后文“政无以和之则乱”，疑“无”字前脱“政”字。

[5]其君离：百姓离开国君。王念孙《读书杂志》曰：“案‘其君离’三字文不成意，当作‘民离其君’。”今从之。

【品读】

景公也有复霸的梦想，他曾打算讨伐鲁国。晏子告诉他，鲁国周公、伯禽仁义治国的传统还在，人家上下团结，暂时还无懈可击，而你统治下的齐国上下不和，问题重重，“不若修政而待其君之乱也”。“修政”就是我们在《晏子春秋》卷三《内篇问上·第一》所讲的“内修政治”的四个方面。

“待其君之乱”就是等待鲁国生变。一旦鲁国出现内乱，讨伐鲁国的时机就来了。管子也说：“国修而邻国无道，霸王之资也。”本国一心一意谋发展，而邻国却出现动乱，这是成就霸业的好机会。假设邻国真的出现了内乱，本国就可以乘人之危夺取邻国的土地和人民，这就能够成就了霸业吗？显然不是。讨伐他国是“诛暴乱”的正义之举，是解救当地人民于倒悬之中。所以，晏子说：“其君离，上怨其下，然后伐之，则义厚而利多，义厚则敌寡，利多则民欢。”

齐桓公的大夫仲孙湫说：“亲有礼，因重固，间携贰，覆昏乱，霸王之器也。”霸主讨伐暴乱之国，代表着正义，而非觊觎人家的土地。春秋霸业的理念是要为“天下正”，用现在的话说，是成为国际社会的裁判员。具体说来就是“按强助弱，围暴止贪，存亡定危，继绝世”①。

景公伐斄胜之问所当赏晏子对以谋胜禄臣第四

景公伐斄[1]，胜之，问晏子曰：“吾欲赏于斄[2]何如？”对曰：“臣闻之，以谋胜国者，益臣之禄；以民力胜国者，益民之利。故上有羡获[3]，下有加利，君上享其民，臣下利其实[4]。故用智者不偷业[5]，用力者不伤苦，此古之善伐者也。”公曰：“善。”于是破斄之臣，东邑之卒[6]，皆有加利。是上独擅名，利下流也。

① 《管子·霸言》。

【注释】

[1]饕:即"莱",莱国,在今山东烟台龙口境内。

[2]赏于饕:当为"赏于破莱之臣",说从吴则虞。①

[3]羡获:多余的收获。

[4]臣下利其实:与"益臣之禄"相对应,即臣下可以通过对外战争得到好处。

[5]不偷业:不混日子,忠于本职工作,勤勤恳恳。偷,苟且。业,职。

[6]东邑之卒:攻打莱邑的士兵。东邑,即莱国,因其在齐国东面,故称"东邑"。

【品读】

此章晏子讲了赏赐军功的办法。晏子指出军事胜利的基本因素有两个:大臣的谋略、百姓的支持。对于"以谋胜国"的大臣,应该"益禄",即增加俸禄;对于依靠百姓的得力支持取得胜利的因素,即"以民力胜国者",应该"益民之利",给老百姓好处。此处所谓的"民"应该不是所有老百姓,而是指参加战役的普通士卒。结合"于是破饕之臣,东邑之卒,皆有加利"一句,可知此"民"就是"卒",即普通的士兵。这样收到的效果是"君上享其名,臣下利其实"。将军、士卒享受了实在的好处(奖赏),赏罚分明的好名声都是君主的。

这里还暗含了一种意思,即君主通过施恩惠的形式将"禄""利"给予将军、士卒。上独擅其名,也可以说是上独擅恩惠的施舍资格。如此,君主与将士就形成了一种施恩—报恩的约束关系。将士将奋勇杀敌视为报答君主恩惠的手段,君主则通过一种温情的德政手段约束了将士,而且还获得了良好的社会声誉。这就是君主专制主义的一种温和手段——德治主义。

景公问圣王其行若何晏子对以衰世而讽第五

景公外傲诸侯,内轻百姓,好勇力,崇乐以从嗜欲,诸侯不说,百姓不亲。公患之,问于晏子曰:"古之圣王,其行若何?"晏子对曰:"其行公正而无邪,故谗人不得入;不阿党[1],不私色[2],故群徒之卒不得容[3];薄身厚民,故聚敛之人不得行;不侵大国之地,不耗小国之民[4],故诸侯皆欲其尊;不劫人以甲兵,不威人以众强,故天下皆欲其强;德行教训加于诸侯,慈爱利泽加于百姓,故海内归之若流水。今衰世君人者,辟邪阿党,故谗谄群徒之卒繁;厚身养,薄视民,故聚敛之人行;侵大国之地,耗小国之民,故诸侯不欲其尊;劫人

① 参见吴则虞:《晏子春秋集释》,第179页。

以兵甲，威人以众强，故天下不欲其强；灾害加于诸侯，劳苦施于百姓，故仇敌进伐，天下不救，贵戚离散，百姓不兴[5]。”公曰：“然则何若？”敓[6]曰：“请卑辞重币，以说于诸侯，轻罪省功，以谢于百姓，其可乎？”公曰：“诺。”于是卑辞重币，而诸侯附，轻罪省功，而百姓亲，故小国入朝，燕鲁共贡。墨子闻之曰：“晏子知道[7]，道在为人，而失为己[8]。为人者重，自为者轻。景公自为，而小国不与，为人，而诸侯为役，则道在为人，而行在反己矣，故晏子知道矣。”

【注释】

[1]不阿党：不阿附私党。阿，屈从、阿附。

[2]不私色：不偏爱宠信之臣。私，偏爱。色，各家注本多解释为女色，但观上下文，此处不应当是女色，应指宠幸之臣。

[3]群徒之卒不得容：结党营私之徒不会被容纳。群徒之卒，结党营私之辈。容，见容、容纳。

[4]不秏(hào)小国之民：不消耗小国百姓的资财。秏，通“耗”，消耗。

[5]百姓不兴：百姓不亲附。兴，当作“与”。说从刘师培《晏子春秋校补》。

[6]敓：古通“对”，回答。

[7]知道：通晓治国之道。道，治国之道。

[8]道在为人，而失为己：得道在于为人着想，失道在于只为一己私利着想。

【品读】

齐景公对外傲慢各国诸侯，对内轻视百姓，爱好勇力之士，崇尚玩乐而放纵嗜好和贪欲，致使诸侯们不高兴，百姓不亲附。景公对此很忧虑，问晏子道：“古代的圣王，他们的德行是怎样的？”

晏子回答说：“他们的行为公正而无邪念，所以谄谀之辈不能进入朝廷；不阿附私党，不宠幸佞臣，所以结党营私之徒在朝廷不得容身；自己节俭，厚待人民，所以善于搜刮聚敛的人就没了市场；不侵占大国的土地，不损耗小国人民的资财，所以诸侯们都希望其地位尊贵；不用武力劫掠他人，不以人多势众威胁他人，所以天下之人都希望他强大；他的德行和教诲泽被诸侯，慈爱惠泽施于百姓，所以四海之内归附他的人像流水一样从高到低流去。而现在处在没落时期的人君，行为邪恶，与大臣结党营私，所以谄谀之辈充斥；自己生活奢侈，对待人民刻薄，所以善于搜刮聚敛的人横行朝廷；侵占大国的土地，损害小国的人民，所以诸侯们都不希望他成为霸主；依靠武力劫掠他人，以强大的军队威胁他人，所以天下的人都不希望他强大；把灾难强加在诸侯们身上，把劳苦施加在百姓身上，所以当仇敌之国讨伐他时，天下之人不援救他，宗亲贵戚都舍弃他而各自逃亡，百姓不亲附他，更不愿意援助他。”

景公说：“既然这样，那怎么办才好呢？”晏子答曰：“请用谦卑的语言和厚重的礼物，去出使各诸侯国，以取得他们的欢心，减轻刑罚，减少徭役，向百姓谢罪，这样能做得到吗？”景公说：“是。”于是，景公就派使者谦虚地带着礼物去访问各诸侯国，因而诸侯们也就亲附齐国了；减轻刑罚，减少徭役，而百姓都亲附国君了。因此，小国之君来朝见景公，燕国、鲁国都向景公朝贡。

墨子听说这件事后，说：“晏子是懂得治国的方法的。治国成功的关键在于一心为别人着想，而失败在于只为一己之私着想。为人着想的人就会被别人尊重，为自己着想的人就会被人看不起。齐景公谋私利，所以小国不亲近，为别人着想，则诸侯们都愿意为之奔走驱使。因此，治国之道在于为他人谋福利，而行为上在于反躬求己，所以说晏子懂得治国的方法和道理。”

从晏子对古代圣王的描述上看，古代圣王的形象就是兼有大公无私、泽惠百姓、德布四海等优秀品质的“魅力领袖”。圣王行事“公正无邪”，做人“无私无党”，对待社会和人民只知道付出而不知道索取（薄身厚民），对待诸侯更是“亲善无扰”。“内亲百姓”（慈爱利泽加于百姓）、“外怀诸侯”（德行教训加于诸侯）是圣王能够成为诸侯“魅力领袖”的关键。值得一提的是，晏子提出“不侵大国之地，不耗小国之民”，这一理念为中国传统社会所秉承。

景公问欲善齐国之政以干霸王晏子对以官未具第六

景公问晏子曰：“吾欲善治齐国之政，以干霸王之诸侯[1]。”晏子作色[2]对曰：“官未具也。臣数以闻，而君不肯听也。故臣闻仲尼居处[3]惰倦，廉隅不正[4]，则季次、原宪侍；气郁而疾，志意不通，则仲由、卜商侍；德不盛，行不厚，则颜回、骞雍侍。今君之朝臣万人，兵车千乘，不善政之所失于下，霣坠于下民者众矣[5]，未有能士敢以闻者。臣故曰：‘官未具也。’”公曰：“寡人今欲从夫子而善齐国之政，可乎？”对曰：“婴闻国有具官，然后其政可善。”公作色不说，曰：“齐国虽小，则何谓官不具？”对曰：“此非臣之所复也。昔吾先君桓公身体惰懈，辞令不给，则隰朋昵侍[6]；左右多过，狱谳不中[7]，则弦宁昵侍，田野不修，民氓不安，则宁戚昵侍；军吏怠，戎士偷，则王子成甫昵侍；居处佚怠，左右慑畏，繁乎乐，省乎治，则东郭牙昵侍；德义不中，信行衰微，则管子昵侍。先君能以人之长续其短，以人之厚补其薄，是以辞令穷远而不逆，兵加于有罪而不顿，是以诸侯朝其德，而天子致其胙[8]。今君之过失多矣，未有一士以闻也。故曰：官不具。”公曰：“善。”

【注释】

[1]以干（gān）霸王之诸侯：以便成就称霸诸侯的伟业。干，追求、求取，这里可引申

为成就。霸王之诸侯，即称霸于诸侯。霸王，春秋诸侯称霸不称王，故“王”字当为衍文。

[2]作色：景公与晏子乃是君臣上下关系，地位悬殊，晏子对景公说话，不应有“作色”。“作色”二字当为衍字，说从王念孙《读书杂志》。

[3]居处：生活处境。

[4]廉隅不正：行为随便。廉隅，本意指棱角，后比喻人的行为、品性端方不苟。

[5]不善政之所失于下，霣坠于下民者众矣：恶政施加在人民身上的太多了。霣，即“陨”。《孔丛子》载此句曰：“不善之政加于下民者众矣。”今从之。

[6]暱侍：在一边亲自服侍。暱，亲近。

[7]狱谳(yàn)不中：狱讼审理不公正。

[8]胙(zuò)：祭肉。天子经常将祭祀飨神用的肉分赐给诸侯，以示尊重。

【品读】

景公问晏子：“我打算把齐国的政务处理好，以便成就称霸诸侯的伟业。”晏子回答说：“(辅佐成就霸业的)官员还没有具备。我屡次向您进言(任用贤能)，而君上却不听。我听说孔子处境不顺时，就有他的学生季次、原宪在一旁陪伴；气结成疾、志向不通时，就有仲由、卜商在一旁陪伴；品德不高尚、行为不宽厚时，就有颜回、闵子骞、冉雍在旁陪伴。现在君上的官员共有万人，兵车一千多辆，施加在人民身上的恶政也太多了，却没有贤能之士敢于向您报告。所以，我说：‘(您成就霸业)官员还不具备。’”景公说：“现在我就想听从您的建议把齐国治理好，可以吗？”晏子回答说：“我听说官员具备了，然后国家才能治理好。”景公脸色一变，生气地说：“齐国虽然偏小，但是怎么能说官员不具备呢？”晏子回答说：“这不是我向君上所说的本意。从前，我们的先君桓公身体懒惰、懈怠之时，送迎应酬的话不周到，隰朋就在一旁辅佐；左右近臣多有过失，诉讼刑罚不当之时，弦宁就在一旁辅佐；田地荒芜，百姓不安定时，宁戚就在一旁辅佐；军吏懈怠，士兵苟安于现状时，则王子成甫在一旁辅佐；起居安逸、倦怠，左右畏惧而不敢谏言，沉溺于声乐，不理朝政，则东郭牙在一旁辅佐；品行不合德义，信誉和品行衰微时，管仲就在一旁辅佐。先君桓公能够用别人的长处来弥补自己的短处，用别人的优点来弥补自己的缺点，所以能够做到诏令下达很远也不会打折扣，出兵讨伐有罪之人也不会困顿。因此，诸侯都因为他有德而来朝见他，而周天子为了表示嘉奖也赐给他祭肉。现在君上您的过失太多了，却没有一个人向您汇报。所以说您要称霸，官员还不齐备。”景公说：“好。”

齐景公告诉晏子打算谋求称霸诸侯的伟业。晏子以为“官未具”，乃齐国尚不具备称霸诸侯的条件。景公以为“官未具”官职不健全。晏子实指齐国之政缺少贤能之士辅佐。晏子认为要称霸诸侯，必须先治理好国家内政。

治理好国家内政，关键在于任用贤人。任贤然后国治，国治才能称霸诸侯。中国传统政治思想的核心理念不外乎此。“贤人政治”的最大特点就是人治，这与西方按契约施政的传统迥然不同。

景公问欲如桓公用管仲以成霸业晏子对以不能第七

景公问晏子曰：“昔吾先君桓公，有管仲夷吾保乂[1]齐国，能遂武功而立文德[2]，纠合兄弟[3]，抚存翌州[4]，吴越受令，荆楚惛忧[5]，莫不宾服[6]，勤于周室，天子加德。先君昭功，管子之力也。今寡人亦欲存齐国之政于夫子[7]，夫子以佐佑[8]寡人，彰先君之功烈，而继管子之业。”晏子对曰：“昔吾先君桓公，能任用贤，国有什伍[9]，治遍细民，贵不凌贱，富不傲贫，功不遗罢[10]，佞不吐愚[11]，举事不私，听狱不阿，内妾无羡食，外臣无羡禄，鳏寡无饥色；不以饮食之辟害民之财，不以宫室之侈劳人之力；节取于民，而普施之，府无藏，仓无粟，上无骄行，下无谄德。是以管子能以齐国免于难，而以吾先君参乎天子[12]。今君欲彰先君之功烈，而继管子之业，则无以多辟伤百姓，无以嗜欲玩好怨诸侯，臣孰敢不承善尽力，以顺君意？今君疏远贤人，而任谗谀；使民若不胜[13]，藉敛若不得；厚取于民，而薄其施，多求于诸侯，而轻其礼；府藏朽蠹，而礼悖于诸侯，菽粟藏深[14]，而怨积于百姓；君臣交恶，而政刑无常。臣恐国之危失，而公不得享也。又恶能彰先君之功烈而继管子之业乎？”

【注释】

[1]保乂（yì）：安治。

[2]能遂武功而立文德：能够通过武力建立功业，又能用文治来建立德政。遂，实现。

[3]纠合兄弟：联合诸侯。纠合，联合。兄弟，代指诸侯。

[4]翌州：冀州，指中原一带。

[5]惛忧：听到（齐国的声威）就感到害怕。惛，古“闻”字。

[6]宾服：服从、归顺。

[7]今寡人亦欲存齐国之政于夫子：现在寡人也想把齐国的治理交给您。存，放，置，交给。

[8]佐佑：帮助。

[9]什伍：军事编制，五人为一伍，十人为一什。

[10]功不遗罢（pí）：不以有功谴责无功。遗，“遣”字之讹。遣，通“谴”，谴责。罢，同“疲”，这里与“功”相对，意为无功。

[11]佞不吐愚：不以有才华而唾弃愚昧之人。“佞”字当为有才辩之称。吐当作

"咄",通"诎",屈服、折服。

[12]以吾先君参乎天子:使得我们的先君与天子并列,即指称霸。参,比、并。

[13]使民若不胜:役使民力已经竭尽,但还认为不够。

[14]菽粟藏深:粮食藏得严严实实。菽粟,代指粮食。菽,豆类的总称。藏深,藏得严严实实。

【品读】

《晏子春秋》卷三《内篇问上·第六》与本章都是讲景公向晏子询问恢复桓公霸业之事。齐景公想成就霸业却不能遂愿,这是为什么?晏子认为主要有三个原因:"官未具";"以多辟伤百姓";"以嗜欲玩好怨诸侯"。"官未具"不是说齐国缺乏官员,而是说官非其人。奸佞当道,贤能在野,所以说成就霸业没有充足的人才。成就霸业,人才第一,没有人才,就没有成就霸业的动力。成就霸业还得需要国内百姓的鼎力支持,没有百姓的支持,霸业就没有稳固的基础。成就霸业还得需要诸侯的支持,没有诸侯的支持,成就霸业就缺少外援,缺少外援必定势单力薄。然而,人才、百姓的支持以及外援三个因素,景公都不具备,所以景公虽有晏子这样的股肱之臣,终究实现不了称霸的愿望。

景公问莒鲁孰先亡晏子对以鲁后莒先第八

景公问晏子:"莒与鲁孰先亡?"对曰:"以臣观之也,莒之细人[1],变而不化[2],贪而好假[3],高勇而贱仁,士武以疾[4],忿急以速竭[5],是以上不能养其下,下不能事其上,上下不能相收[6],则政之大体失矣。故以臣观之也,莒其先亡。"公曰:"鲁何如?"对曰:"鲁之君臣,犹好为义,下之妥妥[7]也,奄然寡闻[8],是以上能其养下,下能事其上,上下相收,政之大体存矣。故鲁犹可长守,然其亦有一焉[9]。彼邹滕雉奔而出其地[10],犹称公侯,大之事小,弱之事强久矣,彼周者,殷之树国也[11],鲁近齐而亲殷,以变[12]小国,而不服于邻,以远望鲁[13],灭国之道也。齐其有鲁与莒乎?"公曰:"鲁与莒之事,寡人既得闻之矣,寡人之德亦薄,然后世孰践有齐国者?"对曰:"田无宇之后为几[14]。"公曰:"何故也?"对曰:"公量小,私量大,以施于民,其与士交也,用财无筐箧之藏[15],国人负携其子而归之,若水之流下也。夫先与人利,而后辞其难,不亦寡乎!若苟勿辞也,从而抚之,不亦几乎!"

【注释】

[1]细人:见识短浅的人。

[2]变而不化:民风常变却缺乏教化。化,教化。

[3]贪而好假:贪婪而不诚实。假,作假,不实诚。

[4]士武以疾:士一生气就动用武力。疾,愤怒。

[5]忿急以速竭:性急易怒而不能长久。

[6]上下不能相收:上下关系不能融洽相处。收,关系融洽、和睦。

[7]妥妥:"妥"乃古之"绥"字,安妥、安定,不易惹是生非。

[8]奄然寡闻:沉默而孤陋寡闻。指鲁国人久沐教化,不妄动,不妄听。奄然,阉然,沉默不语状。

[9]然其亦有一焉:本为"然其失有一焉",然而,鲁国人也有一大缺点。亦,疑为"失"字之误。

[10]邹滕雉奔而出其地:邹、滕二国与鲁国紧邻,两国的野鸡跑着跑着就跑到鲁国境内。雉,野鸡,其性不能远飞,然而奔走敏捷。

[11]彼周者,殷之树国也:应为"彼殷者,周之树国也"。殷,这里代指商王朝的后裔宋国。西周初年,周分封微子启于商丘,是为宋国。

[12]变:疑为"偏",依傍。

[13]以远望鲁:当为"以远望晋"。读《左传》可知,春秋时期鲁弱齐强,因此鲁常遭齐欺凌,晋文公称霸后,鲁常依靠晋国压制鲁国。故此处"鲁"字当为"晋"字之讹。

[14]为几:差不多。几,近。

[15]用财无箧箧(qiè)之藏:使用钱财倾囊相助,以至于箧箧中都没有了积蓄。箧,竹箱。

【品读】

本章前半部分论鲁、莒二国,后半部分论齐国。莒人本为少昊之后,属于典型的东夷部落。周初分封,莒国属于"要服"①。莒人由于久居蛮夷之地,又远离中原大邦,礼乐教化不及此地,故其民族性格贪婪而狡猾,崇尚武力而轻视仁义,统治阶层易怒而好斗,但这种好斗性却不能长时间维持,终究还是好斗而无勇。由于没有礼乐教化,君臣尊卑观念淡薄,故上下不和睦,极易发生篡位夺权之事。政权不稳固,民众又无勇力和纪律,故晏子说莒国先灭亡。

鲁国本是周公长子伯禽的封国,素有"礼乐之邦"的雅号,春秋后期时人还有"周礼尽在鲁矣"②的感叹。鲁国君臣好讲仁义,礼乐教化下的臣民拥有强烈的尊卑等级观念,上抚其下,下不犯上,上下一心,治国的大义仍在,故鲁国仍可以长守基业。但是,晏子认为,鲁国的外交策略却一塌糊涂。

---

① 顾颉刚先生指出,服从周王朝约束的蛮夷之族谓之"要服","郑、莒、徐、楚者,中原旧国,惟非夏、商之王族与周之姻亲,辄鄙为'蛮夷',要服也"(顾颉刚:《史林杂识》,中华书局1963年版,第2页)。

② 《左传·昭公二年》。

春秋时期，已经沦为二流国家的鲁国，毗邻强大的齐国，却还不如邹、滕等小国懂得服事强邻，从不示弱。鲁国仇视齐国，却与弱小的殷商后裔宋国结好，又投靠远在山西的晋国。晏子指出，仇视强大的邻国，结交远方的国家，这是循亡国之迹。读本章我们就会发现，字里行间，晏子都是站在齐国的角度上看待他国的国情。比如对鲁国，明显有倾向齐国的色彩。带有主观感情的评价往往失之偏颇。鲁国的外交政策为什么仇齐亲晋？一是齐、鲁两国在春秋有世仇，因为一入春秋，齐国就不断蚕食鲁国北方的土地，历史上齐襄公还杀害了鲁桓公，失地、亡主，仇莫大焉；二是从血缘关系上看，齐国与鲁国仅为一朝之臣，无宗法血缘关系，而鲁国与晋国都是同姓国家，本是兄弟之国，况且春秋时期在强大的齐国的压迫下，鲁国只能寻找更强的山头以压制齐国，而作为兄弟之国的晋国在晋文公称霸之后一直称霸中原，所以对于鲁国来说，亲附晋国实为明智之举。

春秋时期，晋国击败齐国的两次大规模战争(鲁成公二年的鞌之战、鲁襄公十八年的平阴之战)，都是齐国欺凌鲁国而引起的。鲁国交好宋国也有文化原因和感情因素。宋国本是殷商之后，春秋时人认为宋国属于先代圣王之后(商汤之后)，文化制度发达，而齐国本是薄姑、莱人等东夷旧地，加之周初太公立国秉持“因其俗”而治的方针，齐国的礼乐教化远不及鲁国。鲁国因此多瞧不起齐国。况且，鲁国本就是殷商故地，周初分封鲁国之时，鲁国还有不少殷商遗老和余众，鲁文化中殷商的因素比周文化还要多，故鲁国更亲近宋国。加之宋国又是晋国的附庸，鲁、宋都是晋国主导的同盟国。鲁、宋交好也就成了必然。

莒、鲁虽先亡，但齐国的情况也好不到哪里去。旧贵族姜氏集团横征暴敛，已经腐朽没落，“民参其力，二入于公，而衣食其一；公积朽蠹，而老少冻馁；国都之市，屦贱而踊贵”(《晏子春秋》卷四《内篇问下·第十七》)，而田氏趁机以大斗出、小斗进的形式厚施于民，齐国百姓皆归附田氏。晏子预测，姜氏的齐国终究会成为田氏的“嫁衣”。田氏之所以得民心，就是因为做到了“以事利民”(《晏子春秋》卷二《内篇谏下·第十九》)。本章中晏子说：“夫先与人利，而后辞其难，不亦寡乎！”《管子·牧民》曰：

> 政之所兴，在顺民心；政之所废，在逆民心。民恶忧劳，我佚乐之；民恶贫贱，我富贵之；民恶危坠，我存安之；民恶灭绝，我生育之。能佚乐之则民为之忧劳；能富贵之则民为之贫贱；能存安之则民为之危坠；能生育之则民为之灭绝。

“顺民心”就是“先与人利”，能“顺民心”者必得民心。能得民心者，民为之忧劳、贫贱、危坠、灭绝，岂不易哉！

景公问治国何患晏子对以社鼠猛狗第九

景公问于晏子曰："治国何患？"晏子对曰："患夫社鼠[1]。"公曰："何谓也？"对曰："夫社，束木而涂之[2]，鼠因往托[3]焉，熏之则恐烧其木，灌之则恐败其涂，此鼠所以不可得杀者，以社故也。夫国亦有焉，人主左右是也。内则蔽善恶于君上，外则卖权重于百姓[4]，不诛之则乱，诛之则为人主所案据[5]，腹而有之[6]，此亦国之社鼠也。人有酤酒者[7]，为器甚洁清，置表[8]甚长，而酒酸不售，问之里人其故，里人云：'公狗之猛，人挈器而入，且酤公酒，狗迎而噬之，此酒所以酸而不售也。'夫国亦有猛狗，用事者[9]是也。有道术之士[10]，欲干万乘之主，而用事者迎而龁[11]之，此亦国之猛狗也。左右为社鼠，用事者为猛狗，主安得无壅[12]，国安得无患乎？"

【注释】

[1]社鼠：藏在社庙中的老鼠。社，土地神，文中代指土地神庙。

[2]束木而涂之：将木板用绳子穿起来，竖立在地上，然后再用泥巴涂抹缝隙。涂，用泥巴涂抹。

[3]托：寄托，指老鼠在社庙内打洞居住。

[4]卖权重于百姓：依靠权力对百姓卖弄权术，欺骗百姓。重，亦指权。

[5]案据：安定、袒护。

[6]腹而有之：视他们为心腹而宽宥他们。腹，视……为心腹。有，通"宥"，宽宥、饶恕。

[7]酤酒者：卖酒的人。

[8]表：挂在酒店前的酒幌，类似今天的招牌。

[9]用事者：当权者。

[10]道术之士：拥有治国方略的贤能之士。道术，这里指治国方略。

[11]龁：咬、啃。

[12]壅：壅塞，受蒙蔽。

【品读】

此章讲的是关于治国的问题。景公问晏子国家的祸患是什么，晏子答曰患社鼠、猛狗。何为社鼠、猛狗？答曰：君之左右近臣，用事者也。晏子最恨景公左右近臣，如梁丘据、裔款等。《晏子春秋》卷二《内篇谏下·第二十三》说景公欲以人礼葬走狗，其目的只不过是"特以与左右为笑耳"。《内篇谏下·第二十二》说景公的左右近臣梁丘据死，景公欲厚葬之，晏子直指梁丘据"专君"而不忠。《内篇谏下·第十五》说景公自矜冠裳游处之贵，晏子批景公，景公答曰："梁丘据、裔款以室之成告寡人，是以窃袭此服，与据为笑。"晏子指其"夫二子营君以邪”，建议景公“何不去二子者，毋使耳目淫焉”。左右近臣实为败国之“社鼠”，晏子甚至直接建议景公驱逐他们，然景公仍然无心也无实际行动驱逐他们。这是什么原因呢？主要是景公有贪欲、享乐之心，这些左右近臣正好投其所好。在我们一般的印象中，梁丘据、裔款之类的君主身边的左右近臣都是一些奸佞之辈，忠臣一心欲将其排挤出朝廷，使其不干扰君主之视听。然而，君主往往听忠臣之言，却无驱逐奸佞之行。究其原因，左右近臣的存在实际代表了君主自私自利本性的存在。

君主只要有自私自利的本性，左右近臣之类奸佞之辈就有存在的空间，而忠臣存在的作用是约束君主的自私自利性，使其向为公共服务性方向努力。然而，人性都有自私自利的一面，君主也不例外。所以，从这个角度上讲，君主往往不可能也不情愿将左右谄谀之辈驱逐干净。当然，从法家的视角看，国之“社鼠”之所以存在，乃是君主的一种御臣之术。韩非说：“任贤，则臣将乘于贤以劫其君。”[①]法家认为，君主把奸佞、谄谀之辈都驱逐干净，朝政一任贤能，那么贤能之士的威望和影响势必掩盖了君主的光芒。这就构成了对君主专制的威胁。这是任何君主都不愿意看到的。

“用事者”为国之猛狗，晏子对他们也是相当厌恶。但是，较之君之左右近臣，《晏子春秋》却没有以过多的篇幅去描述晏子对“用事者”的讨伐与批判。“用事者”实为国家的掌权者。掌握国家大权的卿大夫实力雄厚，国君都为之忌惮，何况晏子呢？

景公一朝，卿大夫轮流掌权。景公初期，崔杼、庆封把持朝政。崔、庆有弑杀庄公之恶行，景公为其所立，实为傀儡。崔、庆倒台，齐惠公的孙子栾、高二氏（子尾、子雅）掌权，栾、高虽为公室，但仍旧独揽大权。庆封被逐出齐国后，其党羽卢蒲嫳被流放到齐国东境，鲁昭公三年（前539年），齐景公打猎遇到卢蒲嫳，卢请求景公赦免其罪行，景公却无权答应，只是说：“诺。吾告二子。”二子就是指子雅、子尾。果不其然，由于子雅的反对，卢蒲嫳不仅未被召还，还被驱逐出齐国，流放到了北燕国。可见栾、高当事，景公仍旧处于无权的地位。栾、高倒台后，田氏似乎未完全掌握齐国大权，景公在统治的后期似乎有一定的权威，然而，对于田氏的日渐强大，他和晏子也是无可奈何。晏子将专权用事者比之国之猛狗，主要是因为他们凶残甚至敢于弑杀国君。至于本章中说他们摒弃“有道术之士”，当然从他们的角度来看，他们绝对不希望贤能之士都倒向国君一边，让这些“有道术之士”去辅佐国君削弱他们的力量。

---

① 《韩非子·二柄》。

景公问欲令祝史求福晏子对以当辞罪而无求第十

景公问晏子曰："寡人意气[1]衰，身病甚。今吾欲具珪璋牺牲[2]，令祝宗荐之乎上帝宗庙，意者礼可以干福[3]乎？"晏子对曰："婴闻之，古者先君之干福也，政必合乎民，行必顺乎神；节宫室，不敢大斩伐[4]，以无逼山林[5]；节饮食，无多畋渔[6]，以无逼川泽[7]；祝宗用事，辞罪而不敢有所求也。是以神民俱顺，而山川纳禄[8]。今君政反乎民而行悖[9]乎神；大宫室，多斩伐，以逼山林；羡饮食，多畋渔，以逼川泽。是以民神俱怨，而山川收禄，司过荐罪[10]，而祝宗祈福，意者逆乎！"公曰："寡人非夫子无所闻此，请革心易行。"于是废公阜之游，止海食[11]之献，斩伐者以时，畋渔者有数，居处饮食，节之勿羡，祝宗用事，辞罪而不敢有所求也，故邻国忌之，百姓亲之，晏子没而后衰。

【注释】

[1]意气：精神与精气。

[2]珪璋牺牲：珪璋，享神所用的玉制礼器。牺牲，古代祭祀用的全身纯色的牲畜，如牛、羊、猪。

[3]干福：求福。干，本义为"奸"，这里解释为"求"。

[4]斩伐：砍伐森林。

[5]无逼山林：不要侵迫山林之神。逼，侵迫、侵犯。

[6]畋渔：畋，田猎、打猎。渔，捕鱼。

[7]无逼川泽：不要侵犯山泽之神。

[8]纳禄：致福、赐福。

[9]悖：违背。

[10]司过荐罪：司过，神名，职掌人间罪过，负责向上天汇报。荐罪，列举罪状。

[11]海食：海货。

【品读】

景公问晏子："我的精神和精气都衰弱了，身体病得很厉害，现在我打算准备珪璋、牲畜等祭品，让祝宗在宗庙中祭祀上帝，通过祭祀的礼仪可以为我求福吧？"晏子回答说："我听说，古代先君求福，政事必须合乎民意，行为必须顺从神灵的旨意。建造宫室要节俭，不敢大量砍伐树木，以免侵迫山林之神；饮食要节约，不过多地打猎和捕鱼，以免侵犯川泽之神；祝宗祭祀时，只是向神灵谢罪而不敢有所祈求。因此，神灵和百姓都很顺适，而山川之神也来送福。现在君上政事违反民意，而行为违背神灵；大造宫室，滥伐树木，侵迫山林之神；饮食浪费，田猎无度，侵犯了川泽之神。因此，百姓和神灵都怀有怨恨之心，而山川之神也把福禄收走了，司过之神向神灵列举罪状，而您却让祝宗向神灵祈福，这不就矛盾了么？”景公说：“若不是夫子您，我就听不到这些道理了。请允许我改变过去的想法和行动。”于是，景公废止了去公阜的游览计划，下令禁止海货的进贡，砍伐森林要以时，渔猎要有一定的数量限制，生活饮食节约而不浪费，祝宗祭祀只准向神灵谢罪而不敢有所祈求。所以，齐国的邻国都很忌惮，百姓亲附国君，晏子死后，齐国的这些举措逐渐衰败。

此章的品读又可参见《晏子春秋》卷一《内篇谏上·第十四》《内篇谏上·十八》。

景公问古之盛君其行如何晏子对以问道者更正第十一

景公问晏子曰：“古之盛君[1]，其行何如？”晏子对曰：“薄于身而厚于民，约于身而广于世[2]；其处上也，足以明政行教[3]，不以威天下；其取财也，权有无，均贫富，不以养嗜欲；诛不避贵，赏不遗贱；不淫于乐，不遁于哀[4]；尽智导民，而不伐[5]焉，劳力岁事[6]，而不责焉；为政尚相利，故下不以相害，行教尚相爱，故民不以相恶为名，刑罚中于法，废罪顺于民[7]。是以贤者处上而不华[8]，不肖者处下而不怨，四海之内，社稷之中，粒食之民[9]，一意同欲，若夫私家之政。生有遗教[10]，此盛君之行也。”公不图。晏子曰：“臣闻问道者更正[11]，闻道者更容[12]。今君税敛重，故民心离；市买悖，故商旅绝；玩好充，故家货殚[13]。积邪在于上，蓄怨藏于民，嗜欲备于侧，毁非满于国，而公不图。”公曰：“善。”于是令玩好不御，公市不豫[14]，宫室不饰，业土[15]不成，止役轻税，上下行之，而百姓相亲。

【注释】

[1]盛君：盛德之君。

[2]约于身而广于世：对自己严格约束，对待世人宽容和蔼。约，约束。广，宽容。

[3]明政行教：政治清明，教化施行。

[4]遁于哀：哀痛过久，不能自拔。遁，当为“循”。

[5]伐：夸耀。

[6]劳力岁事：竭心尽力治民，即尽心尽力治理国家。王念孙《读书杂志》曰：“‘岁事’本作‘事民’，‘事’，治也。”①

---

① 转引自吴则虞：《晏子春秋集释》，第204页。

[7]废罪顺于民：废弃和兴办事情都顺乎民意。废罪，俞樾《诸子平议》："当作'废置'。"①今从俞说。

[8]华：通"哗"，哗众取宠。

[9]粒食之民：只有粟麦的人。指一般的百姓。

[10]生有遗教：当作"生有厚利，死有遗教"，生有厚利于民，死有高行教于世。说从王念孙《读书杂志》。

[11]更正：思谋改变。

[12]更容：改变容貌，肃然起敬。

[13]殚：竭尽。

[14]不豫：不欺诳，不欺诈。

[15]业土：已经修筑但未完成的半拉子工程。

【品读】

先秦除了法家，大多"尊先王"。先王就是上古的盛德之君，如尧、舜、禹之类。上古的盛德之君，他们的品行到底如何？晏子不仅能言之，而且言之甚详。晏子指出，上古盛德之君，不求索取，只求回报；严于律己，宽以待人；政治清明，教化广布；不搞强权政治，以德怀远；所得不为己欲，而为天下苍生，能够权衡有无，平均富贵；赏罚分明；喜怒哀乐有节有度；为政推崇互利合作，教化崇尚相亲相爱。所以，盛德之君治国，民无怨言，上下一致团结。

先秦诸子百家对先王的大公无私、赏罚分明都有共识。我们这里着重要谈的是《晏子春秋》对先王思想比较有特点的阐释。"其取财也，权有无，均贫富，不以养嗜欲"实为社会分配制度的一种主张。《晏子春秋》倡导社会分配制度要遵循"取之于民，用之于民"的原则。君主征收的赋税要用在百姓身上。晏子在《晏子春秋》中的很多篇章都批评了景公"厚取于民，而薄其施"的做法。这实际上就是要求景公"取之于民，用之于民"。"权有无，均贫富"是晏子社会分配制度的根本原则。晏子将这种思想托之为上古先王的品行，其实这就是晏子或者准确地说是《晏子春秋》的社会思想。

"均贫富"的思想在中国古代儒家、道家思想中都有存在。孔子说"不患寡而患不均"②，就是儒家要求"均贫富"的证据。汉末张角的太平道也倡导平均主义。可见，这也是中国古代社会分配思想的一个重要特点。帝制时代的很多农民战争，如李自成起义、太平天国起义等，都吸收了"均贫富"的思想作为革命口号。

此外，《晏子春秋》还倡导"为政尚相利，行教尚相爱"的社会主张。中国

---

① 转引自吴则虞：《晏子春秋集释》，第205页。

② 《论语·季氏》。

古代的思想家很少谈“利”，甚至忌讳谈“利”，如孟子极力反对谈“利”。然而，晏子却屡次谈“利”。“以事利民”（《晏子春秋》卷二《内篇谏下·第十九》）就是给百姓谋福利。本章中晏子还主张百姓之间要互利合作。但是，需要指出的是，晏子提倡的“利”不是法家所谓的“性恶”，“相利”是出于人们后天的社会需要而非天性使然。严格来说，这里的“利”是一种社会关系。人与人之间互利合作，直到今天也是值得提倡的。

晏子还提倡“相爱”，即提倡百姓之间相亲相爱。晏子的“相爱”不同于墨子的“兼爱”。墨子的“兼爱”讲究无等级的爱，而晏子的“相爱”与儒家的“仁”讲的都是有等级的爱。晏子提倡礼，而礼的主要功能就是序尊卑，所以晏子的“相爱”不可能是墨家的“兼爱”。这起码也说明了《晏子春秋》不是墨家的作品。

景公问谋必得事必成何术晏子对以度义因民第十二

景公问晏子曰：“谋必得，事必成，有术乎？”晏子对曰：“有。”公曰：“其术如何？”晏子曰：“谋度于义者必得，事因于民者必成[1]。”公曰：“奚谓也[2]？”对曰：“其谋也，左右无所系，上下无所縻[3]，其声不悖，其实不逆[4]，谋于上，不违天，谋于下，不违民，以此谋者必得矣。事大则利厚，事小则利薄，称事之大小，权利之轻重，国有义劳，民有如利[5]，以此举事者必成矣。夫逃人而谟[6]，虽成不安，傲民举事，虽成不荣。故臣闻义谋之法以民事之本也[7]，故及义而谋，信民而动，未闻不存者也[8]。昔三代之兴也，谋必度其义，事必因于民。及其衰也，建谋不及义[9]，兴事伤民。故度义因民，谋事之术也。”公曰：“寡人不敏，闻善不行，其危如何？”对曰：“上君全善，其次出入[10]焉，其次结邪而羞问。全善之君能制；出入之君时问，虽日危，尚可以没身[11]；羞问之君，不能保其身。今君虽危，尚可没其身也。”

【注释】

[1]谋度（duó）于义者必得，事因于民者必成：谋事合于义必能实现，办事顺民心必能成功。度，衡量、揣度。因，顺、随。

[2]奚谓也：为什么这么说。

[3]左右无所系，上下无所縻：左右近臣不能牵制，上下级之间没有羁绊。系、縻，牵制、羁绊。

[4]其实不逆：所做之事不违背民意。

[5]国有义劳，民有如利：当作“国有羡荣，民有加利”，意为国家获得更多的好名声，百姓拥有更多的福利。义劳，当为“羡荣”，“义”之繁体“義”与“羡”易混。“荣”与“劳”字

形相似易混淆。若“义”为“羡”，“如”字与“羡”相对，“如”疑为“加”。“加”也有多余、更多之义。

[6]逃人而谟：本为“逃义而谋”，避开义的原则而谋事。黄以周云：“‘谟’，凌本作‘谋’。”刘师培《晏子春秋校补》云：“凌本作‘谋’，是。《墨子·非儒下》云：‘逃人而后谋。’”王念孙《读书杂志》云：“‘逃人而谟’，‘人’当作‘义’。”①今从以上诸位先生的观点。

[7]臣闻义谋之法以民事之本也：我听说以义的准则谋划事情的方法是将百姓之事作为根本出发点。

[8]及义而谋，信民而动，未闻不存者也：当为“反义而谋，倍民而动，未闻存者也”，意思是说，违反义的准则而谋划事情，背叛民意而做事，从未听说能够长久存在的。“及义而谋，信民而动”与文意不合，“及”当为“反”字，二字字形相似而错讹。“信”当为“倍”，二字疑亦因字形相似而错讹。倍，通“背”，背叛、违反。“未闻不存者”之“不”字疑为衍文，当删去。

[9]建谋不及义：出谋划策不遵循义的原则。

[10]出入：当与前一句中的“全善”对应，“出入”即“不全善”，有好有坏。

[11]尚可以没身：尚且可以保全性命，终老而死。没身，终身，保全性命，正常死亡。

【品读】

晏子认为，君主治国要想心想事成，必须遵循“度义因民”。“义”就是上不违天、下不违民。“度义”的根本出发点也是“以民为本”，所以晏子说：“义谋之法以民事之本也。”“因民”就是“国有余荣，民有加利”，国家富强了，百姓也要富裕。也就是晏子说的“以事利民”。君主“兴事”必须“利民”，这样才能成功。也就是说，君主谋事、办事都要“以民为本”，“以民为本”最直接有效的做法就是给老百姓好处。

景公问善为国家者何如晏子对以举贤官能第十三

景公问晏子曰：“莅国治民，善为国家者何如？”晏子对曰：“举贤以临国，官能以敕民[1]，则其道也。举贤官能，则民与若矣[2]。”公曰：“虽有贤能，吾庸知乎[3]？”晏子对曰：“贤而隐，庸为贤乎？吾君亦不务乎是，故不知也。”公曰：“请问求贤。”对曰：“观之与其游，说之与其行，君无以靡曼辩辞[4]定其行，无以毁誉非议定其身，如此，则不为行[5]以扬声，不掩欲以荣君[6]，故通则视其所举[7]，穷则视其所不为，富则视其所不取[8]。夫上士，难进而易退也；其次，易进易退也；其下，易进难退也。以此数物者取人，其可乎。”

① 参见吴则虞：《晏子春秋集释》，第114页。

【注释】

[1]官能以敕民：授官给贤能的人，以此治理百姓。敕，通"饬"，整饬，谨饬，此处引申为治理。

[2]则民与若矣：当作"则民兴善矣"，意思是说，那么百姓就会跟着做好事。"与""兴"二字疑因其繁体字"與""興"形近而讹。"若"字与"善"字亦疑因形近而讹。

[3]吾庸知乎：我岂能知道呢？庸，岂，怎么。

[4]靡曼辩辞：花言巧语。靡曼，美丽、华丽。辩辞，巧言。《论语·学而》："巧言令色，鲜矣仁。"与此类同。

[5]为行：伪装自己的一举一动。为，通"伪"，伪装。

[6]不掩欲以荣(yíng)君：不掩藏自己的贪欲来迷惑君主。"荣"古音读为"营"，古字亦相通，荣即"营"，迷惑。

[7]通则视其所举：地位通达显赫时，要观察他的所作所为。通，通达、显贵。举，举动、行动。

[8]富则视其所不取：当为"富则视其所分，贫则视其所不取"，意思是说，富裕时要观察他能否分人以财，贫困时要观察他能否为义而不苟取荣华富贵。原句"富则视其所不取"文间不通。上句"通"与"穷"相对，本句应为两句，"富"与"贫"相对。观《晏子春秋》，晏子主张通达富裕之后，要将财富分与百姓，贫困之士要甘贫乐贫，不为利益所动，故不轻易苟取。

【品读】

晏子说，治理好国家，方法很简单。贤能之士不仅有本事，而且道德品质好，凭借着他的道德感召力，老百姓就像追星一样，都愿意跟着他为善。这样君主不费吹灰之力就能把国家治理好了。

关键问题是，人才难得啊！我们怎么来辨别一个人是否有才呢？晏子认为，首先要考察他和什么人交往。俗话说，物以类聚，人以群分。他和有道德、有才能的人交往，他本人的资质也不会差。还要听其言、观其行。一个人的言行往往是他思想的反映。孔老夫子也说："视其所以，观其所由，察其所安，人焉廋哉？人焉廋哉？"[①]从他的一举一动就能看出他是什么样的人。晏子还说，那些夸夸其谈、花言巧语的人一般不可靠。事业是做出来的，而不是说出来的。古人都喜欢实干家而不喜欢空谈家。孔老夫子又说："巧言令色，鲜矣仁。"[②]看来他老人家也不喜欢能说会道的人。

当然，晏子还指出，也不要因为别人对他有非议，就武断地认为他不是个好人。考察人才，语言不是很可靠，关键看行动。另外，晏子还说，考察一个人是否贤能，还要看看他在不同的生活境地中，如发达时、失意时、富贵

① 《论语·为政》。

② 《论语·学而》。

时、贫穷时，有着怎样的心态和行为。晏子说："通则视其所举，穷则视其所不为，富则视其所分，贫则视其所不取。"这很容易让人联想起孟子的话："穷则独善其身，达则兼善天下。"①发达或失意都不能改变他济世于民的理想和信念，这样的人才是真正的贤能之士。当然，有些贤能之士，人格独立，架子也大，不容易出山，却容易辞职引退。

景公问君臣身尊而荣难乎晏子对以易第十四

景公问晏子曰："为君，身尊民安，为臣，事治身荣，难乎，易乎？"晏子对曰："易。"公曰："何若？"对曰："为君节养其余以顾民[1]，则君尊而民安；为臣忠信而无逾职业，则事治而身荣。"公又问："为君何行则危？为臣何行则废[2]？"晏子对曰："为君，厚藉敛而托[3]之为民，进谗谀而托之用贤，远公正而托之不顺，君行此三者则危；为臣，比周[4]以求进，逾职业，防下隐利而求多，从君，不陈过而求亲，人臣行此三者则废。故明君不以邪观民，守则而不亏，立法仪而不犯，苟有所求于民，而不以身害之，是故刑政安于下，民心固于上[5]，故察士不比周而进，不为苟[6]而求，言无阴阳[7]，行无内外，顺则进，否则退，不与上行邪，是以进不失廉，退不失行也。"

【注释】

[1]节养其余以顾民：节约个人的开支将多余的钱财用以照顾百姓。节，节省、节约。养，供养，这里指君主个人的开支。

[2]废：罢免官职。

[3]托：托辞、借口。

[4]比周：相互勾结，结党营私。

[5]故刑政安于下，民心固于上：因此朝廷的刑罚公正，政治清明，百姓安居乐业，君主有求于百姓，却不侵害他们，所以百姓都一心服从君主的统治。

[6]苟：苟且、随便。

[7]言无阴阳：说话正派，不阳奉阴违。

【品读】

《论语》说："为君难，为臣不易。"②晏子却说为君、为臣都很容易。为什么说容易？晏子说只要"为君节养其余以顾民，则君尊而民安；为臣忠信而无逾职业，则事治而身荣"。君主只要节约个人开支，把剩下的钱财用在百

① 《孟子·尽心上》。

② 《论语·子路》。

姓身上，做到“以事利民”，君主就可以乐享权力和荣华富贵，百姓也就老老实实地安守本分了；大臣只要忠诚于国家，守信于人，不做超越职权范围的事情，就能保证官运亨通、芳名留世。

古人当官很注意职业操守，“无逾职业”是个基本法则。孔子也说：“不在其位，不谋其政。”①这是为什么？《晏子春秋》卷七《《外篇上・第十五》中晏子说：“其在礼也，家施不及国，民不懈，货不移，工贾不变，士不滥，官不谄，大夫不收公利。”“无逾职业”就是为了维护礼所形成的一种社会秩序。礼所缔结的社会秩序已经将各行各业、各种角色都作了明确分工。在礼的主导下，社会中的每一个角色都有自己的活动范围和轨迹，各司其职，互不干涉。就如同太阳系一样，九大行星各有其轨道，秩序井然。但是，如果有一天火星乱了轨道，跑到地球的轨道上运行，就会造成宇宙大混乱。所以说，中国的古人特别注重秩序，而“无逾职业”就是社会秩序中重要的一环。为了保证社会秩序稳定和谐，任何人都不能“逾职业”。

景公问天下之所以存亡晏子对以六说第十五

景公问晏子曰：“寡人持不仁，其无义耳[1]也。不然，北面与夫子而义[2]。”晏子对曰：“婴，人臣也，公曷为出若言?”公曰：“请终问天下之所以存亡。”晏子曰：“缦密不能[3]，蔍苴学者诎[4]，身无以用人，而又不为人用者卑。善人不能戚[5]，恶人不能疏者危。交游朋友从[6]，无以说于人，又不能说人者穷[7]。事君要利，大者不得，小者不为者馁[8]。修道立义，大不能专，小不能附[9]者灭。此足以观存亡矣。”

【注释】

[1]无义耳：不足以与夫子议论治国之道。义，通“议”，议论。

[2]北面与夫子而义：请面向北向夫子行礼并与之议论治国之道，即景公请放下尊位虚心以晏子为师，与其议论治国之道。北面，向北朝见君主或弟子向老师行礼，本文从后者之义。义，通“议”，议论。

[3]缦密不能：做事不能细致。缦密，精细、细致。

[4]蔍苴学者诎：当为“蔍苴不学者诎。”粗鄙不去学习的人便会屈服于他人。蔍苴，粗鲁。据文意，“苴”字之后脱一“不”字。

[5]戚：亲近。

[6]从：据文意，“从”为衍字，当删去。

---

① 《论语・泰伯》。

[7]无以说于人，又不能说人者穷：自己没有被别人喜欢的长处，又不喜欢别人，这样就会孤立无援。前后两“说”字皆通“悦”。穷，穷困，这里指孤立无援。

[8]餧：同“馁”，饥饿，这里引申为什么也得不到。

[9]附：协作、联合。

【品读】

景公问晏子说：“我不仁德，按道理不足以和您议论政事，如果我有仁德的话，我就坐南向北向您行礼，并和您一同议论政治兴亡的大道了。”晏子回答说：“我是臣，君上何出此言啊？”景公说：“请问天下之所以兴盛衰亡的终极根由是什么？”晏子说：“做事不细致，自身粗鄙却不愿意去学习，这样的人只能屈居于人下；自身没有见识不能任用他人，而自己又不能被别人任用的人，就会很卑微。不能亲近善人，又不能疏远恶人，这样的人处境就会很危险。交友处世，自己没有被别人喜欢的长处，又不喜欢别人的，就会孤立无援。侍奉君上就想着谋取私利，大事没有机会去做，小事又不愿意做，这样的人什么也得不到。修养道德，树立仁义，大事不能独当一面，小事又不能与别人协作，这样的人注定要失败。这些足以观察天下的治乱兴衰了。”

此章说国家存亡的根由，然而给人的感觉却似乎说的是君主和人臣的素质和修养。当然，君主与臣下的个人素质和修养的确关乎国家的治乱兴衰。晏子说，不怕做不好，就怕不去做；不怕不用贤，就怕自己无人可用；不怕不近善，就怕不远恶；不怕不被人喜欢，就怕不喜欢别人；不怕大事没机会，就怕小事不去做；不怕没能力，就怕不愿意和人协作。

景公问君子常行曷若晏子对以三者第十六

景公问晏子曰：“君子常行曷若？”晏子对曰：“衣冠不中[1]，不敢以入朝；所言不义，不敢以要君[2]；行己不顺，治事不公，不敢以莅[3]众。衣冠无不中，故朝无奇僻之服；所言无不义，故下无伪上之报[4]；身行顺，治事公，故国无阿党之义[5]。三者，君子之常行者也。”

【注释】

[1]衣冠不中：衣服和帽子穿戴得歪歪斜斜。中，正。

[2]要君：建议君主。要，要求、建议。

[3]莅：莅临，这里引申为治理。

[4]下无伪上之报：下属不敢有欺骗君上的报告。伪，欺骗。

[5]国无阿党之义：国家就没有阿谀奉承、结党营私的活动。义，通“议”，议论、活动。

【品读】

景公问晏子："君子日常的言行举止怎么样？"晏子回答说："衣服和帽子不端正就不敢上朝；所说的话不符合道义，就不敢规谏君主；自己的行为不端正，办事不公正，就不敢莅临官署治理百姓。如若君子的衣服和帽子都很端正得体，那么朝廷之上就没有奇装异服；君子所说的话没有不合道义的，下属就不敢有欺骗君上的报告；自己的行为端正，办事公正，国家就没有结党营私的活动。这三点就是君子的日常举止。"

晏子认为，君子是道义的化身，教化的模范。君子的穿衣、说话以及一举一动都要合乎礼仪和道义。如果君子不这样做，这个国家就要乱套。为什么这么说？因为晏子一向主张贤人政治。这个社会得靠贤人来治理。治理国家很简单，君主只要"举贤官能"就可以了。君主不必事必躬亲，只要选出贤能之士组成国家管理层，就可以垂拱而治了。我们一直有这个传统，寄希望于"君子"或者"好人"来治理国家，这实际还是人治而非法治。没有法治，光靠人治管理国家，即使政府的官员都是"君子"，国家也不会治理好。

景公问贤君治国若何晏子对以任贤爱民第十七

景公问晏子曰："贤君之治国若何？"晏子对曰："其政任贤，其行爱民，其取下节，其自养俭；在上不犯下，在治不傲穷，从邪害民者有罪，进善举过者有赏。其政，刻上而饶下[1]，赦过而救穷；不因喜以加赏，不因怒以加罚；不从欲[2]以劳民，不修怒而危国；上无骄行，下无谄德[3]；上无私义[4]，下无窃权，上无朽蠹之藏，下无冻馁之民；不事骄行而尚司[5]，其民安乐而尚亲。贤君之治国若此。"

【注释】

[1]刻上而饶下：对官员苛刻，对百姓宽松。刻，苛刻。饶，宽松。

[2]从欲：放纵欲望。从，纵也、放纵。

[3]谄德：谄，元刻本作"[illegible]"，欺骗、隐瞒。德，无实际意义，与上文"罚""国"为韵。

[4]义：当为"议"，议论。

[5]不事骄行而尚司：当作"不事骄行而尚治"，意思是说，没有骄纵的行为而努力治理好国家。"司"的金文与"治"同字，故"司"即"治"，治理国家。

【品读】

景公问晏子："贤明的君主是怎样治理国家的？"晏子回答说："贤明

的君主治理国家，在施政方面任用贤能，从行动上看处处爱民。向百姓征收赋税时能够做到有所节制，个人生活节俭；处在上位却不侵犯下面的利益，治理国家不轻视贫穷，放纵邪恶残害百姓的治罪，向君主进献善言并直陈过失的受到奖赏。对官员苛刻，对百姓宽松，赦免百姓的过失，救济贫穷之人；不因一时的高兴而增加奖赏，也不因一时的愤怒而加重刑罚；不放纵自己的欲望去劳损百姓，不因为自己的愤怒而结怨诸侯，使国家处在危险之中。君主在上没有骄纵的行为，下面的臣民就没有欺骗隐瞒上级的行为；上方没有私下的议论，下方就没有窃国弄权的行为，君上没有腐朽虫蛀的积藏，下面就没有忍冻挨饿的百姓；君主没有骄纵的行为，一心一意谋求治理好国家，他的百姓也会安居乐业而相亲相爱。贤明的君主就是这样治理国家的。"

在晏子的政治思想中，一个好的国家是由君主、贤人和受教化的百姓组成的。君主的主要任务就是把贤能之士选拔出来并授予相应的官职，"举贤官能，则民与若矣"①。把贤能之士选拔出来，再委以官职，这样老百姓就会老老实实听贤人的治理了。君主还要在行动上体现出爱民来。当了官的贤能之士爱民，而君主不爱民，那么百姓就都归附贤能之士了。这样君主的统治地位就危险了，所以君主必须永远是爱民的模范。贤人爱民，然而贤人终究是君主选拔出来，贤人的一举一动都是代表君主的，所有的好名誉都要归在君主名下。君主的好形象实际上是专制主义的一种温和形式，即"德政主义"。

景公问明王之教民何若晏子对以先行义第十八

景公问晏子曰："明王之教民何若？"晏子对曰："明其教令，而先之以行义[1]；养民不苛[2]，而防之以刑辟；所求于下者，不务[3]于上；所禁于民者，不行于身。守于民财，无亏之以利；立于仪法，不犯之以邪。苟所求于民[4]，不以身害之，故下之劝从其教[5]也。称事以任民，中听以禁邪[6]，不穷之以劳，不害之以实[7]，苟所禁于民，不以事逆之，故下不敢犯其上也。古者百里而异习，千里而殊俗，故明王修道，一民同俗，上爱民为法，下相亲为义，是以天下不相遗，此明王教民之理也[8]。"

【注释】

[1]先之以行义：当作"先之以行"，此言明王以身作则，率先示范。

---

① 《晏子春秋》卷三《内篇问上·第十三》。

[2]养民不苛：役使百姓不苛刻。《广雅·释诂》："养，使也。"养民，使民。

[3]不务：据上下文意，当作"必务"。

[4]苟所求于民：当为"苟有所求于民"，如果有求于百姓。这里引申为向百姓征发赋役。"有"字据《内篇问上·第十四》增之。

[5]下之劝从其教：当作"下从其教"，意为君主有求于民，却不损害人民利益，故百姓乐于听从其教化。"之劝"二字为衍文，当删去。

[6]中听以禁邪：审理案件公正无私，足以禁除邪恶之人。中听，听讼得中，即审理案件公正无私。中，公正。听，听讼、审案。

[7]不害之以实：当作"不害之以罚"，意为不以刑罚迫害百姓。实，在句中讲不通，《群书治要》本作"罚"，今从之。

[8]此明王教民之理也：当作"此明王之教民也"，意为这就是圣明的君王教化百姓的方法。"理"为衍文，当删去。"之"字移至"教"字之后。

【品读】

景公问晏子："贤明的君主怎么教化人民？"晏子回答说："阐明教令的要求，而身先示范；役使人民不苛刻，用刑罚防止百姓犯罪；对人民有什么要求，自己必先做到；禁止人民干的事，自己首先不去做。保护百姓的财产，不让他们的利益受到损害；治理礼仪和法规，自己首先不做邪僻之事去触犯它。如果有求于百姓，至少不损害他们的利益，所以百姓都愿意听从他的教化。做事要顺从民意，听讼断狱公正合理就可以禁止邪恶，不役民无度，不随便用刑罚来惩治百姓；如果对百姓有所禁止的话，君上也不能以任何事来违反，臣民就不敢违禁作乱。上古百里之内生活习惯不同，千里之内民间风俗不同，因此贤明的君王修明道德，教化百姓，使得民间风俗统一。君上以爱护百姓为法，百姓以相亲相爱为义，所以天下之人不相互背弃，这就是贤明的君主教导百姓的方法。"

晏子认为，明王教民，必先审教令，向百姓审教令的前提是自己首先遵守教令（身先之）。役使百姓不严苛，但要以刑罚来约束百姓，保护百姓的资财，不要侵吞他们的财产。晏子认为统治者治民，首先要以身作则。"所求于下者，必分于上；所禁于民者，不行于身"讲的就是这个道理。本章晏子特别强调治民要立法度。"教令"可能就包含法度。役使百姓不要严苛的前提是要保留一定的刑罚来约束、防范百姓为乱。审理案件要做到公正无私，这样才能防止坏人为非作歹。同时明王还要"以德治国"，教化百姓，使"一民同俗"。由本章可知，《晏子春秋》中治理百姓的思想包含了"法治""德治"两个方面，其自的就是使民间达到"一民同俗"的局面。"一民同俗"与墨家"尚同"的思想主旨相同。

景公问忠臣之事君何若晏子对以不与君陷于难第十九

景公问于晏子曰："忠臣之事君也何若？"晏子对曰："有难不死，出亡不送。"公不说，曰："君裂地[1]而封之，疏爵[2]而贵之，君有难不死，出亡不送，可谓忠乎？"对曰："言而见用，终身无难，臣奚死焉；谋而见从，终身不出，臣奚送焉。若言不用，有难而死之[3]，是妄死[4]也；谋而不从，出亡而送之，是诈伪也。故忠臣也者，能纳善于君，不能与君陷于难。"

【注释】

[1]裂地：分割土地。

[2]疏爵：分封爵位。疏，分，散。

[3]死之：为之死，为君主而死。

[4]妄死：枉死，白死，死得没有价值。妄，枉也。

【品读】

景公问晏子："忠臣是怎么侍奉君主的？"晏子回答说："君主有灾难，不为他去死；君主出奔逃亡，不为他送行。"景公听了很不高兴，说："君主分割土地来封赏忠臣，分封爵位使他的地位显贵，君主有难却不为他死，君主出逃而不给他送行，这能算得上是忠臣吗？"晏子回答说："大臣的谏言被采纳，君主终身就不会有灾难，大臣怎么会死呢？大臣的谋划被采用，君主终生不会出逃，大臣又怎么会去为他送行呢？如果大臣的谏言不被采用，君主有难而大臣去为他死，这是白死；大臣的谋划不被采纳，君主出奔逃亡，大臣为他送行，这是虚情假意。所以作为忠臣，能够让君主采纳谏言，而不能与君主一起陷于危难之中。"

晏子主张："君为社稷死，则死之，为社稷亡，则亡之。若君为己死而为己亡，非其私昵，孰能任之。"①用现代的话说，君主为国家社稷而死，那么大臣也有义务为君主而死；君主为国家社稷而逃亡，大臣不能只是简单地送行，而是要和君主一起流亡国外，共赴患难。如果君主为自己而死，那么除了君主宠幸之人，大臣就没有义务为他去死。从这里我们可以看出，晏子还持有上古士人的独立人格。在晏子的思想中，忠臣应为社稷而死，而不是为君主个人而死。"忠"不是忠于君主个人，而是忠于国家社稷。

---

① 《晏子春秋》卷二《内篇杂上·第二》

景公问忠臣之行何如晏子对以不与君行邪第二十

景公问晏子曰："忠臣之行何如？"对曰："不掩君过，谏乎前，不华乎外[1]；选贤进能，不私乎内；称身就位[2]，计能定禄[3]；睹贤不居其上，受禄不过其量；不权居以为行，不称位以为忠[4]；不揜贤以隐长，不刻下以谀上；君在不事太子，国危不交诸侯；顺则进，否则退，不与君行邪也。"

【注释】

[1]不华乎外：对外不宣扬。华，喧哗。

[2]称身就位：根据自己的才能大小担任相应的官职。称，度量。

[3]计能定禄：当作"计能受禄"，意为根据自己的才能大小，接受相应的俸禄。定禄，本作"受禄"，俸禄由君主定，臣子无权决定，《群书治要》本作"计能受禄"，故从之。

[4]不权居以为行，不称位以为忠：当作"权居以为行，称位以为忠"，意思是说，忠臣根据自己的职位做事，在自己职位上就要尽忠职守。吴则虞《晏子春秋集释》："二'不'字疑衍。'权居以为行'即'素其位而行'，'称位以为忠'即'陈力就列'，承上文'称身就位'而来。"今从之。

【品读】

此章讲的是忠臣的德行。晏子认为，在当朝要"不掩君过"，向君主力陈己见；出了朝廷就"不华乎外"，即不把君主的过失泄露到宫廷之外。另外，忠臣贵有自知之明，"称身就位，计能受禄"。正如赵蔚芝先生所说："尊贤，务使贤者得其位，展其能；甘愿让贤以扬其善，成其美。"①上一章我们曾经说过，在晏子的思想观念中，忠臣最重要的是忠于国家社稷。

忠臣一心只为社稷谋，从不计较个人的利益得失，当然不会隐贤而不荐举，更不会因为官位的大小、俸禄的多少，压制贤能的升迁。"君在不事太子，国危不交诸侯"是说作为一名忠臣，只要君主在就不会私下结交太子，这样既不会引起君主的猜忌，同时也不会给太子带来不必要的麻烦。即使国家处在危难之中，忠臣也不会背叛国家，转而投靠诸侯。忠臣无我，只有对国家的一颗赤诚之心。如此忠诚的人，才可以"托三尺之孤，寄千里之命"。交朋友要结交忠诚的人，治理国家更要任用忠诚的人。

① 赵蔚芝注解：《晏子春秋注解》，第160页。

景公问佞人之事君何如晏子对以愚君所信也第二十一

景公问："佞人之事君如何？"晏子对曰："意难，难[1]不至也。明言行之[2]以饰身，伪言无欲以说[3]人，严其交以见其爱[4]，观上之所欲，而微为之偶[5]，求君逼迩[6]，而阴为之与[7]；内重爵禄，而外轻之以诬[8]行，下事左右，而面示正公以伪廉；求上采听，而幸以求进[9]；傲禄以求多，辞任以求重[10]；工乎取，鄙乎予；欢乎新，慢乎故；吝乎财，薄乎施；睹贫穷若不识，趋利若不及[11]；外交以自扬，背亲以自厚[12]；积丰义之养，而声[13]矜恤之义；非誉乎情，而[14]言不行身，涉时所议，而好论贤不肖；有之己，不难非之人，无之己，不难求之人；其言强梁而信；其进敏逊而顺[15]，此佞人之行也。明君之所诛，愚君之所信也。"

【注释】

[1]难：吴则虞案："此句有讹脱，不可强为之解。"①今从之。

[2]明言行之(zhǐ)：当作"明言行止"。意思是公开地言论行事。

[3]说：通"悦"，取悦。

[4]严其交以见其爱：吴则虞《晏子春秋集释》："此句义不明，下疑脱一句。"②

[5]微为之偶：暗地里迎合君上的欲望，以邀君宠。微，隐。偶，合。

[6]求君逼迩：巴结君主左右近臣。逼迩，君主左右近臣。

[7]阴为之与：暗地里与其结交。与，结交。

[8]诬：欺罔。

[9]幸以求进：侥幸希望君主采用他们的建议，以求升迁。幸，侥幸。

[10]辞任以求重：表面上推辞不就职，实际上欲谋求更高的职位。重，更重要、更高的职位。

[11]趋利若不及：追逐利益唯恐不及。

[12]背亲以自厚：对内损害至亲的利益来利己。"背亲"与上句中的"外交"对文，意为对内损害至亲的利益。

[13]声：扬言。

[14]而：承接词。

[15]敏逊而顺：反应敏捷、态度谦逊而又能顺应情势。敏，捷也。逊，谦虚。顺，顺应情势。

---

① 吴则虞：《晏子春秋集释》，第228页。

② 吴则虞：《晏子春秋集释》，第228页。

【品读】

《晏子春秋》卷三《内篇问上·第十九》说忠臣事君“能纳善于君，不能与君陷于难”，上一章又详细讲了“忠臣事君之行”。忠臣利国，佞人危国。对于君主来说，治理国家，任用贤能，辨识忠臣之行固然很重要，但是国无忠臣可依托，国家还不至于沦亡。若奸佞当道，忠臣被排挤，国家就处在危难之中。如此，辨识佞人、防止奸佞祸国就显得尤为重要了。景公问晏子佞人侍奉君主有何表现。晏子回答说奸佞有两张皮，对外饰以忠，迷惑君主，内心却有自己的小算盘。正因为佞人生性虚伪，所以他的一言一行都要格外注意，君主不能随便听之任之，要明辨之，慎用之，最好是把这些害群之马清除干净。

景公问圣人之不得意何如晏子对以不与世陷乎邪第二十二

景公问晏子曰：“圣人之不得意何如？”晏子对曰：“上作事反天时[1]，从政逆鬼神，藉敛殚百姓；四时易序，神祇并怨；道忠者不听，荐善者不行，谀过者有赉[2]，救失者有罪。故圣人伏匿隐处，不干长上[3]，洁身守道，不与世陷乎邪，是以卑而不失义，瘁而不失廉[4]。此圣人之不得意也。”“圣人之得意何如？”对曰：“世治政平，举事调乎天[5]，藉敛和乎百姓；乐及其政，远者怀其德；四时不失序，风雨不降虐；天明象而赞[6]，地长育而具物；神降福而不靡[7]，民服教而不伪；治无怨业，居无废民[8]，此圣人之得意也。”

【注释】

[1]上作事反天时：居上做事违背天意。天时，本义指日月星辰运行的规律，这里指天意。

[2]赉(lài)：赏赐。

[3]不干长上：不干预君上决断。干，干预。长上，这里代指君主。

[4]瘁而不失廉：到死也不失廉洁。瘁，死。

[5]举事调乎天：做事与天意相协调，即做事合乎天意。调，协调。

[6]天明象而赞：当作“天明象而致赞”，意为天以祥瑞降临人间来致表示佐助圣人。致赞，致以祥瑞来表示佐助圣人。赞，佐助。据《群书治要》本，“赞”字之前补一“致”字。

[7]不靡：不停止。靡，倒下，这里作“停止”解。

[8]废民：游手好闲之辈。废，荒废。

【品读】

景公问晏子：“圣人不得意是什么样子？”晏子答曰：“君主做事违背天时，施政违背鬼神，征收赋税穷竭百姓；春夏秋冬四季改变了运行次序，天神、地祇一齐埋怨；进谏忠言却无人听，推举贤良却无人任用，阿谀奉承、遮掩过失的人受到奖赏，匡救失误的人反而受到惩罚。所以圣人只能隐居乡野，不再干预君主的事务，洁身自好，坚守道义，不与世俗同流合污。因此，圣人地位卑微却不失道义，一直到死也不失去廉洁的品质。这就是圣人不得意的表现。”景公又问：“圣人得意又是什么样呢？”晏子回答说：“社会达到大治，政治清明，做事与天相协调，征收赋税让百姓感到满意，百姓一听说圣人施政就都很高兴，远方的诸侯感怀他的美德都来归顺他；一年四季运转正常，风雨不降临灾害；上天降临祥瑞来辅佐他，大地生长万物以致中和；天神降福而不断，百姓服从教化而没有虚伪；治理国家没有积怨，居民没有懒惰者。这就是圣人得意的表现。”

圣人不得意，其实和凡人没什么两样。不得意俗称“倒霉”，基本上是吃啥啥没味，做啥啥不顺，叫天天不应，唤地地不灵。孔子是圣人，但终其一生大部分时间“不得意”，所以连他自己都承认“累累若丧家之犬”①。晏子、景公都不是圣人，但是晏子想辅佐景公成为圣人，景公也有成为圣人的想法。但是很不幸，景公志向虽大，无奈欲望太多。所以，他一方面向晏子咨询古之圣人如何治国，另一方面又厚敛薄施于百姓，为大台之役，春夏游猎无时，饮酒享乐无度。最终，田氏厚施于民，取得民心。齐国政权有易姓换代的危险，这可能就是景公和晏子的最“不得意”之事。

景公问古者君民用国不危弱晏子对以文王第二十三

景公问晏子曰：“古者君民[1]而不危，用国而不弱，恶乎失之[2]？”晏子对曰：“婴闻之，以邪莅国，以暴和民者危；修道以要利[3]，得求而返邪者弱。古者文王修德，不以要利，灭暴不以顺纣，干崇侯[4]之暴，而礼梅伯之醢[5]，是以诸侯明乎其行，百姓通乎其德，故君民而不危，用国而不弱也。”

【注释】

[1]君民：君主役使人民。

[2]恶乎失之：当为“恶乎先之”，即指“君民而不危”“用国而不弱”两点之中先做到哪一点。失，当为“先”，疑因二字形似而讹。

[3]要利：索取利益。要，索取。

[4]崇侯：即崇侯虎，殷纣王的臣子，曾对殷纣王进谗言将周文王囚禁于羑里，后被周灭。

---

① 《史记·孔子世家》。

[5]梅伯之醢：梅伯为殷纣时期的诸侯，忠直而数谏纣，纣王怒而杀之，并把他的尸体做成了肉酱。醢，肉酱。

【品读】

景公问晏子："古代君主役使人民而不会招致危难，使用国力而不会衰弱，哪个是首先要做的？"晏子回答说："我听说，用邪恶的人治理国家，将暴力施加在百姓身上，就会招致危难；以道德修身而又谋求高官厚禄，得到高官厚禄却又恢复了邪恶的本性，这样的人终究会失败。古代的周文王以德义修身，而不为自身谋求利益，消灭了残暴之人，不让他们助纣为虐，讨伐并灭掉了向纣王进谗言的崇侯虎，用诸侯之礼礼遇被纣王做成肉酱的梅伯，所以诸侯都知道文王的品行，百姓都传颂他的美德。所以，君主役使人民不会招致危难，使用国力不会使国家削弱。"

景公在位时期役使人民无度，横征暴敛，穷竭民财，人民向流水一样归附厚施恩惠的田氏，国家处在危难之中。可能鉴于这种情况，景公便向晏子请教"古者君民用国不危弱"的问题。晏子用施政以暴和施政以德作对比，向景公建议学习周文王修德"不以要利"，讨伐暴虐，礼遇贤人，这样诸侯才能归附，百姓才会怀德，国家也就不会处在危难之中。

景公问古之莅国者任人如何晏子对以人不同能第二十四

景公问晏子曰："古之莅国治民者，其任人何如？"晏子对曰："地不同生[1]，而任之以一种，责其俱生不可得；人不同能，而任之以一事，不可责[2]遍成。责焉无已，智者有不能给，求焉无餍，天地有不能赡[3]也。故明王之任人，谄谀不迩乎左右，阿党不治乎本朝；任人之长，不强其短，任人之工，不强其拙。此任人之大略[4]也。"

【注释】

[1]地不同生：各地土质不同。生，通"性"，性质，这里指土质。

[2]责：要求。

[3]赡：供给。

[4]大略：大概。

【品读】

景公问晏子："古代君临天下治理百姓的君主，他们任用人的情况是什么样的？"晏子回答说："土地有不同的土质，都种一种作物，要求他们都能生长是不可能的；人的才能不同，都给他们安排一件事去做，苛求他们都能成功也不现实。永无休止地要求众人做事，就算再聪明的人也有不能满足要求的时候，欲求永远没有满足的时候，以天地之大也无法满足他。所以贤明的君王任用人，谄谀之人不安排在身边，阿谀奉承、结党营私之辈不让他担任官职；任用人的长处，不过分在意人家的短处；任用人的专长，不过分在意人家的拙笨之处。这就是任用人的大概。"

我们前面已经提及，景公有恢复桓公霸业的理想。恢复霸业，人才是第一位的，如何用人就显得尤为重要。因此，景公便向晏子咨询古代君王是如何用人的，试图学习古圣先王来振兴齐国，进而恢复霸业。晏子给他的建议是，清除谄谀、奸佞之辈，任用贤能，而不求全责备。这颇似曹孟德的"唯才是举"。治理国家用人之长，不责其短，这样才能人尽其用。任用人才要学会抓主要矛盾，万不可因小失大，求全责备，更不能连自己都做不到，还要求别人做到。这样做的目的与其说是选拔任用人才，倒不如说是淘汰浪费人才。

景公问古者离散其民如何晏子对以今闻公令如寇仇第二十五

景公问晏子曰："古者离散其民，而陨失其国者，其常行何如？"晏子对曰："国贫而好大，智薄而好专；贵贱无亲焉，大臣无礼焉；尚谗谀而贱贤人，乐简慢而玩百姓[1]；国无常法，民无经纪[2]；好辩以为忠，流湎[3]而忘国，好兵而忘民；肃于罪诛[4]，而慢于庆赏；乐人之哀，利人之难；德不足以怀人，刑不足以惠民；赏不足以劝善，刑不足以防非，亡国之行也。今民闻公令如寇仇，此古离散其民，陨失其国所常行者也。"

【注释】

[1]乐简慢而玩百姓：当作"乐简慢而轻百姓"，意为把简慢、轻视百姓当作乐事。玩百姓，语意不通，据《群书治要》本改为"轻百姓"。喜欢怠慢之人，却轻视百姓。

[2]经纪：秩序。

[3]流湎：流连游玩，沉湎于玩好。

[4]肃于罪诛：严急于治罪诛灭。肃，严急。

【品读】

景公问晏子："古代使自己的百姓离散而失去自己国家的人，他们通常的行为是怎样的？"晏子回答说："国家贫穷而好大喜功，智能浅薄而好独断专行；贵戚和平民都不亲近，也不礼遇大臣；重用谄谀之辈而轻视贤能之人，把简慢和轻视百姓当作乐事；国家没有恒定的法律，百姓没有秩序；把能说会道之人视为忠臣，流连于游猎，沉湎于酒色而忘记了国家，喜欢打仗而忘记了百姓的安危；严急于治罪杀人，而轻慢于赏赐功臣；把别人的悲哀视作欢乐，把别人的灾难视为有利；德行不足以使人怀念，政令不足以使百姓受惠，赏赐不足以用来劝导人们行善事，刑罚不足以防止人们做坏事，这就是亡国的行为。现在百姓听到君上的命令就像遇到了强盗和仇人，这就是古代离散自己的百姓而丧失自己的国家的人的通常行为。”

景公在位时期，“藉重而狱多”①，致使齐国市场上“踊贵而屦贱”②，这就是“离散其民，陨失其国”的通常行为。景公对此不可能完全不知。对于自己的日常暴行，他内心中可能也有一丝畏惧，因此，景公借口“古者离散其民，而陨失其国者，其常行何如”来问晏子，晏子则从任人、执法、爱民、赏罚、怀人等五个方面论亡国之行，名为说古，实为讽今，最后指斥景公的暴行就是循亡国之迹。景公询问了古代亡国的教训，但是否最终痛改前非了？晏子和景公直到鲁昭公二十六年（前516年）依旧担心齐国会落入田氏手中，从这一点上看，景公并未彻底改变统治的暴行。

景公问欲和臣亲下晏子对以信顺俭节第二十六

景公问晏子曰：“吾欲和民[1]亲下奈何？”晏子对曰：“君得臣而任使之，与言信，必顺其令，赦其过[2]，任大无多责焉，使迩臣无求嬖焉，无以嗜欲贫其家，无亲谗人[3]伤其心，家不外求而足，事君不因人而进，则臣和矣。俭于藉敛，节于货财，作工不历时，使民不尽力，百官节适，关市省征，山林陂泽，不专其利，领民治民[4]，勿使烦乱，知其贫富，勿使冻馁，则民亲矣。”公曰：“善！寡人闻命矣。”故令诸子无外亲谒[5]，辟梁丘据无使受报[6]，百官节适，关市省征，陂泽不禁，冤报者过，留狱者请焉。

【注释】

[1]和民：当作“和臣”，意为亲睦臣下。和，亲和、亲睦。据本章标题“和臣亲下”及文意可知，“民”乃“臣”之讹。

[2]赦其过：赦免臣下的小过失，宽以待臣。过，小过失。

[3]无亲谗人：据元刻本当作“无信谗人”，意为不要听信谗佞之辈。

[4]领(lìng)民治民：当作“令民治民”，意为号令百姓，治理人民。领，通“令”，号令。

[5]无外亲谒：下令诸子不要接受外人的请托。谒，干谒，为求办事而求见。

---

① 《晏子春秋》卷二《内篇谏下·第一》。

② 《晏子春秋》卷六《内篇杂下·第二十一》。

[6]辟梁丘据无使受报：罢免梁丘据的官职，不准他再接受断狱的任务。辟，此指罢免官职。受报，接受断狱的任务。

【品读】

景公问晏子："我想与臣下和睦、与百姓亲近，怎么去做呢？"晏子回答说："君主得到能臣就要任用他们，和他们谈话要守信用，要顺从他们的有益的建议，赦免他们的小过失。任用大臣不要过多责备他们，不要让左右的近臣受到宠幸，不要因为嗜好和欲望使臣下家里贫穷，不要听信小人的谗言而伤了他们的心，臣下居家过日子不必向外求助就能满足需要，侍奉君主不借助别人的力量就能被任用，如此君臣之间就能和睦相处了。少征收赋税，节约财物，工程不拖延时间，役使人民不要竭尽他们的力气，各级官员都要适当节约，关卡、市场要减少征税，不禁止人去山林湖泽渔猎，治理和号令人民不要使他们感到烦乱，要了解人民的贫富状况，不要让他们忍冻挨饿，这样人们就亲近君上了。"景公说："说得好！我领教了。"因此就命令诸位公子不要接受外人的请托，免去梁丘据的官职，不再让他接受断狱的任务，各级官吏都要节约适度，关卡、市场不再征税，不再禁止人民去湖泽捕捞，被冤枉判罪了的人可以上书指责过失，冤枉下狱的人，就请释放他们。

治国的大要就在于"和臣亲下"。晏子说，君主要想和睦臣下，就要摒弃奸佞，一任贤能，不要掠夺他们的财富，更不要伤了贤人的心，还要给予臣下必要的待遇，使他们"家不外求而足"。用之并信任之，不要让他们有后顾之忧。信任和礼遇下属很重要，但是还要给他丰厚的报酬，在现代化的今天，这是吸引人才、留住人才的关键。对待百姓，赋敛不要太重，役使不要无度，简化政令，取消杂税，开放山泽，鼓励开发，关怀民生，做到这些，百姓就亲近政府了。政府有两只手，一只手要轻取于百姓，另一只手要厚施于百姓。轻索取、重福利，这样才能得到民众的支持。

景公问得贤之道晏子对以举之以语考之以事第二十七

景公问晏子曰："取人得贤之道何如？"晏子对曰："举之以语，考之以事[1]，能谕[2]，则尚而亲之，近而勿辱以取人[3]，则得贤之道也。是以明君居上，寡其官而多其行[4]，拙于文而工于事[5]，言不中不言，行不法不为也。"

【注释】

[1]考之以事：根据他的一举一动来考察他的为人。事，行动。

[2]能谕：能通晓(治国之道)。谕，洞悉，通晓。

[3]近而勿辱以取人：对待人才要亲近，切不可侮辱人。近，亲近。勿辱，待之以礼，不使其感觉受到侮辱。

[4]寡其官而多其行：官职设置得少，但事情却做得多。

[5]拙于文而工于事：不讲究文采空言，专务实干做事。

【品读】

景公问晏子："选拔人才的方法是什么？"晏子回答说："根据他的言论加以选拔，再考察他的办事能力，能通晓治国的道理，就要尊重并亲近他，亲近他要以礼待之，不要使他感觉受到侮辱，这就是得到贤能之士的方法。所以贤明的君主君临天下，官职设置得少，但事情却做得多，不看重其文采和口才，而看重其实干能力。说话不符合道义就不说，办事不符合法律就不去做。"

此章可参之卷三《内篇问上·第十三》中的"求贤之道"。求贤、得贤之道都要君主去详细地考察人才的一言一行。古人看重实干，厌恶空谈，这是共性。在今天看来，实干固然重要，但是能说会道也不是一件坏事。

景公问臣之报君何以晏子对以报以德第二十八

景公问晏子曰："臣之报其君何以？"晏子对曰："臣虽不知[1]，必务报君以德。士逢有道之君，则顺其令[2]；逢无道之君，则争其不义。故君者择臣而使之，臣虽贱，亦得择君而事之。"

【注释】

[1]知：通"智"，聪明、智慧。

[2]顺其令：服从他的命令。顺，服从、顺从。

【品读】

景公问晏子："臣下用什么来报效君上？"晏子回答说："我虽然愚昧，但是务必用良好的德行来报效君上。士遇到有道之君，就顺从他的命令；遇到无道之君，则会据理力争，直陈他的过失。所以，君主要选择贤能之人而任命他们为官，臣下虽然卑贱，但也要选择有德的君主来侍奉他。"

此章主旨虽为臣下以何报效君上，但却道出了先秦士人的独立人格。先秦士人为官，非为君主一人，而是为国家社稷苍生，也可以说是为了理想和抱负而出仕。君主和臣下是一种双向选择的关系，君主可以择臣而用，臣下也可以择主而事，这在后世的官场上是很难看到的现象。孔子也说："君使臣以礼，臣事君以忠。”①假若君主不能以礼使用臣，臣就没有义务效忠君主，完全可以离开他。这就是先秦士人的独立人格，没有丝毫的卑微感和奴婢情结。

景公问临国莅民所患何也晏子对以患者三第二十九

景公问晏子曰：“临国莅民，所患何也？”晏子对曰：“所患者三：忠臣不信[1]，一患也；信臣不忠，二患也；君臣异心，三患也。是以明君居上，无忠而不信，无信而不忠者。是故君臣同欲[2]，而百姓无怨也。”

【注释】

[1]忠臣不信：忠臣不被信任。信，信任。

[2]君臣同欲：君臣同心同德。

【品读】

景公问晏子：“君主君临天下治理百姓，应担忧什么？”晏子说：“所担忧的有三件事：忠臣不被君主信任，这是第一件；君主信任的臣下却不忠于君主，这是第二件；君主与臣下离心离德，这是第三件。所以，圣明的君主高高在上，没有忠臣不受君主信赖的，也没有被君主信赖而不忠于君主的。君主与臣下同心同德，百姓就没有怨恨了。”

处理好君臣关系、上下级关系，其主动权掌握在君主或上级手中。正如赵蔚芝先生所言，“三患”形成之主因在君。② 君主信任忠臣，信臣忠于君主，前两个关系处理好了，君臣才能同心同德。君臣同心同德才能成就不世之伟业。

景公问为政何患晏子对以善恶不分第三十

景公问于晏子曰：“为政何患？”晏子对曰：“患善恶之不分。”公曰：“何以察之？”对曰：“审择左右[1]。左右善，则百僚各得其所宜，而善恶分。”孔子闻之曰：“此言也信[2]矣！善进，则不善无由入矣！不善进，则善无由入矣。”

---

① 《论语·八佾》。

② 参见赵蔚芝注解：《晏子春秋注解》，第172页。

【注释】

[1]审择左右:审慎地选择左右近臣。

[2]信:确实、真实。

【品读】

景公问晏子:"治理国家害怕什么"晏子回答说:"害怕善与恶分不清。"景公说:"怎样去觉察善恶呢?"晏子说:"审慎地选择好君主左右近臣,君主左右的近臣忠善,那百官就会各得其所,善与恶也就分清了。"孔子听到这件事后说:"晏子的话说得很确切啊!忠良在君侧,那么奸邪小人就没有办法进入朝廷。奸邪小人在朝当政,那么忠良之人就没有办法入朝做官了。"

晏子特别强调君主左右近臣的重要性。对于君主身旁的谄谀之辈,晏子向来主张罢黜之,将害群之马清除出朝堂。《晏子春秋》卷四《内篇问下·第二十四》说:"明王之任人,谄谀不迩乎左右,阿党不治乎本朝。"卷三《内篇问上·第二十一》中所说的"佞人"指的大多也是君主的左右近臣。卷三《内篇问上·第十五》中说"事君要利,大者不得,小者不为者倭"。这里说的也是君主左右的近臣。卷三《内篇问上·第九》指斥"人主左右"为"社鼠"。景公左右近臣大多是谄谀之辈,如梁丘据、裔款等。卷二《内篇谏下·第二十二》中晏子说梁丘据"臣专其君"是为"不忠"。《内篇谏上·第十八》说梁丘据和景公之间的关系"是同而非和"。卷二《内篇谏下·第十五》晏子指责梁丘据、裔款"营君以邪",建议景公"何不去二子者,毋使耳目淫焉"。景公不作为,估计晏子认为很重要的原因就是景公左右近臣"不忠"而致。

内篇问下第四

景公问何修则夫先王之游晏子对以省耕实第一

景公出游，问于晏子曰："吾欲观于转附、朝舞[1]，遵海[2]而南，至于琅琊[3]，寡人何修，则夫先王之游[4]？"晏子再拜曰："善哉！君之问也。闻天子之诸侯为巡狩[5]，诸侯之天子为述职。故春省[6]耕而补不足者谓之游，秋省实而助不给者谓之豫。夏谚曰：'吾君不游，我曷以休？吾君不豫，我曷以助？一游一豫，为诸侯度[7]。'今君之游不然，师行而粮食[8]，贫苦不补，劳者不息。夫从南历时而不反谓之流，从下而不反谓之连[9]，从兽而不归谓之荒，从乐而不归谓之亡。古者圣王无流连之游，荒亡之行。"公曰："善。"命吏计公掌之粟[10]，藉[11]长幼贫氓之数。吏所委发廪出粟，以予贫民者三千钟，公所身见癃[12]老者七十人，振赡之，然后归也。

【注释】

[1]转附、朝(zhāo)舞："转附"以声音转借之，当为"芝罘"，其山在今山东烟台芝罘区。朝舞，即"召石"，其山在山东荣成成山头，说从焦循《孟子正义》。

[2]遵海：沿着海岸。《群书治要》本作"循海"，遵、循同义。

[3]琅琊：今山东青岛黄岛新区(原属胶南市)境内之琅琊台。春秋时期琅琊在齐国东南边境。

[4]寡人何修，则夫先王之游：当作"寡人何循，则夫先王之游"，意思是说，对于先王的巡游，寡人如何去效法。修，当作"循"，效法。

[5]天子之诸侯为巡狩：天子到诸侯那里巡视叫巡狩。之，适、往。

[6]省(xǐng)：视察。

[7]度：法度。

[8]师行而粮食：大军一开始行军就要吃粮食。粮食，吃粮食。食，作动词，吃。

[9]从南历时而不反谓之流，从下而不反谓之连：当作"从高历时而不反谓之连，从下而不反谓之流"，意思是说，乘船浮水而下，乐而忘返叫作"流"，使人在岸上徒步牵引舟船而上行，乐而忘返叫作"连"。连，牵引。反，通"返"，返回。"南"字于文义不通，乃"高"字之形误，且"高"与"下"相对。

[10]命吏计公掌之粟：当作"命吏计公禀之粟"，意为命令官吏计算国家发廪出粟之数。掌，当为"禀"字之误，"禀"乃古"廪"字，粮仓。

[11]藉:同"籍",登记在案。

[12]癃(lóng):贫病交加之人。

【品读】

景公外出巡游,问晏子说:"我打算游历转附、朝舞二山,然后沿海南下,到达琅琊台,对于先王的巡游,我该如何去效法呢?"晏子拜了又拜,然后说:"君上问得好啊!我听说,天子到诸侯国去巡游叫作'巡狩',诸侯到天子那里朝拜叫作'述职'。所以,春天去视察耕种情况,然后去补助那些贫困不足的百姓叫作'游',秋天去视察粮食丰收情况,然后去接济不能自给者叫作'豫'。夏朝的谚语说:'我们的君王不游,我怎么会休息?我们的君王不豫,我怎么会得到补助。又游又豫,就成了诸侯的法度。'现在的君主出游与此不同,随行的军队一开拔就要吃粮食,贫困者得不到补助,劳作者得不到休息(还得为君主出行服劳役)。从高处往下游玩而忘返叫作'流',从下往上游乐忘返叫作'连',毫无节制地打猎叫作'荒',乐而忘归叫作'亡'。古代圣王没有流连不归的巡游,没有无节制的打猎和乐而忘返之行。"景公说:"好。"于是命令官吏计算国家所掌握的粮食,登记年老、幼小和贫困百姓的人数。官吏赈济的仓粟用来接济穷苦百姓的有三千钟,景公所见到的体弱多病者和年老者共七十人,都赈济了他们,然后就回到国都。

景公爱出游,但晏子告诉他古代的圣王外出可不是为了游玩。古代圣王内心里时时刻刻装着老百姓,他们一年春、秋两次外出。春天出去视察农耕情况,同时了解一下百姓在青黄不接之时是否有断炊的。百姓没有粮食的或者粮食不够吃的,就接济他们。古代圣王秋天出去视察百姓的秋收情况,如果有歉收的百姓,就赈济他们。晏子引用了夏朝的民谚说百姓都盼望着君王出游,君王一旦出游就可以帮助、赈济百姓。所以百姓对君王的出游,都是抱着热切期盼的态度。

景公问桓公何以致霸晏子对以下贤以身第二

景公问于晏子曰:"昔吾先君桓公,善饮酒穷乐,食味方丈[1],好色无别,辟[2]若此,何以能率诸侯以朝天子乎?"晏子对曰:"昔吾先君桓公,变俗以政,下贤以身。管仲,君之贼者也[3],知其能足以安国济功,故迎之于鲁郊,自御,礼之于庙。异日,君过于康庄[4],闻宁戚[5]歌,止车而听之,则贤人之风[6]也,举以为大田[7]。先君见贤不留,使能不怠,是以内政则民怀之,征伐则诸侯畏之。今君闻先君之过,而不能明其大节[8],桓公之霸也,君奚疑焉?"

【注释】

[1]食味方丈：各种美味佳肴摆在席前足有一丈长。《孟子·尽心下》："食前方丈。"赵岐注："极五味之馔，食列于前方一丈。"

[2]辟：通"僻"，邪僻。

[3]君之贼者也：先君的仇人。贼，害。管仲在服事公子纠之时，为了阻止公子小白(桓公)返回齐国即位，曾埋伏在半路试图射杀小白，但管仲仅射中了小白衣服上的带钩。

[4]康庄：四通八达的大道。

[5]宁戚：卫国人，家贫为人挽车。至齐，喂牛于车下，扣牛角而歌。桓公以为非常人，召见拜为上卿。其事迹见《吕氏春秋·举难》。

[6]贤人之风：贤人之声，意指齐桓公从宁戚的歌声中听出其为贤能之人。风，声、歌声。

[7]大田：春秋齐国农官名，掌管田园开辟、耕作、仓廪之事。

[8]大节：主要的德行操守。

【品读】

景公问晏子："以前我们的先君桓公，喜欢饮酒而尽情享乐，坐席前摆满了各种美味佳肴，足足有一丈长，不论同姓、异姓的美女都爱好，品行邪僻到这种程度，为何能够率领诸侯朝拜周天子呢?"晏子回答说："过去，我们的先君桓公用政令来变更风俗，亲自礼贤下士。管仲，本来是桓公的仇敌，桓公知道他有治国安邦的才能，就亲自在齐鲁交界处迎接他，还亲自为管仲驾车，并在太庙内礼遇、款待管仲。有一天，先君桓公经过国都内的一条大道，听到宁戚在唱歌，就停下马车驻足聆听。桓公从歌词中听出了贤人的声音，于是就任命宁戚担任大田。先君桓公见到贤能的人就不让他们滞留民间，任用他们也能够做到不怠慢、不轻视。所以，国内政治清明而百姓都归附他，征伐暴虐之君，诸侯都敬畏他。现在君上只听说了先君桓公的一些小过失，而不知道他主要的德行操守，桓公称霸诸侯，君上怎么还怀疑呢?"

小过不掩大功。桓公虽有好色、享乐之行，但之所以能够九合诸侯，一匡天下，关键就在于他能够礼贤下士，重用贤能。桓公称霸在于得贤，身亡在于用奸。得失霸业在于用人得当与否。由此看来，人才确是成就霸业的关键。依照晏子的观点，景公有好色、享乐之行，然无桓公礼贤下士之风，用人不当，故难以称霸。其实，景公既用晏子、弦章等忠臣，又用梁丘据、裔款等谄谀之辈，忠奸皆任。当然，景公霸业难成的主要原因还是在于形势。桓公在位之时，卿大夫阶层尚未完全把持朝政。景公即位就是在当权卿大夫崔杼的扶持下实现的，崔杼覆亡，庆封当权；庆封败亡，栾、高掌权；栾、高覆灭，田氏崛起。景公虽在位几十年，然从未完全掌握齐国的大权，霸业难成，也就不难理解了。

景公欲逮桓公之后晏子对以任非其人第三

景公问晏子曰:“昔吾先君桓公,从车三百乘,九合诸侯[1],一匡天下[2]。今吾从车千乘,可以逮[3]先君桓公之后乎?”晏子对曰:“桓公从车三百乘,九合诸侯,一匡天下者,左有鲍叔[4],右有仲父。今君左为倡[5],右为优[6],谗人在前,谀人在后,又焉可逮桓公之后者乎?”

【注释】

[1]九合诸侯:多次组织诸侯会盟。合,组织会盟。

[2]一匡天下:匡正天下。一,副词,无实际意义。匡,正。

[3]逮:赶得上。

[4]鲍叔:即鲍叔牙。桓公为公子时,鲍叔牙是桓公的师傅。他与管仲微时友善,桓公即位,他极力向桓公推荐管仲,有知人、荐人之功。

[5]倡:歌舞之人。

[6]优:扮演杂戏的人。

【品读】

景公问晏子:“以前我们的先君桓公,仅有战车三百乘,却能屡次会盟诸侯,安定天下。现在我有战车一千多乘,可以继承先君桓公之志称霸诸侯吗?”晏子回答说:“桓公之所以能以战车三百乘数次会盟诸侯,安定天下,就是因为他左有鲍叔(鲍叔牙),右有管仲的辅佐。现在君上身边左为歌舞者,右为杂耍者,进谗言的人在前,阿谀奉承的人在后,又怎么能够继承桓公称霸诸侯呢?”

此章仍是说成就霸业的关键在用人。用贤能霸,用奸亡国。景公奸贤并用,仅能保全自身。

景公问廉政而长久晏子对以其行水也第四

景公问晏子曰:“廉政[1]而长久,其行何也?”晏子对曰:“其行水也。美哉水乎清清[2],其浊无不雩途[3],其清无不洒除,是以长久也。”公曰:“廉政而速亡,其行何也?”对曰:“其行石也。坚哉石乎落落,视之则坚,循[4]之则坚,内外皆坚,无以为久,是以速亡也。”

【注释】

[1]廉政:清廉正直。政,同“正”,正直。

[2]美哉水乎清清：美好啊，清清的流水。

[3]雩途：即"污涂"，涂抹。雩，从雨，从云，本义有"污"之义。途，通"涂"，涂抹。

[4]循：抚摸。

【品读】

景公问晏子："廉洁、正直的人又能长久（保有禄位），他们的品行如何？"晏子回答说："他们的品行就像水一样。美好啊，清清的流水，它浑浊的时候没有什么不能涂抹，它清澈的时候没有什么不能洗涤干净，所以它能够长久。"景公又问："廉洁、正直的人有的迅速灭亡，他们的品行又怎样呢？"晏子说："他们的品行就像石头。坚硬啊，磊磊的石头，看它的表面是坚硬的，抚摸它也是坚硬的，内外都坚硬，坚硬的东西最不能长久（坚硬的东西容易折断），所以迅速灭亡了。"

此章所阐发的晏子思想最具有道家特质。道家贵柔，常以水为贵。老子说："上善若水，水善利万物而不争。"① 又说："人之生也柔弱，其死也坚强。草木之生也柔脆，其死也枯槁。故坚强者死之徒，柔弱者生之徒。"② 道家贵柔弱，因柔能长久；道家贱坚硬，因坚则易折。晏子说廉洁正直者有长久者、有速亡者。长久者似水灵活包容，速亡者类石，"内外皆坚，不可为久"。其实说的就是为官之道。为官需廉洁、正直，这是做好官的基本要求。然而，廉洁、正直之人给人的感觉却是不懂得灵活变通，而过于灵活变通又意味着阿谀奉承、狡诈多变。晏子所谓的廉洁正直而长久者应该是兼容正直、灵活的品质，既能坚持原则，又能灵活处事的人。晏子应该就属于廉洁正直而长久者。晏子尚节俭，故而廉洁；晏子疾恶如仇，故而正直；晏子处卿大夫迭次当政之时，侍奉齐国三代国君而不倒，故而能灵活处事。能通晓此道者，即能为官而长久不衰。

景公问为臣之道晏子对以九节第五

景公问晏子曰："请问为臣之道。"晏子对曰："见善必通[1]，不私其利；庆善而不有其名[2]；称身居位，不为苟进；称事授禄，不为苟得；体贵侧贱[3]，不逆其伦；居贤不肖，不乱其序；肥利之地，不为私邑；贤质之士，不为私臣[4]；君用其所言，民得其所利，而不伐其功。此臣之道也。"

---

① 《道德经》第八章。

② 《道德经》第七十六章。

【注释】

[1]见善必通：见到好事就去推广、践行。《易·系辞上传》："推而行之谓之通。"

[2]庆善而不有其名：当作"荐善而不有其名"，意为举荐贤能不以此居功图名。"庆"字于文义不通，当作"荐"。

[3]体贵侧贱：当作"体贵厕贱"，意为贵贱各得其列，尊卑秩序井然。侧，"厕"字之误，列。

[4]私臣：家臣。

【品读】

景公问晏子："请问作为臣下的基本守则是什么？"晏子回答说："遇到好事，必定推广于他人，不独享好处；举荐贤能而不图名；根据自己的才能大小担任相应的官职，不苟求加官晋爵之事；依照自己的职事大小接受俸禄，不苟求多得钱财；列位体现贵贱之分，不违背伦常；使贤能与不肖各得其位，不打乱秩序；肥沃、富饶的土地，不谋求为自己的封邑；贤能、朴实的人才，不私纳为自己的家臣；君主采纳他的话，百姓因他而得到好处，做到这些都不对外人夸耀自己的功劳。这就是作为臣下的基本守则。"

此章可以参考《内篇问上·第二十》的品读。"为臣之道"实为讲做官的方法和原则。晏子认为，"为臣之道"应首先在教化百姓方面树立模范带头作用。遇到了好事、善事，要鼓励、支持以及推广，这就是教化。教化的实质是用正确的价值观来变革社会风俗。古人当官，将移风易俗作为一项重要的工作内容，即如同今天公民的道德素质是官员的重要工作内容和考核重点一样。为官不图名利，称身就职，这是说古代官员的道德品质优秀。

此外，古代的官员还要守规矩。何为规矩？其一，维护社会贵贱等级秩序是古代官员的本职工作；其二，不贪利，尤其是不谋求"肥利之地"为封邑，这既是忠君爱国的表现，同时也是为家族立长远之计（不为自己和家族招致灾难）；其三，不同君主争夺人才，故"贤质之士，不为私臣"（争夺人才，实为别有用心）；其四，做了好事不求留名，即"不伐功"（居功自大者，必然招致君主猜忌）。这里需强调的是，春秋时期为官的政治哲学特别看重为官者的谦虚姿态。谦虚是个人修养的表现，同时也是在官场规避祸难，为家族子孙立长远之计的根本法则。如晏子就深谙"为臣之道"。如《晏子春秋·内篇杂下》中所记晏子不受亡臣庆封之邑、不受景公益封之邑及拆掉景公为其扩建的新宅都说明晏子深谙谦虚为官的道理。谦虚是"为臣之道"的根本，同时也是修身的重要内容。

景公问贤不肖可学乎晏子对以勉强为上第六

景公问晏子曰："人性有贤不肖，可学乎？"晏子对曰："《诗》云：'高山仰止，景行行止。'[1]之者[2]其人也。故诸侯并立，善而不怠者为长；列士并学，终善者为师。"

【注释】

[1]高山仰止，景行行止：语出《诗经·小雅·车舝》，意为道德高尚的人，其德行像高山一样，令人景仰，让人跟随他在大道上行走。止，语气词，无实义。景行，大道。

[2]之者：向往的人。之，往、向往。

【品读】

景公问晏子："人性有贤能和不成才之分？贤能可以学习吗？"晏子说："《诗经》说：'道德高尚的人，其德行像高山一样，令人景仰，让人跟随他在大道上行走。'心向往之，则如同其人。所以，诸侯并立存在，只有贤德、不懈怠的人就会成为霸主；士人在一起学习，品行始终如一的人才会成为老师。"

此章讲成就霸业和学业的方法。坚持行善者，最终才会成为佼佼者。读书、做事持之以恒，方能成长，进而成就一番事业。

景公问富民安众晏子对以节欲中听第七

景公问晏子曰："富民安众难乎[1]？"晏子对曰："易。节欲则民富，中听[2]则民安，行此两者而已矣。"

【注释】

[1]富民安众难乎：使百姓富裕、安居乐业很难吗？富，使……富裕。安，使……安居。

[2]中听：审理案件能够公正无私。中，公正无私。听，听狱，审理案件。

【品读】

景公问晏子："使百姓富裕、人民安定，困难吗？"晏子回答说："非常容易。君主节制嗜好和欲望，百姓就会富裕；公平、公正地审理案件，人民就会安定。做好这两件事就行了。"

此章阐述了晏子的富民思想和社会和谐思想。要想让人民富裕起来，晏子认为君主只要克制自己的欲望和嗜好，不增加赋税穷竭民财，不擅发徭役穷竭民力，不误农时，使百姓安心从事农业生产，人民的生活就会富裕起来。这种富民思想倡导的不是奖励耕织、强制农业生产拓展财富的路子，而是要限制君主为满足私欲而过分地剥夺民财、民力，通过节制统治者过度消费的形式积累财富。两者的主要区别是，前者是让百姓开源生财，后者是节制君主个人消费而积累民财。前者属于积极有为的富民思想，后者属于无为而治的富民思想。法家最倡前者，道家青睐后者。晏子无为而治的富民思想可能与秦汉发源于齐国地区的黄老思想有渊源关系。而让人饶有兴趣的是，同样出自齐人之手的《管子》一书在阐述富民思想时，就完全是一副法家的面孔。这不能不让人叹服齐文化兼容并包的气魄。

景公问国如何则谓安晏子对以内安政外归义第八

景公问晏子曰："国如何则可谓安矣？"晏子对曰："下无讳言，官无怨治[1]；通人不华[2]，穷民不怨；喜乐无羡赏[3]，忿怒无羡刑；上有礼于士，下有恩于民；地博不兼小，兵强不劫弱；百姓内安其政，外归其义，可谓安矣。"

【注释】

[1]官无怨治：谓官吏治理有方，没有使百姓生怨的事。

[2]通人不华：显贵的人不奢华。通人，本指学识渊博之人，这里指发达显贵之人。

[3]羡赏：滥加赏赐。羡，多余，这里引申为增加、滥加。

【品读】

景公问晏子："国家怎样才可以称得上安定？"晏子回答说："臣民说话没有什么忌讳（言论自由），官吏治理有方，没有使百姓生怨的事（政治清明）；发达显贵之人不尚奢华，贫穷的人没有怨言；君主不因高兴就随意加赏，不因愤怒就随意加重刑罚；君主在上能够礼贤下士，在下能够施恩惠于百姓；土地宽广不去兼并小国，兵力强盛却不去掠夺弱小国家；国内百姓安心于他的施政，国外诸侯归附他的道义，这样可以说就安定了。"

此章讲国家如何才能称得上安定。晏子认为国家安定需要内安百姓、外亲诸侯，内外皆安，国家遂安。其实，在《内篇问上·第二十三》已阐发了国家安定之策，说"古者君民用国不危弱"，其策略在于像周文王那样内外修德。

景公问诸侯孰危晏子对以莒其先亡第九

景公问晏子曰："当今之时，诸侯孰危？"晏子对曰："莒其先亡乎！"公曰："何故？"对曰："地侵于齐，货竭于晋[1]，是以亡也。"

【注释】

[1]货竭于晋：财货全部都交到晋国去了。

【品读】

景公问晏子说："当今之时，诸侯中哪一个国家先陷入危机？"晏子回答说："莒国恐怕先灭亡吧！"景公说："是什么原因呢？"晏子回答说："莒国的土地接近齐国，但它的财物却全部送给了晋国（依附晋国，向晋国缴纳沉重的贡赋），所以它先灭亡。"

《晏子春秋》对齐国的邻国鲁、莒等国的国运多有阐发，在《内篇问下·第十七》就说得比较详细。总体来看，《晏子春秋》是站在齐国的立场上看待邻国的。比如本章对莒国外交政策的非议，晏子认为，莒国地近齐国，按理说，应该归附与其接壤的齐国，却舍近求远，以缴纳沉重的贡赋为代价，结交晋国。这样做的结果是莒国的国土被齐国日益蚕食，国家财富都贿赂了晋国，晋国的远水解不了近渴，莒国只能面临亡国的厄运。

晏子使吴吴王问可处可去晏子对以视国治乱第十

晏子聘[1]于吴，吴王曰："子大夫[2]以君命辱在弊邑之地，施贶[3]寡人，寡人受贶矣，愿有私问焉。"晏子巡遁[4]而对曰："婴，北方之贱臣也，得奉君命，以趋于末朝，恐辞令不审，讥于下吏，惧不知所以对者。"吴王曰："寡人闻夫子久矣，今乃得见，愿终其问。"晏子避席对曰："敬受命矣。"吴王曰："国如何则可处，如何则可去也？"晏子对曰："婴闻之，亲疏得处其伦，大臣得尽其忠，民无怨治，国无虐刑，则可处矣。是以君子怀不逆之君，居治国之位。亲疏不得居其伦，大臣不得尽其忠，民多怨治，国有虐刑，则可去矣。是以君子不怀暴君之禄，不处乱国之位。"

【注释】

[1]聘：古代诸侯之间互派大夫进行友好访问的礼节。

[2]子大夫：子大夫，即大夫先生的意思。

[3]施贶：施赐。贶，赐予。

[4]巡遁：即逡巡，迟疑不前的样子。遁，逃避、躲闪。

【品读】

晏子出使并访问吴国，吴王说："大夫您因齐国国君的命令屈尊受辱来我们吴国，施惠于我，我受恩赐了，希望私下能向您请教。"晏子面露迟疑之色，说："晏婴只是北方一个地位卑贱的臣子，得以有机会奉君上的命令，赶来贵国的朝堂之下，唯恐我说话不得体，被下面的官吏讥笑，心中惶恐不安，不知道怎么回答。"吴王说："久闻夫子的大名，今天才有幸得见，因此希望您能够为我答疑解惑。"晏子站起身来，离开席子，说："我恭敬地接受您的命令。"吴王问："在怎样的情况下君子可以居处，在怎样的时候可以离开?"晏子回答说："我听说，亲近和疏远的人各安其所，大臣能够尽其忠心，百姓对国家的政策没有抱怨，国家没有残害人的酷刑，就可以居处。所以，君子怀念、归附不悖逆道义的君主，希望能够出仕、治国。亲近和疏远的人得不到相应的位置，大臣不能尽忠，百姓抱怨国家的政策，国家有残害人的酷刑，这样君子就可以离开了。所以，君子不愿意接受暴虐之君给的俸禄，不在动乱的国家当官。"

晏子居处国家的原则与儒家较为相似。孔子说："危邦不入，乱邦不居。天下有道则见，无道则隐。"① 晏子说："君子怀不逆之君，居治国之位。……不怀暴君之禄，不处乱国之位。"君子居处有道之国，不处无道之国。儒家与晏子在这一点上是相同的。

吴王问保威强不失之道晏子对以先民后身第十一

晏子聘于吴，吴王曰："敢问长保威强勿失之道若何?"晏子对曰："先民而后身，先施而后诛[1]，强不暴弱，贵不凌贱，富不傲贫；百姓并进[2]，有司不侵，民和政平；不以威强退人之君[3]，不以众强兼人之地；其用法，为时禁暴，故世不逆其志；其用兵，为众屏患，故民不疾其劳；此长保威强勿失之道也。失此者危矣!"吴王忿然作色，不说。晏子曰："寡君之事毕矣，婴无斧锧之罪[4]，请辞而行。"遂不复见。

【注释】

[1]先施而后诛：先施赏赐而后责罚。施，施恩惠，此指赏赐。诛，责罚。

---

① 《论语·泰伯》。

[2]百姓并进：百姓不论出身，有能者均可举进。百姓，这里指不论出身的万民。

[3]退人之君：逼迫别国的君主退位。

[4]斧锧之罪：杀头之罪。锧，古代的一种刑具，即铁砧板，刽子手行刑时将犯人的头伏在锧上，砍掉其头。

【品读】

晏子出使吴国，吴王问晏子："敢问如中才能长期保持声威强盛而不衰败？"晏子回答说："先为百姓之急，后为自身之私，先施恩惠于百姓，而后再进行诛罚，身强力壮者不去劫掠身体弱小者，高贵者不欺凌卑贱者，富有者不轻视贫穷者；百姓不论出身皆可以进身出仕，官吏不侵犯百姓，人民团结而政治清平；不仰仗势大兵强去逼迫他国的君主退位，不用人多势众、兵强马壮去兼并别国的土地；他施行法治手段，是为当世禁止暴乱，所以世人不违背他的意志；他使用武力，是为大众摒除祸患，所以百姓都不抱怨征伐的劳苦。这就是长期保持声威强盛不衰败的办法了。不这样做就危险了！"吴王愤怒得变了脸色，很不高兴。晏子说："我们国君交给我的事情已经办完了，我没有犯杀头之罪，请允许我告辞回国。"于是，不再见吴王。

此章的主旨与《内篇问下・第八》相同。君主若想长保威强而不失，必须内修政治，外怀仁义。对内要"先民后身"，先施赏赐而后用刑罚，不以威强胁迫、欺凌弱者，则国内百姓服其统治；对外不以威强胁迫人君退位，不以威强而兼并他国土地，则诸侯怀其德而归附之。君主的威强不是用在欺压人民、兼并他国之上，而是要"为时禁暴""为众屏患"，威强用来以暴制暴、匡扶正义而非欺凌弱小。君主保有正义，则内外怀其德，从而亲附之，故威强之势能长保不衰。

晏子使鲁鲁君问何事回曲之君晏子对以庇族第十二

晏子使鲁，见昭公[1]，昭公说曰："天下以子大夫语寡人者众矣，今得见而羡乎所闻[2]，请私而无为罪[3]。寡人闻大国之君，盖回曲之君[4]，曷为以子大夫之行，事回曲之君乎？"晏子逡循[5]对曰："婴不肖，婴之族又不若婴，待婴而祀先者五百家，故婴不敢择君。"晏子出，昭公语人曰："晏子，仁人也。反亡君[6]，安危国，而不私利焉；僇崔杼之尸[7]，灭贼乱之徒，不获名焉；使齐外无诸侯之忧，内无国家之患，不伐功焉；锧然不满[8]，退托于族，晏子可谓仁人矣。"

【注释】

[1]昭公：即鲁昭公，鲁襄公的儿子，在位后期被季孙氏赶出了鲁国。

[2]羡乎所闻：超过了我所听说的。羡，多余。

[3]请私而无为罪：请求私下问问，不要因此而怪罪。

[4]回曲之君：邪僻不公正的君主。回，邪僻。曲，弯曲，引申为不公正。

[5]逡循：迟疑不决的样子。

[6]反亡君：使流亡在外的国君返回国内。但考之史实，晏子并无"反亡君"之举，张纯一《晏子春秋校注》怀疑"反"当为"哭"，指哭庄公之事。此说可从。

[7]僇崔杼之尸：僇，通"戮"，杀。戮尸之法，是将死去的人从棺材中扒出来，挫骨扬灰，以示惩罚。

[8]锓(chěn)然不满：当作"歁然不满"，这里主要指晏子内心对景公不满。歁，本义为没吃饱，引申为不满。

【品读】

晏子出使鲁国，见到鲁昭公。昭公高兴地说："天下人已告诉了我太多您的情况了，今天得以和您相见而又超过了我所听说的，请允许我私下问问而不要怪罪。我听说大国的君主，大多是邪僻之君，凭您的德行，为何去侍奉邪僻之君呢？"晏子迟疑了一下说："晏婴是个没有才能的人，我的家族中的人又不如我，期待靠我的帮助而祭祀祖先的有五百家，所以我不敢选择君主。"晏子告辞而出，鲁昭公和别人说："晏子是个仁德的人啊。为死去的庄公哭泣，使危亡的国家转为安定，而不图私利；杀戮崔杼的尸体，消灭了叛乱分子，而不获取名利；使齐国对外没有诸侯侵犯的忧虑，在内没有灭国的祸患，而不夸耀自己的功绩；内心对景公不满，却谦逊地托词是为了家族，晏子可称得上是仁德的人啊。"

前文已屡次申说，晏子之"忠"非为一国之君，而是为社稷谋福利。《晏子春秋》卷六《内篇杂下·第二》说："君民者，岂以陵民，社稷是主；臣君者，岂为口实，社稷是养。"晏子的政治理想就是为社稷谋福利。鲁昭公评价晏子为"仁人"。其理由有四：不私利；不获名；不伐功；对国君不满，却托言是为了家族才出仕(锓然不满，退托于族)。晏子忠于国家社稷而不谋私，只有公心而无私心，这就是"仁"。"仁"是中国文化的特质之一，其本质就是讲个人对社会、国家的无私付出。

鲁昭公问鲁一国迷何也晏子对以化为一心第十三

晏子聘于鲁，鲁昭公问焉："吾闻之，莫三人而迷[1]，今吾以鲁一国迷虑之，不免于乱[2]，何也？"晏子对曰："君之所尊举而富贵，入所以与图身，出所与图国，及左右逼迩，皆同于君之心者也。犒鲁国化而为一心[3]，曾无与二，其何暇有三？夫逼迩于君之侧者，距本朝之势，国之所以治也[4]；左右谗谀，相与塞善，行之所以衰也！士者持禄[5]，游者养交[6]，身之所以危也。《诗》曰：'芃芃棫朴，薪之槱之，济济辟王，左右趋之[7]。'此言古者圣王明君之使以善也。故外知事之情，而内得心之诚，是以不迷也。"

【注释】

[1]莫三人而迷：办事如果不与众人商讨就会迷惑。莫，不。迷，迷惑。

[2]今吾以鲁一国迷虑之，不免于乱：本作"今吾以一国虑之，鲁不免于乱"，意思是说，如今我与一国之人商讨国事，鲁国仍然避免不了国家混乱。"迷"字为衍文，当删去。"鲁"字置于"不免于乱"之前。虑，谋划、商讨。

[3]犒鲁国化而为一心：当作"挢鲁国化而为一心"，意为将鲁国人的多种想法矫揉为一种想法。犒，当作"挢"，同"矫"，矫揉。

[4]距本朝之势，国之所以治也：当作"距本朝之势，国之所以殆也"，意为左右近臣恃君之宠，抵拒本朝正直的重臣，这就是国家之所以败坏的原因。距，通"拒"，抗拒、抵拒。治，"殆"字之误，败坏。

[5]士者持禄：士人保有禄位。

[6]养交：以高官厚禄巴结权贵。养，持、拿着。交，结交、巴结。

[7]芃(péng)芃棫朴，薪之槱(yǒu)之，济济辟(bì)王，左右趋之：语出《诗经·大雅·棫朴》赞美文王威仪美盛，贤才众多。芃芃，草木丛杂茂密。棫，一种小灌木，又名白桵。朴，丛生的树木。槱，堆积以备燃烧的木柴。济济，庄重恭敬的样子。辟王，国君。

【品读】

晏子出使鲁国，鲁昭公问："我听说，办事如果不与众人商讨就会迷惑，现在我满朝之人商议，还是避免不了国家混乱，这是为什么？"晏子回答说："您所尊重任用而得富贵的人，出入宫殿与您谋划私事的人，以及您左右的近臣，都和您一条心(迎合君主阿谀奉承)。您恨不得把鲁国所有人的想法都整合成您的想法，那么您根本就听不到第二种意见，哪还有机会听到第三种？在您左右的近臣，仰仗着您的宠幸，抵拒本朝正直的重臣，这就是国家之所以败坏的原因；您身边的谄谀之辈，堵塞劝善的言路，这就是国家德行衰败的原因；为官者只贪图高官厚禄，并用自己的俸禄结交权贵，这就是君上自身陷入危险的原因。《诗经》说：'茂盛的棫树和朴树，砍了之后堆积起来以备燃烧，庄重恭敬的君王，群臣都依附他。'这是说古代圣明的君主是根据善行而任用贤才。所以，君主外能体察事物的实情，内能得至诚之心，因此就不会迷惑了。"

此章主旨讲国家用人。任用善人、忠臣，君主就不会迷乱。《晏子春秋》卷一《内篇谏上·第十八》中说，君臣相和则国家就不会陷入危险之中。若一任阿谀奉承、奸佞之辈迎合君主的嗜好和欲望，君臣同流合污，国家就会处在危险之中。

鲁昭公问安国众民晏子对以事大养小谨以节俭第十四

晏子聘于鲁，鲁昭公问曰："夫俨然辱临敝邑[1]，窃甚嘉之[2]，寡人受贶[3]，请问安国众民[4]如何？"晏子对曰："婴闻傲大贱小则国危，慢听[5]厚敛则民散。事大养小，安国之器也；谨听节俭[6]，众民之术也。"

【注释】

[1]夫俨然辱临敝邑：先生庄重地光临敝国。夫，大夫、先生。俨然，庄重。敝邑，古代外交场合中对本国的谦称。

[2]窃甚嘉之：（先生庄重地光临敝国，）我内心窃自高兴。嘉，乐、高兴。

[3]贶：赏赐。

[4]众民：使人民众多，即增加人口。众，使动用法，使……众多、增加。

[5]慢听：轻率断案。慢，怠慢、轻率。听，听狱、断案。

[6]谨听节俭：当为"谨听节敛"，意为谨慎地审理案件，有节制地向百姓征收赋税。"谨听节俭"与"慢听厚敛"对文，"俭"当为"敛"，二字形似，应系传写者抄误。敛，征收赋税。

【品读】

此章晏子讲使国家安定、百姓亲附之术，可与《晏子春秋》卷四《内篇问下·第七》结合阅读。赵蔚芝先生认为，卷四《内篇问下·第七》讲的"富民安众"主要是针对于"民"来说，"偏于内政"，此章除"谨听节俭"外，偏重于外交，可作为卷四《内篇问下·第七》的补充。① 但我们读这一章并未有偏重"外交"的感觉。其实，本章与卷四《内篇问下·第八》"内安政外归义"的主旨倒是有些类似。观晏子的治国之术，往往是内政、外交双管齐下。施行内政的大体思想无非任贤、惠民，推行外交则无外乎友好、和平地对待诸侯。这与中国自古以来形成的政治思想完全相同，即以德治主义打理内政外交。《晏子春秋》卷四《内篇问上·第二十三》讲要效法周文王内外修德，则"诸侯明乎其行，百姓通乎其德"，"故君民而不危，用国而不弱"。

晏子使晋晋平公问先君得众若何晏子对以如美渊泽第十五

晏子使晋，晋平公飨之文室[1]，既静矣，晏以[2]，平公问焉，曰："昔吾先

① 赵蔚芝注解：《晏子春秋注解》，第191页。

君得众若何?”晏子对曰:“君飨寡君[3],施及使臣,御在君侧[4],恐惧不知所以对。”平公曰:“闻子大夫数矣,今乃得见,愿终闻之。”晏子对曰:“臣闻君子如美[5],渊泽容之,众人归之,如鱼有依,极其游泳之乐;若渊泽决竭,其鱼动流,夫往者维雨乎,不可复已。”公又问曰:“请问庄公与今孰贤[6]?”晏子曰:“两君之行不同,臣不敢不知也[7]。”公曰:“王室之正也[8],诸侯之专制也,是以欲闻子大夫之言也。”对曰:“先君庄公不安静处,乐节饮食,不好钟鼓,好兵作武,士与同饥渴寒暑,君之强,过人之量,有一过[9]不能已焉,是以不免于难。今君大宫室,美台榭,以辟饥渴寒暑,畏祸敬鬼神,君之善,足以没身,不足以及子孙矣。”

【注释】

[1]晋平公飨之文室:晋平公在文室设宴招待晏子。晋平公,晋悼公之子,名彪。飨,用酒食招待人,这里指飨礼,又称“享礼”。文室,春秋时期晋国宫殿名。

[2]既静矣,晏以:飨礼结束,宴礼(又称“燕礼”)开始。静,通“竫”,停止、完毕。晏以,宴礼开始。晏,通“宴”,宴会,这里指宴礼。周礼招待宾客,先飨礼后宴礼。飨礼过程严肃,需要用醴祭祀,不是真正的宴会。飨礼结束,宴礼开始。宴礼才是真正的宴会。

[3]君飨寡君:应作“君贶寡君”,意为您厚赐我们的君主。飨,当作“贶”,赐。“飨”是指亲自招待,从文意上看,景公并未同晏子一起出使晋国,故当为“贶”字。

[4]御在君侧:在君上旁边侍奉。御,侍奉。

[5]臣闻君子如美:当作“君子如雨”,意为君子就像雨一样,落在地上,水泽湖泊容纳了它们。美,当为“雨”。

[6]请问庄公与今孰贤:请问齐庄公与现在齐国的国君哪一位更贤能。庄公,齐庄公。今,指齐景公。

[7]臣不敢不知也:当作“臣不敢知也”,意思是说,作为臣子,我不敢对两位国君说三道四。

[8]王室之正也:当作“王室之不正也”,意为周王室尚有不正的气候。“正”字前脱一“不”字。

[9]有一过:据《左传·襄公二十五年》,庄公通于崔杼的妻子棠姜。这里晏子讳言之。过,过失。

【品读】

晏子出使晋国,晋平公在文室设飨宴之礼款待晏子。飨礼结束后,宴礼开始。席间,晋平公问晏子,说:“过去我们的先君桓公是如何得到众人拥护的?”晏子回答说:“君上用礼遇我们国君的飨宴之礼来款待我这个使臣,我在君上下面属于侍奉之臣,受宠惶恐得不知怎么回答。”

平公说:“久闻您的大名,今天才得相见,极想听到您的教诲。”晏子回答说:“我听说君子像雨水一样,深渊大泽容纳他,众人都归附他,就像鱼儿有了水作为依托，可以在水中极尽游泳的快乐。如果深渊、大泽决堤干涸，它里面的鱼儿就会随着水流游向有水的地方，不再回来。”

平公又问：“请问齐庄公与当今的景公哪一位贤德？”晏子说：“两位国君的德行不同，我作为臣子不敢说三道四。”

平公说：“周王室里尚有不正的风气，诸侯之中也有专横的现象，所以想听听大夫您的意见。”晏子回答说：“先君庄公不喜欢安静、闲适的生活，乐于节制饮食，不喜欢钟鼓之乐，喜好练兵，崇尚勇武，能和将士一起忍受饥渴和寒暑。先君庄公力量强，超过了一般的人，但是有一种过失使他不能把控自己，所以不能免于祸难。现在的君上喜欢修建宫室，装饰亭榭楼阁，用来避免饥渴、寒暑之苦，但是他畏惧祸乱而敬奉鬼神。当今君上的善行，足够用来保全终身，但不足以用来造福他的子孙。”

此章写晏子评价齐国的三位国君——桓公、庄公和景公。对于桓公，晏子赞美他的美德就像雨水一样，齐国的臣民就像鱼儿一样离不开他。而齐庄公尚勇力，能与士兵同甘共苦，好武而不喜享乐，但是他有一过而致身不免于难，即好勇力而不习礼仪，对掌权的卿大夫崔杼不能以礼相待，反而与他的妻子通奸，最终惹来杀身之祸。而景公生活奢靡，喜欢大造宫室，不能像庄公一样与士兵同甘共苦，但是，景公也有他的优点。他畏惧祸难，敬畏鬼神，则其行谨慎。庄公冒险，恃勇力而行为不合规矩；景公享乐，行为谨慎，不至于惹出杀身之祸，但无开拓之功，仅仅能够保全终身性命，子孙难得其福。晏子对三君的评价，还是比较公允的。

晋平公问齐君德行高下晏子对以小善第十六

晏子使于晋，晋平公问曰：“吾子之君，德行高下如何？”晏子对以“小善”。公曰：“否，吾非问小善，问子之君德行高下也。”晏子蹴然[1]曰：“诸侯之交，绍而相见[2]，辞之有所隐[3]也。君之命质[4]，臣无所隐，婴之君无称[5]焉。”平公蹴然而辞送，再拜而反曰：“殆哉吾过！谁曰齐君不肖！直称之士，正在本朝也。”

【注释】

[1]蹴然：局促不安的样子。

[2]绍而相见：经介绍而相见。绍，介绍。

[3]有所隐：辞令中有所隐讳，这里指为尊者讳。

[4]君之命质：对于君主的询问，臣下实话实说。命，命令之辞，这里引申为询问。质，质朴，这里指实话实说。

[5]无称：没有什么道德可以称赞。

【品读】

晏子出使晋国，晋平公问晏子说："先生的国君，德行高下怎么样？"晏子回答说："有小的善行。"平公说："不，我不是问小的善行，我是问先生的国君德行高下怎么样？"晏子局促不安地说："诸侯间相互交往，初次见面，回答国君的话应该有所隐讳。君上您的询问很实在，我不敢有所隐瞒，我们的国君没有值得称赞的地方。"晋平公尴尬地辞送了晏子，对晏子拜了又拜，回来说："我的过失很危险啊！谁说齐国的国君不肖？正直无私的大臣，就站在我们的朝廷之上呀。"

齐景公在位时期厚赋敛于民，而不恤百姓，下一章《内篇问下·第十七》说他"积朽蠹，而老少冻馁，国之都市，屦贱而踊贵"，可谓"无称焉"。然景公亦有"小善"，如任用忠臣晏子、弦章等，能够听从晏子的谏言。然而，小善不及大过。故晏子在晋平公的一再追问下，不得已直言君"无称焉"。然而，晋平公与齐景公比较，可谓半斤八两。《内篇问下·第十七》平公的大夫叔向告诉晏子平公在位"庶民罢弊，宫室滋侈，道殣相望，而女富溢尤；民闻公命，如逃寇仇"。古代为君讳是臣子的义务。平公一见到晏子就让他评价景公的德行如何，晏子以"小善"讳之。"小善"即有小善行，实际上已经对其君有了评价。然平公仍然穷追不舍，非要问景公的德行如何。晏子乃"直称之士"，不可能对着平公说瞎话，故直言景公"无称焉"。平公听后，"蹴然而辞送，再拜而反曰：'殆哉吾过！'"孙星衍《晏子春秋音义》说："明己之臣，亦且不能隐过，故殆也。"晋平公恐怕自己的大臣也会像晏子一样不会隐讳自己的过失。果不其然，下一章《内篇问下·第十七》中叔向同晏子谈话时就直陈平公的过失。

晋叔向问齐国若何晏子对以齐德衰民归田氏第十七

晏子聘[1]于晋，叔向[2]从之宴，相与语。叔向曰："齐其[3]何如？"晏子对曰："此季世[4]也，吾弗知，齐其为田氏[5]乎！"叔向曰："何谓也？"晏子曰："公弃其民，而归于田氏。齐旧四量：豆、区、釜、钟[6]，四升为豆，各自其四，以登[7]于釜，釜十则钟；田氏三量[8]，皆登一焉，钟乃巨矣[9]。以家量贷，以公量收之。山木如[10]市，弗加于山，鱼盐蜃[11]蛤，弗加于海。民参其力[12]，二入于公，而衣食其一；公积朽蠹，而老少冻馁；国都之市[13]，屦贱而踊贵[14]，民人痛疾，或燠休之[15]。昔者殷人诛杀不当，僇民无时[16]，文王慈惠殷众，收恤无主，是故天下归之，无私与[17]，维德之授。今公室骄暴，而田氏慈惠，其爱之如父母，而归之如流水，无获民[18]，将焉避？箕伯、直柄、虞遂、伯戏[19]，其相胡公大姬[20]，已在齐矣。”叔向曰：“虽吾公室，亦季世也。戎马不驾，卿无军行[21]，公乘无人，卒列无长[22]；庶民罢弊[23]，宫室滋侈，道殣相望，而女富溢尤[24]；民闻公命，如逃寇仇；栾郤、胥原、孤续、庆伯，降在皂隶[25]，政在家门[26]，民无所依，而君日不悛[27]，以乐慆忧[28]；公室之卑，其何日之有！谗鼎[29]之铭曰：‘昧旦丕显[30]，后世犹怠’，况日不悛，其竜久乎[31]！”晏子曰：“然则子将若何？”叔向曰：“人事毕矣，待天而已矣！晋之公族尽矣，肸闻之，公室将卑，其宗族枝叶先落，则公从之。肸之宗十一族，维羊舌氏在而已，肸又无子，公室无度[32]，幸而得死[33]，岂其获祀焉。”

【注释】

[1]聘：古代诸侯与诸侯之间、诸侯与天子之间派使者问候致意，类似于今天的访问。

[2]叔向：姓羊舌，名肸(xī)，春秋时期晋国著名的大夫，曾官至太傅。

[3]其：表示推测，相当于“将会”“可能”。

[4]季世：末世。

[5]田氏：本为陈氏，齐桓公时期田氏的祖先陈国公子完因政治斗争逃奔到齐国，齐桓公以为工正，并封田邑，后世皆以田为氏族。

[6]豆、区(ōu)、釜、钟：皆为齐国的容量单位，同时也是称量工具。四升为一豆，四豆为一区，四区为一釜，十釜为一钟。

[7]登：升为。

[8]三量：指豆、区、釜。

[9]钟乃巨矣：齐国旧量四升为豆，田氏则在豆、区、釜三量上各加一成，是为五升为一豆，五豆为一区，五区为一釜，一釜则一百二十五升，一钟等于十釜即一千二百五十升。而齐国旧量一钟才六百四十升。田氏的一钟也就相当大了。

[10]如：至，到。

[11]蜃：蚌、蛤蜊等贝类。

[12]民参其力：百姓劳动所得的财物分成三份。参，三。其力，劳动所得的财物。

[13]国都之市：应为“国之都市”。国，国都。都，通“诸”。

[14]屦贱而踊贵：鞋子便宜，假肢贵，形容景公执政严酷。履，鞋子。踊，假肢。

[15]或燠(yù)休(xǔ)之：有些人(田氏)趁机抚慰百姓，收取民心。或，有些人，这里暗指田氏。燠休，抚慰病痛者的声音。燠，温暖。

[16]僇民无时：杀戮人民不分时候。僇，通“戮”，杀戮。

[17]无私与：“无”字前当有一“民”字，意为百姓不会私下结交。与，亲附、结交。

[18]无获民：当作“欲无获民”。

[19]箕伯、直柄、虞遂、伯戏：都是舜的后代，陈国开国之君胡公满的祖先。

[20]其相胡公大姬：这里代指胡公和大姬的后代田氏。相，随之而后，这里引申为后代。胡公，舜的后代，武王灭商之后，存亡继绝，封舜的后代胡公满于陈，并将自己的长女许配给胡公满。大姬，周武王的长女。大，太。

[21]卿无军行(háng):晋国的卿大夫由于腐败无能早已无法率兵打仗了。卿,本是军职,春秋时期晋国的六卿都有军队。行,军队。

[22]卒列无长:军队的行列中皆无可用之长。此言晋国军队中的下级小军官也腐败无能。春秋时期军队的编制是百人为一卒,卒有卒长。

[23]罢弊:经过统治者的横征暴敛,百姓已经疲惫、穷困不堪了。罢,通"疲",疲惫。弊,同"敝",困窘。

[24]女富溢尤:女宠之家尤其富有。女,代指女宠之家,即国君宠爱的姬妾之家,后世称为"外戚"。尤,甚。

[25]皂隶:地位卑贱的小吏、差役。

[26]家门:卿大夫之家。

[27]不悛:不悔改。悛,改正。

[28]以乐慆忧:用娱乐度过忧患,比喻麻木不能反省。慆,过。

[29]谗鼎:据《韩非子·说林上》,谗鼎本为鲁国所有,齐伐鲁索要谗鼎,鲁国用赝品充之。鼎上铭刻着警戒贪食者之语。

[30]昧旦丕显:天刚刚亮就起来打理政务。昧旦,天刚刚亮的拂晓时刻。丕显,大显赫,引申为勤于政务。丕,大。

[31]其竜久乎:竜,俗"龙"字,《左传·昭公三年》作"能"字,今从之。

[32]公室无度:公室贪得无厌。度,尺度。

[33]幸而得死:以老寿善终就是侥幸了。幸,侥幸。得死,得以正常老死。

【品读】

本章所载的内容与《左传·昭公三年》基本相同。据《左传》可知,晏子此次出访晋国,主要任务是"请继室于晋"。其时正当鲁昭公二年(前540年),晋平公迎娶了齐国的宫室女少姜,结果少姜短命,当年即死去。齐国为了结好盟主(晋国),又于昭公三年(前539年)派晏子出使晋国请求再续婚姻。两国订婚之后,晋国设宴招待晏子,叔向陪同宴饮。席间,叔向问晏子:"齐国的情况怎么样?"晏子回答:"现在(齐国)已经到了衰微之世,我不敢断定,齐国可能将要成为田氏的了。"叔向问:"这话怎么讲?"晏子说:"我们国君景公抛弃了百姓,百姓都归附了田氏。齐国旧有四种量器:豆、区、釜、钟。四升为一豆,四豆为一区,四区为一釜,十釜为一钟。田氏的前三种量器,都比齐国的旧量多出了四分之一,因此田氏的钟的容量就相应增大了许多。田氏用自家的量器向外借粮食,用公家的量器回收粮食。山上采伐的木材运到集市上出售,价钱并不比山上贵;鱼、盐、蚌、蛤蜊等海货运到内地集市上出售,价钱也不比海边贵。齐国百姓辛勤工作一年,所得为三份的话,其中的两份要交给公家,自己只能靠剩下的一份维持穿衣、吃饭。国君的仓库里粟米陈陈相因,结果要么烂掉,要么被蛀虫啃噬,而宫室外面的老人和孩子却在忍冻挨饿。都城里的各个集市上,鞋子的价钱便宜,假肢的价钱却很

贵，百姓痛不欲生，田氏就趁机抚慰接济他们。往昔，殷商王朝的统治者随意诛杀不当杀之人，杀人无时，而周文王却仁慈惠爱殷商的百姓，收容并赈济无家可归者，所以天下的人都归附了他。百姓不会偏爱某个人，只归附施行德政的人。现在国君的公族子弟骄横残暴，而田氏却恩仁慈惠，爱护百姓就像对待父母一样，归附他的百姓就像流水由高到低一样，挡都挡不住。即使不想让田氏获得百姓的爱戴，这又哪里能躲避得开呢？舜的后人箕伯、直柄、虞遂、伯戏，他们的后代胡公满和他的夫人大姬，现在已经在齐国了。”

叔向说：“就是我们的公室，也到了末世了，军队里的军马不能拉战车，卿大夫腐化无能，不能指挥军队，国君军队的战车没有人能够驾驭，步兵中也没有人能够担任卒长，老百姓疲惫穷困，而国君的宫室却日益奢侈，路上一眼望去都是饿死的人，外戚家却富得流油。百姓一听到国君的命令，就像躲避强盗和仇敌一样四散而逃。栾郤、胥原、孤（实为狐）续、庆伯这些晋国的开国功臣的家族后裔，现在都沦落为奴隶一般的杂役。国家的大权落入到了大夫手中，人民无所依靠，而国君却日复一日不知悔改，用享乐来度过忧患；公室的衰微，还有多少时日！谗鼎上的铭文说：‘有志于建功立业的人，拂晓就起来办事，但后世的子孙还是免不了懈怠。’何况天天不知悔改，这样的政权能够长久吗？”晏子说：“既然这样，您接下来该怎么办呢？”叔向说：“人事尽力而为了，只有听天由命了！晋国的公族都衰微了。我听说，公室大宗将要衰败之时，它的小宗族就像大树的枝叶一样先凋零，紧跟着才是公室大宗的灭亡。我这一宗共有十一族，现在只剩下羊舌氏一支了，我又没有儿子，公室奢侈无度，就这样不改革的话，我能够寿终正寝就是侥幸了，哪还敢奢望得到后人的祭祀呢。”

读此章给人的感觉就是，春秋时期以公室为中心的旧贵族已经到了穷途末路了，公室的衰败已成定局。晏子、叔向这些忠于公室的卿大夫只能眼睁睁地看着新兴的卿大夫势力一天天壮大，他们甚至已经感觉到这些新兴的卿大夫之家取代公族已经指日可待。宗法分封制下的旧秩序面临土崩瓦解的命运，作为旧秩序中的一员，晏子开出的济世良方是“行善政，以事利民”[①]。《左传·昭公二十六年》与《晏子春秋》卷七《外篇上·第十五》中晏子开出的药方是“尚礼”。这两个药方到底能不能拯救危在旦夕的旧贵族呢？“行善政，以事利民”的是新兴贵族田氏，而公室依旧“骄暴”。《内篇谏下·第十九》说国君依旧“逆政害民”，也就是叔向所说“君日不悛，以乐慆忧”。不知悔改、继续行暴政，那么贤人和百姓就都流到向百姓施恩惠的新兴贵族

① 《晏子春秋》卷二《内篇谏下·第十九》。

那里。“尚礼”拯救公室也不现实。春秋后期，礼崩乐坏，社会越来越不重视礼了。在这种大变革、大动荡时期，用礼来拯救失序的社会基本上是不可能的。旧贵族就像一匹脱缰的野马，暴政害民，死不悔改，等待他们的命运只能是灭亡。

叔向问齐德衰子若何晏子对以进不失忠退不失行第十八

叔向问晏子曰：“齐国之德衰矣，今子何若？”晏子对曰：“婴闻事明君者，竭心力以没其身，行不逮则退[1]，不以诬持禄[2]。事惰君者，优游[3]其身以没其世，力不能则去，不以谀持危[4]。且婴闻君子之事君也，进不失忠，退不失行。不苟合以隐忠[5]，可谓不失忠；不持利以伤廉，可谓不失行。”叔向曰：“善哉！《诗》有之曰：‘进退维谷[6]。’其此之谓欤！”

【注释】

[1]行不逮则退：没有能力辅佐君主就主动隐退。逮，及、到。王更生先生说此语“与《论语》‘陈力就列，不能者止’之意合”①。此说可从。

[2]不以诬持禄：自己无能就不要用欺骗的行为持有国家颁发的俸禄。诬，赵蔚芝先生引《管子·重令》“不诬于上”尹注曰：“无能而居官，谓之诬上。”

[3]优游：顺从自然，因势利导。

[4]不以谀持危：当作“不持谀以危”，意为不以阿谀奉承危及自身。君子处衰世，力不能匡正时弊，当辞官还乡，若强出仕，不阿谀奉承则得罪奸佞、昏君，阿谀在承则终将危及自身。

[5]不苟合以隐忠：不去无原则地附和而违背忠心。苟合，无原则的附和。隐，违背。

[6]进退维谷：语出《诗经·大雅·桑柔》，本义为无论是进还是退都处在困境之中。叔向引此诗赞扬晏子处衰世“进不失忠，退不失行”。谷，穷、困境。

【品读】

叔向问晏子：“齐国的国运已经衰败了，现在夫子您怎么办呢？”晏子回答说：“晏婴听说，侍奉贤明的君主，就竭尽心力为国家效劳直到身死，如果治国利民的能力达不到就辞去官职，不用欺骗的行为去持有国家颁发的俸禄。侍奉的是懈怠昏庸的君主，既不要阿谀奉承君主做错的事，也不要助纣为虐，只要尽力干好自己的本职工作就可以了。能力不能胜任自己的本职工作就辞职离去，不用阿谀奉承的方式去迎合君主，以使自己陷入危险的境地。况且，我听说，君子侍奉君主，出仕不失忠心，辞官不失德行。不去无原则地附

① 王更生注译：《晏子春秋今注今译》，第191页。

和而违背自己的忠心，这样才能称得上不失去忠心；不贪图私利而败坏自己的廉洁品质，这样才谈得上不失去道德品行。”叔向说：“说得好啊！《诗经》有言说：‘处在进退两难之地，都要追求善道来处理。’就是这个道理。”

此章讲的是晏子在逆境中的一种积极心态。当君主懈怠、腐化之时，要尽力而为，干好本职工作，如若不胜任，就引咎辞职。这是对工作、对国家的一种良心。这种良心不允许正直之人去迎合君主之恶，更不允许自己助纣为虐。这种人即使不当官了，也不会因为利益的诱惑而丧失了洁身自好的品质。这里有一个前提，那就是我们服务的不是某个人，而是国家社稷。在这种无私的公心之下，晏子持有一种“进不失忠，退不失行”的积极价值观。

叔向问正士邪人之行如何晏子对以使下顺逆第十九

叔向问晏子曰：“正士之义，邪人之行，何如？”晏子对曰：“正士处势临众不阿私，行于国足养而不忘故[1]；通则事上，使恤其下，穷则教下，使顺其上；事君尽礼行忠，不正爵禄[2]，不用则去而不议。其交友也，论身义行[3]，不为苟戚[4]，不同则疏而不悱[5]；不毁进于君[6]，不以刻民尊于国[7]。故用于上则民安，行于下则君尊；故得众上不疑其身，用于君不悖于行。是以进不丧亡，退不危身，此正士之行也。邪人则不然，用于上则虐民，行于下则逆上；事君苟进不道忠[8]，交友苟合不道行；持谀巧以正禄[9]，比奸邪以厚养；矜爵禄以临人，夸礼貌以华世[10]，不任于上则轻议，不笃于友则好诽。故用于上则民忧[11]，行于下则君危，是以其事君近于罪，其交友近于患，其得上辟于辱[12]，其为生偾于刑[13]，故用于上则诛，行于下则弑。是故交通则辱[14]，生患则危，此邪人之行也。”

【注释】

[1]正士处势临众不阿私，行于国足养而不忘故：正直的人为官时治理百姓而不徇私情，在官位有高厚禄时不忘故旧。处势，在位为官。行于国，在官位，有权势。足养，位高禄厚足以自养。

[2]不正爵禄：不一门心思谋求爵禄。正，当为“匄”，谋求。

[3]论身义行：讲信行义。论，当作“谕”，告诉、讲求。身，通“信”，诚信。义行，当倒文为行义。“谕信行义”正与上文“尽礼行忠”对文。

[4]不为苟戚：不苟求亲近。戚，亲近。

[5]不同则疏而不悱：意见不同，疏远他，但并不诽谤他。悱，当为“诽”，诽谤。与下文邪人“不笃于友则好诽”对文。

[6]不毁进于君：不用诋毁他人的手段来骗取君主的信任。毁，诋毁。

[7]不以刻民尊于国：不用对百姓刻薄的手段来取媚君主，换取高官厚禄。

[8]事君苟进不道忠：为了苟求自己职位的升迁，侍奉君主而不尽忠。

[9]持谀巧以正禄：用巧言令色、阿谀奉承来谋求高官厚禄。谀巧，巧言会色，阿谀奉承。正，当为“匄”，求。

[10]夸礼貌以华世：用夸耀自己有礼节来哗众取宠。礼貌，礼节。

[11]用于上则民忧：当官用事，老百姓就忧心忡忡。

[12]得上辟于辱：得到君主宠信就专做邪僻悖逆之事。辟，通“僻”，偏也。辱，逆也。

[13]其为生偾于刑：当作“其为士偾于刑”，意为邪人当官出仕，最终免不了覆败于刑戮。偾，覆败。吴则虞先生《晏子春秋集释》：“‘其为生’之‘生’字，疑‘士’字之误。‘偾于刑’即上文‘用于上则虐民’，下文‘用于上则诛’，‘生患则危’也。”今从之。

[14]交通则辱：与人结交、来往，则生叛逆之行。交通，与人结交、来往。辱，逆也。

【品读】

叔向问晏子：“正人君子与邪恶小人的品行分别是怎么样的呢？”晏子回答说：“正直的人当官治民不徇私情，在官位，有高官厚禄时不忘故旧。显达时就辅佐君主，体恤民间的疾苦，困厄时就教化百姓，使他们服从君主的统治。侍奉君主之时，尽到做臣子的礼数，一举一动忠于君主，不苟求高官厚禄。君主不重用他们就辞官而去，即使不为官也不抱怨、非议君主；他们结交朋友，讲信行义，不苟且奉承、迎合对方，如果意见不同，就主动疏远对方，但不在背后说对方的坏话，不违背自己的道德品行去迎合君主以换取职位的升迁，也不以盘剥百姓来换取尊贵的爵位。所以，正直的人做官则百姓安定，辞官穷处则教化人民尊敬君主；所以他们得到百姓的拥护，君上也不怀疑他们用心不良，被君主任用也不违背自己的道德品行。因此，当官不丧失自己的道德和原则，退处民间不会使自己陷入危难之中，这就是正人君子的道德品行。邪恶之人就不这样，当官则虐待人民，穷处民间就会做出忤逆君上的事来；事奉君上一门心思钻研升官发财却不行忠君之事，结交朋友却勾结在一起不行信义；依靠阿谀奉承来求取利禄，勾结奸邪之徒来谋求养尊处优的生活；对人显摆爵禄之高，夸耀自己有礼节来哗众取宠；不被任用就随便诽谤君上，不被朋友亲近就说对方的坏话。因此，当官用事，老百姓就忧心忡忡，穷处民间到处非议君上，君主就会面临危险；所以这些人事奉君上就坏事做尽，结交朋友则背信弃义去算计对方；他们得到君主的宠信就胡作非为，当官出仕，最终免不了覆败于刑戮。因此，这些人若当官为政就会对百姓施行严刑峻法，取悦君上；退处民间就会口生诽谤，伺机谋反。因此，这些人结交奸佞，胡作非为，肇生祸患，最终危及自身。这就是邪恶小人的行径。”

本章需要结合《晏子春秋》卷三《内篇问上》“忠臣之行何如”“佞人之事君何如”两章来品读。本章在以上两章的基础上更加简练地突出了“正士”

和“邪人”的品行的不同。本章主要从为官与在野、事君与交友两个方面对比了“正士”和“邪人”的两种不同行径。“正士”为官不徇私，在野不诅君；事君以忠，交友以信。最重要的是，“正士”始终坚守自己的独立人格。所谓“不(以)毁(行)进于君，不以刻民尊于国”，就是说不会因为高官厚禄(进于君)和荣华富贵(尊于国)去出卖自己坚守的道义。这是先秦士人人格和理想的底线，也是中国知识分子的灵魂渊源。

叔向问事君徒处之义奚如晏子对以大贤无择第二十

叔向问晏子曰：“事君之伦[1]，徒处[2]之义奚如?”晏子对曰：“事君之伦，知虑[3]足以安国，誉厚足以导民[4]，和柔足以怀众，不廉上以为名，不倍民以为行，上也；洁于治己，不饰过以求先[5]，不谗谀以求进，不阿以私，不诬所能[6]，次也；尽力守职不怠，奉官从上不敢隋，畏上故不苟，忌罪故不辟，下也。三者，事君之伦也。及夫大贤，则徒处与有事无择也，随时宜[7]者也。有所谓君子者，能不足以补上，退处不顺上[8]，治唐园[9]，考菲履[10]，共恤上令[11]，弟长乡里[12]，不夸言，不愧行，君子也。不以上为本，不以民为忧，内不恤其家，外不顾其身游[13]，夸言愧行，自勤于饥寒[14]，不及丑侪[15]，命之曰狂僻之民，明上之所禁也[16]。进也不能及上，退也不能徒处，作穷于富利之门[17]，毕志于畎亩之业，穷通行无常处之虑，佚于心[18]，利通不能，穷业不成，命之曰处封之民[19]，明上之所诛也。有智不足以补君，有能不足以劳民，俞身徒处[20]，谓之傲上，苟进不择所道，苟得不知所恶[21]，谓之乱贼。身无以与君，能无以劳民，饰徒处之义，扬轻上之名，谓之乱国。明君在上，三者不免罪。”叔向曰：“贤不肖，性夫！吾每有问，而未尝自得也。”

【注释】

[1]事君之伦：侍奉君主的道理。伦，道理。

[2]徒处：独处，这里指不出仕。

[3]知虑：才智谋略。知，通“智”。

[4]誉厚足以导民：众多的好名声足可以影响、教化人民。誉，好名声。

[5]不饰过以求先：不掩饰过失以谋求进取。饰过，掩饰过失。求先，与“求进”同义，谋求进取以出仕。

[6]不诬所能：夸耀自己，把无说成有。诬，《说文》：“诬，加也。”

[7]随时宜：随着实际情况的不断变化而变化。宜，适合，适应。

[8]退处不顺上：退居田野不迎合君主。顺，循，迎合。

[9]治唐园：整理菜圃。唐园，菜圃。

[10]考菲履：编织草鞋。考，击，引申为编织。菲履，草鞋。

[11]共恤上令：恭敬、服从君主的政令。共，通“恭”。恤，安也、服从。

[12]弟长乡里：敬事乡里的长者。弟，悌。

[13]外不顾其身游：当作“外不顾其游”，意为在外游历不顾及朋友。游，本为交游，这里引申为朋友。游，本为交游，这里引申为朋友。“身”字为衍文，当删去。

[14]自勤于饥寒：只担忧自身的饥寒。勤，忧、担忧。

[15]丑侪：同类、同辈。丑，通“俦”，同类。侪，同辈。

[16]明上之所禁也：圣明的君主所禁止的。明上，即明君。

[17]作穷于富利之门：依靠、寄托在富贵之门下，一事无成。吴则虞《晏子春秋集释》案：“下云‘利通不能’，指‘作穷于富利之门’言。”

[18]佚于心：做事没有长久的考虑和打算，所以心神不劳累。

[19]处封之民：弃之于边疆之地的百姓。封，边疆。

[20]俞身徒处：偷身独处。俞，同“偷”。

[21]苟得不知所恶：苟且得官便忘记自己曾经做过的坏事。

【品读】

晏子认为侍奉君主的道理大致有三条：第一条“知虑足以安国，誉厚足以导民，和柔足以怀众，不廉上以为名，不倍民以为行”，以安国、利民为主旨，是典型的利他主义，这种大公无私的精神最为统治者所提倡，所以晏子视之为上等；第二条“洁于治己，不饰过以求先，不谗谀以求进，不阿以私，不诬所能”，以“修己”为务，较之第一条，虽然没有安国、利民的智慧和能力，但是能主动去修身，品行高尚，故列为第二等；第三条“尽力守职不怠，奉官从上不敢隋，畏上故不苟，忌罪故不辟”，既没有安国、利民的能力，又无修身的主动性，只是能够做到尽职责、守法度而已，这是当官、侍奉君主的最基本的行为，故列为第三等。这三条就是当官、侍奉君主的三种行为规范。

最佳为能臣，以天下为己任，安邦济民；次之为廉臣，以修身为务，道德高尚；再者为本分之臣，尽职责、守法度，不逾越规矩。能臣贡献最大，廉臣为道德模范，本分之臣仅是尽职本分而已。在当官（事君）与为民（徒处）的行事准则把握上，晏子认为，只有“大贤”能够进退无择，“随时宜”。这种人已经活到了一种极为灵活、潇洒的份上了。大概类似于孔子所说的活到七十岁左右“从心所欲，不逾矩”的境界了。能做到这个份上，非“大贤”即“至圣”了。

“大贤”的活法已经成为一种高超的艺术，一般的人不要说去做，就是领悟也未必能领悟透彻。“君子”之行倒是有板有眼，能力不足以匡扶君上就主动退隐民间。君子退隐民间并非两耳不闻天下事了，而是照样能够发挥道德垂范的余热。在乡间，君子不阿顺、奉承地方官，耕田种地、编织草鞋，饮食起居自力更生。他们身先示范，率领乡里的百姓服从君主的命令，以孝悌之道和睦邻里，用道德感化百姓。这一点，晏子和孔子观点相同。《论语·宪问》曰："子路问君子。子曰：'修己以敬。'曰：'如斯而已乎？'曰：'修己以安人。'曰：'如斯而已乎？'曰：'修己以安百姓。修己以安百姓，尧、舜其犹病诸。'"孔子认为君子之道遵循"修己-安人-安百姓"的路线。"安人"中的"人"主要指"亲族朋友"①。君子首先"修己"，然后用自己的言行去感化亲朋好友，再担负起教化广大百姓的重任。

晏子所谓"事君之伦"中的第二条其实讲的就是君子之行。晏子所云"洁于治己"就是孔子所说的"修己"。晏子所谓的君子"弟长乡里"实际已经有了孔子的"安人-安百姓"的题中之意。看来，春秋时期君子的使命是教化社会，其角色是成为社会的道德模范。在孔子和晏子那里，这一定位是相同的。

而那些不尊君上，不忧民生，只顾自己的私利而不顾他人之辈，晏子称之为"狂僻之民"。"狂僻"最大的特征就是目中无人、唯我独尊，这样的人肯定是统治者极为讨厌的，所以晏子说这是"明上之所禁也"。还有一种人，既无辅佐君主的能力，又没有独善其身的修养，心无大志，只能寄托在富贵之门，这样的人被称为"处封之民"。"处封之民"本义是指地处边疆之人，这里大概指没有见过大世面、人格卑贱且甘愿做奴才的人。有一定能力的人，但是"有智不足以补君，有能不足以劳民"，过着隐居的生活，自得其乐，晏子称这种行为为"傲上"。为了升官和发财，不择手段，无所畏惧，这样的人叫作"乱贼"。自己没有治国之才却以隐居标榜自己，更过分地是，这种人把轻视君主当作自己沽名钓誉的手段，这种行为叫作"乱国"。晏子说，贤明的君主执政，对于有"傲上""乱贼"以及"乱国"行为的人都要治他们的罪。

总结来看，晏子认为，一个人有能力治理国家就应该出来做官，如果能力不足，退隐乡里，也应该尽力做一个道德模范；如果能力不足，道德不高，那也应该做到尽职守法。对于那些不问世事，甚至没有多大本事却以隐居沽名钓誉的人，君主应该将他们绳之以法。

叔向问处乱世其行正曲晏子对以民为本第二十一

叔向问晏子曰："世乱不遵道，上辟不用义；正行则民遗[1]，曲行则道废。正行而遗民乎？与持民而遗道乎？此二者之于行何如？"晏子对曰："婴闻之，卑而不失尊[2]，曲而不失正者，以民为本也。苟持民矣，安有遗道！苟遗

① 马新：《论语解读》，第320页。

民矣，安有正行焉！”

【注释】

[1]正行则民遗：行为方正，则为世人所不容。遗，弃，乱世不容正行。

[2]卑而不失尊：地位卑贱却不失尊严。

【品读】

叔向问晏子：“世道混乱都不遵守道义，君上邪僻不施行德义；（个人）行为端正则就脱离了百姓，行为邪僻就会废弃道义。（这种情况下）是端正品行脱离百姓呢？还是做邪僻之事致使道义废弃？这两种行为怎么选择呢？”晏子说：“晏婴听说，地位卑贱却不失尊严，委曲求全却不失正理，总是把人民的利益当作做事的根本。如果做到事事保护人民，哪里还会失去道义呢？如果遗弃人民，怎么会有正直的行为呢？”

本章的主旨就是“以民为本”。居乱世，君子守道存身的根本就是“以民为本”。能做到“以民为本”就可以处卑位而不失尊严，居乱世而不失道义。“以民为本”就是行正道、做正事。道义的天平是用“以民为本”作为砝码的。这在晏子政治思想中特别耀眼。

叔向问意孰为高行孰为厚晏子对以爱民乐民第二十二

叔向问晏子曰：“意孰为高[1]？行孰为厚？”对曰：“意莫高于爱民，行莫厚于乐民。”又问曰：“意孰为下，行孰为贱？”对曰：“意莫下于刻民，行莫贱于害身也[2]。”

【注释】

[1]意孰为高：当作“德孰为高”，哪种德行境界最高？意，当为“德”，因德之异体字“悳”与其形似而讹。

[2]行莫贱于害身也：没有比坑害人民更下贱的行为。身，民也。

【品读】

叔向问晏子：“哪种品德境界最高？哪种行为最宽厚？”晏子回答说：“没有高过爱护百姓的品德，也没有厚过让老百姓安乐的行为。”叔向又问：“哪种品德最低下，哪种行为最卑贱？”晏子回答说：“没有比对百姓刻薄最低下的品德了，也没有比坑害人民更下贱的行为了。”

本章同样是讲“以民为本”，与上一章不同的是，本章侧重于德行和行为。晏子认为，衡量一个人的德行和行为的好坏，关键看他是否能够做到“以民为本”。“以民为本”与中国传统农业社会有密切的关系。任大援先生

曾这样说道："民本主义植根于尚农、重农的社会心理的深层次结构之中，它是与重农主义相为表里的。农业社会存在和发展的前提，是农业劳动力——农民的'安居乐业'。农民安居乐业，农业生产才能稳定有序，朝廷的赋役才能源源供给，'天下太平，朝野康宁'的'盛世'便有了保障。反之，如果以农民为主体的广大庶众失去起码的生存条件，出现'民不聊生'、'民怨沸腾'的状况，'民溃'、'民变'就会层出不穷，'国削君亡'就难以避免。"①晏子的"以民为本"的思想归根结底还是为了维护统治秩序。

叔向问啬吝爱之于行何如晏子对以啬者君子之道第二十三

叔向问晏子曰："啬吝爱之于行何如？"晏子对曰："啬者君子之道[1]，吝爱者，小人之行也。"叔向曰："何谓也？"晏子曰："称财多寡而节用之[2]，富无金藏[3]，贫不假贷，谓之啬；积多不能分人，而厚自养，谓之吝；不能分人，又不能自养，谓之爱。故夫啬者，君子之道，吝爱者，小人之行也。"

【注释】

[1]啬者君子之道：啬是君子遵行之道。从下文看，有节俭之义。张纯一《晏子春秋校注》引《子华子·晏子问党篇》曰："子华子曰：'啬其所以出，而谨节其所受，然后神宇泰定而精不摇，其格物也明，其遇事也刚，此之谓俭，而圣人之所宝也，所以御世之具也，三皇五帝之所留察也。'《老子》曰：'治人事天莫若啬。'"

[2]称财多寡而节用之：衡量财物的多少而有节制地使用。

[3]富无金藏：富有而不储藏多余的钱财，而是要将这部分多余的钱财分给贫弱之人。

【品读】

叔向问晏子："吝、啬、爱在行为上有何表现？"晏子说："啬是君子的品行，吝和爱是小人的行为。"叔向问："这话怎么说？"晏子回答说："根据财物的多少而节制使用，生活富有却不储藏多余的钱财，生活贫穷也不向人借贷，这叫作'啬'；积累了很多的钱财却不能分给别人，而是完全用到自己享受上，这叫作'吝'；过多的钱财不能分给别人，又不能用于自身的享受，这叫作'爱'。所以啬是君子的准则，吝、爱是小人的行为。"

晏子的消费观主张"节"，即用于满足自己的嗜好和欲望，花费钱财要节制。所以《晏子春秋》卷三《内篇问上·第十四》说"节养其余"，《内篇问上·第十一》说"薄于身""约于身"。君主或君子把节约下来的钱财干什么用呢？

---

① 张岱年、方克立主编：《中国文化概论》，北京师范大学出版社2006年版，第276页。

用于满足自己的嗜欲，抑或是留给子孙后代吗？两者都不是。君主或君子把节省下来的钱用来赈济贫弱之人，此即本章所谓“富无金藏”。即使生活贫穷，也绝不轻易向他人借贷，而是以自力更生为本，这就是所谓的“贫无假贷”。“节用”“富无金藏”及“贫无假贷”叫作“啬”。在晏子的思想体系中，“啬”是褒义词。“啬”是节俭、慈善以及自力更生的代名词。

晏子本身就是“啬”的践行者。晏子“一狐裘三十年”[①]，常常“衣十升之布，脱粟之食，五卵、苔菜而已”[②]，这是说晏子“节用”。晏子本来就生活贫困吗？《内篇杂下·第十八》中晏子说：“婴之家不贫。以君之赐，泽覆三族，延及交游。”因此，晏子家本来并不贫穷。晏子的钱财都是怎么花费的？《晏子春秋》卷二《内篇谏下·第十九》说晏子“以赈百姓”，把国君赐给的钱财都赈济了贫苦的百姓，也就是本章说的“富无金藏”。晏子一直秉持这样的观点，君子不可做守财奴，也就是君子不可吝财、爱财。所以，《内篇谏下·第十九》说：“夫藏财而不用，凶也。财苟失(矢)守，下其报环至。其次昧财之失守，委而不以分人者，百姓必进自分也。”对于统治阶层来说，死守财物不分给贫弱孤寡，最终百姓过不下去就会揭竿而起，冲进达官贵族的府邸，把他们的财物给瓜分了。吝财、爱财是眼光短浅的行为，这不是节俭，而是蓄养祸患。

值得一提的是，晏子虽主张“富无藏金”，“以赈百姓”，但是，他从来不推崇“厚取之君，而施之民”，也就是他说的“臣代君君民”[③]，这种僭越君臣等级身份的事情，晏子坚决不干。齐国的田氏就是通过这样的途径取得民心，最终夺取君位。对于这种大不敬的事情，晏子说“忠臣不为也”[④]。晏子的施舍都是打着国君的旗号，而不是以自己的名义去施舍。这和田氏的施舍有着根本的区别。以国君的名义施舍家财的晏子，最终可能一贫如洗。所以，《晏子春秋》一书很多章节都谈到了晏子的贫穷。[⑤] 齐景公可能是出于内心的愧疚，不是要给晏子改建大房子[⑥]，就是要给他钱财、衣服和封邑。对于齐景公的这些赏赐，晏子都拒绝了。《晏子春秋》卷六《内篇杂下·第十七》中晏子自我评价说：“贫而不恨者，婴是也。”也就是说，他甘于贫困、以苦作乐。

---

① 《礼记·檀弓下》。

② 《晏子春秋》卷六《内篇杂下·第十九》。

③ 《晏子春秋》卷六《内篇杂下·第十八》。

④ 《晏子春秋》卷六《内篇杂下·第十八》。

⑤ 关于晏子生活贫困的描写，《晏子初秋》卷六《内篇杂下·第十七》《内篇杂下·第十八》《内篇杂下·第十九》《内篇杂下·第二十五》《内篇杂下·二十六》以及卷七《外篇上·第二十六》等篇章都有所涉及。

⑥ 参见《晏子春秋》卷六《内篇杂下·第二十一》。

这样的人就能做到“贫不假贷”。这也叫“啬”。

现在汉语中的“吝啬”混为一义，其实这种行为在先秦只能叫“吝”或“爱”，不能叫“啬”。“啬”在先秦是褒义词。读了本章，这一点区别，我们应该清楚了。

叔向问君子之大义何若晏子对以尊贤退不肖第二十四

叔向问晏子曰：“君子之大义何若?”晏子对曰：“君子之大义，和调而不缘[1]，溪盎而不苛[2]，庄敬而不狡[3]，和柔而不铨[4]，刻廉而不刿[5]，行精而不以明污[6]，齐尚而不以遗罢，富贵不傲物，贫穷不易行，尊贤而不退不肖。此君子之大义也。”

【注释】

[1]和调而不缘：虽与世俗相处，但不随俗而行。和调，言与世俗和谐相处。缘，循，跟随。

[2]溪盎而不苛：当作“徯醯而不苛”，意为身处危难之中却不与世俗苟合。“溪盎”当为“徯醯”，齐地方言，意为使事物处于危境之中。

[3]庄敬而不狡：从容行礼，行动不急切。狡，通“绞”，急切、急迫。

[4]不铨：通“跧”，《说文》：“跧，卑也。”

[5]刻廉而不刿：有锋芒棱角却不伤害别人。刻廉，有锋芒棱角。刿，伤害。

[6]行精而不以明污：品行纯洁而不以此彰显别人的污秽。精，纯洁。

【品读】

叔向问晏子道：“君子的大义是怎么样的?”晏子回答说：“言语虽与世俗和调，但行动却不苟同于世，面临危难却不与世俗苟合，庄重从容而不急切，和顺柔缓而不显得卑贱，有锋芒棱角却不伤害别人，操行纯洁却不以此彰显别人的污浊，崇尚同一却不遗弃没有能力的人，生于富贵却不骄傲自大，处在贫穷却不改易操守，既能尊重贤能，又能容纳不肖。这就是君子的大义所在。”

我们反复品读晏子所谓的“君子之大义”，可以将君子的操守和品行概括为“品行精洁，包容万物”八个字。所谓“品行精洁”，是说君子出淤泥而不染的高尚品行；所谓“包容万物”，是说君子有容人容物的宽广胸怀。君子若品行不洁、随波逐流，就与世俗之人别无二致；君子若不能容人、容事，则会失去大众的支持和认可，脱离了大众支持的君子，就成了狂狷之士。狂狷之士自认为“众人皆醉我独醒”，不屑于同世人交流、交往，这样的人反而会招致大众的厌恶。做人的高境界是，头向蓝天，脚踏土地，既品德高尚，又能接地气。

叔向问傲世乐业能行道乎晏子对以狂惑也第二十五

叔向问晏子曰："进不能事上，退不能为家[1]，傲世乐业[2]，枯槁为名[3]，不疑其所守者，可谓能行其道乎？"晏子对曰："婴闻古之能行道者，世可以正则正，不可以正则曲。其正也，不失上下之伦；其曲也，不失仁义之理。道用，与世乐业，不用，有所依归。不以傲上华世[4]，不以枯槁为名。故道者，世之所以治，而身之所以安也。今以不事上为道，以不顾家为行，以枯槁为名，世行之则乱，身行之则危。且天之与地，而上下有衰[5]矣；明王始立，而居国为制矣，政教错[6]，而民行有伦矣。今以不事上为道，反天地之衰矣；以不顾家为行，倍先圣之道矣；以枯槁为名，则世塞政教之途[7]矣。有明上，可以为下；遭乱世，不可以治乱。说若道，谓之惑，行若道，谓之狂。惑者狂者，木石之朴也[8]，而道义未戴焉。"

【注释】

[1]为家：治家。

[2]傲世乐业：轻视出仕，乐于隐居的生活。傲，轻视、看不起。乐业，乐于隐居之业。

[3]枯槁为名：以隐居弃世为名。枯槁，本指草木枯干，引申为人身材枯瘦。

[4]华世：哗众取宠。华，通"哗"。

[5]上下有衰（cuī）：上下有等级差异。衰，即等衰，依照一定的标准递降。

[6]政教错：政治、教化施行而不悖。错，通"措"，施行。

[7]世塞政教之途：堵塞了政治教化的途径。世，据文意，应为衍文，当删去。

[8]木石之朴也：未经雕琢的木块石头。朴，本来的样子。

【品读】

晏子向来主张"入世""有为"，反对清修隐遁而不问凡尘。君子一生当有担当和抱负，而不是目空一切，傲慢君上，脱离家庭，以清修隐遁而沽名钓誉。这种傲慢、自私、轻狂的做法"反天地之衰"，"倍先圣之道"，"塞政教之途"。晏子称这样的人为"狂僻之徒"，是"明王之所禁也"①。这一思想和儒家颇为相似。

孔子的学生子路就明确指出："不仕无义也。长幼之节，不可废也；君臣之义，如之何其废之？欲洁其身而乱大伦。君子之仕也，行其义也。"②君子正是通过出仕来实现自己的理想和抱负。《论语·微子》篇中的狂舆、长沮、桀溺以

① 《晏子春秋》卷四《内篇问下·第二十》。

② 《论语·微子》。

及荷蓧丈人之属都属于隐遁之士。这些人冷落、挖苦、讥笑孔子,但是孔子以天下为己任,不逃避现实,"明知不可为而为之"。孔子说"君子疾没世而名不称焉"①,"吾岂匏瓜也哉,焉能系而不食"②,这些话都透露出孔子积极入世的主张。孔子倡导"天下有道则见,无道则隐"③。他倡言"隐"的目的"是避开无道之君,不食'污君之禄',但总的意向上并不愿抛弃政治上的君臣之道与人世间的长幼尊卑之序"④。不食"污君之禄"实际上就是恪守自己的理想和品德。

与孔子稍微不同的是,晏子讲"世可以正则正,不可以正则曲。……其曲也,不失仁义之理",主张适逢乱世,如果不能矫正时弊,就委曲求全好了。但是晏子的委曲求全不是与昏君、奸臣同流合污,而是要做到"不失仁义之理"。《晏子春秋》卷四《内篇问下·第十八》中晏子说:"事明君者,竭心力以没其身,行不逮则退,不以诬持禄。事惰君者,优游其身以没其世,力不能则去,不以谀持危。且婴闻君子之事君也,进不失忠,退不失行。"君子即使是隐居也要努力修身,不失品行。实际上,晏子并非刻意反对隐居,他反对的是留恋山水之乐、不问苍生疾苦的隐居,他更厌恶借不仕来沽名钓誉的隐居。

叔向问人何若则荣晏子对以事君亲忠孝第二十六

叔向问晏子曰:"何若则可谓荣矣?"晏子对曰:"事亲孝,无悔往行,事君忠,无悔往辞[1];和于兄弟,信于朋友,不谄过[2],不责得;言不相坐[3],行不相反;在上治民,足以尊君,在下莅修[4],足以变人,身无所咎,行无所创;可谓荣矣。"

【注释】

[1]事亲孝,无悔往行,事君忠,无悔往辞:当作"事亲孝,事君忠,无悔往行,无悔往辞",意思是说,事奉孝敬父母没有愧行,忠于君主没有悔辞。这一句与下文"和于朋友,友于兄弟,不谄过,不责得"相对,故词句作相应调整。

[2]不谄(tāo)过:不掩藏过失。谄,藏、掩藏。

[3]言不相坐:与人交谈,不争辩是非。坐,争讼,引申为争辩。

[4]在下莅修:在下(不为官)立身修德。莅,通"立"。修,治。立修,立身修德。

【品读】

在传统社会,中国人注重名声。俗话说,人活脸,树活皮;雁过留声,人

① 《论语·卫灵公》。

② 《论语·阳货》。

③ 《论语·泰伯》。

④ 马新:《论语解读》,第399页。

过留名。人活一生，要是没有好名声，那就等于白活。晏子认为，人要获得好名声，对父母要孝顺，对君主要忠心，对兄弟要和睦，对朋友要诚信。对君主的“忠”和朋友的“信”，实为对父母的“孝”和对兄弟的“悌”的扩大化，孟子称之为“推恩”，也就是把对亲人的敬和爱扩大到君主和朋友身上。

孝敬父母没有愧行，忠于君主没有悔辞，这就是孝敬父母、侍奉君主的方法。孝敬父母，和颜悦色，行动要趁早，这样就没有愧行；事明君，要“竭心力以没其身”，事昏君要“优游其身以没其世”（《晏子春秋》卷四《内篇问下·第十八》），这样就没有悔辞。对于父母和君主，要做到孝和忠，说起来简单，做起来难。但是，一旦做到，就会获得好名声。

叔向问人何以则可保身晏子对以不要幸第二十七

叔向问晏子曰：“人何以则可谓保其身？”晏子对曰：“《诗》曰：‘既明且哲，以保其身。夙夜匪懈，以事一人。[1]’不庶几[2]，不要幸[3]，先其难乎而后幸[4]，得之时其所也[5]，失之非其罪也，可谓保其身矣。”

【注释】

[1]既明且哲，以保其身。夙夜匪懈，以事一人：聪明和智慧用来保全自身。从早到晚努力而不懈怠地服侍周天子。语出《诗经·大雅·烝民》。夙，早。匪，通“非”。懈，原文作“解”，古文“解”“懈”相通。

[2]庶几：希望，这里指抱着不切实际的幻想。

[3]要幸：即徼幸，徼求荣宠，谓不当得而得之。要，通“徼”。

[4]先其难乎而后幸：凡事先克服困难，然后才能有所收获，而不是靠侥幸获得收益。其义与《论语·雍也》“仁者先难而后获”句相同。

[5]得之时其所也：取得成功是其适得其所。时，当作“是”，与下文“失之非其罪”之“非”相对。

【品读】

“明哲保身”这个命题的场合是官场，如果更精确一点讲就是指如何能够在君臣相处的时候做到全身而退。俗话说，伴君如伴虎。侍奉一个拥有至高无上权力且又喜怒无常的君王，的确是一件极其危险的工作。作为臣子，在侍奉君王的时候，如何能够做到明哲保身、全身而退，这也是叔向向晏子请教的问题。晏子征引《诗经·大雅·烝民》中“既明且哲，以保其身。夙夜匪懈，以事一人”的名句告诉叔向，身在官场，既要做到“明”，又要做到“哲”。“明”就是指要有敏锐的洞察力。换言之，就是说，对官场上的细微变化要有敏锐的嗅觉。能够及早感知机会或危险的信号，就已经具备了“保身”的首要条件。第二步，也是关键的一步，就是要能够做出最佳的应对，这就是“哲”。《诗经》说“明哲保身”的具体做法是“夙夜匪懈，以事一人”，就是说要从早到晚，努力工作，时刻忠于一个人（君王）。努力工作，忠于君王，就一定能够做到“明哲保身”吗？历史给我们的答案是“否”。伍子胥，努力工作，忠于吴王，到头来还是被迫自杀；范增，努力工作，忠于西楚霸王项羽，最终也没做到“保身”。

对此，晏子对《诗经》“明哲保身”的品读是“不庶几，不要幸，先其难乎而后幸，得之时其所也，失之非其罪也”。用今天的话来说，就是不要抱有不切实际的幻想，不要谋求本来不属于自己的东西，要懂得先有付出后有回报的道理，付出了努力，得到回报就是适得其所，得不到回报，也不要感到沮丧。这实际上就是老子所说的“宠辱不惊”。能够做到“无私无欲”“宠辱不惊”，当然也就不会招致杀身之祸。晏子为官期间，历仕三君，经历了崔庆之乱、栾高专权、田氏夺民的政治动荡，可能正是因为“宠辱不惊”，才做到了“明哲保身”。

晏子“明哲保身”的思想与老子“宠辱不惊”的思想不谋而合。到目前为止，还没有史料证明晏子像孔子那样曾经求教过老子，所以我们还不能断定，晏子思想中的这种“无为”因子是吸收了老子的学说养分，还是自己的内在发明。但是，我们从战国到秦汉齐国地区黄老之学的兴盛推测，齐国地区的黄老之学产生的渊源，除了战国百家争鸣、相互融合的因素外，似乎也有一种内发的基因。起码，从晏子的思想中就会看出一些端倪。

曾子问不谏上不顾民以成行义者晏子对以何以成也第二十八

曾子[1]问晏子曰：“古者尝有上不谏上[2]，下不顾民，退处山谷，以成行义者也？”晏子对曰：“察其身无能也，而托乎不欲谏上，谓之诞意[3]也。上惛乱，德义不行，而邪辟朋党，贤人不用，士亦不易[4]其行，而从邪以求进，故有隐有不隐。其行法，士也，乃夫议上，则不取也。夫上不谏上，下不顾民，退处山谷，婴不识其何以为成行义者也。”

【注释】

[1]曾子：名参，字子舆。春秋末年鲁国人，孔子学生，在孔门弟子中以“孝”著称。

[2]古者尝有上不谏上：古代曾有对上不规谏君主的士人。据下文可知，本章所说的对象是“士”。

[3]诞意：妄为大言。

[4]易：改变。

【品读】

曾子问晏子道："古代曾经有上不劝谏君主，下不顾恤百姓疾苦，退隐山林，以成就洁行高义的人吗？"

晏子回答说："细察这些人本身没有什么过人的才能，而借口不愿劝谏君主掩盖自己的无能，这样的行为可称之为妄为大言。当君主昏聩迷乱之际，道德仁义不行于世，邪僻之人朋党为奸，贤能之士得不到重用，士人就随波逐流，趋炎附势、阿谀奉承以求得被朝廷重用。所以，当他们所求不得时就退出朝廷，隐居山林；当他们所求有所得时，就出来做官（这些行为就是'下不顾民'），有这些行为的人难道是士人效法的楷模吗？至于自己无能被重用却背地里诽谤君主的行为，是不可取的。不劝谏君主，不顾恤百姓疾苦，退隐山林，晏婴不知道他们怎么能成为洁行高义的人。"

此章所记仍是晏子对隐士的批评。其品读可参考《晏子春秋》卷四《内篇问下·第十八》《内篇问下·第十九》《内篇问下·第二十》以及《内篇问下·第二十五》等篇章。

梁丘据问子事三君不同心晏子对以一心可以事百君第二十九

梁丘据问晏子曰："子事三君，君不同心，而子俱顺[1]焉，仁人固多心乎？"晏子对曰："婴闻之，顺爱不懈，可以使百姓[2]，强暴不忠[3]，不可以使一人。一心可以事百君，三心不可以事一君[4]。"仲尼闻之曰："小子识之！晏子以一心事百君者也。"

【注释】

[1]顺：孙星衍《晏子春秋音义》："'顺'，《艺文类聚》作'从'。"

[2]顺爱不懈，可以使百姓：遵循君主之意，爱民而不懈怠，就可以役使百姓。顺，循，即指能遵循君主之意。君主之意根本在爱民。

[3]强暴不忠：对百姓强横暴虐而不忠于君主。强暴，一说"暴强"。

[4]一心可以事百君，三心不可以事一君：当作"一心可以事三君，三心不可以事一君"，意思是说，一心一意可以事奉好三位君主，三心二意不能事奉好一位君主。

【品读】

本章与《晏子春秋》卷七《外篇上·第十九》、卷八《外篇下·第三》及《外篇下·第四》主旨大体相同。在阅读本章时，可与以上三章结合阅读。本章请教晏子的对象是景公的嬖臣梁丘据。据《晏子春秋》卷一《内篇谏上·第十八》，梁丘据最能顺从景公，但是他的顺从只是一味地阿谀奉承君主，晏子

把这种顺从叫作“同”。梁丘据能够顺从“轻国重乐，薄于民而厚于养”的景公，但一定顺从不了“陈武夫，尚勇力”的庄公(《晏子春秋》卷七《外篇上·第十九》)。梁丘据特别崇拜晏子能够历仕三君的能力，因此便请教晏子是否有“多心”。在这里，“心”代指心眼，可引申为方法。晏子答之以“爱民忠君”的一心可事百君。“爱民忠君”的目的是“忠君”，但落脚点却是“爱民”，这都反映了晏子重民主义或民本的思想。

柏常骞问道无灭身无废晏子对以养世君子第三十

柏常骞[1]去周之齐，见晏子曰：“骞，周室之贱史也[2]，不量其不肖，愿事君子。敢问正道直行则不容于世，隐道危行则不忍[3]，道亦无灭，身亦无废者何若?”晏子对曰：“善哉！问事君乎。婴闻之，执二法裾[4]，则不取也；轻进苟合，则不信也；直易无讳[5]，则速伤也；新始好利，则无敝也[6]；且婴闻养世之君子[7]，从重不为进，从轻不为退[8]，省行而不伐，让利而不夸，陈物而勿专[9]，见象而勿强[10]，道不灭，身不废矣。”

【注释】

[1]柏常骞：本为周王室史官，不知何故，后出仕齐国。

[2]周室之贱史也：周王室的小史官。贱史，史官的谦称。

[3]隐道危行则不忍：违背道义而诡行则不忍心。隐，违背。危，读“诡”，“诡行”与“直行”正相反。

[4]执二法裾：当作“执一浩裾”，本义为偏执而刚愎自用。法，当作“浩”，裾与“倨”通。

[5]直易无讳：轻易直言，不加隐讳。直易，赵蔚芝《晏子春秋注解》：“轻易直言。”

[6]新始好利，则无敝也：贪恋新事物，唯利是图，没有不败亡的。敝，败，败亡。

[7]养世之君子：谋长远的君子。养世，赵蔚芝《晏子春秋注解》：“谓谋安全保身世代绵长之意。”今从之。

[8]从重不为进，从轻不为退：当作“从轻不为进，从重不为退”，不见易而贸然轻进，不见难而贸然退缩。轻，容易。重，困难。

[9]陈物而勿专：陈述事情而不专断。陈，陈明、陈述。物，事也；专，专擅独断。

[10]见象而勿强：因其自然而不强求。象，自然现象，这里指上天降下的吉凶的征兆。

【品读】

晏子在本书卷四《内篇问下·第二十七》中讲到了“明哲保身”的具体做

法是“不庶几，不要幸，先其难乎而后幸，得之时其所也，失之非其罪也”。丢掉幻想，先苦后甜，做到宠辱不惊就可以了。这一做法强调的更多的是一种恬淡的心态。我们在品读《内篇问下·第二十七》时说，这使得晏子的思想多了几分道家“无为”的味道。本章也体现了这一点。这里所谓的不取“执二法裾”就是讲的“不争”，不“轻进苟合”是讲的“无为”，不“直易无讳”讲的是“柔”和“曲”之道；勿“新始好利”其实就是“无欲”；“从重不为进，从轻不为退，省行而不伐，让利而不夸，陈物而勿专，见象而勿强”颇有道家辩证法的意味。种种迹象表明，晏子思想中有道家“无为”的因子，这更印证了我们前面的推测：晏子思想可能与战国秦汉齐地黄老思想的发达有一定的渊源关系。

内篇杂上第五

庄公不说晏子晏子坐地讼公而归第一

晏子臣于庄公，公不说[1]，饮酒，令召晏子。晏子至，入门，公令乐人奏歌曰："已哉已哉！寡人不能说也，尔何来为？"晏子入坐，乐人三奏，然后知其谓己也。遂起，北面[2]坐地。公曰："夫子从席[3]，曷为坐地？"晏子对曰："婴闻讼夫[4]坐地，今婴将与君讼，敢毋坐地乎？婴闻之，众[5]而无义，强而无礼，好勇而恶贤者，祸必及其身，若公者之谓矣。且婴言不用，愿请身[6]去。"遂趋而归，管籥其家者[7]纳之公，财在外者斥之市。曰："君子有力于民，则进爵禄，不辞富贵；无力于民而旅食[8]，不恶贫贱。"遂徒行而东，畊[9]于海滨。居数年，果有崔杼之难。

【注释】

[1]说：通"悦"，愉快。

[2]北面：庄公作为国君，背北面南而坐，晏子作为臣子，依照臣礼，当背南面北而坐。

[3]从席：就席。从，就。

[4]讼夫：诉讼人，打官司的人。

[5]众：众，人多势众，这里引申为凭恃人多势众。

[6]请身：出仕称"致其身"，辞职称"请其身"。

[7]管籥其家者：锁在家里的财物。管籥，代指锁钥。籥，通"钥"。

[8]旅食：寄食他乡。

[9]畊：通"耕"。

【品读】

齐庄公崇尚勇力而轻视礼义，而晏子却主张治国行礼义。可见在庄公朝，晏子并不怎么受重用。因此，晏子曾经说："及庄公陈武夫，尚勇力，欲辟胜于邪，而婴不能禁，故退而野处。"①对于笃信武力的庄公来说，晏子的声音显得很弱小，所以他不能劝止庄公，庄公甚至不怎么喜欢他看似迂腐的主

① 《晏子春秋》卷七《外篇上·第十九》。

张。本章故事的发生就是基于这样的背景。

庄公饮酒传令召见晏子。晏子来了，庄公故意让乐人奏歌侮辱晏子。对于这种非礼的行为，晏子用非礼的行动——“离席坐地”来抗议。[①] 据《晏子春秋》卷二《内篇谏下·第九》，先秦古人相见有坐在席子上的习惯，除非是身带甲胄、诉讼打官司以及祭祀中代祭者坐在堂上接受供奉这三种情况才能坐在地上。晏子在这里取诉讼之说，坐在地上用几近控诉的语气痛斥并警告庄公治国恃勇力不用礼义的后果。随后，晏子愤然辞职，向国家交出所有财产，离开齐国都城临淄，隐居黄海之滨。

这里需要说明的问题有两点：一是晏子公然要与国君诉讼的问题；二是晏子在庄公朝到底有没有隐居海滨的问题。

按照我们对传统社会的理解，君臣关系是一对极不对称的上下级关系。君臣之间意见相左，大臣尽管不赞同，也不敢公开表示与君主打官司，更不敢甩手走人，炒君主的鱿鱼。这种有个性的行为往往被视为大不敬，轻者要被打板子，重者可能要下大狱，甚至丢脑袋。这种观点大概适合秦汉以后的历史。然而，在先秦时期，君臣之间的关系并非像后世那样极不对称。通过《晏子春秋》中的有关章节我们就能看出，当晏子与国君的意见不同时，晏子几次要撂挑子不干了。《晏子春秋》卷二《内篇谏上·第五》中载晏子在劝谏景公不听之后，“请身而去，遂走而出”，景公驾着马车都追不上他。《晏子春秋》卷一《内篇谏上·第八》中晏子称引古语说：“臣闻古者之士，可与得之，不可与失之；可与进之，不可与退之。臣请逃之矣。”也就是说，晏子认为，君臣之间在缔结关系上是平等的。士人有其独立的人格。这一点可参照《晏子春秋》卷一《内篇谏上·第八》的品读。

第二个问题，晏子在庄公朝到底有没有辞官隐居。晏子对隐士往往持批评态度，但是他反对的主要是那种在明君治下还刻意用隐居的方式沽名钓誉，甚至以此来谋求高官厚禄的人。晏子主张，在明君之世，能力不足以辅佐君主，就要主动“退处不顺上”[②]；事奉昏君，如果“力不能则去，不以谀持危”[③]。晏子主张，当意见不被君主采纳之时，士人就要主动地辞职。辞职并非单纯地抗议，而是要在民间徒处修身，甚至要通过自己的德行来感化周边的百姓。这就是君子之风。从这个角度来推测，晏子在庄公朝完全有辞官隐居的可能。另外，在《晏子春秋》卷七《外篇上·第十九》中，晏子自己也称在庄公朝“退而野处”。种种迹象表明，晏子在庄公朝极有可能一度辞官隐居。

---

① 参见赵蔚芝注解：《晏子春秋注解》，第220页。

② 《晏子春秋》卷四《内篇问下·第二十》。

③ 《晏子春秋》卷四《内篇问下·第十八》。

庄公不用晏子晏子致邑而退后有崔氏之祸第二

晏子为庄公臣，言大用，每朝，赐爵益邑[1]；俄而不用，每朝，致邑[2]与爵。爵邑尽，退朝而乘，喟然而叹[3]，终而笑。其仆曰："何叹笑相从数[4]也？"晏子曰："吾叹也，哀吾君不免于难；吾笑也，喜吾自得也，吾亦无死矣[5]。"崔杼果弑庄公，晏子立崔杼之门[6]，从者曰："死乎？"晏子曰："独吾君也乎哉！吾死也[7]！"曰："行乎？"曰："独吾罪也乎哉！吾亡也[8]！"曰："归乎？"曰："吾君死，安归[9]！君民者，岂以陵民，社稷是主；臣君者，岂为其口实，社稷是养[10]。故君为社稷死，则死之，为社稷亡，则亡之[11]；若君为己死而为己亡，非其私昵[12]，孰能任之。且人有君而弑之，吾焉得死之？而焉得亡之？将庸何归！"门启[13]而入。崔子曰："子何不死？子何不死？"晏子曰："祸始，吾不在也；祸终，吾不知也；吾何为死？且吾闻之，以亡为行者，不足以存君；以死为义者，不足以立功[14]。婴岂其婢子也哉！其缢而从之也！"遂袒免[15]，坐，枕君尸而哭[16]，兴，三踊而出[17]。人谓崔子必杀之崔子曰："民之望也，舍之得民[18]。"

【注释】

[1]益邑：益，增加；邑，城邑，这里指封邑。作为封邑，春秋时期的邑，多是一些大的聚落。

[2]致邑：归还封邑。致，归还。

[3]喟(kuì)然而叹：叹息的样子。

[4]数(shuò)：赵蔚芝《晏子春秋注解》训为"疾"，迅速。

[5]吾亦无死矣：当作"吾其无死矣"，意为我死不了。晏子将封邑和爵位都退还朝廷，故能免于祸难。"亦"为"亓"字之讹，亓，古同"其"。

[6]晏子立崔杼之门：《左传·襄公二十五年》："晏子立于崔氏之门外。"杜预注："闻难而来。"晏子本不在崔杼弑君的现场，而是听闻国君被弑之后赶来的。《左传》的描述比较切合实际，故本句的译注从之。

[7]独吾君也乎哉！吾死也：难道仅仅是我一个人的国君吗？那样的话，我就去死。言外之意，我和众臣一样，我为什么要去死？也，通"邪"，下句同。

[8]独吾罪也乎哉！吾亡也：难道仅仅是我一个人的罪过吗？如果那样，我就选择逃亡。言外之意，我没有罪，所以我用不着逃亡。

[9]吾君死，安归：我的君主死了，我怎么能够离开呢？

[10]臣君者，岂为其口实，社稷是养：大臣侍奉君主，岂能是为了俸禄，是为了社稷百姓的福祉。口实，食物，这里引申为俸禄。

[11]故君为社稷死，则死之，为社稷亡，则亡之：所以若君主为社稷公义或死或亡，那

么臣子亦当追随君上或死或亡。

[12]私昵：君主出于私心私欲而宠信的人。

[13]启：吴则虞云："《史记》'启'作'开'。《左传》无'子何不死'至'遂袒免坐'一段。"①《史记》避汉景帝刘启的讳，故作"开"。

[14]以亡为行者，不足以存君；以死为义者，不足以立功：把出奔逃亡看作是高尚品德的人，不足以保全君主，把殉死看作是节义的人，不足以建立功勋。

[15]袒免：古代丧服凶礼的一种。袒，脱下衣服露出左臂。免，摘掉帽子。

[16]枕君尸而哭：把庄公的尸体放在自己的大腿上，抱着尸体痛哭。《左传·襄公二十五年》作"枕尸股而哭"，杜预注："以公尸枕己股也。"今从《左传》。

[17]兴，三踊而出：站起身来，向上跳了三跳。丧礼中的一种仪式，形容哀伤之极，不能自已。兴，站起身来。踊，向上跳跃。

[18]舍之得民：释放了他（晏子）就能够得到民心。《左传·襄公二十五年》杜预注："舍，置也。"置，释放。

【品读】

本章关于崔杼弑君、晏子闻讯而来哭君的描述与《左传·襄公二十五年》稍有不同。《左传》并未记载晏子在庄公朝先是大用、后不重用的情节，但我们也不能因此就简单地否认了《晏子春秋》的记载。在上章的品读中，我们推测，由于治国的理念不同，晏子在庄公朝很可能存在不被重用的事实。本章开头交代，晏子的主张先是被庄公采纳，不久就逐渐被摒弃。晏子把此前庄公赏赐给他的爵位和封邑都退还给了公家。《内篇杂上·第一》中晏子将财物交给公家后，说："君子有利于民，则进爵禄，不辞富贵；无力于民而旅食，不恶贫贱。"其中的"爵禄"可能就是本章中退还的爵位和封邑。《内篇杂上·第一》还说晏子退还财物之后"遂徒行而东，畊于海滨"，本章中也载有晏子辞官隐居的证据。晏子向他的随从解释"何叹笑相从数也"时说："吾笑也，吾喜自得也，吾亦无死矣。"所谓"吾喜自得也，吾亦无死矣"就是指远离了是非之地，可以躲过侍奉庄公而招致的灾祸。这不就是指他打算辞官隐居他乡吗？

晏子对"忠君"的理解是本章的亮点。晏子作为庄公的臣子，与庄公有着实质的君臣关系。然而，当崔杼杀害庄公之后，晏子闻讯赶来哭君。晏子的追随者和崔杼都认为晏子会追随国君而死，但是晏子明确拒绝了这种提法。他说："君民者，岂以陵民，社稷是主；臣君者，岂为其口实，社稷是养。故君为社稷死，则死之，为社稷亡，则亡之；若君为己死而为己亡，非其私昵，孰能任之。"在这里，晏子所谓的"忠君"思想隐含着更高层次的思想内涵：社

① 吴则虞：《晏子春秋集释》，第297页。

稷重于君主，君主只有为国家社稷服务，大臣才有义务为他尽忠。为国家社稷服务是衡量君主是否“有道”的标准。为国家社稷服务的君主就是“有道”之君，谋一己私利的则是“无道”之君。臣对于“有道”之君，有责任、有义务为之效忠；而对于“无道”之君，则不仅没有义务效忠，而且还应该主动地离开他。所以，《论语·先进》说：“所谓大臣者，以道事君，不可则止。”这里的“道”大概就是指忠于国家社稷。

围绕着忠于国家社稷的“道”，先秦时期的“忠君”思想呈现出与后世“忠臣不事二君”的观念迥然不同的一面。正如唐宝富先生所言：“先秦诸子所说的‘忠君’，其实是建立在具体的君臣双方的权利与义务的关系上的，而并非是无条件的单方面的要求臣子‘忠君’，这里还有对君主的相应要求。事实上，只要君臣有一方不守‘君君、臣臣’之道，君臣关系即无法建立。”①“君君、臣臣”之道的内核就是服务国家社稷。由此可知，在先秦时期，晏子的“忠君”思想并非“异端”，它有着广泛的社会思想基础。到了战国时期，孟子依旧主张：“民为贵，社稷次之，君为轻。”②国家社稷大于个人（包括君主）的意识后来发展成“大一统”思想。

崔庆劫齐将军大夫盟晏子不与第三

崔杼既弑庄公而立景公，杼与庆封相之[1]，劫诸将军大夫及显士庶人于太宫之坎上[2]，令无得不盟者。为坛三仞，埳其下[3]，以甲千列环其内外[4]，盟者皆脱剑而入。维晏子不肯，崔杼许之。有敢不盟者，戟拘其颈[5]，剑承其心[6]，令自盟曰：“不与崔庆而与公室者，受其不祥。言不疾[7]，指不至血者死[8]。”所杀七人。次及晏子，晏子奉杯血，仰天叹曰：“呜呼！崔子为无道，而弑其君，不与公室而与崔庆者，受此不祥。”俛而饮血[9]。崔杼谓晏子曰：“子变子言，则齐国吾与子共之；子不变子言，戟既在脰[10]，剑既在心，维子图之也。”晏子曰：“劫吾以刃，而失其志，非勇也；回吾以利，而倍其君[11]，非义也。崔子！子独不为夫诗乎！《诗》云：‘莫莫葛藟，施于条枚，恺恺君子，求福不回。[12]’今婴且可以回而求福乎[13]？曲刃钩之，直兵推之[14]，婴不革矣！”崔杼将杀之，或曰：“不可！子以子之君无道而杀之，今其臣有道之士也，又从而杀之，不可以为教矣。”崔子遂舍之。晏子曰：“若大夫为大不仁，而为小仁，焉有中乎[15]！”趋出，授绥而乘[16]，其仆将驰[17]，晏子抚其手曰：

① 参见唐宝富：《论先秦忠君思想》，《江苏社会科学》1996年第5期。

② 《孟子·告子上》。

“徐之[18]！疾不必生，徐不必死，鹿生于野，命悬于厨[19]，婴命有系矣[20]。”按之成节而后去[21]。《诗》云：“彼己之子，舍命不渝[22]。”晏子之谓也。

【注释】

[1]杼与庆封相之：据《史记·齐太公世家》记载，庄公被杀后，崔杼立景公，景公“以崔杼为右相，庆封为左相”。春秋时期大部分国家尚右，所以右相比左相权力大。

[2]太宫之坎上：太宫，即太庙，君主祭祀祖先以及举行多种仪式的场所。太庙中往往供奉着开国始祖，齐国的太庙供奉的对象是太公吕尚。坎，坑，将祭品埋在坑中以便祖先和神灵能够享用。

[3]埳其下：在坛下挖坑。埳，同“坎”，坑，这里用作动词，挖坑。

[4]以甲千列环其内外：命令一千带甲的军士将祭台里里外外包围了起来。甲，带甲之军士。环，环绕、包围。

[5]戟拘其颈：用戟钩拉脖子。拘，当作“钩”，因戟前端有钩，故此处应为“钩”。

[6]剑承其心：用剑直接插入心脏。承，受、迎，这里引申为插入。

[7]言不疾：陈说盟誓之辞显得迟缓、犹豫。

[8]指不至血者：歃血为盟需要割破自己的手指，将血液流入水或者酒中混合，然后盟誓者都要饮此血酒，表示勠力同心。这里指不歃血者。指，手指。

[9]俛(fǔ)而饮血：低下头去饮血。俛，通“俯”，低下头。

[10]戟既在脰(dòu)：当作“戟在脰”，意为将戟架在脖子上。脰，脖子。

[11]而倍其君：而背叛他的君主。倍，通“背”，背叛。

[12]莫莫葛藟(lěi)，施(yì)于条枚，恺恺君子，求福不回：结合张纯一《晏子春秋校注》，该句诗的意思是：茂密繁盛的葛藤枝条，蔓延在枝干之上，顺其自然之性。和易近人的君子，求福不以邪道，顺于天性，以正直受大福。语出《诗经·大雅·旱麓》。莫莫，茂盛繁密的样子。葛藟，植物名，葛藤，属藤蔓植物。施，蔓延。枚，树干。恺恺，《诗经》原文作“岂弟”，即“恺悌”，形容和易近人。回，邪。

[13]今婴且可以回而求福乎：当作“今婴其可以回而求福乎”，如今我岂可屈从邪恶而谋求自身之福呢？且，当为“其”，二字因形似而误。其，岂，岂能，岂可。回，邪恶、邪道。

[14]曲刃钩之，直兵推之：结合上文，曲刃指戟，直兵为剑。

[15]若大夫为大不仁，而为小仁，焉有中乎：大不仁，弑君。而，你。小仁，释放自己。中，正。

[16]授绥而乘：授，张纯一谓之本为“援”，接过。绥，登马车所牵之绳索。

[17]其仆将驰：此句指给晏子驾驭马车的车夫欲疾驰离开崔杼之宅。将，当为衍字，应删去。

[18]徐之：慢慢地驾驶。徐，慢慢地。之，无实在意义。

[19]鹿生于野，命悬于厨：鹿虽然生在野外，然而它的命却掌握在厨师的手中。晏子向其车夫暗喻崔杼的权大，足以掌握他的生死，驾车迅速逃离现场，也不足以摆脱危机，倒不如神闲气定，等待命运的安排。

[20]婴命有系矣：我的命犹如在野之鹿有所悬也，疾驰无用。系，悬。

[21]按之成节而后去：指晏子的车子行驶起来不慌不忙，有节奏地离开了太庙。节，节奏。

[22]彼己之子，舍命不渝：语出《诗经·郑风·羔裘》，意为他那个人就是舍掉性命也不变节。彼己，《诗经》原文本作“彼其”。

【品读】

此章与上章故事发生的背景都一样，但侧重点不同。上章着重谈晏子为什么不死庄公之难，本章主要说晏子以大无畏的精神坚持自己的气节。这就是大勇大义。晏子反对脱离仁义的匹夫之勇，但是他却提倡礼义之下的勇。《晏子春秋》卷一《内篇谏上·第一》中晏子是这样概括“勇力”的：“勇力之立也，以行其礼义也。”在晏子的思想中，严格来说，勇是一种天性，它不具有社会价值取向的功能。礼义则是后天养成的素质，它代表一种价值取向。晏子认为，建立在“行礼义”之下的“勇”才是真正的“勇”。晏子在“戟既在脰，剑既在心”的威胁下，不失其志，这是“大勇”之行，也就是他说的“行其礼义”的“勇”。面对崔杼分治齐国的利诱，晏子不为所动，这就是“义”。因此，晏子说：“劫吾以刃，而失其志，非勇也；回吾以利，而倍其君，非义也。”在晏子的观念体系中，真正的“勇”是建立在“行其礼义”的基础上的，所以“勇”“义”两种品质，“义”字当先。这突出反映了伦理道德在中国社会价值判断中的中心作用。

晏子再治阿而见信景公任以国政第四

景公使晏子为东阿宰[1]，三年，毁闻于国[2]。景公不说，召而免之。晏子谢曰：“婴知婴之过矣，请复治阿，三年而誉必闻于国[3]。”景公不忍，复使治阿，三年而誉闻于国。景公说，召而赏之。景公问其故，对曰：“昔者婴之治阿也，筑蹊径[4]，急门闾之政[5]，而淫民恶之；举俭力孝弟[6]，罚偷窳[7]，而惰民恶之；决狱不避，贵强恶之；左右所求，法则予[8]，非法则否，而左右恶之；事贵人体不过礼[9]，而贵人恶之。是以三邪毁乎外，二谗毁于内[10]，三年而毁闻乎君也。今臣谨更之，不筑蹊径，而缓门闾之政，而淫民说；不举俭力孝弟，不罚偷窳，而惰民说；决狱阿贵强，而贵强说；左右所求言诺，而左右说；事贵人体过礼，而贵人说。是以三邪誉乎外，二谗誉乎内，三年而誉闻于君也。昔者婴之所以当诛[11]者宜赏，今所以当赏者宜诛，是故不敢受。”景公知晏子贤，乃任以国政，三年而齐大兴。

【注释】

[1]东阿宰:东阿,春秋齐国邑名,今山东聊城东阿县境内。宰,地方长官。

[2]毁闻于国:毁谤之声闻于国都。毁,毁谤。

[3]誉必闻于国:赞扬的声音必定闻于国都。誉,赞誉,赞扬的声音。

[4]筑蹊径:指切断坏人做坏事的邪路。

[5]急门闾之政:加强闾里之间的治安,防范盗贼。闾,古代居民组织单位,二十五家为一闾,闾和里类似,故"闾里"常作一词,指乡里。闾、里皆有门。

[6]举俭力孝弟:奖掖拥有俭力孝悌的人。举,提举、奖掖。俭,尚俭之人。力,勤于耕作之人。孝,孝敬父母。弟,即悌,友爱兄弟之人。

[7]罚偷窳(yǔ):惩罚偷盗懒惰之人。窳,懒惰。

[8]左右所求,法则予:君上身边左右的近臣所求请的,合法的就允许。予,《治要》本作"与",答应、允许。

[9]事贵人体不过礼:接待显贵不超过应有的礼仪。体,接待、接纳。

[10]三邪毁乎外,二谗毁于内:三种邪僻之人在外面诋毁我,两种谗佞之人在朝内诽谤我。三邪,淫民、惰民以及贵强。二馋,左右与贵人。

[11]诛:责备、惩罚。

【品读】

"晏子治阿"的故事流传甚广,人们关注的焦点在于晏子前后治阿的戏剧性结果。它给人的启示是君主赏罚大臣不能只听社会舆论。社会舆论具有盲目性,很多时候并不能客观公正地反映事实。评价一个人的工作好坏,不仅要听舆论,而且还要考察他的行动,也就是孔子说的"听其言而观其行"①。孔子说的"听其言"是指听考察对象对自己的评价,在本章就是指听别人对考察对象的评价。对领导干部的考察,我们既要听舆论对他的评价,更要重视他的工作成绩。只有将两者结合起来,才能较为客观公正地考察一个人。

除了以上分析,我们比较关注的还有晏子治阿的手段。晏子首次主政东阿,从其所行措施上看,颇有儒法兼行的味道。"筑蹊径,急门闾之政""举俭力孝弟,罚偷窳""决狱不避""左右所求,法则予,非法则否"等措施,活脱脱就是法家的作为,"事贵人体不过礼"又兼有儒家的治国色彩。儒法并用的治国理念在战国后期才逐渐抬头。《荀子》《管子》都有主张儒法并用的思想。荀子长期生活在齐国,曾一度出任齐国稷下学宫的祭酒一职。《管子》托名管仲,实为战国时期的作品。《晏子春秋》成书年代大致也在战国时期。较之战国时期的秦和三晋地区单纯地宣传法家思想,东方的齐国在治国思想上更多的是走上了儒法兼容的道路。儒法合流的趋势最终在汉代形成一

① 《论语·公冶长》。

种成熟的治国理念，汉宣帝“霸王道杂之”的治国思想就是例证。这一切都发源于战国时期的齐国。齐国的稷下学宫就好比一座大熔炉，它将来自三晋的法家思想与来自鲁国的儒家思想锻造在一起，铸就了兼容并包的齐文化。晏子治阿就体现了这一点。

景公恶故人晏子退国乱复召晏子第五

景公与晏子立于曲潢之上，晏子称曰："衣莫若新，人莫若故。"公曰："衣之新也，信善矣[1]，人之故，相知情[2]。"晏子归，负载[3]使人辞于公曰："婴故老耄[4]无能也，请毋服壮者之事[5]。"公自治国，身弱于高国，百姓大乱。公恐，复召晏子。诸侯忌其威，而高国服其政，田畴垦辟[6]，蚕桑豢收之处不足[7]，丝蚕于燕，牧马于鲁，共贡入朝。墨子闻之曰："晏子知道，景公知穷[8]矣。"

【注释】

[1]信善矣：的确很好。信，的确。

[2]相知情：互相知道的实情太多，底细、隐私皆为故人所知。

[3]负载：此指晏子从宫中返家，收拾行囊，准备离开齐国都城临淄。犹"负戴"，背着、顶着东西，引申为收拾行李，准备离开。负，背着。戴，用头顶着。

[4]老耄：形容年长气衰。耄，高龄，指八九十岁。

[5]请毋服壮者之事：请求以后不再承担年轻人所干的事业了。晏子托辞年老，将职位让给年轻人。服，承担。

[6]田畴垦辟：田地得到开垦。田畴，田地。畴，田。辟，开、开荒。

[7]蚕桑豢收之处不足：当作"蚕桑豢收之处不足"，意思是说，齐国百姓勤劳，将田地开垦殆尽已无地可种桑养蚕，放牧年马。收，当作"牧"字，因形似而讹。卢文弨《晏子春秋拾补》认为"收"当作"牧"，前言齐民勤劳，"田畴垦辟"，齐国已经无地可养桑蚕、放牧牛马，故下文说"丝蚕于燕，牧马于鲁"。

[8]晏子知道，景公知穷：晏子知治国之道，景公知自己无才治国。道，治国之道。穷，才疏学浅、能力不够。

【品读】

春秋战国的国君大都喜欢重用"新人"。这些"新人"要么出身低微，要么是他国出奔的贵族。所谓的"旧人"或"故人"，实际上就是宗法贵族，他们大多世代承有封邑和官职。春秋中后期，他们以卿大夫之职掌控国家大政，以国君为首的公室势力衰微。晋国的六卿、鲁国的三桓就是其中的代表。所以，国君为了集权，往往通过抬高无家族根基的"新人"来打击"旧人"。最典型的例子莫过于春秋时期周王畿之内有个小国单国，其国君单献公"弃亲用羁”，结果就招致“襄、顷之族杀献公而立成公”①。在齐国，高、国就是世卿家族，崔杼出自惠公也是“旧人”，晏氏家族从晏子的父亲晏桓子开始在齐国担任大夫，也是较大的家族，基本可以属于“旧人”。田氏家族本是陈国的出奔贵族，在齐国算得上“新人”。田氏从田须无开始逐渐得到齐国国君的赏识，景公时期田无宇竟然与公室争夺民心。晏子对田氏的崛起一直抱有防范心理，曾屡次告诫景公，然而景公明知田氏坐大却不加约束。景公的目的在于利用“新人”田氏牵制栾、高、国等“旧人”。这才是景公“恶故人”的真实缘故。晏子属于“故人”行列，但他基本上是站在维护公室的立场上的。只可惜他仍然抱着过去依赖旧家族维持统治秩序的旧思想，所以晏子听到景公“人之故，相知情”的言论后才作出告老离职的举动。

齐饥晏子因路寝之役以振民第六

景公之时饥[1]，晏子请为民发粟[2]，公不许，当为路寝之台，晏子令吏重其赁[3]，远其兆[4]，徐其日[5]，而不趋[6]。三年台成而民振[7]，故上说乎游[8]，民足乎食。君子曰：“政则晏子欲发粟与民而已，若使不可得，则依物而偶于政[9]。”

【注释】

[1]饥：因粮食歉收而造成的饥荒。

[2]发粟：开官仓而发放粮食，赈济百姓。

[3]重其赁：晏子命令具体负责修筑路寝之台的官吏提高雇工的工资。庸，即雇佣，这里引申为因修路寝之台齐国政府雇佣的百姓。直，即值，价钱、工钱。

[4]远其兆：拓展路寝之台占地面积，增加工程量。兆，域也，即路寝之台所占的面积。

[5]徐其日：减缓竣工日期。徐，缓慢、减缓。

[6]而不趋(cù)：不催促筑台劳工加快进程。趋，一本为“趣”，通“促”。

[7]三年台成而民振：经过三年，路寝之台终于完工，百姓也得到了赈济。振，通“赈”，赈济。

[8]上说乎游：景公游览路寝之台感到满意。说，通“悦”。

[9]依物而偶于政：能够依事合于政务。物，事，这里代指修筑“路寝之台”。偶，合，此指与赈济饥民之政事相偶合。

【品读】

齐景公在位时，有一次齐国闹饥荒。晏子请求开仓放粮赈济百姓，景公

① 《左传·昭公七年》。

不允许。“当为路寝之台”之“当”字，王更生先生释为“正值”“适逢”①，可谓最得其解。也就是说，正好赶上齐国修筑路寝之台。《晏子春秋》卷二《内篇谏下·第十八》中记载了路寝之台的高大，说“景公登路寝之台，不能终”云云。结合本章我们了解了路寝之台修得这么高大，不仅仅是景公好大喜功的结果，而且还是晏子投景公之所好，扩大规模（远其兆）、延长工期（徐其日）的结果。这样做的原因就是在饥荒时期为更多的百姓提供就业岗位，并且最大限度地提高报酬（重其赁），以便让饥民度过灾荒之年。这就是所谓的“以工代赈”。在中国古代，对于百姓来说，为政府修筑大工程大多是的强制义务劳动。从本章中“重其赁”来看，齐国修筑的路寝之台不是强制性的劳役剥削，而是有偿的雇佣劳动。尽管这种官方的雇佣劳动薪水可能会很低，但修筑这样的大工程对于国家来说也是一笔不小的开支。这似乎印证了有“通工商之便、鱼盐之利”的齐国财政储备雄厚。雄厚的国家财政储备，加上晏子的“以工代赈”的方法，才使得齐国在灾荒之年，既修筑了大工程，又使得饥民度过了困难时期。

景公欲堕东门之堤晏子谓不可变古第七

景公登东门防[1]，民单服然后上[2]，公曰：“此大伤牛马蹄[3]矣，夫何不下六尺哉？”晏子对曰：“昔者吾先君桓公，明君也，而管仲贤相也。夫以贤相佐明君，而东门防全也。古者不为，殆有为也[4]。蚤岁溜水至[5]，入广门[6]，即下六尺耳，乡者防下六尺，则无齐矣。夫古之重变古常[7]，此之谓也。”

【注释】

[1]东门防：东门外有淄水河堤防。东门，齐国都城东门。防，堤坝。

[2]民单服然后上：当作“民卑服然后上”，意为百姓匍匐委蛇才能爬上堤坝。单服，当为“卑服”，“卑”“单”二字因形似而讹。卑服，匍匐。

[3]大伤牛马蹄：堤坝高大，坡陡难爬，太伤害牛马的蹄趾了。

[4]古者不为，殆有为也：古时候不降低堤防，大概是有原因的。不为，即指不下防六尺。有为，与“蚤岁溜水至，入广门，即下六尺耳”相对应，指堤坝高大正是为了防护临淄不被大水淹没。

[5]蚤岁溜水至：早年淄水冲到这里。蚤，同“早”。溜水，淄水。溜，当为“淄”，因二字形似而误。

[6]入广门：冲进广门。赵蔚芝《晏子春秋注解》据《淄博市文物志·齐临淄故城》考

① 王更生注译：《晏子春秋今注今译》，第224页。

证，广门为齐故城中大城之东门。

[7]夫古之重变古常：古人不轻易改变以前流传下来的典章制度。重，重视，这里引申为谨慎。常，法则。古代对变更上古的法则相当谨慎。

【品读】

晏子厚古薄今，推崇效法先王。综观全书，晏子对于三代圣王的治国之道倍加推崇。《晏子春秋》卷一《内篇谏上·第一》极力颂扬汤武的“仁义之理”，《内篇谏上·第七》又说三代之兴“天下治平”，三代之衰“离散百姓，危覆社稷”，并告诫景公“不度圣王之兴”的后果是“覆社稷”“危宗庙”。晏子远推三代圣王，近崇太公、丁公和桓公，尤其对于齐桓公和管仲，可谓推崇备至，称他们为“明君”“贤相”。桓公、管仲这对“黄金搭档”所制定的一切规则都不能轻易变更。晏子以齐国东门之外的堤防不下六尺为例，认为古代的圣王早就已经设计好了一切，东门之外的大堤如果下落六尺，淄水在雨季极有可能会淹没都城。所以，晏子告诉景公：“古之重变古常。”“古常”即古代圣王明君制定的规范和法则。这些东西是不能轻易变革的。需要说明的是，晏子不是反对改革，而是主张用“古常”来改革当代的乱象。《晏子春秋》卷七《外篇上·第十五》中晏子针对田氏坐大、威胁君权的现实状况提出用“礼”来消弭这种臣强主弱的颠倒格局。“礼”恰是圣王明君制定的“古常”。

景公怜饥者晏子称治国之本以长其意第八

景公游于寿宫[1]，睹长年负薪[2]者，而有饥色。公悲之，喟然叹曰[3]：“令吏养之！”晏子曰：“臣闻之，乐贤而哀不肖，守国之本也。今君爱老，而恩无所不逮，治国之本也。”公笑，有喜色。晏子曰：“圣王见贤以乐贤，见不肖以哀不肖，今请求老弱之不养，鳏寡之无室者，论而共秩焉[4]。”公曰：“诺。”于是老弱有养，鳏寡有室。

【注释】

[1]寿宫：张纯一《晏子春秋校注》谓“寿宫”即“胡宫”①，据说齐先君胡公长寿，故其所筑之宫殿亦称“寿宫”。

[2]负薪：背着柴火。

[3]喟然叹曰：当为“喟然”，意为叹息的样子。“叹曰”与“喟然”词义重复，乃后人误加，当删去。

---

① 参见张纯一校注：《晏子春秋校注》，第129页。

[4]论而共秩焉：评定核实之后，供给他们钱粮。共，通“供”，供给。论，评定、核实。秩，本指俸禄，这里指国家拨给的钱粮。

【品读】

景公游览寿宫，看到一面黄肌瘦的老人背负木柴，心中顿生怜悯之心。于是，景公下令让官员好生赡养老人。这本是一件偶然之事，晏子趁机赞扬景公，并将景公的偶然性的“爱老”行为上升到“治国之本”的高度。儒家有着类似的观点，《论语·学而》就认为“孝悌”是“仁”的根本。景公听了晏子的赞扬，愉快的心情溢于言表。晏子趁着景公心情大好向景公建议：“请求老弱之不养，鳏寡之无室者，论而共秩焉。”即无人赡养的年老体弱的人，没有家室的鳏夫、寡妇，根据实际情况，由国家供给他们钱粮。政府对鳏寡孤独等弱势群体免费提供衣食住宿的制度保障，这就是古代版的社会福利制度。儒家也主张政府出资承担对鳏寡孤独废疾者的赡养制度。《礼记·礼运》就说：“大道之行也，天下为公，选贤与能，讲信修睦。故人不独亲其亲，不独子其子。使老有所终，壮有所用，幼有所长，矜寡孤独废疾者，皆有所养。”看来，建立对弱势群体的社会保障制度也是中国古代思想家的理想。

景公探雀鷇鷇弱反之晏子称长幼以贺第九

景公探雀鷇[1]，鷇弱，反之。晏子闻之，不待时而入见景公[2]。公汗出惕然[3]，晏子曰：“君何为者也？”公曰：“吾探雀鷇，鷇弱，故反之。”晏子逡巡[4]北面再拜而贺曰：“吾君有圣王之道矣！”公曰：“寡人探雀鷇，鷇弱，故反之，其当圣人之道者何也？”晏子对曰：“君探雀鷇，鷇弱，反之，是长幼也。吾君仁爱，曾禽兽之加焉[5]，而况于人乎！此圣王之道也。”

【注释】

[1]雀鷇(gòu)：鷇，嗷嗷待哺的幼鸟。

[2]不待时而入见景公：当作“不时而入见”，意思是说，没到面见国君的时间就提前去见国君了。时，即“待”，等到。故“待”字当删去。“景公”二字乃涉上文而衍，故当删。

[3]惕然：惊惧的样子。

[4]逡巡：局促不安的样子。

[5]曾禽兽之加焉：当为“禽兽之加”，即禽兽是加，言景公的仁爱都施加给了禽兽。之，乃、是。加，增加，可引申为施加。

【品读】

景公探巢捉雀，看到雏鸟弱小，心生怜悯之心，又把雏鸟放回了巢中。

晏子听说这件事后，等不到朝见之时就跑去见景公。景公见了晏子汗流满面，惊惧不已。心想，自己作为一国之君，不务政事而以探巢捉鸟为乐，晏子必定是赶来劝谏自己的。令人没想到是，晏子对景公将雏鸟放生的做法大加赞扬："吾君有圣王之道矣。"晏子将景公这种恩及禽兽的做法拔高到了"圣王之道"的高度。这是为什么？晏子讲"吾君仁爱，曾禽兽之加焉，而况于人乎"，"此圣王之道也"。这与《孟子·梁惠王上》中孟子称赞齐宣王不忍杀牛衅钟有"仁术"有异曲同工之妙。除了本章，《孟子·梁惠王下》"齐宣王见孟子于雪宫"一事与《晏子春秋》卷四《内篇问下·第一》所载事例也大致相同。两书到底是谁抄袭谁？陈瑞庚先生经考证得出的结论是《晏子春秋》抄袭《孟子》①。如果此说成立的话，这不正说明了齐鲁两种文化相互借鉴、相互吸收的道理吗？

景公睹乞儿于途晏子讽公使养第十

景公睹婴儿[1]有乞于途者，公曰："是无归矣[2]！"晏子对曰："君存，何为无归？使吏养之，可立而以闻[3]。"

【注释】

[1]婴儿：当作"孩儿"。出生小儿谓"婴"，然本文中所谓的"婴儿"已能乞讨于途，当是能行走、会说话的儿童。

[2]是无归矣：这是无家可归的孩子。是，代指在路上乞讨的儿童。矣，《说苑·贵德》作"夫"。元刻本、杨本、凌本皆作"夫"。

[3]可立而以闻：等到这个孩子长大成人，报知景公。立，此指小孩子长大成人。闻，报知景公。

【品读】

景公看到有个幼小的儿童在大路上乞讨，触景生情，说："莫非这个小孩无家可归！"晏子借此机会向景公建议由政府收养这个孩子。本章与《晏子春秋》卷五《内篇杂上·第八》讲的都是君主应该承担起为鳏寡孤独等弱势群体提供社会保障的责任。这种社会保障还不是现代意义上的社会福利保障制度，而是由政府一揽子承担的赡养、养育制度。这对当时相对匮乏的政府财政来说是一项艰巨的任务。如果说本章所载之事为事实的话，那么这就印证了齐国有着充足的财力。

---

① 参见陈瑞庚：《晏子春秋考辨》，第164页。

景公惭刖跪之辱不朝晏子称直请赏之第十一

景公正昼[1]，被发，乘六马，御妇人以出正闺[2]，刖跪[3]击其马而反之，曰："尔非吾君也。"公惭而不朝。晏子睹裔款而问曰："君何故不朝？"对曰："昔者君正昼，被发，乘六马，御妇人以出正闺，刖跪击其马而反之，曰：'尔非吾君也。'公惭而出反，不果出，是以不朝。"晏子入见。景公曰："昔者寡人有罪，被发，乘六马，以出正闺，刖跪者击马而反之，曰：'尔非吾君也。'寡人以天子大夫之赐[4]，得率百姓以守宗庙，今见戮于刖跪，以辱社稷，吾犹可以齐于诸侯乎？"晏子对曰："君勿恶焉！臣闻下无直辞，上有隐君[5]；民多讳言，君有骄行。古者明君在上，下多直辞；君上好善，民无讳言。今君有失行，刖跪直辞禁之，是君之福也。故臣来庆。请赏之，以明君之好善；礼之，以明君之受谏。"公笑曰："可乎？"晏子曰："可。"于是令刖跪倍资无征[6]，时朝无事[7]也。

【注释】

[1]正昼：大白天。

[2]正闺：宫中日常出入的小门中的正门。《尔雅·释宫》："宫中之门谓之闱，其小者谓之闺。"

[3]刖跪：砍掉脚的人。跪，脚。刖，古代酷刑之一，砍掉犯人的脚。

[4]以天子大夫之赐：当作"以子大夫之赐"，春秋时的一种敬语，意为在大夫的帮助之下。"天"字为衍文，当删，且"天子"与"大夫"等级悬殊，不能并称。

[5]上有隐君：当作"上有隐恶"，君上则有隐藏的坏品性。"隐君"二字与"骄行"对文，故"君"字当为"恶"字之误。

[6]倍资无征：加倍赏赐刖跪者，取消他的一切赋税。资，资给，引申为赏赐。征，税。

[7]时朝无事：不必有事才可上朝面见国君，可随时面见。景公给予刖跪者随时面见国君的特权。

【品读】

"刖"是古代一种把脚砍掉的酷刑。受刖刑的人一般都担任守城门的官职。《周礼·秋官·掌戮》："墨者使守门，劓者使守关，刖者使守囿。"与《周礼》记载稍不同的是，在春秋时期，刖者常守门而不是守囿。《左传·庄公十九年》记载了一个楚国名叫鬻拳的人，因向楚文王进谏，文王不听其谏，"临之以兵，惧而从之"。鬻拳为自己的胆怯和失职而感到无比惭愧，结果砍掉了自己的脚，以示自罚。楚文王就让他担任掌管都城大门的"大阍"一职。他担任了大阍之后仍然没有忘记"纳君于善"。巴人入侵楚国，打败了前来迎战的楚文王率领的楚军。楚文王胆怯，试图逃回国都，结果鬻拳将城门紧闭，断绝了文王的后路。置之死地而后生的楚文王率领楚军一举打败了巴人。可惜，楚文王在班师回朝的路上病死，鬻拳也随之自杀。楚国为了表彰刖者鬻拳的忠心，让他的子孙世代掌承大阍一职。可见在春秋时期，刖者有守门的习俗。本章中齐国的"刖跪者"也守卫宫中正门。齐景公大白天披头散发，亲自驾车载着宫中的姬妾大摇大摆地要出宫中的正门，结果被刖跪者以"尔非吾君"拒之。被拦住的景公回到宫中很没面子，"惭而不朝"，连朝都不上了。晏子面见景公问不上朝的缘故，景公答曰："我在大夫您的辅佐下得以统治百姓、守护宗庙，现在却被一个受过刖刑的守门人给侮辱了，我还可以同其他诸侯平起平坐吗？"按照周礼的规定，国君的一举一动都要合乎礼。国家动乱，君主逃奔，衣冠礼仪无法顾及，才有衣冠不整的装束。《晏子春秋》卷一《内篇谏上·第二十三》说景公在署梁田猎十八日不返朝，晏子"衣冠不正，不革衣冠"见景公，景公见此状就以为国家有变故。卷二《内篇谏下·第十四》中晏子谈及君主衣服制度时说："及三代作服，为益敬也，首服足以修敬……身服足以行洁。"观本章中景公"被发，乘六马，御妇人以出正闺"的行为，显然违背了衣服礼仪制度。这种行为虽市井味十足，但却没有了君王的威严，故刖跪者借口"尔非吾君"拒绝放行。

刖跪者的行为和楚国的鬻拳都是以行动"纳君于善"。受刑之人虽然位同奴隶，但他们各司其职，尽到了规谏君王的责任。中国古代很早就有完善的规谏制度。《左传·襄公十四年》说："天生民而立之君，使司牧之，勿使失性。有君而为之贰，使师保之，勿使过度。是故天子有公，诸侯有卿，卿置侧室，大夫有贰宗，士有朋友，庶人、工、商、皂、隶、牧、圉，皆有亲昵，以相辅佐也。善则赏之，过则匡之，患则救之，失则革之。自王以下，各有父兄子弟以补察其政。史为书，瞽为诗，工诵箴谏，大夫规诲，士传言，庶人谤，商旅于市，百工献艺。""工、商、皂、隶、牧、圉"地位与"刖跪者"几近相同。其中，瞽即盲人，也是有身体缺陷的人，地位不比"刖跪者"高多少，他们也有规谏君主的义务。当然，这里还有一个前提，那就是君主乐于纳谏，有"好善"之心才有"好善"之行。所以，晏子在本章中说："古者明君在上，下多直辞；君上好善，民无讳言。今君有失行，刖跪直辞禁之，是君之福也。"臣规谏、君纳谏是一种互动行为。臣有忠心，君有德行，以规谏、纳谏为载体的良性政治才能出现。

景公夜从晏子饮晏子称不敢与第十二

景公饮酒，夜移于晏子，前驱款门[1]曰："君至！"晏子被元端[2]，立于门曰："诸侯得微有故乎[3]？国家得微有事乎？君何为非时而夜辱？"公曰："酒醴之味，金石之声[4]，愿与夫子乐之。"晏子对曰："夫布荐席[5]，陈簠簋者[6]，有人，臣不敢与焉。"公曰："移于司马穰苴[7]之家。"前驱款门，曰："君至。"穰苴介胄操戟立于门曰："诸侯得微有兵乎？大臣得微有叛者乎？君何为非时而夜辱？"公曰："酒醴之味，金石之声，愿与将军乐之。"穰苴对曰："夫布荐席，陈簠簋者，有人，臣不敢与焉。"公曰："移于梁丘据之家。"前驱款门，曰："君至！"梁丘据左操瑟[8]，右挈竽[9]，行歌而出。公曰："乐哉！今夕吾饮也。微此二子[10]者，何以治吾国；微此一臣[11]者，何以乐吾身。"君子曰："圣贤之君，皆有益友，无偷乐之臣，景公弗能及，故两用之，仅得不亡。"

【注释】

[1]款门：叩门。

[2]元端：又称"玄端"，其装饰是玄冠（浅黑色的缯冠）和淄布衣。玄端分朝服和一般的礼服。朝服的装饰就是玄冠和淄布衣，再配以素裳。一般礼服除了玄冠和淄布衣，还可以配以玄裳、黄裳及杂裳，说详见《仪礼·士冠礼》。本文中晏子所着当是朝服。

[3]诸侯得微有故乎：诸侯各国没有发生什么变故吧？微，无、没有。

[4]金石之声：代指各种乐器所奏的音乐。金，铜或青铜质乐器的制作材料，如编钟即是用金所制。石，石质乐器的制作材料，如磬就是用石头所制。

[5]布荐席：铺设草席。布，铺设。荐，草席。魏晋以前古人席地而坐，席子是最基本的坐具。

[6]陈簠(fǔ)簋(guǐ)者：摆上簠簋等盛放粮食的器皿。陈，摆设。簠、簋，祭祀或宴享时用以盛黍稷的器皿。

[7]司马穰苴(jū)：司马，官名，军事长官。穰苴，人名，田氏苗裔，春秋后期著名军事家，著有《司马法》一书。

[8]瑟：古乐器名，形似琴，二十五弦。

[9]竽：古簧管乐器，形似笙而大，多管，是春秋战国时期比较流行的乐器。

[10]二子：晏子、司马穰苴。

[11]一臣：梁丘据。

【品读】

景公爱饮酒，《晏子春秋》卷一《内篇谏上·第三》《内篇谏上·第四》及《内篇谏上·第五》皆有记载。本章说景公欲饮酒，晚上就命人到晏子家里摆宴。

景公的前驱卫士敲开晏子的大门通报国君要来饮酒。晏子身穿上朝的衣服“玄端”，恭敬地站在门口问道：“诸侯得微有故乎？国家得微有事乎？君何为非时而夜辱？”“诸侯之事”“国家之事”皆为晏子所职掌之事，故景公深夜造访晏子家，晏子以为诸侯或齐国有非常之事，故着朝服庄重地等待景公。景公以酒乐之事答之，晏子却以“布荐席，陈簠簋者，有人”拒绝国君的要求。

景公转至司马穰苴之家，司马穰苴乃齐国将军，听闻国君夜临，以为诸侯有兵侵齐或齐国大臣有叛乱之行，故“介胄操戟立于门”。景公仍以酒乐之事答之，司马穰苴同晏子一样拒绝了国君的请求。晏子职司国家大事、外交，司马穰苴掌齐国军事，外御诸侯入侵，内防大臣作乱。在国君夜临之时，两人各司其职，并以职事为由拒绝与国君夜饮。孔子说：“不在其位，不谋其政。”[①]孔子的学生曾子说得更直接：“君子思不出其位。”[②]依照周礼，各种官职各司其职，不能有逾越行为。只有这样，上下、尊卑的社会秩序才能有条不紊，井然有序。官吏各司其职，职事不相逾越。职责分明，权限清晰是官僚制的基本特征。

不独儒家，法家更提倡这一点。战国时期法家的代表人物申不害主张“治不逾官”[③]。《韩非子·二柄》：“昔者韩昭侯醉而寝，典冠者见君之寒也，故加衣于君之上。觉寝而说，问左右曰：‘谁加衣者？’左右对曰：‘典冠。’君因兼罪典衣与典冠。其罪典衣，以为失其事也，其罪典冠，以为失其职也。非不恶寒也，以为侵官之害甚于寒。”较之儒家，法家以近似刻板的态度执行官僚制职责分明的精神。这样做的好处就是能够维护等级秩序，弊端就是各职能部门缺乏大局观念，事不关己，高高挂起，部门之间难以自发协作联动，进而损害整体的形象和利益。

景公最后去了梁丘据家。《晏子春秋》中的梁丘据是个阿谀奉承的奸佞之徒。如《内篇谏上·第十八》说他“君甘亦甘”，刻意迎合国君的嗜好，晏子将这种阿谀奉承的行为称之为“同”。梁丘据“左操瑟，右挈竽，行歌而出”就印证了这一点。最后，本章以“君子曰”的形式评价了景公忠、奸“两用之，仅得不亡”。但我们认为，景公能够用“二子”（晏子、司马穰苴）治理其国家，又能用“一臣”（梁丘据）满足自己享乐的需求，恰恰是君主专制普遍的现象。君主用忠臣治国，这属于君主的公共服务价值取向，没有这一点，君主就得不到人民的支持；君主喜用谄谀之辈，这是由于君主有私欲，需要有这一部分人迎合、满足他的欲求。况且，两者兼用，还能起到相互制约的作用，这实

① 《论语·泰伯》。

② 《论语·宪问》。

③ 《韩非子·定法》。

际上就是法家的权术。《晏子春秋》的观点倾向于儒家，认为最圣明的君主身边都是忠心、能干的官僚（益友），而没有会享乐的奸佞之辈（偷乐之臣）。在君主专制制度下，这种理想的“好人政治”很难实现。因为只要君主有私欲，奸佞之徒就有空子可钻。

景公使进食与裘晏子对以社稷臣第十三

晏子侍于景公，朝寒[1]，公曰：“请进暖食。”晏子对曰：“婴非君奉馈之臣[2]也，敢辞。”公曰：“请进服裘。”对曰：“婴非君茵席之臣[3]也，敢辞[4]。”公曰：“然夫子之于寡人何为者也？”对曰：“婴，社稷之臣也。”公曰：“何谓社稷之臣？”对曰：“夫社稷之臣，能立社稷[5]，别上下之义，使当其理[6]；制百官之序，使得其宜[7]；作为辞令，可分布于四方[8]。”自是之后，君不以礼，不见晏子。

【注释】

[1]朝（zhāo）寒：早上寒冷。朝，早上。

[2]奉馈之臣：侍奉君主饮食的臣子。

[3]茵席之臣：负责君主起居的臣子。

[4]敢辞：恕难从命。

[5]能立社稷：使国家社稷和谐稳定。

[6]别上下之义，使当其理：上下尊卑，各得其所，社会井然有序。

[7]制百官之序，使得其宜：百官各居其位，各司其职。

[8]作为辞令，可分布于四方：辞令得体，四方咸服。

【品读】

景公命晏子进暖食、进服裘，晏子皆以非其所任拒之，景公问晏子之职，晏子答曰“社稷之臣”。何为“社稷之臣”？晏子答曰：“夫社稷之臣，能立社稷，别上下之义，使当其理；制百官之序，使得其宜；作为辞令，可分布于四方。”社稷之臣的职责在于使国家社稷和谐稳定，使社会上下、尊卑各得其所，社会井然有序，使百官各居其位，各司其职；为君上拟制政令，然后传达到四方，其辞令得体，四方咸服。进暖食、进服裘之职乃服侍君主个人，非为国家社稷，其地位卑下，甚至类似于奴隶，贤人士大夫皆不齿为之。贤人士大夫之理想在于辅君立社稷，其角色定位乃“社稷之臣”而非君主个人之臣仆。

从这则故事我们也可以看出，中国古代的官僚制内臣、外臣系统的划分业已成熟。内臣朝夕在君之侧，为君主衣食住行操劳；外臣与君在朝会上商讨社稷国家之事，匡扶社稷。

晏子饮景公止家老敛欲与民共乐第十四

晏子饮景公酒[1]，令器必新[2]，家老[3]曰："财不足，请敛于氓[4]。"晏子曰："止！夫乐者，上下同之[5]。故天子与天下，诸侯与境内，大夫以下各与其僚，无有独乐。今上乐其乐，下伤其费，是独乐者也，不可！"

【注释】

[1]饮景公酒：以酒招待景公。

[2]令器必新：晏子生活节俭，平时所用必陈旧之器物，景公来饮，晏子令家臣准备新器物。

[3]家老：替卿大夫管理家室或封邑的家臣、室老。

[4]氓：通"民"。可能指晏子封邑之内的平民。

[5]夫乐者，上下同之：快乐要君民共享。

【品读】

晏子以酒招待景公，命家臣置办新的酒器、餐具。这也印证了晏子日常生活之节俭，家中连新的酒器和餐具都没有。置办新器，晏子家财不足。家臣请求"敛于氓"，"氓"是指晏子封邑中的百姓。晏子置办新酒器，家无余财，足见他平时薄敛封邑之民，爱民至深。晏子断然拒绝了家臣的建议，他说："夫乐者，上下同之。故天子与天下，诸侯与境内，大夫以下各与其僚，无有独乐。今上乐其乐，下伤其费，是独乐者也，不可！"天子与普天下之百姓，诸侯与国内子民，大夫以下与其臣僚及封邑之民皆为一体，有乐上下共享，故能得民之心；得民之心，统治才能巩固。所以，对于统治阶层来说，上独乐而下伤其费的行为是把统治者个人的快乐建立在别人的痛苦之上，这是极其愚蠢的做法，故明君、贤臣皆所不为。这与孟子的"与民同乐"是一致的。较之《孟子》，本章更直接地道出了统治者与民一体的社会结构关系。君民一体的社会结构中，"上下同乐"是普世的价值观。任何统治者如果违背了这一点，其统治地位必将受到削弱和威胁。这也是民本思想的重要内容。

晏子饮景公酒公呼具火晏子称诗以辞第十五

晏子饮景公酒，日暮，公呼具火[1]，晏子辞曰："《诗》云：'侧弁之俄[2]'，言失德也。'屡舞傞傞[3]'，言失容也。'既醉以酒，既饱以德[4]，既醉而出，并受其福[5]’，宾主之礼也。‘醉而不出，是谓伐德[6]’，宾之罪也。婴已卜其日，未卜其夜[7]。”公曰：“善。”举酒祭之，再拜而出。曰：“岂过我哉，吾托国于晏子也。以其家货养寡人[8]，不欲其淫侈也，而况与寡人谋国乎！”

【注释】

[1]具火：点燃灯火，继续夜饮。

[2]侧弁之俄：语出《诗经·小雅·宾之初筵》，本章以下所引诗句皆出自此诗。此指饮酒正酣的时候，帽子都歪斜了。衣冠不整，故曰“失德”。侧，倾斜。弁，古代贵族戴的一种帽子，文官戴爵（雀）弁，武官戴皮弁（兽皮缝制的帽子）。俄，倾斜的样子。

[3]屡舞傞傞（suō）：此言醉酒之人手舞足蹈停不下来，一副醉汉相，所以说“失容”。傞傞，不停止的样子。

[4]既醉以酒，既饱以德：酒已经喝得差不多了，主人的盛情也领了。该句诗不是出自《小雅·宾之初筵》，可能为后人所加。本章所引诗句都出自《宾之初筵》，唯独此句不是，当删去。

[5]既醉而出，并受其福：酒醉后便告辞，对宾主都有好处。

[6]醉而不出，是谓伐德：喝醉酒不离开，给主家造成不便，是为败德。伐德，败德。伐，败。

[7]婴已卜其日，未卜其夜：我已经占卜了白天宴请君上可以，却没有占卜夜晚宴请国君可否。《左传·襄公二十二年》：“饮桓公酒乐，公曰：‘以火继之。’辞曰：‘臣卜其昼，未卜其夜，不敢。’”吴则虞《晏子春秋集释》曰：“此袭敬仲之言。”①

[8]以其家货养寡人：当作“以其家贫善寡人”，晏子家贫却用膳食招待我。货养，刘向《说苑》作“贫善”。善，通“膳”，用酒食招待。

【品读】

晏子虽不反对统治者饮酒，但却主张统治者饮酒一定要有节制。在《晏子春秋》卷一《内篇谏上·第三》中，晏子说适量饮酒可“通气合好”，有利于身体健康。怎样饮酒才算有节制呢？晏子引西周饮酒的习俗“周觞不过五献”为制。统治者过量饮酒或沉溺于酒色，怠于朝政，极容易导致“国治怨乎外，左右乱乎内”，结果就会“上离德行，民轻赏罚，失所以为国矣”。由此可见，统治者沉湎于酒，最严重的的后果就是失去统治地位。

本章的故事也是以节制饮酒作为主旨。晏子在家请景公饮酒，景公喝得很尽兴。时已天黑，景公命晏子家人掌灯以便继续饮酒。晏子引《诗经·小雅·宾之初筵》之句劝景公适度饮酒。“侧弁之俄”是说醉酒之后衣冠不整，形象不雅，故曰“失德”。“屡舞傞傞”是说醉酒之后手足乱舞的醉汉相，故曰“失容”。“既醉以酒，既饱以德，既醉而出，并受其福”是说主人热情招

① 吴则虞：《晏子春秋集释》，第325页。

待宾客,让宾客酒足饭饱,最好是喝醉,然后才能离开。这样既显出主人的好客和慷慨,又让宾客尽兴而归。这句诗并非出自《诗经·小雅·宾之初筵》篇,而是出自《诗经·大雅·既醉》。《既醉》所描述的场所是宗庙祭祀之后君臣宴饮之事,这与君臣一般的宴饮不同。且该诗与本章节制饮酒的主旨相抵牾,可能是后人传抄过程中误抄了《既醉》之诗。

战国以前,节制饮酒在统治阶层中是一种主流规范。这种传统源自西周初期周人对饮酒的限制。广义上来看,节制饮酒属于礼的范畴。因此,节制饮酒就是循礼,沉湎于酒就是失礼。失礼的行为就是无德的行为。这样看来,饮酒也是衡量君主是否有"德"的重要标准。"醉而不出,是谓伐德",是指在主人家喝醉了酒还不离开,给人家造成不便,就是无德的表现。俗语云"客走主人安",与此大旨相同。这都是有礼貌的表现。当今社会,我们日常生活中缺少的就是这种规范自我行为的礼。

晋欲攻齐使人往观晏子以礼侍而折其谋第十六

晋平公欲伐齐,使范昭[1]往观焉。景公觞[2]之,饮酒酣,范昭曰:"请君之弃罇[3]。"公曰:"酌寡人之罇,进之于客。[4]"范昭已饮,晏子曰:"彻樽[5],更之。"罇觯[6]具矣,范昭佯醉,不说而起舞,谓太师曰:"能为我调成周之乐[7]乎?吾为子舞之。"太师曰:"冥臣[8]不习。"范昭趋而出,景公谓晏子曰:"晋,大国也,使人来将观吾政,今子怒大国之使者,将奈何?"晏子曰:"夫范昭之为人也,非陋而不知礼也,且欲试吾君臣,故绝之也。"景公为太师曰:"子何以不为客调成周之乐乎?"太师对曰:"夫成周之乐,天子之乐也,调之,必人主舞之。今范昭人臣,欲舞天子之乐,臣故不为也。"范昭归以报平公曰:"齐未可伐也。臣欲试其君,而晏子识之;臣欲犯其礼,而太师知之。"仲尼闻之曰:"夫不出于尊俎之间,而知千里之外,其晏子之谓也。可谓折冲矣![9]而太师其与焉。"

【注释】

[1]范昭:春秋后期晋国有范昭子。昭子乃谥号,其名为范吉射,不知是否为此人。

[2]觞:酒器名,这里名词作动词,敬酒。

[3]弃罇:副罇。罇,同"尊"或"樽"。尊是盛酒的容器。古人饮酒时用勺将酒从尊中舀出,再放入爵中,盛满了献给客人。整个过程类似于今天的斟酒。范昭请用景公专用的副尊斟酒,已经违背礼制,故晏子撤掉了景公的副尊,给他重新换了一个尊。

[4]酌寡人之罇,进之于客:从我的尊里舀一勺酒,进献给客人。

[5]彻樽:撤掉景公用的罇觯,以示对范昭子无礼之举的不满。彻,撤掉。

[6]罇觯：指晏子命人上的新罇觯，而不是国君所用之器。

[7]成周之乐：天子所用之乐。

[8]冥臣：冥，意近盲，或曰同"瞑"。先秦官制，太师、少师皆为乐官，《周礼·春官序》注："凡乐之歌必使瞽蒙为焉，命其贤知者以为大师、小师。"大即读为"太"，可见太师、少师皆是盲者，故齐太师自称冥臣。

[9]夫不出于尊俎之间，而知千里之外，其晏子之谓也。可谓折冲矣：当作"不出于尊俎之间，而折冲千里之外，其晏子之谓也，可谓知矣"，意思是说，在饮酒的筵席之间，竟挫败了千里之外的敌人，说的就是晏子啊！这可以说是极其有智慧了。尊俎，同"樽俎"，代指筵席。尊，盛酒器；俎，盛肉器。折冲，挫败敌人冲锋，即击败敌人。

【品读】

晏子不仅擅长治国，更是一名出色的外交家。"晏子使楚"的故事（事见《晏子春秋》卷六《内篇杂下·第九》《内篇杂下·第十》及《内篇杂下·第十一》）流传千古。晏子言辞犀利而又诙谐，常能达到"以彼之道，治彼之身"的效果，既奚落了对方，又能不失体面地维护了齐国的尊严。"晏子使楚"之类的故事更多地体现了晏子的幽默诙谐和智慧，而本章晏子完全是以一副刚正、严肃的面孔出场的。

春秋时期，自齐桓公死后，齐国的霸业随之而失，在中原地区取而代之的是西方的晋国。晋国自晋文公之后霸业虽遭秦、楚、吴等国的挑战，但其称霸中原的态势却一直存在。故齐景公之世晋强齐弱的局势下，齐国在对晋国的外交方面明显处于下风。晋平公派范昭出使齐国，其目的是打探齐国的虚实。在景公招待范昭子的宴会上，晋国使臣范昭子先是请求用景公的副罇饮酒，后又要求齐太师为其演奏成周之乐。周礼的基本精神在于"尊尊""亲亲"。"尊尊"即指维护君主的尊严和统治地位。在诸侯国之间，"尊尊"不仅仅是指尊重本国的国君，同时也指尊重他国的国君，甚至在战场上，卿大夫遭遇敌国国君或者俘虏了敌国国君都要"礼敬"之。《左传·成公二年》载齐、晋鞌之战中晋国卿大夫韩厥俘虏齐顷公（实为顷公之戎右逢丑父）时"执絷马前，再拜稽首，奉觞加璧以进"。鲁襄公二十五年（前548年），郑国卿大夫子展俘虏陈哀侯，子展亦"执絷而见，再拜稽首，承饮而进献"。

反观本章中晋国使臣范昭子请齐侯副罇之事，很明显晋国使臣意在与景公平起平坐。对于这种严重违背礼制的事情，晏子急命人撤掉景公所用之罇，更之以新罇。后范昭子又以跳酒舞为由要求齐太师为其奏"成周之乐"，齐太师又以不会演奏拒之。因"成周之乐"是周天子所用的音乐，按照礼的要求，该乐一经演奏，人主必须要亲自舞蹈。范昭子只不过是晋国一卿大夫，要僭越礼制，奏天子之乐，跳人主之舞，故太师拒之。齐国有谙熟礼仪的晏子和太师，可见齐国有贤人矣。故范昭返回晋国向平公复命说"齐未可伐也”。

此事获得孔子的高度赞扬。他说晏子和齐太师以礼折晋使,“不出尊俎之间,折冲千里之外”。政治家用礼同样能够达到击败敌国的效果,关键是这样做还不劳民伤财。比之战争,中国古人更倡导用和平的方式解决争端和分歧。毫无疑问,这种宝贵的经验和文化值得今人借鉴。

景公问东门无泽年谷而对以冰晏子请罢伐鲁第十七

景公伐鲁,傅许[1],得东门无泽[2],公问焉:“鲁之年谷何如[3]?”对曰:“阴水厥,阳冰厚五寸[4]。”不知[5],以告晏子。晏子对曰:“君子也。问年谷而对以冰,礼也。阴水厥,阳冰厚五寸[6]者,寒温节,节则刑政平,平则上下和,和则年谷熟,年充众和[7]而伐之,臣恐罢民弊兵,不成君之意[8]。请礼鲁以息吾怨,遣其执[9],以明吾德。”公曰:“善。”乃不伐鲁。

【注释】

[1]傅许:齐军接近许邑时。傅,接近。许,地名,在今山东临沂西北,当时属于鲁国。

[2]东门无泽:鲁人,姓东门,名无泽。

[3]年谷何如:年成怎么样,是否丰收?

[4]阴水厥,阳冰厚五寸:冻在地下的冰凝结,地上所结的冰厚五寸。阴水,阴冰,阴寒之冰,冻于地下的冰;阳冰,地上所结之冰。厥,疑为“凝”。冬日地冻天寒往往能够冻死很多危害庄稼的虫害,故民间以此为丰收之兆。

[5]不知:“不知”前漏“公”字。景公不懂东门无泽的话。

[6]阴水厥,阳冰厚五寸者,寒温节:阴冰凝结,阳冰厚五寸,寒温正好有利于庄稼生长。

[7]年充众和:年景丰收,人民团结和谐。

[8]不成君之意:即君之意不成。意指景公很难达到目的。

[9]执:俘虏,这里指东门无泽。

【品读】

晏子主张“威当世服天下”①,以德不以兵。《晏子春秋》卷三《内篇问上·第三》又说:“伐人者德足以安其国,政足以和其民,国安民和,然后可以举兵而征暴。”由此可知,晏子一向主张“以德服诸侯”。战争的矛头只瞄准那些暴虐的君主。本章继续贯彻了晏子的这一主张。

景公讨伐鲁国,齐军到达鲁国许邑一带时,俘虏了一个叫东门无泽的鲁

① 《晏子春秋》卷三《内篇问上·第一》。

国人。景公问其鲁国年成如何，结果东门无泽以“阴冰厥，阳冰厚五寸”答之。景公不懂其意，咨询晏子。晏子指出，“阴冰厥，阳冰厚五寸，寒温节”，意指鲁国气候正常。气候正常，国家就安定，人民就团结，年成当然会丰收。其推导方法就是把自然现象与政事、社会、人心相联系，颇有“天人感应”的味道。晏子这样说的主旨就是说服景公停止讨伐鲁国，“礼鲁以息吾怨，遣其执，以明吾德”。也就是前面说的，用礼或德来影响诸侯国，而不是诉诸“罢民弊兵”的战争。这种思想就是中国传统文化中“以和为贵”的核心价值观。“以和为贵”逐渐融入中华民族优秀文化的血液当中，一直影响到今天。

景公使晏子予鲁地而鲁使不尽受第十八

景公予鲁君地，山阴数百社[1]，使晏子致之，鲁使子叔昭伯[2]受地，不尽受[3]也。晏子曰：“寡君献地，忠廉也，曷为不尽受?”子叔昭伯曰：“臣受命于君曰：‘诸侯相见，交让，争处其卑，礼之文也[4]；交委多，争受少，行之实也[5]。礼成文于前，行成章于后[6]，交之所以长久也。’且吾闻君子不尽人之欢，不竭人之忠[7]，吾是以不尽受也。”晏子归报公，公喜笑曰：“鲁君犹若是乎。”晏子曰：“臣闻大国贪于名，小国贪于实，此诸侯之通患也。今鲁处卑而不贪乎尊，辞实而不贪乎多，行廉不为苟得，道义不为苟合[8]，不尽人之欢，不竭人之忠，以全其交，君之道义，殊于世俗，国免于公患。”公曰：“寡人说鲁君，故予之地，今行果若此，吾将使人贺之。”晏子曰：“不！君以欢予之地，而贺其辞，则交不亲，而地不为德矣。”公曰：“善。”于是重鲁之币，毋比诸侯，厚其礼，毋比宾客[9]。君子于鲁，而后明行廉辞地之可为重名也。

【注释】

[1]山阴数百社：泰山之北数百社。山阴，山之北为阴，这里特指泰山之阴。社，春秋基层行政单位，二十五家为一社。百社，两千五百家。

[2]子叔昭伯：春秋后期鲁国有大夫子服昭伯，乃子服惠伯之子子服回。疑子叔昭伯即子服昭伯。

[3]不尽受：鲁国没有全部接受齐国赠予的土地。

[4]交让，争处其卑，礼之文也：交往中谦让尊者，争做卑微者，这是礼的成文规定。“交让”之后疑缺“尊”字。“交让尊，争处其卑”意指诸侯之间交往，相互谦让，自处卑位而尊人。文，规定，特别是写成文书的规定。这里主要指交往中涉及区别地位尊卑的时候。

[5]交委多，争受少，行之实也：交往中放弃多的物质，接受少的物质，这是讲交往中涉及分配实利的时候。委，放弃。实，实利。

[6]礼成文于前，行成章于后：礼在让位之前形成，品行成于让利之后。章，疑为“实”。

[7]君子不尽人之欢，不竭人之忠：君子不可占尽别人喜欢的东西，不能竭尽别人对自己的好。

[8]行廉不为苟得，道义不为苟合：行为廉正而不愿苟且获得，遵从道义而不愿无原则行事。苟，苟且。

[9]重鲁之币，毋比诸侯，厚其礼，毋比宾客：给予鲁国的财物比其他诸侯多，对待鲁国使节的礼仪比其他诸侯国的使节要隆重。币，馈赠的财物，皮璧之属。

【品读】

齐景公要送给鲁国“山阴数百社”，使晏子致鲁国地。鲁国使子服昭伯受地，然子服昭伯并没有全部接受“山阴数百社”。鲁国为什么不全部接受齐国送给的“山阴之地”？子服昭伯转达了鲁国国君的话：“诸侯相见，交让，争处其卑，礼之文也；交委多，争受少，行之实也。礼成文于前，行成章于后，交之所以长久也。”鲁国以为辞让、谦卑乃是“礼之文”“行之实”，这是两国能够长久交往的根本之计。况且鲁国又弱于齐国，岂敢不谦乎？

辞让、谦卑本就是儒家文化的思想内核。孟子说：“辞让之心，礼之端也。”①鲁国“不尽受地”的行为就是发自于这种思想文化。这也可以视为鲁文化的基本内涵。鲁国国君之“辞”说得太好了，景公很高兴，准备派人向鲁国国君道贺。晏子却制止了景公的行动，他说：“君上本是因为高兴才赠予鲁国土地，而您又因为鲁国国君言辞说得好准备向他道贺，这样做鲁国就对齐国不感恩戴德了，而我们的地也就白送了。”换句话说，齐国给予鲁国土地不是因为他们会说话，而是因为他们的谦卑之行。最终，景公决定为了表彰鲁国不尽受地的谦卑行为，馈赠给鲁君比其他诸侯更为丰厚的财物，给予鲁国使节比其他国家的使节更高规格的礼遇。这样鲁国就更为服膺齐国，对世人也是一种正能量的教育。谦卑有礼、辞让土地并不吃亏，因为换来的是尊重和名声。

景公游纪得金壶中书晏子因以讽之第十九

景公游于纪[1]，得金壶[2]，乃发视之，中有丹书[3]，曰：“食鱼无反[4]，勿乘驽马[5]。”公曰：“善哉！知苦言[6]，食鱼无反，则恶其鲽[7]也；勿乘驽马，恶其取道不远也。”晏子对曰：“不然。食鱼无反，毋尽民力乎[8]！勿乘驽马，则无置不肖于侧乎[9]！”公曰：“纪有书，何以亡也？”晏子对曰：“有以亡也。婴闻之，君子有道，悬之闾[10]，纪有此言，注之壶，不亡何待乎！”

① 《孟子·告子上》。

【注释】

[1]纪：春秋时期的纪国。据《括地志》记载，故纪国在今山东寿光市东南。

[2]金壶：青铜壶或铜壶。

[3]丹书：用朱砂等红色染料书写的字。

[4]食鱼无反：吃鱼吃完一面不要翻过来吃另一面。

[5]勿乘驽马：不要乘坐劣马。驽马，劣马。

[6]知苦言：当作"知若言"，我知道这话什么意思。若，这。

[7]鳔：同"臊"，腥臊之味。

[8]食鱼无反，毋尽民力乎：吃鱼只吃一面，留下另一面，即一定不要透支民力。

[9]勿乘驽马，则无置不肖于侧乎：不骑劣马，即统治者不把不肖之徒放在身边。

[10]君子有道，悬之闾：君子有道之言，写在里门上，随时教诲百姓。闾，里门。

【品读】

春秋时期，纪国与齐国接壤，且两国国君都属于姜姓。自西周以来，齐强纪弱的局势就一直存在。西周中后期，纪侯向周夷王说了齐哀公的坏话，结果夷王烹哀公，自此齐、纪结下了世仇。[①] 入春秋，可能迫于齐国的压力，纪国以联姻的形式联合鲁国，以制衡齐国。无奈齐国的势力逐渐超过鲁国，齐襄公八年（前690年），齐国最终灭掉纪国，"纪侯大去其国"[②]。此章所载景公游于纪国当是在纪国故都（在今山东寿光东南）。纪国早已亡国，景公游历其故都发现了一个青铜壶，打开壶盖发现盖上镌刻着两行红色的字："食鱼无反，勿乘驽马。"在先秦，红色崇拜相当流行，它代表着血液或火焰，具有独特的宗教意味。[③] 这两句话的意思本来就是民间一种行为禁忌。景公的解释应该是其本意，但是晏子却将之与治乱兴衰联系起来。晏子的解读明显是一种附会的说法，但它却能够警醒统治者珍惜民力、选用贤能，这就是所谓的"君子之道"。故事的结尾，晏子强调要以纪亡为鉴，时时刻刻牢记"君子之道"，而不是把它放在铜壶里珍藏起来。道在用而不在藏，道理明白了就应该马上去实施，而不是将之书之在册、束之高阁。

---

① 参见《史记·齐太公世家》。

② 《左传·庄公八年》。

③ 参见马新、贾艳红、李浩：《中国古代民间信仰：远古——隋唐五代》，上海人民出版2010年版，第13页。

景公贤鲁昭公去国而自悔晏子谓无及已第二十

鲁昭公弃国走齐[1]，齐公[2]问焉，曰："君何年之少，而弃国之蚤？奚道至于此乎？"昭公对曰："吾少之时，人多爱我者，吾体不能亲，人多谏我者，吾志不能用[3]；好则内无拂而外无辅[4]，辅拂无一人，谄谀我者甚众。譬之犹秋蓬[5]也，孤其根而美枝叶，秋风一至，根且拔矣[6]。"景公辩其言[7]，以语晏子，曰："使是人反其国，岂不为古之贤君乎？"晏子对曰："不然。夫愚者多悔，不肖者自贤[8]，溺者不问坠，迷者不问路[9]。溺而后问坠，迷而后问路，譬之犹临难而遽铸兵，噎而遽掘井[10]，虽速亦无及已。"

【注释】

[1]鲁昭公弃国走齐：鲁昭公弃国之事见《左传·昭公二十五年》。弃国，离开鲁国；走齐，逃奔齐国。

[2]齐公：齐景公。

[3]人多谏我者，吾志不能用：当作"人多谏我者，吾志不能从"，人们对我多有规谏，我却忌讳而不听从。志，《太平御览》作"忌"，忌讳。"用"作"从"，听从。

[4]好则内无拂而外无辅：当作"是以内无拂而外无辅"，如此内外无辅弼之臣，贤人远遁。好则，《群书治要》《艺文类聚》《太平御览》并作"是以"。拂，弼，辅佐君主的良臣。

[5]秋蓬：秋天的飞蓬。

[6]孤其根而美枝叶，秋风一至，根且拔矣：（秋天的飞蓬，）它的根孤立，枝叶虽繁密，秋风一吹，就根拔叶落了。

[7]辩其言：以其言为辩。辩，会说话且说得有道理。

[8]愚者多悔，不肖者自贤：愚蠢的人好后悔，无能的人总认为自己贤能。

[9]溺者不问坠，迷者不问路：溺水的人是因为不问水深浅，迷路的人是因为不问路在何方。

[10]噎而遽掘井：当作"渴而遽掘井"，意为口渴了才知道掘井，为时已晚。噎，与掘井没有关系，当作"渴"。遽，迅速。

【品读】

鲁国三桓（季孙、叔孙、孟孙）专权始自宣公之立，成于襄公之时，特别是季孙氏数代把持鲁国大政，昭公之时，感于权力旁落，于鲁昭公二十五年（前517年）讨伐季平子，没承想，三桓联合起来把昭公赶出了鲁国，鲁昭公投奔了齐国。这就是本章故事发生的背景。

故事一开始，景公就问鲁昭公："你这么年轻，为什么这么早就把君位给丢了？"鲁昭公回答说："我年少之时，人们都爱护我，我却没有礼敬他们；

人们多有劝谏我的，我却猜忌而不采纳他们的意见。结果内外没有辅弼我的贤人，阿谀奉承我的倒是很多。这就像秋天的飞蓬一样，根细而枝繁叶茂，结果秋风一吹，就根拔叶落了。”景公感到鲁昭公不但会说话而且还说得很有道理。因此，景公便将鲁昭公的话告诉了晏子。晏子说：“不是这样的。愚昧的人做了事往往很快就后悔了，不肖之徒总认为自己贤能。溺水是因为没有问水有多深，迷路是因为不去询问路在何方。溺水之后再去问水深，迷路之后再去问路在何方，譬如兵临城下了才匆忙去铸造兵器，口渴了才去挖井，即使速度再快也来不及了。”

观鲁昭公之行，失国之前，自视贤能，不亲贤人却亲小人；失国之后，又后悔连连，却已经来不及补救了。做人当谦虚，行事需及时，否则悔之晚矣。

景公[1]使鲁有事已仲尼以为知礼第二十一

晏子使鲁[2]，仲尼命门弟子往观，子贡反，报曰：“孰谓晏子习于礼乎？夫《礼》曰：‘登阶不历，堂上不趋，授玉不跪。[3]’今晏子皆反此，孰谓晏子习于礼者？”晏子既已有事于鲁君[4]，退见仲尼，仲尼曰：“夫礼，登阶不历，堂上不趋，授玉不跪。夫子反此乎？”晏子曰：“婴闻两槛[5]之间，君臣有位焉，君行其一，臣行其二[6]，君之来遬[7]，是以登阶历堂上趋以及位也。君授玉卑[8]，故跪以下之。且吾闻之，大者不逾闲，小者出入可也[9]。”晏子出，仲尼送之以宾客之礼，不计之义[10]，维晏子为能行之。

【注释】

[1]景公：据下文可知，“景公”当为“晏子”之讹。

[2]晏子使鲁：周廷寀云：“《春秋》齐使聘鲁，自襄公二十七年庆封之后，于经更无所见，盖诸子之寓言也。”①

[3]登阶不历，堂上不趋，授玉不跪：登台阶上堂时，一步一阶，不跨越两个台阶，在堂上面见君主时不用小步快走，君主授给使臣玉时不用跪着接受。见《礼记·曲礼上》。历，跨越两级台阶。趋，小步快走。授玉，诸侯朝天子、两国使节聘享，天子为犒劳来朝之诸侯或国君为使两国通好、礼尚往来，都有颁玉行为。玉，一般为圭璋玉璧之类的礼器。两国通好，使臣代表国家，对方国君授玉，一般不跪拜。

[4]既已有事于鲁君：面见鲁国国君结束后。

[5]槛：当为“楹”，即堂上柱子。

[6]君行其一，臣行其二：君尊臣卑，国君走一步，为表示尊敬，臣子行两步。

---

① 转引自吴则虞：《晏子春秋集释》，第343页。

[7]君之来遬：君见使臣不当来速，然鲁弱齐强，鲁君见齐使，为表示尊敬，故当来速，所以晏子"登阶历堂上趋以及位也"。遬，同"速"。

[8]君授玉卑：君尊臣卑，国君授使臣玉时不应当显得谦恭卑微，然鲁弱齐强，鲁国国君接见晏子，授玉之时就显得谦恭卑微。

[9]大者不逾闲，小者出入可也：谨守大节不出礼防，小节可便宜行事。闲，王更生《晏子春秋今注今译》注为"防"[①]，礼防也。

[10]不计之义：不拘泥行事，随着情况的变化而便宜行礼。

【品读】

周廷寀云："《春秋》齐使聘鲁，自襄公二十七年庆封之后，于经更无所见，盖诸子之寓言也。"晏子使鲁之事不见《春秋》经传，似是后人附会。但是，《晏子春秋》的作者却非常热衷于让晏子去出使鲁国，并安排他和孔子及门下弟子相见，让儒家的思想与晏子的思想相互碰撞。碰撞的结果就是，晏子的思想总是比孔子及其弟子的思想更高一筹。比如本章中描写到晏子出使鲁国，孔子不放过这个让学生学习的好机会，就派弟子去宫中观晏子行礼。子贡回来之后向孔子报告："谁说晏子熟悉礼啊？《礼》规定：'使臣面见国君，登堂时要一步一个台阶，不可以跨越两个台阶，在堂上接近国君时不可以走得太快，国君授给他玉时不用跪着接受。'现在晏子却都反着行礼，谁说晏子熟悉礼啊？"

孔子向来敬重晏子的为人。他曾经向弟子说："晏平仲善与人交，久而敬之。"[②]孔子听子贡说了这件事，也搞不懂晏子为什么这样做。晏子和鲁国国君相见之后，与孔子相见，孔子趁机问其缘由。晏子说："使臣面见他国国君时，在堂上正中央的两个柱子之间，依照礼都有各自的位置规定。礼的大体精神是，国君走一步，使臣为了表示对国君的尊重，必须走两步。贵国国君面见我时，步子走得很快，依照礼，我必须更快才行，所以我在登堂时一步两个台阶，在堂上面见国君时，小步快走过去。等到站在各自位置之后，贵国国君授给我玉时，非常谦恭，所以我就跪下接受了玉。我听说，行礼要守大节，小节可以便宜行事。"晏子走后，孔子感慨地对弟子们说："不拘泥于礼的规定，随着情况的变化而便宜行礼，只有晏子能够做到啊！"

我们姑且不论这则故事是否真实，但作者却能够把握鲁弱齐强的局势和孔子敬重晏子的事实，所以显得可信度极高。春秋时候，齐强鲁弱的形势几乎贯穿始终。春秋时期，大国卿大夫出使小国，小国国君对其倍加尊敬。如鲁昭公元年（前 541 年），郑简公竟然用招待小国国君（子、男之爵）的"五献

---

① 王更生注译：《晏子春秋今注今译》，第 249 页。

② 《论语·公冶长》。

之礼"礼遇晋国卿大夫赵武。① 晏子为齐景公所倚重,加之齐强鲁弱,故晏子出使鲁国,鲁国国君"之来遬""授玉卑"以表示不敢越大国之使,也就顺理成章了。然而,晏子向来主张以礼义治国,他绝不会凌驾于鲁国国君之上。故鲁国国君为表示对大国来使的尊重一反常礼而速来面见晏子且"授玉卑",晏子不得不打破常礼"登阶不历,堂上不趋,授玉不跪"的规定,也放下身段,"登阶历、堂上趋、授玉跪",这就是所谓的"君行其一,臣行其二",其根本精神就是"尊君"。而晏子对常礼的变通就是遵循了"尊君"的根本精神。文中晏子的行为遭到了儒家的质疑,先抑后扬,这主要是作者有意抬高晏子的缘故。

事实上,在坚持礼的根本精神之下,儒家对待礼自始至终都是抱着随时而变的态度。孔子对他的学生子张说:"殷因于夏礼,所损益,可知也;周因于殷礼,所损益,可知也。其或继周者,虽百世,可知也。"②周礼本身就是在"损益"殷、夏之礼的基础上形成的,要说不随时宜而变是不可能的。孔子的学生子夏说:"大德不逾闲,小德出入可也。"③大节不出格,小节倒是可以随时变通。这些精神和晏子对礼的变通精神都是一样的。看来,变通精神是齐鲁文化的一个共性。

晏子之鲁进食有豚亡二肩不求其人第二十二

晏子之鲁,朝食进馈膳[1],有豚[2]焉。晏子曰:"去其二肩[3]。"昼者进膳,则豚肩不具。侍者曰:"膳豚肩亡。"晏子曰:"释[4]之矣。"侍者曰:"我能得其人[5]。"晏子曰:"止。吾闻之,量功而不量力,则民尽[6];藏余不分,则民盗[7]。子教我所以改之,无教我求其人也。"

【注释】

[1]朝食进馈膳:早饭时侍者送来饭食。朝食,早餐时。馈,进食于人。膳,饭食。

[2]豚:小猪。王更生引《周礼·天官冢宰·膳夫》"正义"曰:"日中与夕馔具减杀,别于礼食及朝食盛馔,故此馈为全豚。"④全豚,即整头猪。

[3]去其二肩:当为"弆其二肩"。据黄以周《晏子春秋校勘》,"去"之古字乃"弆"字,意为藏也。鲁国侍者进全豚,晏子感其奢,命侍者将豚之二肩藏之。二肩,猪之带肩胛骨的两条前腿。

---

① 参见《左传·昭公元年》。

② 《论语·为政》。

③ 《论语·子张》。

④ 王更生注译:《晏子春秋今注今译》,第250页。

[4]释：舍、罢休，不过问。

[5]我能得其人：我能找到偷盗豚肩的人。

[6]量功而不量力，则民尽：只追求事功却不惜民力，民力就会穷竭。

[7]藏余不分，则民盗：有余当分不足，藏其所余而不分，则民将盗取之。

【品读】

晏子向来主张珍惜民力。他认为，“穷民财力以供嗜欲谓之暴”，竭尽民力乃“守国之大殃”①。本章晏子说“量功而不量力，则民尽”，就是指要珍惜民力。他同时反对统治阶层“藏财而不用”，指出这是极其凶险的事情。因此，晏子主张统治者有余财当分予百姓。若不以分人，“百姓必自分也”②。这和本章“藏余不分，则民盗”是一个道理。晏子用膳，被盗“豚之二肩”。他不仅不追究盗窃者，反而以此事反省自己爱民之政是否得体，可见晏子行事须臾不离国家和百姓。其爱国、爱民之心实属可敬。

曾子将行晏子送之而赠以善言第二十三

曾子将行[1]，晏子送之曰：“君子赠人以轩，不若以言[2]。吾请以言之，以轩乎[3]？”曾子曰：“请以言。”晏子曰：“今夫车轮，山之直木也，良匠揉之，其圆中规，虽有槁暴，不复赢矣[4]。故君子慎隐揉[5]。和氏之璧[6]，井里之困[7]也，良工修之，则为存国之宝，故君子慎所修。今夫兰本[8]，三年而成，湛[9]之苦酒，则君子不近，庶人不佩[10]；湛之麋醢[11]，而贾匹马[12]矣。非兰本美也，所湛然也。愿子之必求所湛。婴闻之，君子居必择邻，游必就士，择居所以求士，求士所以辟患[13]也。婴闻汩常[14]移质，习俗移性，不可不慎也。”

【注释】

[1]曾子将行：孙星衍《音义》云：“《说苑》：‘曾子从孔子于齐，齐景公以下卿礼聘曾子，曾子固辞，将行。’《礼记》亦有晏子、曾子之言。而杨倞注《荀子》，谓：‘晏子先于曾子，曾子之父犹为孔子弟子，此云“送曾子”，岂好事者为之与。’其言谬甚。”③

[2]赠人以轩，不若以言：赠人以物不若赠人以良言。轩，车。

[3]吾请以言之，以轩乎：该句应为“吾请以言乎，以轩乎”。意思是说，我是赠给你良言呢，还是赠给你车？

---

① 《晏子春秋》卷二《内篇谏下·第二》。

② 《晏子春秋》卷二《内篇谏下·第十九》。

③ 转引自吴则虞：《晏子春秋集释》，第348页。

[4]“今夫车轮”以下六句：如今的车轮，本来是山中所生长的直立树木，经过有经验的匠人用火烘烤后，将之弯曲成像圆规画出来的那样圆，即使风吹日晒，也不会变挺直了。

[5]君子慎隐揉：君子要慎重地对待后天的教育。隐揉，这是引申为后天的矫正和教育。对人来讲，君子应该约束自己的不好的天性，使之矫正过来。揉，通“煣”，谓火烤木使之弯曲。

[6]和氏之璧：即和氏璧。相传楚怀王时有个叫卞和的人得到一块璞玉，献给楚怀王。怀王不识，断其足。卞和抱玉哭于荆山下，王使人剖璞，果得宝玉，因名之曰“和氏璧”。

[7]井里之困：楚国一个叫作“井”的乡里的门限石。

[8]兰本：兰草和藁本。

[9]湛(jiān)：通“渐”，浸泡。

[10]不佩：不饮用。佩，口服、饮用。

[11]麋醢：当作“麋醢”，鹿肉酱。麋，当为“麋”，鹿。醢，肉酱。

[12]贾匹马：买一匹马，形容用鹿肉酱腌制过的兰本价格昂贵。

[13]辟患：避免危难。辟，避。

[14]汩(gǔ)常：违反法则。汩，乱、违反。常，伦、法则。

【品读】

孔子比曾子大四十六岁，晏子又比孔子年长。孔子至齐，在公元前517年左右，而孔子生于公元前551年，据《史记·孔子世家》可知，孔子三十四岁左右就去了齐国，这时曾子还未出生，怎么可能随孔子见晏子呢？《荀子·大略》杨倞注以为“好事者为之”是有道理的。跨越时空，让两个历史人物相见，这样的故事在春秋战国时期诸子百家那里一点都不新鲜。这篇文章的“好事者”大约是齐国地区仰慕晏子思想的人所作的，其思想又接近于儒家。

据孙星衍的《晏子春秋音义》引《说苑》可知，曾子随孔子至齐，齐景公欲以下卿之礼聘曾子，曾子无意于此，打算离开齐国。临别，晏子赠给曾子三言：其一，慎隐揉；其二，慎所修；其三，慎所湛。晏子借良匠煣木为轮告诫曾子“慎隐揉”，人就像直木一样，要想成为有用的车轮，必须要经过烈火的炙烤，对自己的劣性不断约束矫正，方能成为有用之才。其主旨是强调后天教育对个人成长的重要性。

孔子说：“克己复礼为仁。一日克己复礼，天下归仁焉。为仁由己，而由仁乎哉？”[①]这和晏子所说的“慎隐揉”是一个道理。晏子又以普通的石头经过良工打磨成为和氏璧为例，告诫曾子要时刻注意修身。孔子也特别注重修身。子路问孔子怎么做才能成为君子，孔子说：“修己以敬。”子路问，这样

① 《论语·颜渊》。

就可以了吗？孔子接着说：“修己以安人。”子路接着追问，这样做就可以了吗？孔子最后回答说：“修己以安百姓。修己以安百姓，尧、舜其犹病诸？”①儒家认为要想成为君子最核心的就是要修身。孔子的学生子贡最能理解老师关于修身的理论，他引《诗经·卫风·淇奥》中“如切如磋，如琢如磨”来形容人不断修身的重要性。这和本章中晏子所引和氏璧的制作来形容修身有异曲同工之妙。

晏子以兰本为例，说明环境对一个人成长的重要性。在文章的结尾，晏子告诉曾子，“君子居必择邻，游必就士，择居所以求士，求士所以辟患也”。实际上，曾子的老师孔子就特别重视环境对人的影响。孔子说：“里仁为美。择不处仁，焉得知？”这和晏子说的是一回事。我甚至怀疑这篇文章的作者可能就是战国时期受儒家思想影响的齐人所作。当然，相比于儒家，他把晏子的地位抬得更高。从上一章我们就可以知道，《晏子春秋》的作者认为晏子都可以做孔子的老师了，孔子的弟子就更不在话下了。因此，本章就虚构了晏子与曾子的对话。

晏子之晋睹齐累[1]越石父解左骖赎之与归第二十四

晏子之晋，至中牟[2]，睹敝冠反裘负刍[3]，息于途侧[4]者，以为君子也，使人问焉。曰：“子何为者也[5]？”对曰：“我越石父[6]者也。”晏子曰：“何为至此？”曰：“吾为人臣[7]，仆于中牟，见使将归[8]。”晏子曰：“何为为仆？”对曰：“不免冻饿之切吾身，是以为仆也。”晏子曰：“为仆几何！”对曰：“三年矣。”晏子曰：“可得赎乎？”对曰：“可。”遂解左骖以赠之[9]，因载而与之俱归。至舍，不辞而入，越石父怒而请绝[10]，晏子使人应之曰：“吾未尝得交夫子也[11]，子为仆三年，吾乃今日睹而赎之，吾于子尚未可乎？子何绝我之暴也[12]。”越石父对之曰：“臣闻之，士者诎乎不知己[13]，而申乎知己[14]，故君子不以功轻人之身，不为彼功诎身之理[15]。吾三年为人臣仆，而莫吾知也。今子赎我，吾以子为知我矣；向者[16]子乘，不我辞也，吾以子为忘；今又不辞而入，是与臣我者[17]同矣。我犹且为臣，请鬻[18]于世。”晏子出，见之曰：“向者见客之容，而今也见客之意[19]。婴闻之，省行者不引其过，察实者不讥其辞[20]，婴可以辞而无弃乎！婴诚革[21]之。”乃令粪洒改席[22]，尊醮[23]而礼之。越石父曰：“吾闻之，至恭不修途[24]，尊礼不受摈[25]。夫子礼之，仆不敢当也。”晏子遂

① 《论语·宪问》。

以为上客[26]。君子曰:“俗人之有功则德[27],德则骄,晏子有功,免人于厄,而反诎下之,其去俗亦远矣。此全功之道也[28]。”

【注释】

[1]齐累:齐国的囚犯。累,通“缧”,囚系。

[2]中牟:春秋时期古邑名,据王更生先生《晏子春秋今注今译》考证,春秋时期有两个中牟,其一为郑国之中牟,其二为晋国之中牟。郑国之中牟在今河南省境内,晋国之中牟在今河北省境内,本文中的中牟当为晋国之中牟。

[3]敝冠反裘负刍:(越石父)戴着破帽子,反穿着皮裘,背着牲口吃的草料。敝冠,破帽子。反裘,古人穿裘,毛在外,皮在内,今反穿当是皮在外,毛在内,反穿皮裘大多为贫贱者之举。负刍,背着牲口吃的草料。刍,牲口吃的草之类的饲料。

[4]息于途侧:在路旁休息。

[5]子何为者也:你是干什么的?。

[6]越石父:人名。姓越,字石父。父,通“甫”,先秦对男子的美称。

[7]臣:臣仆、奴隶。

[8]仆于中牟,见使将归:作为奴仆,被安排在中牟劳作,正要返回主人家。仆,名词用作被动词,被役使。见,现。

[9]遂解左骖以赠之:接着解下马车左边外侧的马,将其赎回自由之身。左骖,古人乘车四驾,左右两侧的马叫“骖”,中间两匹马叫“服”。最左边的马就叫“左骖”。赠,一说为“赎”。晏子解下左骖,其目的就是为越石父赎身。

[10]绝:绝交。

[11]吾未尝得交夫子也:我未曾结识夫子之时。未尝,未曾。交,交往,这里引申为结识。

[12]子何绝我之暴也:你为何这么着急和我绝交呢?暴,迅速、着急。

[13]士者诎乎不知己:士可以受委屈于不了解自己的人。诎,委屈。

[14]申乎知己:在知己面前就要挺直腰板、平起平坐。申,伸,与“诎”相对应。

[15]不以功轻人之身,不为彼功诎身之理:不因为自己对别人有恩就轻视他人,不因为别人对自己有恩就委屈于他人。彼功,别人对自己有恩。功,功劳,这里引申为恩德。

[16]向者:往昔、以前。

[17]臣我者:把我当作奴仆来看待。

[18]鬻:卖,这里指卖身。越石父抱怨晏子不礼遇自己,扬言宁可卖身赎回晏子帮自己赎身的左骖。

[19]向者见客之容,而今也见客之意:以前我只看到您的容貌,现在我看到了您的志向。容,容貌,引申为外表。意,志向。

[20]省行者不引其过,察实者不讥其辞:能够反省自己的人就不要再批评他的过失了,能够详察事实的人就不要讥讽他的言辞了。省行者,能够反省自己的人。察实者,能够详察事实的人。

[21]革:改变,这里引申为改过。

[22]粪洒改席：洒水扫街，换上新席子，以更加隆重的礼节招待越石父。道粪，扫除。洒，洒水清扫。改席，换上新席子。

[23]醮：本为古代冠礼和婚礼中的大礼，这里指待客之礼隆重。

[24]至恭不修途：至为恭敬就不用在意是否修缮道路了。修途，《荀子·礼论》说古人迎接贵宾需"斋戒修涂"。涂，通"途"，指宫至庙的大道。

[25]尊礼不受摈：客人至尊便不需要指导行礼的人了，言外之意，已引为知己。摈，通"傧"，指导行礼的人。

[26]上客：门客中的上等客。

[27]俗人之有功则德：俗人对人有恩，则自以为德。

[28]全功：完全无失之功。

【品读】

春秋战国时期，以知识分子为主的士阶层崛起。士主要诞生于没落的贵族和上升的平民群体中。本章故事中"仆于中牟"的齐人越石父可能就是出身没落的贵族。从他与晏子的对话可以看出，他绝非是目不识丁、毫无头脑的苦力，只是因为生计所迫才卖身为奴的。越石父虽"敝冠反裘负刍"，却一点也不影响他的"君子"形象，所以晏子只看了他一眼就认定他是君子了。晏子爱贤，便用为自己拉车的左骖替越石父赎了身。到了家，晏子没有向越石父告辞就直接进入堂中。奴仆出身的越石父很生气，就请求和晏子绝交。

晏子很奇怪，越石父本是奴仆，自己用拉车的左骖替其赎了身，他不感激也就罢了，反而要与之绝交，换作谁也想不通。越石父就告诉晏子："你既然了解我，还把我从奴仆中解救出来，应该算是我的知己了。你自从替我赎了身，在车上一句话都没说，回到家又一声不吭地钻进屋里，这和把我当成奴仆差不多，看来你还是不了解我。既然都是奴仆，我还是再去卖身为奴，还给您卖马的钱吧。"

越石父说："士者诎乎不知己，而申乎知己，故君子不以功轻人之身，不为彼功诎身之理。"越石父虽身为奴仆，却以士自居。作为一名士人，在不了解自己的人面前，可以委曲求全。比如，越石父为了生计可以为人臣仆。但是，面对知己，士就要挺直腰板了。在士看来，他们与有权势的大夫是平等的朋友关系，而不是主仆关系。即使有权势的大夫对士有恩，他们也不会委屈自己。

士为什么有这样的优越感？余英时先生说凭的就是"道"。"道"的内涵是什么？余先生说就是对"人间秩序的安排"[①]。再说得直白一点，"道"就是

① 余英时：《士与中国文化》，上海人民出版社 1987 年版，第 50 页。

治国之道。正是由于士通晓治国之道，所以他们即使出身低贱，也不向“知己”的卿大夫低头。这种自尊意识和优越感基本就是建立在知识和能力之上的。可惜的是，现在的知识分子大多缺少这种精神气，这是我们应该反思的。

晏子之御感妻言而自抑损晏子荐以为大夫第二十五

晏子为齐相，出，其御之妻从门间而窥[1]，其夫为相御[2]，拥大盖，策驷马[3]，意气扬扬[4]，甚自得也。既而归，其妻请去[5]。夫问其故，妻曰：“晏子长不满六尺，相齐国，名显诸侯。今者妾观其出，志念深矣，常有以自下者[6]。今子长八尺，乃为人仆御；然子之意，自以为足，妾是以求去也。”其后，夫自抑损[7]。晏子怪而问之，御以实对，晏子荐以为大夫。

【注释】

[1]从门间而窥：从门缝里偷看。间，缝隙。窥，偷看。

[2]御：驾车的人。

[3]拥大盖，策驷马：后面撑着伞形的车篷，驾驶着四匹马拉的车。大盖，伞形车篷。策，鞭策。

[4]意气扬扬：形容得志的样子。

[5]请去：请求离开他，意指结束婚姻关系。

[6]常有以自下者：常有以己下人者之意。

[7]抑损：抑制自满，贬损得意。

【品读】

此章以晏子御者之妻的视角，将晏子与其御者之间的神态作了一番对比。贵为齐相的晏子“志念深矣，常有以自下者”，而其御者却“意气扬扬，甚自得也”。居高位，仍能做到谦逊抑损，唯有修养至高者才能做到。取得一点进步就喜形于色，这是修养不够的表现。怎样来克服小富即安、得志便骄的浮躁病呢？答案就在《晏子春秋》卷五《内篇杂上·第二十三》中，那就是“慎隐揉”“慎所修”。一个人，只有不断修身，才能克服自己的骄傲自满情绪。怎么才能修身呢？学习文化知识，在先秦最重要的是学习礼乐文化。这和儒家的主张基本相同。

泯子午见晏子晏子恨不尽其意第二十六

燕之游士[1]，有泯子午[2]者，南见晏子于齐，言有文章，术有条理[3]，巨可以补国，细可以益晏子者，三百篇。睹晏子，恐慎而不能言。晏子假之以悲色[4]，开之以礼颜[5]，然后能尽其复也。客退，晏子直席而坐[6]，废朝移时[7]。在侧者曰："向者燕客侍，夫子胡为忧也？"晏子曰："燕，万乘之国也；齐，千里之途也。泯子午以万乘之国为不足说[8]，以千里之途为不足远，则是千万人之上也。且犹不能殚其言[9]于我，况乎齐人之怀善而死者乎！吾所以不得睹者，岂不多矣！然吾失此，何之有也[10]。"

【注释】

[1]燕之游士：燕国的游士。游士，通过宣扬自己的治国主张而奔走各地的士。

[2]泯子午：人名。姓泯，字子午，春秋时期燕国人。

[3]言有文章，术有条理：言辞斐然成章，逻辑严密而有条理。

[4]假之以悲色：用和颜悦色的表情来宽慰他。假，宽容、宽慰。悲色，和颜悦色。悲，通"匪"，形色。

[5]开之以礼颜：展露笑颜，兼以礼貌。

[6]直席而坐：端正身体，直起腰跪在席上，以示庄敬。直席，正席。

[7]废朝(zhāo)移时：过了一段时间。废朝，过了一段时间。朝，指从天亮到吃早饭的时间。移时，时间推移。

[8]说(shuì)：游说。

[9]殚其言：倾尽其言。殚，尽。

[10]何之有也：当作"何功之有也"，意思是说，又有什么功劳呢？

【品读】

春秋战国时期，各诸侯国都极尽所能延揽贤人。但是，随着这一时期社会结构的巨变，特别是私学的兴起以及以知识分子为主体的士阶层的出现，使得贤人已经不再仅仅囿于贵族阶层了。同时，这个过程也伴随着君主集权的不断强化。一些有真才实学的士人，虽然身份卑微，但是他们以"道"自居，在拥有"势"的统治者面前，表现得不卑不亢，甚至与统治者分庭抗礼，如《晏子春秋》卷五《内篇杂上·第二十四》中的越石父就属于这一类人。但是，并不是所有的士都有这样的觉醒和担当意识。随着统治阶层对人民控制的不断加强，权势不但令人着迷，如晏子御者的表现，更令人心存畏惧，如本章所说的燕国人泯子午。

泯子午是个有真才实学的贤人，不远千里南下到齐国面见晏子。在未见到晏子之前，他有三百篇言辞得体、逻辑性强的文章，其中，大则有补于国政，小则有益于晏子。当这个饱学之士见到晏子的时候，却"恐慎而不能言"。泯子午恐慎的就是晏子所担任的齐国国相的权势。晏子"假之以悲色，开之以礼颜"，和颜悦色地接待他，用礼来缓解他的惶恐之情。如此，泯子午才渐渐消除紧张的情绪，和晏子进行了交流。通过此事，晏子很感慨。像泯子午这样身处万乘大国的人才，不远千里来到齐国，可以算得上是见过世面的人了，但是见到晏子还是紧张地说不出话来，何况齐国那些怀有治国良策的贤人，可能为权势所阻，至死也没有得到重用，这样的人不太多了吗？这则故事给用人者的启示是，身居高位，更应该谦卑抑损、礼贤下士；否则，即使有贤人，也不会为其所用。

晏子乞北郭骚米[1]以养母骚杀身以明晏子之贤第二十七

齐有北郭骚者，结罘罔[2]，捆蒲苇[3]，织履，以养其母，犹不足，踵门[4]见晏子曰："窃说先生之义[5]，愿乞所以养母者。"晏子使人分仓粟府金而遗之[6]，辞金受粟。有间，晏子见疑于景公，出奔，过北郭骚之门而辞。北郭骚沐浴而见晏子曰："夫子将焉适？"晏子曰："见疑于齐君，将出奔。"北郭骚曰："夫子勉之矣！"晏子上车太息而叹曰："婴之亡岂不宜哉！亦不知士甚矣。"晏子行，北郭子召其友而告之曰："吾说晏子之义，而尝乞所以养母者焉。吾闻之，养其亲者身伉其难[7]。今晏子见疑，吾将以身死白之[8]。"着衣冠，令其友操剑，奉笥[9]而从，造[10]于君庭，求复者[11]曰："晏子，天下之贤者也；今去齐国，齐必侵矣[12]。方见国之必侵，不若死，请以头托白晏子也[13]。"因谓其友曰："盛吾头于笥中，奉以托。"退而自刎。其友因奉托而谓复者曰："此北郭子为国故死，吾将为北郭子死。"又退而自刎。景公闻之，大骇，乘驲[14]而自追晏子，及之国郊，请而反之。晏子不得已而反，闻北郭子之以死白己也，太息而叹曰："婴之亡，岂不宜哉！亦愈不知士甚矣。"

【注释】

[1]晏子乞北郭骚米：当为"北郭骚乞晏子米"。意思是说，北郭骚向晏子乞讨粮食。北郭骚，姓北郭，名骚。

[2]结罘(fú)罔：编织捕兽或捕鱼的网子，这里代指渔猎。罘，兔罟，捕兔子的网子。罟，捕兽或鱼的网子。罔，同"网"，网子。

[3]捆蒲苇：编席子，这里指北郭骚以编织席子、卖席子为生，由此可知其生活清贫。蒲，蒲草。苇，芦苇。蒲、苇都是编织席子的主要材料。

[4]踵门：亲至门下。踵，脚后跟。

[5]窃说先生之义：私下里仰慕先生的高义。说，悦也，这里引申为仰慕。

[6]分仓粟府金而遗(wèi)之:让家人把自己家里的粮食和金钱送给北郭骚。仓粟,粮仓里的小米。府金,府中积蓄的金钱。遗,赠与。

[7]养其亲者身伉其难:当为"养及亲者身伉其难",意思是说,为自己赡养父母的人,就应该在其危难之时为之赴汤蹈火。

[8]白之:为之洗刷罪名。白,洗刷罪名。

[9]笥(sì):竹制方形盛器。

[10]造:至。

[11]复者:向君主禀报的侍卫或近侍。

[12]齐必侵矣:当为"齐必见侵矣",齐国必定会被侵犯。

[13]请以头托白晏子也:请允许我把自己的头托付给您,来为晏子洗清冤诬。白,洗清、辩白。

[14]驲:驿站中的传车或驿马。

【品读】

这则故事中的北郭骚的行为与"信陵君窃符救赵"中的侯嬴很相似。齐国都城临淄有个叫北郭骚的人,家里很穷,靠织渔网、编草席来赡养老母亲。他听说晏子德行高尚、喜欢接济穷人,就去晏子那里讨点粮食给老母亲吃。晏子给他粮食和钱,但是北郭骚"辞金受粟"。由此可见,北郭骚既有孝心又不贪钱财,是个有情有义的人。过了一段时间,晏子一度不被齐景公信赖而被迫出奔。晏子出奔前经过北郭骚的门口向其告辞。结果,北郭骚既没有表示要跟随晏子出奔,也没有安慰的话语,只是淡淡地说:"夫子勉之矣!"这让晏子很伤心。晏子离开后,北郭骚以死向国君证明晏子的清白,而和他同去宫中的朋友,也自刎而死。这让景公大为惊讶,赶紧追回晏子。北郭骚以死报答了晏子的馈赠,他的朋友也用死诠释了伟大的友谊。北郭骚虽未完全依附晏子,但他接受晏子的馈赠,实际上与晏子已经缔结了主从关系。这种现象在战国时期的门客当中比较常见。北郭骚以死证明晏子的清白,其友一诺千金,完成他的嘱托,最后亦追随他而死。二人由此彰显的忠肝义胆之精神,鲜见于春秋之世,却盛行于战国时期。这就是战国之时兴起的游侠、刺客文化。从此文所倡导的精神和语言习惯来看,本篇当成书于战国之际。

景公欲见高纠晏子辞以禄仕之臣第二十八

景公问晏子曰:"吾闻高纠[1]与夫子游,寡人请见之。"晏子对曰:"臣闻之,为地战者,不能成其王[2];为禄仕者,不能正其君[3]。高纠与婴为兄弟久矣,未尝干婴之行[4],特禄之臣也[5],何足以补君乎!"

【注释】

[1]高纠:晏子相交的朋友,其具体事迹不见史书,但从其姓氏来看,当是齐国贵族高氏的苗裔。

[2]为地战者,不能成其王:以专嗜杀人夺地为务者与王道思想相违背,故不能成就王者之业。为地战,为争夺土地而发动战争。不能成其王,不能成就王者之业。

[3]为禄仕者,不能正其君:出仕一心只为利禄,故不能对君王有所辅弼。

[4]未尝干婴之行:未尝对晏婴的得失提出过有建设性的意见。干,本意为干涉、触犯,这里引申为指陈过失,提出建设性意见。

[5]特禄之臣也:只不过是谋取利禄的臣子而已。特,只不过。

【品读】

景公有复齐桓公霸业的梦想,故有伐国夺地之企图,而晏子向来主张以仁义威服诸侯。所以,"为地战者,不能成其王"之句似乎是晏子以高纠来讽谏齐景公。臣子的基本行为规范是"不掩君过,谏乎前""选贤进能""称身就位,计能定禄"①,一心只谋利禄却对君主无所辅弼,这不是称职的大臣。高纠与晏子交往多年,身为晏子的家臣,他基本上是个好好先生,并未给晏子提出过任何建设性意见。因此,晏子告诉景公,高纠只不过是个一心谋取利禄的家伙,对景公来说,没有丝毫补益。儒家也主张交朋友要结交"直友"②和比自己水平高的人("无友不如己"③)。通过晏子对高纠的评价来看,这是有道理的。

高纠治晏子家不得其俗乃逐之第二十九

高纠事晏子而见逐[1],高纠曰:"臣事夫子三年,无得[2],而卒见逐,其说何也?"晏子曰:"婴之家俗[3]有三,而子无一焉。"纠曰:"可得闻乎?"晏子曰:"婴之家俗,闲处从容不谈议,则疏[4];出不相扬美,入不相削行,则不与[5];通国事无论,骄士慢知者,则不朝也[6]。此三者,婴之家俗,今子是无一焉。故婴非特食馈之长[7]也,是以辞。"

【注释】

[1]见逐:被驱逐。

---

① 《晏子春秋》卷三《内篇问上·第二十》。

② 孔子说:"益者三友,损者三友。友直,友谅,友多闻,益矣。友便辟,友善柔,友便佞,损矣。"(《论语·季氏》)

③ 《论语·学而》。

[2]无得：没有得到禄位。

[3]家俗：观下文可知，此指家法。

[4]闲处从容不谈议，则疏：悠闲之时不谈论义的人，则应该疏远他。议，通“义”。

[5]出不相扬美，入不相削行，则不与：出门在外不扬人之善，回家不相互规谏各自的品行，就不与这样的人交往。扬美，扬人之善。削行，相互规谏，相互砥砺。不与，不亲近。

[6]通国事无论，骄士慢知者，则不朝也：谈论国事不讲尊卑秩序，对待士人骄慢无礼，就不再和这样的人相见。论，通“伦”，伦理、等级秩序。骄士，对待士人傲慢无礼。慢知，即“慢智”，轻慢有智慧的人。朝，见。

[7]婴非特食馈之长(zhǎng)：晏婴并非专门供人饮食的人。特，专门。

【品读】

据上一章晏子交代，他与高纠“为兄弟久矣”，二人乃朋友关系。与晏子交游的高纠，名扬齐国，连齐景公都打算任用他。晏子却在景公面前说高纠是“特禄之臣”，不足以补君。由此可知，高纠和晏子交往的目的仅仅是为了“干禄”，用今天的话说，就是试图利用晏子的地位和影响登上仕途的阶梯。本章交代高纠的职业乃晏子的家臣，当晏子驱逐高纠时，高纠“事夫子三年无得”的辩驳更印证了以上推测。

和朋友交往，若仅把朋友当作敲开仕途的开门砖，这属于交友动机不纯。晏子让高纠先给自己当家臣，结果高纠在晏子那里一无是处，整日混饭吃。用儒家的话说，这叫“为人谋而不忠”[①]。晏子干脆辞了高纠，高纠却不干了，向晏子抱怨说，我辛辛苦苦跟了您三年，一官半职没得到，反而被“炒了鱿鱼”，这是为何？晏子说，我有三条家法：第一条，“闲处从容不谈议，则疏”。晏子认为，君子聊天须臾不能离开一个宗旨——义，离开义，就干脆不和他交往了。在先秦，“义”大概就是西周以来形成的核心价值观。第二条，“出不相扬美，入不相削行，则不与”。晏子认为，真正的朋友是出门在外很客气，懂得照顾对方的颜面，关起门来就不要客气了，实话实说，相互砥砺，相互学习。和这样的朋友交往才划算，否则，就别理他。第三条，“通国事无论，骄士慢知者，则不朝也”，谈论国家大事不懂规矩，骄傲自满，谁都不放在眼里，和这样的人交往，有失自己的身份，搞不好还会连累自己。对于这样的人，坚决不能交往。所以晏子最后说，这三条，你高纠一条也没做到。我这里不养闲人，您还是另谋高就吧。

① 《论语·学而》。

晏子居丧逊畣[1]家老仲尼善之第三十

晏子居晏桓子[2]之丧，粗衰[3]，斩[4]，苴绖[5]带，杖[6]，菅屦[7]，食粥[8]，居倚庐[9]，寝苫，枕草[10]。其家老[11]曰："非大夫丧父之礼也[12]。"晏子曰："唯卿为大夫[13]。"曾子以闻孔子，孔子曰："晏子可谓能远害[14]矣。不以已之是驳人之非，逊辞以避咎[15]，义也夫。"

【注释】

[1]畣：古"答"字。

[2]晏桓子：晏子的父亲，名晏弱，谥桓。

[3]粗衰(cuī)：用粗麻布缝制的丧服。衰，通"缞"。《说文》："缞服长六寸，博四寸，直心。"

[4]斩：即斩缞，缝制的丧服不用线锁边，撕开布匹之后，使得边缘外漏。这是五服中最重的丧服，凡子及未嫁女为父亲，承重孙为祖父，妻为夫，皆服之。

[5]苴(jū)：结籽之麻，又称"苴麻"。绖(dié)：丧服中的麻带或麻绳，丧礼中服丧者系在头上或腰里。

[6]杖：居丧所持之手杖。父母遭丧，孝子哀毁，终日不思饮食，以致形销骨立，需扶杖而行。男用竹杖，女用桐杖。

[7]菅(jiān)：草名。屦(jù)：鞋子，主要指草鞋。

[8]粥：《左传·襄公十七年》作"鬻"。"鬻"即"粥"之本字。

[9]倚庐：居父母之丧时所住的房子。依照《仪礼》，倚庐形制是倚靠在木头上而搭建的草屋，门向北开，草屋四周不涂泥巴。

[10]寝苫：用草或稻、麦及谷子等秸秆编织的草垫子，居丧之时睡在上面。枕草：居丧期间以草束为枕。

[11]家老：家宰或家臣。

[12]非大夫丧父之礼也：晏子所行的丧礼并不是当时社会上大夫阶层普遍流行的丧礼。

[13]唯卿为大夫：只有卿才能算得上大夫。春秋时期"大夫"含义甚广，其中包括卿。

[14]远害：远离祸害。

[15]逊辞以避咎：用谦逊的言辞来避免别人的责备。《左传·襄公十七年》杜预注云："晏子恶直己以斥论时失礼，故逊辞略答家老。"逊辞，晏子本为大夫，却向家老说"唯卿为大夫"，此为谦虚的说法。避咎，避免被责备。自天子以至庶人，父母遭丧，三年之丧礼通行之，春秋时期礼崩乐坏，大夫阶层已经多不行之，故晏子仍以三年之丧礼行之，时人却以为怪。然晏子不欲指斥时弊，故以逊辞答之。

【品读】

《孟子·滕文公》云："三年之丧，斋疏之服，饘粥之食，自天子达于庶人，三代共之。”晏子的父亲晏桓子死，晏子为其守三年之丧。其礼大体为“粗衰，斩，苴绖带，杖，菅屦，食粥，居倚庐，寝苫，枕草”。其意大体为：穿着粗麻布的上衣，并且衣服只是斩断而已，不锁边；头上和腰里缠着由结籽老麻编织成的粗麻带子，拄着竹子的手杖，穿着草鞋；守丧期间不能吃荤，早晚仅喝两碗稀粥；居住于倚靠在木头上的草屋里，墙由草秸围成，并且不糊泥巴，屋子四面透风，夏天固然凉快，但是冬天寒冷异常；居丧期间，躺在由草或农作物秸秆编织的垫子上，枕着草束睡觉。从具体仪节看，三年之丧相当简陋、古朴。这可能是三代或者遥远的史前时代留下来的习俗。

到了春秋时期，随着社会生产力的进步，人们的物质生活也获得了很大发展。随之而来的是，人们不情愿再遵循从先人那里流传下来的冗繁的古礼，加之古礼致力于维护旧秩序，春秋时期产生的新阶层、新势力视其为桎梏，因此，悄无声息间，古礼的命运要么被摒弃，要么被改造。到晏子生活的时代，本来通行于天子至庶人百姓的守丧三年之礼，已经不再为大夫阶层所坚持，而是被一种新的礼代替。故晏子的父亲晏桓子卒，晏子行三年之丧礼，其家宰说“非大夫丧父之礼也”。可见当时大夫丧父并非无丧礼，而是施行一种区别于三年之丧的新礼。我们甚至可以推测，当时大夫丧父之新礼较之三年之丧的古礼，应该比较奢华，甚至服丧期间的生活应该相对舒适。

以今天的视角，大概可以用“解放思想”来形容这种变革。但是，对于晏子来说，这无异于离经叛道的行为。在他看来，春秋社会大动荡、大分裂的最主要原因可能就是对传统的背叛。然而，这种背叛传统的行为如此迅猛、强大，以至于其个人根本无力回天。他不敢公开向这种社会主流行为开火，只能以坚守传统的行动来表达自己的不满和抗争。这是典型的保守主义。

综观晏子的保守主义行为，与孔子很相似。所以，本章末尾，孔子听说了晏子的行为之后，赞扬其能“远害”而“义”焉。“远害”指晏子懂得与新兴势力斗争的分寸，宣扬自己的主张但并不极端。“义”指晏子身体力行，能够坚守大道和理想。可以说，这是一种温和的保守主义。

内篇杂下第六

灵公禁妇人为丈夫饰不止晏子请先内勿服第一

灵公好妇人而丈夫饰者[1]，国人尽服之，公使吏禁之，曰："女子而男子饰者，裂其衣[2]，断其带[3]。"裂衣断带相望，而不止。晏子见，公问曰："寡人使吏禁女子而男子饰，裂断其衣带，相望而不止者何也?"晏子对曰："君使服之于内，而禁之于外，犹悬牛首于门，而卖马肉于内[4]也。公何以不使内勿服，则外莫敢为也。"公曰："善。"使内勿服，逾月，而国莫之服[5]。

【注释】

[1]灵公好妇人而丈夫饰者：齐灵公喜好女子穿着男子的服饰，即喜好女扮男装。灵公，齐灵公，齐顷公之子，庄公、景公之父。晏子历仕灵、庄、景三君。《说苑·理政》作"景公"。

[2]裂其衣：撕裂民间身着男子服饰的女子的衣服。

[3]断其带：扯断腰间所系之带。

[4]悬牛首于门，而卖马肉：门口挂着牛头，里面却卖着马肉。这里具体指灵公于民间禁止妇人为男子饰，于宫内却仍听之任之。

[5]逾月，而国莫之服：据王念孙《读书杂志》，"逾月"应为"不逾月"，形容灵公在宫内禁止妇人为男子饰后，民间模仿之风迅速消失。

【品读】

"妇人而丈夫饰"，指妇女穿男子服饰。今天有的女性偏爱穿男性服饰再正常不过了，但是在先秦时期这样的行为却有违礼制。赵蔚芝先生说："妇人而为丈夫饰，则男女无别。行之宫内，犹以为戏；行之国中，则化而成俗。举国男女无别，将导致社会淫乱。"①此说可谓得其正解。春秋时期，齐国自襄公、桓公时期就不甚遵守周代宗法制中"男女有别"的禁忌。据《左传·桓公十八年》所载，齐襄公与他的妹妹——鲁桓公的夫人文姜私通，被发现后，竟然杀了鲁桓公。另据《晏子春秋》卷三《内篇问下·第二》，景公云

① 赵蔚芝注解：《晏子春秋注解》，第275～276页。

齐桓公“好色无别”。刘师培《晏子春秋校补》引《公羊传·庄公二年》何休《解诂》谓：“齐侯亦淫女公子不嫁者七人。”《管子·小匡》中桓公竟然津津乐道地说：“寡人有汙行，不幸而有好色，而姊妹有不嫁者。”由此可知，春秋时期的齐国贵族阶层淫风流行，“男女有别”的礼制纲常并未有多少约束力。有了这个背景的铺垫，齐灵公“好妇人而丈夫饰”也就不难理解了。

齐灵公“好妇人而丈夫饰”虽然仅仅是个人的爱好，但关键是灵公以一国之君行之，在民间就有了效仿行为。这不仅令国君威信扫地，更重要的是民间的模仿使得社会容易出现混乱现象。因此，灵公以“裂其衣，断其带”这样较为严厉的措施惩罚效仿者，然而收效甚微。晏子以“悬牛首于门，而卖马肉于内”讽谏灵公，指出杜绝民间“妇人而丈夫饰”的关键在于“使内勿服，则外莫敢为也”。结果不到一个月，民间“妇人而丈夫饰”的现象就基本消失了。这则故事告诉我们，移风易俗，革除时弊，不能有上下两重标准。统治者仅仅依靠刑罚来管控社会，很难收到成效，必须以身作则，方能行而化之。

齐人好毂击晏子绐以不祥而禁之第二

齐人甚好毂击[1]，相犯以为乐[2]，禁之不止。晏子患之，乃为新车良马，出与人相犯也，曰：“毂击者不祥，臣其祭祀不顺[3]，居处不敬乎？”下车而弃去之，然后国人乃不为。故曰：“禁之以制[4]，而身不先行，民不能止。故化其心[5]，莫若教也。”

【注释】

[1]毂击：这里指两辆车的车轮相互碰撞。毂，古代车轮中辐所集中的地方，这里代指车轮。

[2]相犯以为乐：以相互撞击车轮为乐事。

[3]祭祀不顺：当为“祭祀不慎”，意为祭祀祖先神灵不慎重。

[4]禁之以制：以法令禁止相毂击。制，法令。

[5]化其心：教化、改变其心。

【品读】

齐国人特别喜欢相互撞击车轮来找乐子，但是这样的行为相当危险，官方屡禁而不止。晏子对此很担忧，就备了一辆新车，并配上好马，出门故意与别人的车相碰撞，然后说：“撞击了别人的车是不吉利的，我大概是祭祀时不够慎重，平素生活中不够谨慎（才撞击他人之车吧）？”晏子所谓的“毂击者不祥”之“毂击者”当指故意“毂击”他人之车的人。因为下文交代，晏子撞击了他人之车后，就把新车抛弃在大街上不要了。之所以丢弃不要，是因为撞击了他人的车后，自己的车就不吉利了。在中国古代，马车的造价不菲，普通人鲜能乘坐马车。晏子能把撞过他人之车的新车丢弃在大街上，更凸显了撞击他人之后的车不吉利。因此，齐人纷纷引以为戒，不再寻求“毂击”之乐。所以，文章结尾说移风易俗，革除时弊，最有效的手段莫过于教化。所谓教化，当是“教而化之”。不“教”(以身作则)，则无以化之。

由此可见，本章与上章的主旨相同。这两章的主旨都突出了一点：在位者移风易俗，首先要以身作则。从政治学的角度看，移风易俗属于改革的范畴。我们可以进一步得出这样的结论，即改革事业的启动和奏效，同样也需要在位者以身作则。

景公梦五丈夫称无辜晏子知其冤第三

景公畋于梧丘[1]，夜犹早，公姑坐睡[2]，而梦有五丈夫北面韦庐[3]，称无罪焉。公觉，召晏子而告其所梦。公曰：“我其尝杀不辜，诛无罪耶？”晏子对曰：“昔者先君灵公畋，五丈夫罟而骇兽[4]，故杀之，断其头而葬之。命曰：‘五丈夫之丘’，此其地邪？”公令人掘而求之，则五头同穴而存焉。公曰：“嘻！”令吏葬之。国人不知其梦也，曰：“君悯白骨，而况于生者乎，不遗余力矣，不释余知矣[5]。”故曰：“君子之为善易矣[6]。”

【注释】

[1]畋(tián)于梧丘：在梧丘打猎。畋，通“田”，打猎、田猎。梧丘，地名。

[2]姑坐睡：姑且坐着打瞌睡。姑，姑且。坐睡，坐着打瞌睡。

[3]北面韦庐：面北向着景公所宿的帐篷。北面，面北。韦庐，打猎时为便于休憩所搭建的临时帐篷。

[4]罟而骇兽：五丈夫打猎之时，不小心把灵公网中的兽惊跑了。罟，指渔网、兽网，名词作动词用，引申为用网捕兽的意思。《太平御览》两引作“五丈夫骇兽”。

[5]不遗余力矣，不释余知矣：竭尽全力，把全部的智慧都奉献出来。释，放，引申为奉献。知，通“智”，智慧。

[6]君子之为善易矣：君子行善很容易。君子，《说苑·辨物》作“人君”。为善，行善。易，容易。

【品读】

景公外出打猎，在帐篷里打瞌睡，梦见五个男子，面北向着他的帐篷，口喊无罪。这本来是一件很偶然的事。结果，晏子适时地将齐灵公之时杀骇兽之五丈夫的事联系起来，劝谏景公厚葬五丈夫。晏子历事灵、庄、景三君。

灵公杀五丈夫之事，经历数十年，至景公之世，已鲜为人知，而只有晏子可能是这件事的亲历者，所以晏子为景公解梦，能准确地找到这五具骸骨。不知此事者，皆以为晏子解梦之术神奇。这一举动产生的直接效果是，民间皆以景公为有德之君。晏子的举动既影响了景公施政，又为景公赢得了广泛的赞誉。这正印证了《孟子·公孙丑上》中对晏子的评价：晏子以其君显。

柏常骞禳枭死将为景公请寿晏子识其妄第四

景公为路寝之台，成，而不踊[1]焉。柏常骞曰："君为台甚急，台成，君何为而不踊焉？"公曰："然！有枭昔者鸣，声无不为也[2]，吾恶之甚，是以不踊焉。"柏常骞曰："臣请禳[3]而去。"公曰："何具？"对曰："筑新室，为置白茅[4]。"公使为室，成，置白茅焉。柏常骞夜用事[5]。明日，问公曰："今昔闻鸮声乎？"公曰："一鸣而不复闻。"使人往视之，鸮当陛，布翌[6]，伏地而死。公曰："子之道若此其明，亦能益寡人之寿乎？"对曰："能。"公曰："能益几何？"对曰："天子九，诸侯七，大夫五。"公曰："子亦有征兆之见乎？"对曰："得寿，地且动。"公喜，令百官趋具骞之所求。柏常骞出，遭晏子于途，拜马前，骞辞曰："为禳君鸮而杀之[7]，君谓骞曰：'子之道若此其明也，亦能益寡人寿乎？'骞曰：'能。'今且[8]大祭，为君请寿，故将往，以闻。"晏子曰："嘻！亦善能为君请寿也。虽然，吾闻之，维以政与德而顺乎神，为可以益寿，今徒祭，可以益寿乎？然则福兆有见乎？"对曰："得寿，地将动。"晏子曰："骞！昔吾见维星绝，枢星散[9]，地其动，汝以是乎？"柏常骞俯有间[10]，仰而对曰："然。"晏子曰："为之无益，不为无损也。汝薄敛，毋费民，且无令君知之[11]。"

【注释】

[1]踊：登、上。

[2]有枭昔者鸣，声无不为也：有个猫头鹰在夜里鸣叫，各种各样的怪声都叫出来了。枭，通"鸮"，猫头鹰，因其在夜间活动，叫声令人惊悚，故古人视为不祥之兆。昔，夕、傍晚。

[3]禳：为禳除灾祸、祈求神赐福而举行的祭祀活动。

[4]筑新室，为置白茅：筑造新的宫殿，在里面铺上白茅编织的席子。《庄子·在宥》载上古时期黄帝面见广成子，询治国之大道，广成子答之无为，黄帝退，"捐天下，筑特室，席白茅，闲居三月"。由此可知，本文中的白茅，即白茅之席。篇中的广成子、黄帝皆传说中的神话人物，因此在战国时期人们的观念中"筑新室，为置白茅"乃有通神的功能，故本文说柏常骞以此来禳除枭鸣之祸。

[5]用事：指祭祀作法。

[6]鸮当陛，布翌：鸱鸮在台阶上，展开翅膀死了。当陛，在台阶上。陛，台阶。布翌，展开翅膀。翌，“翼”之古字。

[7]为禳君鸮而杀之：当是“为君禳鸮而杀之”，为君主禳除猫头鹰叫，故而将其杀之。

[8]且：将。

[9]维星绝，枢星散：北斗星和天枢星为地气所蒙，隐而不见。张纯一《晏子春秋校注》据《庄子・大宗师》：“维斗得之，终古不忒。”维斗，即北斗。维星，当指北斗星。枢星，天枢，北斗七星之首。绝、散，指星辉为地气所蒙，隐而不见。

[10]俯有间：低下头思考了一会儿。俯，俯首。有间，一会儿。

[11]且无令君知之：应为“且令君知之”，意思是说，并且让国君知道这件事实际情况。根据文章，“无”字为衍文，当删去。

【品读】

枭，又叫鸱鸮，俗称“夜猫子”，即猫头鹰。该鸟习惯在夜深人静的时候活动。在静谧的夜里，其叫声往往令人毛骨悚然。因此，古人多以听到猫头鹰叫为不祥之兆。鸱鸮是恶鸟的信仰早在西周时期就已存在。《诗经・豳风・鸱鸮》以大鸟的口吻说鸱鸮夺走了她的雏子，又打算毁坏她的鸟巢。[①]《诗经・大雅・瞻卬》说：“懿厥哲妇，为枭为鸱。”该诗将逞强、爱说坏话的妇女比喻为鸱鸮。据传，前者出自西周初年周公之手，后者作于西周末年周幽王时期。由此可知，西周时期，鸱鸮在人们的眼中已经是一种恶鸟了。

本章说齐景公筑造完路寝之台后，不敢登台。柏常骞问其故，景公回答他说，近来听到有鸱鸮夜里鸣叫，也不知道其叫声预示着什么不吉利的事要发生，因此不敢登台。柏常骞用“筑新室，为置白茅”之法禳除鸱鸮，结果景公当天夜里仅听到鸱鸮叫了一声，就再也没有听到了。天亮之后，景公派人去鸱鸮鸣叫的地方查看，发现它已经死掉了。景公以为柏常骞非常高明，又请柏常骞为自己向神祈求延长寿命，询其应验之征兆，柏常骞答之以地动（地震）。晏子根据“维星绝，枢星散，地其动”的经验，识破了柏常骞的伎俩，并指出单纯地依靠祭祀神灵无法延长寿命，统治者只有勤于政事、以德治国方能使神欢愉，继而获得神赐之福。他进一步指出，祭祀“为之无益，不为无损”，唯有“薄敛，毋费民”方能延长寿命。这种思想可以追溯到西周初年的疑“天”思潮和“敬德保民”观念。

综观本书我们发现，晏子对于“鬼神之事”基本不怎么相信。当景公遇到不解之事常常付诸“鬼神之事”时，晏子总是将原因引到“人事”上去。这和当时社会“轻天重民”的社会思潮是吻合的。

---

① 《诗经・豳风・鸱鸮》：“鸱鸮鸱鸮，既取我子，无毁我室。”

景公成柏寝而师开言室夕晏子辨其所以然第五

景公新成柏寝之台[1]，使师开[2]鼓琴，师开左抚宫，右弹商[3]，曰："室夕[4]。"公曰："何以知之?"师开对曰："东方之声薄，西方之声扬[5]。"公召大匠[6]曰："室何为夕?"大匠曰："立室以宫矩[7]为之。"于是召司空[8]曰："立宫何为夕?"司空曰："立宫以城矩[9]为之。"明日，晏子朝公，公曰："先君太公以营丘之封，立城，曷为夕?"晏子对曰："古之立国者，南望南斗[10]，北戴枢星，彼安有朝夕哉！然而以今之夕者，周之建国，国之西方，以尊周也。"公蹴然曰："古之臣乎！"

【注释】

[1]柏寝之台：《括地志》载："柏寝台在青州千乘县东北二十一里。"千乘县治在今山东广饶县，读本章"柏寝之台"似乎距齐国都城临淄不远。因此，此柏寝之台并非《括地志》所云之台。

[2]师开：名收开的乐师。乐师之长，通常称作"太师"或"少师"。乐师一般为盲者。

[3]左抚宫，右弹商：左手弹奏宫调，右手弹奏商调。古代五音即五个音节，分别名为宫、商、角、徵、羽。

[4]室夕：宫殿朝西偏。夕，同"西"。

[5]东方之声薄，西方之声扬：东方的声音低弱，西方的声音高扬。薄，低弱。扬，高扬。

[6]大匠：掌修筑宗庙、陵寝、苑囿等土木工程的长官。故本章齐国大匠判断宫室朝西时，以其职业知识(齐国的"宫距"即朝西)回答景公。秦汉官制有"将作大匠"。

[7]宫矩：筑造宫殿之法式，即齐国宫殿当初的设计方案。

[8]司空：西周时期设置，主管建筑工程、车服器械，并监管官奴，西周时期为六卿之一，位高权重。司空乃外朝之卿，主要掌管都邑之修建。春秋时期，有些诸侯国的司空一职又称"司城"。本章齐景公问司空何以齐国宫室朝西，司空以临淄城"城距"朝西回答景公。

[9]城矩：立城之法式，齐国都城临淄的建筑方案。

[10]南斗：斗宿，位于北斗七星南方。

【品读】

据晏子所言，古代修建都城，南北分别以南斗、枢星作为中轴，应该是坐北朝南，东西不偏。但是，齐国的开国之祖太公营建都城营丘时却向西方偏。景公时期，齐国的都城早已迁至临淄。景公新筑的柏寝之台也向西方偏，只是偏角的幅度不是很大，所以连齐景公都没有发现。当齐景公让师开鼓琴时，作为盲人的师开通过回音的大小才发现柏寝之台略微向西偏。景公召见主管营造工程的大匠、司空，询问为何柏寝之台向西偏。二人皆回答说是根据历史上传下来的营造宫室的法式。齐人营造都城宫殿为何向西略偏，景公不解其故，问晏子，晏子回答说周之建国在齐国的西方，齐国都城宫殿向西偏是象征齐国“尊周”。景公豁然开朗，以为晏子乃“古之臣”。“古之臣”，并非指古代的大臣，而是讲晏子有渊博的知识，有古代贤臣之遗风。

齐国在桓公、管仲时以“尊王攘夷”为大旗，开创了“九合诸侯，一匡天下”的霸业。桓公死后，齐国统治阶层陷入争权夺位的内乱，霸主的位子遂转向晋国，霸业也一去不复返。到齐景公时期，景公有恢复齐桓霸业的野心，晏子也继承了管仲“尊王”图霸的思想。赵蔚芝先生说：“晏子以‘尊周’释偏西之理，其有意劝景公继桓公之霸业欤？”此言可谓得其旨矣。

景公病水梦与日斗晏子教占梦者以对第六

景公病水[1]，卧十数日，夜梦与二日斗，不胜。晏子朝，公曰：“夕者[2]梦与二日斗，而寡人不胜，我其死乎？”晏子对曰：“请召占梦者。”出于闺[3]，使人以车迎占梦者。至，曰：“曷为见召？”晏子曰：“夜者，公梦二日与公斗[4]，不胜。公曰：‘寡人死乎？’故请君占梦，是所为也。”占梦者曰：“请反具书[5]。”晏子曰：“毋反书，公所病者，阴也[6]，日者，阳也。一阴不胜二阳，故病将已[7]。以是对。”占梦者入，公曰：“寡人梦与二日斗而不胜，寡人死乎？”占梦者对曰：“公之所病，阴也，日者，阳也。一阴不胜二阳，公病将已。”居三日，公病大愈，公且赐占梦者。占梦者曰：“此非臣之力，晏子教臣也。”公召晏子，且[8]赐之。晏子曰：“占梦者以占之言对，故有益也。使臣言之，则不信矣。此占梦之力也，臣无功焉。”公两赐之，曰：“以晏子不夺人之功，以占梦者不蔽人之能。”

【注释】

[1]病水：似是由肾脏病引起的水肿。中医认为，肾为水脏。

[2]夕者：夜晚。

[3]出于闺：从宫中的小门走出来。闺，宫中小门。应劭《风俗通·怪神篇》作“立于闺”。

[4]公梦二日与公斗：据《风俗通·怪神篇》，该句应为“公梦与二日斗”。

[5]反具书：翻阅有关占梦的书籍。具，当为“其”。反，同“翻”。书，当是占梦之工具书。

[6]公所病者，阴也：景公病水，水当为阴也。

[7]病将已：病将要痊愈。已，结束，这里引申为痊愈。

[8]且：将。

【品读】

景公得了水肿病，又梦到与二日争斗不胜，以为死期将近。晏子博学，景公视为“古之臣”。对于解梦，晏子似乎也比较擅长。晏子以“一阴不胜二阳”预测景公的病即将痊愈。这种解梦理论实际上和中医的理论基础是一致的。众所周知，中医理论基本建立在阴阳五行相生相克的学说之上。晏子能够准确得出景公病将痊愈的结论，恐怕是在解梦之前就已经从宫廷那里得到了这方面的信息。但是，景公迷信怪力鬼神之说，故而晏子用阴阳之说解梦，使之信服。然而，晏子终究不是职业占梦者，故其虽能解景公之梦，但恐景公不信服，便通过占梦者之口为景公释梦。景公消除了恐惧心理，病自然就好得快了。景公喜而赏赐占梦者，占梦者不蔽晏子之功，晏子亦不夺占梦者之功，景公感其二人精神可嘉，皆赐之。这则故事一是突出晏子的博学机智；二是褒奖晏子和占梦者的谦让品质；三是歌颂景公赏赐公平。

晏子虽博学多才，但对于占梦终究不专业。他深知“一阴不敌二阳，病将已”的释梦之说，出自占梦者之口，景公便信服；若出自自己之口，景公不一定完全信服。这就涉及知识“专”和“博”的对立统一关系了。对于大多数人来说，知识“专”的人似乎就代表着权威。知识“博”的人虽具备一定的专业知识和判断能力，但后者获得的大众信服度往往比前者要低。因此，晏子虽知景公的病即将痊愈，但是他让占梦人为其释梦，以解除景公的疑惑。

景公病疡晏子抚而对之乃知群臣之野第七

景公病疽[1]在背，高子、国子请[2]。公曰：“职当抚疡[3]。”高子进而抚疡，公曰：“热乎？”曰：“热。”“热何如？”曰：“如火。”“其色何如？”曰：“如未热[4]李。”“大小何如？”曰：“如豆。”“堕[5]者何如？”曰：“如屦辨[6]。”二子者出，晏子请见。公曰：“寡人有病，不能胜衣冠以出见夫子，夫子其辱视寡人乎？”晏子入，呼宰人具盥，御者具巾，刷手温之[7]，发席傅荐[8]，跪请抚疡。公曰：“其热何如？”曰：“如日。”“其色何如？”曰：“如苍玉[9]。”“大小何如？”曰：“如璧。”“其堕者何如？”曰：“如珪[10]。”晏子出，公曰：“吾不见君子，不知野人[11]之拙也。”

【注释】

[1]疽(jū)：一种毒疮。

[2]高子、国子请：高子、国子请见景公。高、国二氏乃是齐国的世卿，爵位最高。周

天子任命的大国之卿，其爵位往往世代传袭，但继任者必须得到周天子形式上的认可方为合法。齐国国、高二姓就是由周天子任命，世代为卿，当齐景公之时，高子似是高昭子高张，国子似为国惠子国夏。“请”字后似脱一“见”字。

[3]抚疡(yáng)：用于轻轻按抚疮，以示抚慰关切。抚，靠近观看疮并用手轻抚。疡，疮。

[4]热：当为“熟”之讹。热，繁体为“熱”，与“熟”字形近而误。

[5]堕：同“隋”。“隋”同“椭”，椭圆形。

[6]如屦辨：这里将疮比作以皮革制作的鞋子上断裂的口子。辨，皮革上断裂的口子。《尔雅·释器》：“革中绝谓之辨。”

[7]呼宰人具盥(guàn)，御者具巾，刷手温之：命宰夫准备好洗手用具，侍者准备好毛巾，晏子将手洗干净，让手暖和起来，再去抚摸景公背部的疮。宰人，掌管膳食之官。盥，洗手的器具。御者，侍者。刷手温之，即洗干净手，令手暖和起来，再去轻抚国君背部的疮。

[8]发席傅荐：晏子离开自己的席子，靠近景公所坐的席子，进而为之抚疡。发，离开。傅，同“附”，靠近。荐，席子，这里指景公所坐之席。

[9]苍玉：青色的玉。对照高、国二子以“未熟之李”形容景公背疮的颜色，可知此青色近似黑色，齐地俗语青色即近黑色。今山东北部地区仍称黑色为青色。

[10]珪：古代帝王或诸侯在举行典礼时拿的一种玉器，其形状为上圆下方。

[11]野人：西周春秋时期地方行政区划以乡野之制为主。乡里住的居民称“国人”，野中居住的人称作“野人”。广义的国人包括庶民和贵族。野人本是被征服者或土著庶人，地位较之国人卑下。这里的“野人”特指国、高二子，说他们是“野人”，主要指其知识匮乏，愚昧无知。

【品读】

西周春秋时期的“大人”“君子”特别注重自己的一言一行。孔子教导他的儿子孔鲤，“不学诗，无以言”“不学礼，无以立”。观《左传》就会发现，贵族阶层之间举行飨宴，说话几乎离不开《诗经》。鲁襄公二十七年(前546年)，齐国卿大夫庆封访问鲁国，鲁国卿大夫叔孙豹设宴招待。席间，庆封“不敬”(不懂礼)，叔孙豹以《诗经·鄘风·相鼠》讥讽庆封，庆封竟茫然无知。由此可见，在春秋之世，贵族阶层说话做事有严格的规范。但另一方面，大部分贵族在当时也已经出现不懂礼的现象了。齐国的庆封，本书中的高子、国子，一言一行似乎相距周礼的规范已经甚远，故孔子感叹春秋之世“礼崩乐坏”。齐景公斥高、国二子为“野人”，也暗含了这方面的意思。

在春秋时期的齐国，高、国二氏世代为卿，然而探视景公背部之疮，回答景公之问，分别以火、未熟之李、豆、屦辨，形容疮之温度、颜色、大小、形状。这些东西都是“小人”(庶人)常见、常用之物，贵族若将其时常挂在嘴边，在当时则被视为粗鄙之举，有失贵族风范，因此，景公斥高、国二子为“野人之拙”。晏子探视景公背部之疮，回答景公之问，则分别以日、苍玉、璧、珪，形容疮之温度、颜色、大小、形状。在古人的思想观念中，日代表着君主，苍玉、璧、珪都是玉器。晏子的回答，尽显贵族之风范。

在先秦，玉器多是礼器，与礼密不可分。《礼记》有“礼不下庶人”之说，可知礼及礼器多为贵族遵行和使用。晏子所言皆中“礼”。对比高、国二子，景公视晏子为真正的“君子”。景公所言“君子”更多的是指精神文化层面的贵族。西周、春秋期时期的贵族不单单拥有权力和富贵，他们区别于“野人”“小人”的最显著特点就是谙熟礼乐文化。而此时的齐国，不独高、国二子不习礼乐文化，被崔杼弑杀的庄公矜勇力不顾行义，庆封聘鲁不懂礼和《诗》，景公饮酒愿诸大夫无为礼，从国君到卿大夫，贵族阶层大多已不习礼乐文化。而晏子却执着地坚守着礼乐文化传统。晏子认为，结束国君势弱、政在家门的动荡局面，重整西周以来的传统贵族秩序，关键就是靠礼。这和孔子的主张基本吻合。

晏子使吴吴王命傧者称天子晏子详惑[1]第八

晏子使吴，吴王谓行人[2]曰：“吾闻晏婴，盖北方辩于辞、习于礼者也。”命摈者[3]曰：“客见则称天子请见。”明日，晏子有事，行人曰：“天子请见。”晏子蹴然。行人又曰：“天子请见。”晏子蹴然。又曰：“天子请见。”晏子蹴然者三，曰：“臣受命弊邑之君，将使于吴王之所，以不敏[4]而迷惑，入于天子之朝，敢问吴王恶乎存？”然后吴王曰：“夫差请见。”见之以诸侯之礼[5]。

【注释】

[1]详惑：假装迷惑不解。详，通“佯”，假装。

[2]行人：官名，掌朝觐聘问之事。

[3]摈者：掌傧相之礼，如《周礼·秋官》之“司仪”。摈，同“傧”，负责引见和介绍客人的人。

[4]不敏：不才。古人自谦用语。

[5]见之以诸侯之礼：此指吴王以诸侯接见使节的礼仪接见晏子。

【品读】

夫差之世，晏子出使吴国的真实性向来为前人所怀疑。苏时学《爻山笔话》谓：“夫差之立，当定公十五年，上距齐灵之卒，已六十年。距晏子居父丧之岁，则六十二年。晏子当齐灵世，早已知名，必非弱小者，藉使定、哀之世，岿然尚存，又岂能以大耋之年，远使异国乎？此皆好事者为之，非实录也。"① 由此可见，本章所录之事基本为战国后学伪托之辞。尽管晏子使吴的说法不一定可靠，但是我们的目的是探讨《晏子春秋》这本书的思想和观点，而非单纯研究晏子的生平和事迹。所以，这则故事的真实与否并不影响我们分析《晏子春秋》的思想内涵。

本章的故事梗概是晏子出使吴国，吴王夫差嘱托掌管朝觐聘问的行人，当晏子面见吴王之时，一定要称"天子请见"而不要称"吴王请见"。在西周时期，按照规定，"王"只能是周天子的专利，诸侯称王乃是僭越礼制、以下犯上的行为。齐桓公、晋文公称霸之时，周天子形同虚设，然齐桓、晋文仍以"尊周"为旗号，不敢僭越称"王"。吴国本是周泰伯之后，与周天子乃同姓宗亲关系，然吴国久居蛮夷，远离中原，与周王室的联系渐少，加之受楚国国君称"王"的影响，吴国国君在春秋时期也自称"王"。吴国早有僭越之行，故晏子使吴，面见吴王，吴王夫差命行人称其为"天子"也就不足为怪了。然而，晏子机智过人，擅长辞令，熟习礼仪。他向来主张齐国践行管仲为齐桓公制定的称霸路线，即以"尊周"称霸而非"代周"称霸。吴王使行人称其为"天子"，以天子的身份接见晏子。晏子佯装"不敏而迷惑"误入周天子之朝，故询问吴王之所在，逼得吴王不得已以诸侯见使节之礼接见晏子。由此可知，《晏子春秋》所载晏子之行虽非实录，然它却基本符合晏子的思想和观点。因此，对于研究晏子的思想，本书可以说仍然有重要的参考价值。

晏子使楚楚为小门晏子称使狗国者入狗门第九

晏子使楚，以晏子短[1]，楚人为小门于大门之侧而延[2]晏子。晏子不入，曰："使狗国者[3]，从狗门入；今臣使楚，不当从此门入。"傧者更道从大门入，见楚王。王曰："齐无人耶？"晏子对曰："临淄三百闾[4]，张袂成阴，挥汗成雨[5]，比肩继踵[6]而在，何为无人？"王曰："然则子何为使乎？"晏子对曰："齐命使，各有所主，其贤者使使贤王，不肖者使使不肖王。婴最不肖，故直使楚矣[7]。"

【注释】

[1]短：身材矮小。

[2]延：延请。

① 转引自吴则虞：《晏子春秋集释》，第388页。

[3]使狗国者：出使狗国的人。

[4]临淄三百闾：古代二十五家为一闾。三百闾，乃七千五百家，以每家平均五口计算，临淄大约有三万七千五百人，在春秋时期俨然已经是一大都会。

[5]张袂成阴，挥汗成雨：展开袖子能够遮挡住太阳，挥一把汗就能下雨。形容齐国临淄城人口众多。张袂，张开袖子。袂，袖子。

[6]比肩继踵：肩膀挨着肩膀，脚尖顶着脚后跟。踵，脚后跟。

[7]直使楚矣：应当出使楚国。直，一说为"宜"，应当。今从之。

【品读】

晏子身材矮小，出使楚国，楚人以此轻之，于正门之侧开一小门，延请晏子。晏子自知出使异国当代表齐国，侮辱自己实际上就是侮辱齐国。对于使臣来说，在某种程度上人格就意味着国格。作为齐国使节，晏子坚持不从小门入，称"小门"为"狗门"，斥楚国为"狗国"。晏子以彼之道还彼之身，迫使楚人开大门延请入内。晏子见楚王，楚王以"齐无人"讥讽晏子身材短小的外表缺陷。晏子以临淄城三百闾"张袂成阴，挥汗成雨，比肩继踵"的夸张手法形容齐国的人口众多，然后又援引齐国任命使节有"其贤者使使贤王，不肖者使使不肖王"的规则，说明自己"最不肖"才奉命出使楚国，实际暗讽楚王"最不肖"。本章晏子使楚出色的表现体现了上一章所谓的"辩于辞"。当然，这一切都是以智慧作为前提条件的。

楚王欲辱晏子指盗者为齐人晏子对以橘第十

晏子将至楚，楚闻之，谓左右曰："晏婴，齐之习辞[1]者也，今方来，吾欲辱之，何以也？"左右对曰："为其来也[2]，臣请缚一人，过王而行[3]，王曰：'何为者也？'对曰：'齐人也。'王曰：'何坐[4]？'曰：'坐盗。'"晏子至，楚王赐晏子酒，酒酣，吏二缚一人诣王，王曰："缚者曷为者也？"对曰："齐人也，坐盗。"王视晏子曰："齐人固善盗乎[5]？"晏子避席对曰："婴闻之，橘生淮南则为橘，生于淮北则为枳[6]，叶徒相似，其实味不同。所以然者何？水土异也。今民生长于齐不盗，入楚则盗，得无楚之水土使民善盗耶？"王笑曰："圣人非所与熙也[7]，寡人反取病焉[8]。"

【注释】

[1]习辞：善于言辞。

[2]为其来也：当作"于其来也"，意为等到晏子来时。

[3]过王而行：从王面前经过。

[4]坐：所犯何罪。

[5]齐人固善盗乎:齐国人本来就擅长盗窃吗?固,本来、向来。善,善于、擅长。

[6]枳:植物名,又叫枳实、铁篱寨、臭橘,果近圆球形或梨形,汁胞有短柄,果肉甚酸且苦,带涩味。

[7]圣人非所与熙也:圣人是不能与他随便开玩笑的。所,可。熙,戏弄、开玩笑。

[8]反取病焉:反而自取其辱。病,辱。

【品读】

晏子以机智应变、善于言辞而闻名于世。晏子将要出使楚国的消息传到楚国后,楚王早就听说晏子善于外交辞令,便打算羞辱他一番。楚王左右献计,等到晏子来时,左右近臣令人绑缚一人从楚王面前经过。楚王问:“此人是干什么的?”军吏答曰:“是犯了盗窃罪的齐人。”楚王趁机问晏子:“齐人向来擅长盗窃吗?”以此来羞辱晏子。等到晏子来到楚国,楚王设宴招待晏子,便依照前计羞辱晏子。晏子说:“橘子生长在淮河以南,结出的果实还是橘子,生长在淮河以北,结出的却是又小又涩的枳实,这主要是因为水土不同罢了。此人在齐国不为盗贼,跑到楚国就成了盗贼,因此是不是楚国的水土特别容易使人善于盗窃呢?”最后,楚王自我解嘲说:“圣人是不能随便与其开玩笑的,否则就会自取其辱。”

如果晏子使楚的事迹乃是实录,从这则故事中我们首先看到的还是晏子的机智灵活和善于言辞。其次,还可以看到,春秋后期,各国民众之间已经有了较大规模的流动。齐国民众往楚国谋生计者必不在少数,故楚王能以齐盗之事羞辱晏子。再者,《晏子春秋》以楚王的口吻称晏子为“圣人”,反映了该书作者对晏子思想的服膺和崇拜之情。除了《论语》,子书中称主人公为“圣人”的并不多见。本章中的这一点倒是一个有趣的现象。

楚王飨晏子进橘置削晏子不剖而食第十一

景公使晏子于楚,楚王进橘,置削[1],晏子不剖而并食之[2],楚王曰:“当去剖。”晏子对曰:“臣闻之,赐人主之前者,瓜桃不削,橘柚不剖。今者万乘[3]无教令,臣故不敢剖,不然,臣非不知也。”

【注释】

[1]削:切削水果用的刀具。

[2]不剖而并食之:晏子并没有用刀剖开橘子,而是直接连皮带瓤将橘子吃了下去。食用橘、柚等带皮的水果,与食用瓜桃之类水果不同。古人一般将橘、柚用刀剖开,分成若干瓣,然后在食用的过程中将皮撕掉。因此晏子言“瓜桃不削,橘柚不剖”。

[3]万乘:大国有万乘战车,这里用以代指大国之君。

【品读】

晏子出使楚国，楚王命人以橘子招待晏子，并在橘子旁边放置了剖橘子的刀具。吃橘子时，晏子连皮带瓤将橘子吃了下去。楚王告诉晏子，吃橘子应当先用刀具剖开，去皮再吃。晏子回答说："我听说在人主面前，没有人主的允许，人主赐给的瓜桃不削皮，橘子柚子不剖开。现在身为万乘之主的您没有命令我剖皮食橘，所以我不敢用刀具剖开橘子。我并非不知吃橘子要剖开去皮。"

楚王原本以为晏子孤陋寡闻，不知食橘之法。然而晏子并非对此无知，而是时刻以"尊君"为务。"赐人主之前者，瓜桃不削，橘柚不剖"，是指没有君主的命令，人臣在君主面前是不能用刀具削剖水果的。这不单单是大臣对于君主"有令即行"的服从。最重要的是，在古代，一般情况下，大臣在君主面前禁止携带和使用任何有可能危害君主人身安全的刀具。故战国后期荆轲刺秦时将匕首藏在进献的燕国督亢之地图中，等到荆轲抽出匕首逐杀秦王时，秦国群臣"而卒惶急，无以击轲"，以至于"以手共搏之"[①]。因为秦有法律规定：群臣侍殿上者不得持尺寸之兵。汉承秦制，汉初百官丞相萧何功劳最高，所以只有他才能"赐带剑履上殿"[②]。

春秋时期，齐桓公与鲁庄公会盟于柯，鲁国大夫曹刿以匕首挟持齐桓公，迫使其答应归还侵掠鲁国的土地。匕首短小易藏，曹刿很可能就是因为当时有臣子在君主面前禁止带刀具的规定，故而私藏匕首以胁迫齐桓公。以上的事例都发生在君臣朝会、会盟之时，禁止大臣私带武器。在君臣宴饮之际，古代似乎也有禁止大臣动用作为餐具的刀具的规定。《史记·绛侯世家》记载了这样一件事："景帝居禁中，召条侯(周亚夫)，赐食。独置大胾，无切肉，又不置櫡。条侯心不平，顾谓尚席取櫡。景帝视而笑曰：'此不足君所乎？'"景帝给周亚夫上的肉只是大块未切割之肉，"无切肉"就道出了这些肉并非在席间由大臣亲自用刀具切割，而是由庖丁在厨房中就切割好。言外之意，君臣宴饮之时，大臣一般不能用刀具切削肉类。这项措施的目的主要是为了防范臣子威胁君主的人身安全。而本章所述晏子使楚的故事，与先秦秦汉宫廷禁止带刀具或用刀具的规定颇为不同，其中一个细节就是楚王在招待使臣食用橘子时，在旁边专门准备了剖橘的刀具。晏子向来主张"尊君"，故在没有得到楚王许可的情况下，仍然不去用刀具剖食橘子。

---

① 《史记·刺客列传》。

② 《史记·萧相国世家》。

晏子布衣栈车而朝田桓子[1]侍景公饮酒请浮之第十二

景公饮酒，田桓子侍，望见晏子，而复于公曰："请浮[2]晏子。"公曰："何故也?"无宇对曰："晏子衣缁布之衣[3]，麋鹿之裘，栈轸之车[4]，而驾驽马以朝，是隐君之赐[5]也。"公曰："诺。"晏子坐，酌者奉觞进之，曰："君命浮子。"晏子曰："何故也?"田桓子曰："君赐之卿位以尊其身，宠之百万以富其家，群臣其爵莫尊于子[6]，禄莫重于子。今子衣缁布之衣，麋鹿之裘，栈轸之车，而驾驽马以朝，是则隐君之赐也。故浮子。"晏子避席曰："请饮而后辞乎，其辞而后饮乎[7]?"公曰："辞然后饮。"晏子曰："君之赐卿位以尊其身，婴非敢为显[8]受也，为行君令也；宠以百万以富其家，婴非敢为富受也，为通君赐[9]也。臣闻古之贤臣，有受厚赐，而不顾其国族，则过[10]之；临事守职，不胜其任，则过之。君之内隶[11]，臣之父兄，若有离散，在于野鄙，此臣之罪也。君之外隶[12]，臣之所职，若有播亡[13]，在于四方，此臣之罪也。兵革之不完，战车之不修，此臣之罪也。若夫弊车驽马以朝，意者非臣之罪乎？且臣以君之赐，父之党无不乘车者，母之党无不足于衣食者，妻之党无冻馁者，国之闲士待臣而后举火者数百家。如此者，为彰[14]君赐乎，为隐君赐乎?"公曰："善！为我浮无宇也。"

【注释】

[1]田桓子：田无宇，田敬仲完之玄孙。景公时期田桓子与晏子同朝为臣。

[2]浮：罚。

[3]缁布之衣：黑色的衣服。缁布，黑布。

[4]麋鹿之裘，栈轸之车：穿着麋鹿皮制成的外衣，驾着木柴制作的车子。麋鹿之裘，麋鹿皮制成的外衣，麋鹿皮毛粗硬，是低贱的兽皮，下层人常以为冬服。栈轸之车，《说文》："栈，棚也，竹木之车曰栈。"轸，《考工记》"车轸四尺"，郑玄注："轸，舆后横木。"即木柴之车，意指晏子所乘之车极为简陋。

[5]隐君之赐：掩盖君上的赏赐。隐，隐藏、掩盖。

[6]群臣其爵莫尊于子：群臣的爵位没有高于您的。其，之。

[7]请饮而后辞乎，其辞而后饮乎：请饮完酒再说呢，还是说完再饮酒？辞，表达，解释。

[8]显：显耀。

[9]为通君赐：让君上的赏赐到达更多的人。通，达、遍。

[10]过：责备。

[11]内隶：据下句"臣之父兄，若有离散，在于野鄙"可知，类似晏子的宗族都是齐国的贵族，若得不到保护，宗族离散，就会沦为在野之氓。此当是国中贵族、官僚。

[12]外隶：依"臣之所职"可知，似指庶民百姓。

[13]播亡：迁徙流亡。

[14]彰：彰显。

【品读】

晏子以简朴著称，这种简朴不是一般的简朴，而是近似苦行僧一样的生活。他常常穿着缁布之衣，外面披着一张麋鹿皮，乘坐由劣马拉的柴车去上朝。晏子果真穷得穿不上好衣服，买不起好车马吗？据田桓子所言，晏子得"君赐之卿位以尊其身"，又有国君的赏赐和俸禄"百万以富其家"，群臣没有比他爵位更高的，也没有比他俸禄更多的，可知晏子拥有高爵厚禄，身尊家富，并非一贫如洗。然而，拥有家资百万的晏子为何平日生活如此寒酸，难道是想通过这样虚心式的简朴沽名钓誉？这不是有意掩盖君主的厚恩吗？田桓子及景公皆以为然。晏子的回答却令田桓子、齐景公相当惭愧。

晏子说，国君赐给他的卿爵的确显耀其身，但是他不是为了显耀自身而接受高爵，而是为了更好地奉行君令；国君赏赐给他的百万俸禄足以让他富有，但是他并非为了自己的富有而接受赏赐，而是让更多的人享受到国君的福泽。具体说来，晏子接受卿位，代君行政，为君分忧。"君之内隶"，未有离散在野鄙者；"君之外隶"，未有迁徙流亡于四方者；国家兵革完备，战车修缮。这些成绩皆是晏子依靠卿位之权势才做到的，即其所谓的"行君令"。他的百万家资都接济了宗族、母族、妻族以及国之闲士，而这些人也都因晏子的接济变相地获得了国君恩泽，是为"通君赐"也。晏子接受高爵并非为了"显"身，接受厚禄并非为了"富"家。他以古之贤臣为榜样，认为接受高爵乃是为国家"临事守职"，接受厚禄则是"顾其国族"。这里面隐含了贤臣的职业操守。中国古代的贤臣之所以"贤"，就是因为有公而忘私之心。要求所有官员都有公心而无私欲，这个很难。但正是因为难，才更显出了这部分人的伟大。

晏子"弊车驽马以朝"并非有意"隐君赐"，而是"彰君赐"。这可能就是孟子所说的"晏子以其君显"。"在其位，谋其政。"权力越大，位置越高，责任就越大。用今天的话语，这可以诠释为敬业精神。收入高，家庭富裕，帮助他人的能力就越大，这也可以诠释为奉献精神。敬业、奉献，是早在晏子之前就已经成的一种核心价值观。所以，晏子说："臣闻古之贤臣，有受厚赐，而不顾其国族，则过之；临事守职，不胜其任，则过之。"

田无宇请求四方之学士晏子谓君子难得第十三

田桓子见晏子独立于墙阴，曰："子何为独立而不忧？何不求四乡之学士[1]可者而与坐？"晏子曰："共立似君子，出言而非也[2]。婴恶[3]得学士之可者而与之坐？且君子之难得也，若美山[4]然，名山既多矣，松柏既茂矣，望之相相然[5]，尽目力不知厌[6]，而世有所美焉，固欲登彼相相之上，仡仡然[7]不知厌。小人者与此异，若部娄[8]之未登，善[9]，登之无蹊[10]，维有楚棘[11]而已；远望无见也，俛就则伤婴[12]，恶能无独立焉？且人何忧，静处远虑，见岁若月，学问不厌，不知老之将至，安用从酒[13]！”田桓子曰：“何谓从酒？”晏子曰：“无客而饮，谓之从酒。今若子者，昼夜守尊，谓之从酒也。”

【注释】

[1]四乡之学士：当作“四方之学士”。据标题中“田无宇请求四方之学士”可知，“四乡”当为“四方”之误。

[2]共立似君子，出言而非也：大家站在一起好像是君子，但是一交谈就不是了。此言君子难寻，貌似者多，有实学者少。

[3]恶(wū)得：焉得。恶，何。

[4]美山：挺拔峻峭的山。美，《艺文类聚》作“华”。这里并非指西岳华山。华，挺拔峻峭。

[5]相相然：山高耸之貌。

[6]尽目力不知厌：当作“尽日不知厌”，意为看一整天也不知厌倦，比喻君子德行之厚。尽目，当作“尽日”，花一整天去看。

[7]仡仡然：用力登山的样子。

[8]部娄：当作“附娄”，小土山。“都”与“附”同声相近。

[9]善：喻未登小土山之时，感觉小土山不错。

[10]登之无蹊：登山之时却发现无路可登。晏子在这里以登部娄(小土山)比喻与小人交往。蹊，径路。

[11]楚棘：荆棘。荆棘满刺，比喻小人无才德，不可亲近。

[12]俛(fǔ)就则伤婴：俯下身就会伤害腰。比喻与那些没有真才实学的小人交往则会有损自己。俛，通“俯”。婴，古“腰”字。

[13]从酒：纵酒。从，通“纵”。

【品读】

田无宇与晏子共事景公。景公即位之初，田氏即以“大斗出，小斗入”的方式收买民心，“民归之如流水”①。因此，田无宇比较注重收买人心，由此推断，其亦必注意延揽人才。所以，当田无宇发现晏子一个人独自站在墙的阴凉处时，批评晏子“独立而不忧”，并建议他寻求四方的学士，与他们交游座谈。晏子却说，现在好多人貌似君子，一说话就露馅了。因此，晏子感慨“君子难得”。

---

① 《晏子春秋》卷四《内篇问下·第十七》。

晏子认为，君子的学识、品德就像雄伟耸立的高山一样，让人看了美不胜收，都想努力攀登上去，哪怕累得大喘气也不知疲倦。小人就和君子不同了。小人就像没有攀登的小土包，未登之前，充满幻想，真要攀登时却发现没有路径上去，只有满坡的荆棘而已。远望君子什么看不到，俯身结交小人又对自己没有好处，不独自站在阴凉地里还能干什么？况且，人有什么事是值得忧愁的？自己一个人静静地站在一边，思考一下未来，珍惜年就像珍惜月一样努力，只争朝夕，好学不厌，以至于都忘记了晚年将要来临，还用纵酒度日吗？

这里需要留意的是，晏子所谓的“君子”和“小人”的区别。一般意义上，君子就是指的贵族。孔子以前，学在官府，只有贵族才有权利接受教育。君子的内涵就是有身份、地位并受过礼乐文化熏陶的贵族子弟。但是，随着贵族阶层的没落，春秋中后期，贵族阶层中很多人已经不识礼乐文化，礼崩乐坏就是当时的大形势。在这种情况下，真正受过良好的礼乐文化熏陶的贵族分子已经少之又少。因此，晏子感叹“君子难得”。

“小人”本是没有接受文化教育的庶民。但是，晏子所谓的“小人”却更多地是指那些不学无术、品德败坏的贵族。对于礼崩乐坏的大形势，君子已然难得，晏子只好转向独处修已的路子。较之于孔子，晏子的做法相对保守，故晏子的学说并未形成学派，估计这也是一个因素吧。而孔子却以一种坚忍不拔的积极态度与大形势对抗，“明知不可为而为之”，以礼乐文化为载体，不拘出身，广招弟子，教育、培养有知识的士阶层（即君子阶层），以期能够挽救时局。尽管孔子没有挽救旧秩序，但他成功地培养了有知识的士阶层。而恰恰是这个有知识的士阶层对后世中国的文化和制度建设贡献最大。这是晏子没有做到的。

田无宇胜栾氏高氏欲分其家晏子使致之公第十四

栾氏、高氏欲逐田氏、鲍氏[1]，田氏、鲍氏先知而遂攻之。高强曰：“先得君[2]，田、鲍安往？”遂攻虎门[3]。二家召晏子，晏子无所从也。从者曰：“何为不助田、鲍？”晏子曰：“何善焉，其助之也。”“何为不助栾、高？”曰：“庸愈于彼乎[4]？”门开，公召而入。栾、高不胜而出[5]，田桓子欲分其家，以告晏子，晏子曰：“不可！君不能饬法，而群臣专制[6]，乱之本也。今又欲分其家，利其货，是非制[7]也。子必致之公。且婴闻之，廉者，政之本也；让者，德之主也。栾、高不让，以至此祸，可毋慎乎！廉之谓公正，让之谓保德，凡有血气者，皆有争心，怨利生孽[8]，维义可以为长存。且分争者不胜其祸，辞让者不失其福，子必勿取。”桓子曰：“善。”尽致之公，而请老于剧[9]。

【注释】

[1]栾氏：栾施，字子旗。高氏：高强，字子良。田氏：田无宇，谥桓子。鲍氏：鲍国，谥文子。

[2]先得君：先将景公挟持。意为以景公为号召，再讨伐田氏、鲍氏。君，这里指景公。

[3]虎门：一作“公门”。景公居住的宫殿正门。

[4]庸愈于彼乎：栾、高比田、鲍好吗？庸，岂。彼，代指田氏、鲍氏。

[5]出：指出奔，流亡在外。

[6]君不能饬法，而群臣专制：景公不能整饬法纪抑制卿大夫，所以导致群臣擅权。

[7]非制：非法。

[8]怨利生孽：《左传·昭公十年》作“蕴利生孽”，意为积蓄财货就会导致祸患。蕴，积蓄。孽，妖害也，引申为祸患。

[9]剧：地名，据《括地志》，在今山东寿光南。

【品读】

齐庄公被崔杼杀害后，崔杼与庆封结党，拥立庄公的弟弟杵臼即位，是为景公。景公即位即面临着崔杼、庆封专权，后庆封击败崔杼，独掌齐国大权。栾、高二氏逐走庆封及其家臣后专政齐国。鲁昭公十年(前532年)，栾、高又与逐渐强大的田氏、鲍氏争权。不论栾、高还是田、鲍，双方都来拉拢晏子。晏子却在这场斗争中保持中立。

晏子主张继承桓公、管仲的旗帜，对内尊君、富国强兵，对外尊王称霸。栾、高掌权削弱了国君的权力，田氏、鲍氏坐大，也与公室争民。这两派卿大夫上台的目的都不是加强国君的权力。这和晏子的主张相矛盾，故晏子持中立态度。当栾、高失败后，田无宇打算瓜分他们的家产。晏子以尊君的大义、蕴利的危害与廉让的好处劝说田桓子放弃瓜分栾、高家产，并将之归还景公。最后，田桓子将之归还了景公。晏子说，瓜分栾、高之家，“利其货，是非制也”，这种行为违犯了当时的礼法。这一点还不足以吓得住田氏。当晏子陈述“廉让”与“蕴利”的利害关系时，田桓子才最终放弃了吞并栾、高家产的做法。这可能与田氏还未强大到有恃无恐的局面有重要关系。

当时，栾、高虽灭，但晏氏、鲍氏还有一定实力，尤其是鲍氏，自桓公称霸，就一直是齐国的大族。田氏铲除栾、高就与鲍氏结盟。若田氏吞并栾、高家产，本身就不合礼法，如果鲍氏、晏氏趁机反对田氏，田氏当时还没有十足的把握击败他们，故而田桓子不得已将之归还景公。晏子告诫田桓子勿取栾、高之家产，客观效果是维护了景公的权威。这与晏子的尊君思想是一致的。

子尾疑晏子不受庆氏之邑晏子谓足欲则亡第十五

庆氏[1]亡，分其邑，与晏子邶殿[2]，其鄙六十，晏子勿受。子尾曰："富者，人之所欲也，何独弗欲？"晏子对曰："庆氏之邑足欲，故亡。吾邑不足欲也，益之以邶殿，乃足欲；足欲，亡无日矣。在外不得宰吾一邑[3]，不受邶殿，非恶富也，恐失富也。且夫富，如布帛之有幅焉[4]，为之制度，使无迁也[5]。夫生厚而用利[6]，于是乎正德以幅之，使无黜慢[7]，谓之幅利[8]，利过则为败，吾不敢贪多，所谓幅也。"

【注释】

[1]庆氏：庆封。庆封本是崔杼同党，崔杼杀庄公立景公，崔为右相，庆为左相。后庆封因崔杼子谋求立嗣，趁机铲除了崔杼，庆封相景公，把持朝政。后子雅（栾氏）、子尾（高氏）及田氏又逐走庆封。

[2]邶殿：据《左传·襄公二十八年》杜预注，"邶殿，齐别都，以邶边鄙六十邑与晏婴"。其具体地址在今山东昌邑西。

[3]在外不得宰吾一邑：一旦逃亡国外，就连我原来的一个城邑也不能保住了。

[4]如布帛之有幅焉：就像布帛有幅。布帛的宽度曰幅。据《汉书·食货志》"布帛广二尺二寸为幅"可知，幅是布帛特定的宽度。

[5]为之制度，使无迁也：为它制定好规则，使之不能随便改动。制度，制定规则、法度。无迁，无移动或改动。

[6]生厚而用利：百姓生性喜好生活富足、器物丰饶。据《左传·襄公二十八年》作"民生厚而用利"可知，"生厚"之前似缺一"民"字。

[7]于是乎正德以幅之，使无黜慢：结合上句"（民）生厚而用利"，百姓生性好厚利，故以正确的价值观约束其性情，使得百姓不轻慢放纵。正德，正确的价值观。黜慢，轻慢放纵。

[8]幅利：有限度的利。幅，本是指固定宽度的布帛，这里指有限度。

【品读】

庆封败，流亡国外。其家产被执政之卿栾、高主持瓜分，分给晏子邶殿边鄙六十邑，晏子拒绝接受。子尾怪之，因为喜爱财富乃是人的共性，晏子却不贪恋财富。这是什么原因呢？晏子说，人的欲望是无法满足的，满足欲望叫"足欲"。欲望一旦满足了，人又会有新的欲望，贪欲之心无止境，为非作歹，有恃无恐，如此也就离灭亡的日子不远了。所以，晏子不受邶殿之邑，并非讨厌财富，而是深知"足欲"即"失富"。假使接受邶殿之邑"足欲"，弄不好将来连一邑都无法主宰，这笔账就太不划算了。

晏子将财富比喻为“布帛之有幅”。幅，据《汉书·食货志》是指有固定尺寸的布帛，可引申为限度和范围。晏子认为，人生性贪财好利，必须像“布帛之有幅”，给人的欲望设定好尺度（幅），人才没有情满放纵之举。这个“幅”就是“正德”。正德以节欲谓之“幅利”。这就是晏子的财富观。这和上一章的主旨是相通的。上章晏子说：“廉者，政之本也；让者，德之主也。……廉之谓公正，让之谓保德，凡有血气者，皆有争心，怨利生孽，维义可以为长存。且分争者不胜其祸，辞让者不失其福。”廉、让就是“德”的品质。廉、让不失其福，“幅利”不失其利。鉴往知今，在位者可不诫乎！

景公禄晏子平阴与槀邑[1]晏子愿行三言以辞第十六

景公禄晏子以平阴与槀邑，反市者十一社[2]。晏子辞曰：“吾君好治宫室，民之力弊矣；又好盘游玩好，以饬[3]女子，民之财竭矣；又好兴师，民之死近矣。弊其力，竭其财，近其死，下之疾其上甚矣！此婴之所为不敢受也。”公曰：“是则可矣[4]。虽然，君子独不欲富与贵乎？”晏子曰：“婴闻为人臣者，先君后身；安国而度[5]家，宗君[6]而处身，曷为独不欲富与贵也！”公曰：“然则曷以禄夫子？”晏子对曰：“君商渔盐，关市讥而不征[7]；耕者十取一焉；弛刑罚——若死者刑，若刑者罚，若罚者免[8]。若此三言者，婴之禄，君之利也。”公曰：“此三言者，寡人无事[9]焉，请以从夫子。”公既行若三言，使人问大国，大国之君曰：“齐安矣。”使人问小国，小国之君曰：“齐不加[10]我矣。”

【注释】

[1]平阴与槀邑：平阴，今山东济南平阴东北。槀邑，疑“棠邑”之误，在今山东青岛即墨棠乡。

[2]反市者十一社：从事商业活动的人共有十一个社。反市者，从事商业活动的人。反，通“贩”，贩卖。社，二十五家为一社。

[3]饬：通“饰”，装扮、打扮。

[4]是则可矣：这固然对。是，代词，代指晏子向景公建议的“三言”。

[5]度：处、居。

[6]宗君：尊君。宗，尊。

[7]关市讥而不征：关市只稽查而不征税。讥，稽查。

[8]弛刑罚——若死者刑，若刑者罚，若罚者免：减轻刑罚，犯死罪者改为受刑，受刑者改为罚金，罚金者改为免罪。若，无实际意义。

[9]无事：都没有做到。事，做到。

[10]加：当作“陵”，在……之上，引申为欺压。

【品读】

齐国自太公建国初期就有重商的传统。景公打算将平阴和槀邑赏赐给晏子。这两个邑相当富庶，总共有十一个社里的百姓经营商业。一社是二十五家，十一社当是二百七十五家经营商业的百姓。这样的封邑在春秋时期绝对可以称得上富庶之地了。但是，晏子拒绝了景公的赏赐。景公不解其故，问晏子："难道君子不喜欢富贵吗？"晏子答曰："君子当然喜欢富贵。但是，君子享受富贵是有原则的。作为人臣，君子要恪守'先君后身，安国度家，宗君而处身'的原则。"在晏子的思想中，君子有崇高的奉献精神，对于享乐，总是怀有先君后臣、先国后家的情怀。这在传统社会就是忠君爱国的思想。在传统士大夫的思想观念中，没有君就没有臣，没有国就没有家。君主过得好，大臣才能过得好。所以，晏子说："婴之禄，君之利也。"在古代，忠君爱国是士大夫应该恪守的核心价值观。中国古代的士大夫将君、国视为自己生存、发展的先决条件。因此，他们特别强调对于君、国的忠心和奉献。

此外，《晏子春秋》卷四《内篇问下·第五》中景公问晏子"为臣之道"，晏子对以"九节"。节，乃节制和约束。晏子指出，作为臣子必须要恪守九条准则，其中一条就是"肥利之地，不为私邑"。本章对君与臣、国与家利害关系的阐述可视为此"节"的注脚。

梁丘据言晏子食肉不足景公割地将封晏子辞第十七

晏子相齐，三年，政平[1]民说。梁丘据见晏子中食[2]，而肉不足，以告景公。旦日[3]，割地将封晏子[4]，晏子辞不受。曰："富而不骄者，未尝闻之。贫而不恨者，婴是也。所以贫而不恨者，以善为师也[5]。今封，易婴子师[6]，师已轻，封已重矣，请辞。"

【注释】

[1]政平：政治清平。指官员廉洁，社会公正。

[2]中食：午饭。

[3]旦日：第二天。

[4]割地将封晏子：规划好土地，准备分封给晏子。

[5]以善为师也：当作"以若为师也"，把贫困当作老师。善，当作"若"，据上句"贫而不恨"，"若"即指贫。

[6]今封，易婴子师：如今景公划割土地准备分封给晏子，晏子若接受，则不再贫穷。是为以封邑代替了晏子的老师（善）。

【品读】

春秋战国时期，生产力并不发达，能够常吃上肉的只有贵族和官僚。晏子相齐三年，午饭仍然“肉不足”。景公闻之，欲以封邑赐晏子，晏子辞而不受。晏子说，“富而无骄”很难做到，所以我没听说过。“贫而不恨”，我做到了。我之所以贫穷而没有怨恨，主要是我能够以“贫”为师。现在您赐给我封邑，我也就富贵了，而富贵却常常令人骄奢放纵，这样我也就失去了我的老师——贫。在这里，晏子的话有个前提，那就是富贵的生活容易令好人变坏。俗语“饱暖思淫欲”，可能说的就是这个道理。晏子恪守节俭之道的思想可能即源于此。晏子所谓“富而不骄，未尝闻之”，实际上是建立在“性恶论”的基础之上的。在晏子的思想中，尤其对于贵族来说，富贵是祸根，贫贱是福。能做到贫而不恨，且以贫为乐，也就拥有了福。这种理念引申出来的行为就是节俭。这也是中华传统美德的基本元素之一。

景公以晏子食不足致千金而晏子固不受第十八

晏子方食，景公使使者至。分食食之[1]，使者不饱，晏子亦不饱。使者反，言之公。公曰：“嘻！晏子之家，若是其贫也。寡人不知，是寡人之过也。”使吏致千金与市租[2]，请以奉宾客。晏子辞，三致之，终再拜而辞曰：“婴之家不贫。以君之赐，泽覆三族[3]，延及交游，以振百姓，君之赐也厚矣！婴之家不贫也。婴闻之，夫厚取之君，而施之民，是臣代君君民[4]也，忠臣不为也。厚取之君，而不施于民，是为筐箧之藏[5]也，仁人不为也。进取于君，退得罪于士，身死而财迁于它人，是为宰藏[6]也，智者不为也。夫十总[7]之布，一豆之食[8]，足于中免[9]矣。”景公谓晏子曰：“昔吾先君桓公，以书社五百封管仲，不辞而受，子辞之何也？”晏子曰：“婴闻之，圣人千虑，必有一失；愚人千虑，必有一得。意者管仲之失，而婴之得者耶？故再拜而不敢受命。”

【注释】

[1]分食（shí）食（sì）之：将已做好的食物分与使者。分食，分餐。食之，以食物招待来宾。

[2]使吏致千金与市租：让官吏送给晏子千金以及所收市租之税。致，送。金，先秦时期货币单位，二十四两为一镒，一镒为一金。市租，类似今天的商人营业税。

[3]三族：据《晏子春秋》卷六《内篇杂下·第十二》可知，晏子的三族主要指父族、母族及妻族。

[4]臣代君君民：大臣代替君主君临百姓。君民，君临百姓，代替君主统治百姓。

[5]筐箧之藏：只知道囤积东西却不知道分与他人，比喻吝啬。筐箧，盛物之竹器，方形曰筐，圆形曰筥(jǔ)，大的叫箱，小的叫箧。

[6]宰藏：比喻像家宰一样只知道为主人收藏东西。宰，家宰。

[7]总：通"稯"，布八十缕为稯，这样的布一般为粗布。

[8]一豆之食：比喻粮食少。豆，量器，四升为豆。

[9]中免：即身免，指身免于冻馁。

【品读】

晏子至简，午餐不仅肉不足，甚至为景公负责传令的使者到晏子家，晏子并未为之重新做饭，仅仅"分食食之"，结果使者和晏子都没吃饱。使者返回宫中向景公复命，顺便将晏子的生活情况告诉了景公。景公"使吏致千金与市租，请以奉宾客"，晏子拒绝接纳国君的赏赐。晏子说："我家并不贫穷，国君赐给我的财物已经相当丰厚了。我把这些财物分给了父、母、妻三族亲属、交游的朋友以及有苦难的百姓。"

然后，晏子又讲了不愿意接受景公赏赐的原因：其一，"夫厚取之君，而施之民，是臣代君君民也，忠臣不为也"。大臣从君主那里获取了丰厚的赏赐，转而将之分给百姓，就使得百姓感念大臣而不感激君主。这种做法是大臣代替君主施恩惠于百姓，如此就得罪了君主，这不是忠臣应该做的。在齐国，田氏"大斗出，小斗进"，与国君争夺民心，其做法即属于此类。其二，"厚取之君，而不施于民，是为筐箧之藏也，仁人不为也"。从君主那里获取了丰厚的赏赐不分给百姓，这就像竹条编的筐子一样只知道收敛钱财。这样的行为仁人是不肯做的。不顾百姓饥寒，一分钱也不肯施舍，如此就得罪了百姓。其三，"进取于君，退得罪于士，身死而财迁于它人，是为宰藏也，智者不为也"。从君主那里获取的东西太多，就会得罪于士人阶层，得罪人太多，死后财产也就变成了他人的了。如果这么做就等于是替别人收钱，聪明人是不干这种事的。我现在能有衣服穿(虽然是粗布的)、有饭吃(虽然粮食不多)，免于挨饿受冻，已经很知足了。

这样看来，多取于君也就得罪了君主、百姓和士。得罪了君、百姓以及士，也就把全社会都得罪了。与全社会为敌，结果就是"身死而财迁于他人"，财产被瓜分，性命亦难保。当官要想长久，就应该像晏子一样学会知足。"十总之布，一豆之食"，敝衣疏食的生活虽然清贫，但活得舒心、坦然。

景公以晏子衣食弊薄使田无宇致封邑晏子辞第十九

晏子相齐，衣十升之布[1]，脱粟[2]之食，五卯[3]、苔菜而已。左右以告公，公为之封邑，使田无宇致台[4]与无盐。晏子对曰："昔吾先君太公受之营丘，为地五百里，为世国长，自太公至于公之身，有数十[5]公矣。苟能说其君以取邑[6]，不至公之身，趣齐搏以求升土[7]，不得容足而寓焉[8]。婴闻之，臣有德益禄，无德退禄，恶[9]有不肖父为不肖子为封邑以败其君之政者乎？"遂不受。

【注释】

[1]十升之布：十升的粗布。古代布八十缕为一升，一升即一稯。

[2]脱粟：仅脱谷皮而已，言小米未经细舂。

[3]五卯：五个鸡蛋或鸭蛋。卯，当为"卵"之讹。卵，当指鸡、鸭等家禽所生之蛋。

[4]台：即"骀"，据《左传·哀公六年》杜预注，齐邑名。据赵蔚芝《晏子春秋注解》，当在今山东青州、临朐县界。无盐：本为古宿国，任姓，在今山东泰安东平一带。

[5]数十：当为"十数"，齐自太公至景公共十九位国君，不当为"数十"。

[6]说其君以取邑：使君主高兴就能获得封邑。说，通"悦"，取悦。

[7]趣齐搏以求升土：都跑到齐国来通过技艺谋求一块封土。趣，当为"趋"。搏，炫技。升土，少量的土地。

[8]不得容足而寓焉：不能有立足之地。容足，立足。寓，居。

[9]恶(wū)：哪里。

【品读】

晏子为齐相，衣食至简，景公欲为之封邑，晏子辞封。究其理由，晏子认为，若自己无功德而受禄封，则破坏了封爵益邑的规矩。后果就是，如果通过取悦君主就能获得封邑，以后便会有更多的人来齐国通过各种方式取悦国君，然后获得一块封邑。这样国君统治的齐国国土就会日益缩小，最终连立足之地都没有了。晏子说，我不能开这样的恶例。接受了封邑，我就失去了良好的品德，在子孙面前做了一个坏榜样，成了"不肖父"。子孙若继承了不是通过功德而获得的封邑，也就成了"不肖子"。这样的行为就是"败其君之政"，忠臣不干这样的事。

从本章可知，在春秋后期，封邑还意味着"禄"。这种封邑可以传承，因此，晏子还有"不肖父为不肖子为封邑"的说法。当时获得封邑的条件，主要还是参考"德"。所以，晏子说："婴闻之，臣有德益禄，无德退禄。"但是，以个人品质的"德"作为封邑的条件，施行起来不易把握。这里的"德"可能也有事功的成分在里面。晏子说如果无德而接受景公赏赐的封邑的话，那么许多人就会“趣齐搏以求升土”。搏，张纯一先生《晏子春秋校注》引《史记·李斯列传》“弹筝搏髀”注“搏”为“犹炫技之义”。技，指歌舞、滑稽及神仙方术之类能取悦君主的技艺。通过这种方式谋求封邑不算“功”，反而是无德的表现。在古人的观念里，通过“技”来取悦君主，容易使君主“玩物丧志”，乃奸佞之辈所为。因此，在主流舆论中，这种行为是最易受到口诛笔伐的。

田桓子疑晏子何以辞邑晏子答以君子之事也第二十

景公赐晏子邑，晏子辞。田桓子谓晏子曰："君欢然与子邑[1]，必不受以恨君[2]，何也?"晏子对曰："婴闻之，节受于上者，宠长于君[3]，俭居处者，名广于外[4]。夫长宠广名，君子之事也。婴独庸能已乎[5]?"

【注释】

[1]君欢然与子邑：国君非常高兴地赐给你封邑。欢然，高兴的样子。

[2]必不受以恨君：(国君与之封邑而)坚辞不受，是违背君意。恨，通“很”，违背。

[3]节受于上者，宠长于君：有节制地接受君主的赏赐，就能长久地得到国君的宠爱。节，有节制。

[4]俭居处者，名广于外：以节俭居处的人，名声就会远播在外。广，广布。

[5]独庸能已乎：怎么能不这样做呢？庸，何、怎么。

【品读】

景公赐晏子邑，晏子辞而不受。田桓子斥其违背君意。晏子认为，“节受于上者，宠长于君，俭居处者，名广于外”。有节制地接受君主的赏赐，才能长久地获得君主的宠幸。《晏子春秋》卷五《内篇杂上·第十八》中鲁国大夫子叔昭伯说：“君子不尽人之欢，不竭人之忠。”何况是接受君主的赏赐呢？不加节制地接受君主的赏赐，也就透支了君主对臣子的信任。如此，轻者失宠，重者丧命，累及宗族。居高位，以节俭自处，不但能够获得君主的信赖，还能获得普遍的社会赞誉。晏子到底有多节俭，下面我们就已经品读过的篇章总结一下。晏子“衣缁布之衣，麋鹿之裘，栈轸之车，而驾驽马以朝”①。作为大夫，“中食，而肉不足”②。景公的传令使者至其家，“分食食之”，至于

① 《晏子春秋》卷六《内篇杂下·第十二》。

② 《晏子春秋》卷六《内篇杂下·第十七》。

"使者不饱,晏子亦不饱"①,晏子相齐,"衣十升之布,脱粟之食,五卵、苔菜而已"②。这些节俭的举动都使晏子获得了良好的社会声誉。晏子节俭难道就是为了沽名钓誉吗?一个人身处高位,真正能够做到节俭如一。他即使有获得好名声的想法,我们也认为他品德高尚。富贵之人能始终如一地秉持节俭的生活理念,这不是一般人能够做到的。

景公欲更晏子宅晏子辞以近市得求讽公省刑第二十一

景公欲更晏子之宅,曰:"子之宅近市湫隘[1],嚣尘[2]不可以居,请更诸爽垲[3]者。"晏子辞曰:"君之先臣[4]容焉,臣不足以嗣之,于臣侈[5]矣。且小人近市,朝夕得所求,小人之利也。敢烦里旅[6]!"公笑曰:"子近市,识贵贱乎?"对曰:"既窃利之[7],敢不识乎!"公曰:"何贵何贱?"是时也,公繁于刑[8],有鬻踊者[9]。故对曰:"踊贵而屦贱[10]。"公愀然改容。公为是省于刑。君子曰:"仁人之言,其利博哉!晏子一言,而齐侯省刑。《诗》曰:'君子如祉,乱庶遄已[11]。'其是之谓乎。"

【注释】

[1]近市湫(jiǎo)隘(ài):晏子的宅子挨着市场且地势低下、空间狭窄。市,市场。湫,低下。隘,狭窄。

[2]嚣尘:嘈杂且有尘土飞扬。

[3]爽:明亮。垲(kǎi):地势高而干燥。

[4]君之先臣:国君先代之臣,即晏子的祖先。

[5]侈:奢侈。

[6]敢烦里旅:不敢烦劳里中的父老。敢烦,不敢烦劳。里,古代乡之下最基本的行政单位。旅,人众也。

[7]窃利之:私下里受其好处。《左传·昭公三年》无"窃"字。窃,谦辞,私下。

[8]繁于刑:刑罚名目繁多,摇手触禁。繁,多也。

[9]鬻踊者:卖假脚的。鬻,卖。踊,假脚。

[10]踊贵而屦贱:(因景公刑罚繁苛,触罪者多,很多人被砍去双脚,所以)假脚贵,鞋子便宜。屦,鞋。

[11]君子如祉,乱庶遄已:语出《诗经·小雅·巧言》,意为君子行福,祸乱很快就终止了。如,行也。祉,福。乱,祸乱。庶,可能或期望。遄,疾。

---

① 《晏子春秋》卷六《内篇杂下·第十八》。

② 《晏子春秋》卷六《内篇杂下·第十九》。

【品读】

本章又见《左传·昭公三年》,所记乃是追忆晏子于鲁昭公三年(前 539 年)出使晋国之前的事。晏子的住宅地处闹市旁且地势低下,声音嘈杂,房屋潮湿。景公打算给晏子换一所住宅,晏子辞而不受。其理由有二:第一,晏子的祖先就住在这里,晏子谦称不足以继承祖先,这个宅子对晏子来说已经够好了;第二,晏子住在闹市旁,可以方便购物。由此可知,春秋时期的一部分贵族仍旧与民杂处,居于里中。"敢烦里旅",即不敢烦劳里中的众百姓。这一句就印证了晏子与里中的百姓是杂居在一起的史实。下章说晏子出使晋国回来,景公"更其宅",晏子拜谢了景公之后,就把景公为其扩建的那部分宅子给拆了,"而为里室,皆如旧"。可见晏子与里中百姓比邻而居,甚至有可能就同属于一里当中。过去我们常常认为,中国古代贵族、官僚与庶民地位悬殊,隔阂甚深。但读了本章,我们就要纠正这样的认识了。春秋后期,贵族与庶民尚能同居一里,贵族、庶民之间的关系仍有相当融洽的表现。

景公笑问晏子既然毗邻闹市,是否知晓物品的贵贱。晏子趁机以"踊贵而屦贱"讽谏景公省刑罚。《左传》《晏子春秋》皆以"君子曰"的形式褒扬了晏子的善举。"晏子一言,而齐侯省刑"。晏子一句话就让景公减省了刑罚的名目。君子有"仁心"即为"仁人"。君子须臾不离善,晏子一句话就使得百姓受益,其利可谓博哉!所谓"仁人"就意味着要以仁待人。"仁人"与普通人最大的不同就在于"利博",其一言一行都能惠及万民。

景公毁晏子邻以益其宅晏子因陈桓子以辞第二十二

晏子使晋,景公更其宅[1],反则成矣[2]。既拜[3],乃毁之[4],而为里室,皆如其旧,则使宅人反之[5]。且"谚曰:'非宅是卜,维邻是卜[6]。'二三子先卜邻矣[7]。违卜不祥。君子不犯非礼[8],小人不犯不祥,古之制也。吾敢违诸乎?"卒复其旧宅,公弗许。因陈桓子以请,乃许之。

【注释】

[1]更其宅:据下文"乃毁之,而为里室,皆如其旧,则使宅人反之"可知,这是景公在晏子原宅的基础上进行的扩建。

[2]反则成矣:从晋国返回来,旧宅就改造完成了。反,即返,出使晋国返回。成,完成改造。

[3]既:表示一个过程的结束。拜:拜见,这里指复命。

[4]毁之:毁掉新宅。之,景公为晏子扩建的新宅。

[5]使宅人反之：让原来被拆掉宅子的百姓返回旧址。宅人，原来被拆掉宅子的百姓。反，返回。

[6]非宅是卜，维邻是卜：此为晏子引用当时的谚语。其意是说乔迁新居并不是以建在哪里作为卜筮的重点，而是以和什么人做邻居作为卜筮的重点。古人重视居住的周边环境，尤其是人文环境。

[7]二三子先卜邻矣：他们筑宅之前已经卜筮了与我比邻为吉。二三子，当指与晏子为邻的百姓。

[8]非礼：据《左传·昭公三年》杜预注，"去俭即奢为非礼"。此处指接受景公扩建的新宅，晏子认为这样的做法乃是非礼。

【品读】

此章承接上章，本是《左传·昭公三年》所载之事。在晏子出使晋国之际，景公没有为晏子在异地另造一宅，而是在原址扩建了晏子的宅子，这已经是一种妥协的方案了。晏子回国后，把景公为其扩建的宅院都拆掉，重新恢复了邻里宅居面貌，并邀请被拆迁的里中百姓返回旧居。这种做法显然违背了君主厚爱臣子的美意。晏子引时谚"非宅是卜，维邻是卜"为据，申说里中的百姓早已通过卜筮选择了晏氏作为邻居，违背占卜的兆示是不吉利的事情。况且上古就有"君子不犯非礼，小人不犯不祥"的信条，自己不敢违背这些。晏子素有"轻天重民"的民本意识，怎么会在这时迷信占卜呢？盖皆为不侵犯民利的借口罢了。被当时的君子称之为"仁人"的晏子，一言一行都以"利"百姓为目的，怎么可能会安心居住在通过强拆百姓房子而扩建的新居里呢？

毁百姓之居，成一己之私，晏子之所不为。由此可见，在现代化的今天，经典仍然有阅读的意义。

景公欲为晏子筑室于宫内晏子称是以远之而辞第二十三

景公谓晏子曰："寡人欲朝夕见[1]，为夫子筑室于闺内[2]可乎？"晏子对曰："臣闻之，隐而显[3]，近而结[4]，维至贤耳[5]。如臣者，饰其容止[6]，以待承令[7]，犹恐罪戾也，今君近之，是远之也，请辞。"

【品读】

[1]朝夕见：早晚相见。

[2]闺内：据标题可知，当是宫内。

[3]隐而显：退隐不失显名。

[4]近而结：近于君主而自抑敛。结，收敛。

[5]维至贤：只有大贤能够做到。维，只有。至贤，大贤。

[6]饰其容止：整饰好自己的容貌举止。饰，修整，整饰。容止，容貌举止。

[7]以待承令：等待命令。《太平御览》无“以”“承”字。

【品读】

“隐而显”，士君子得不到君主信赖或重用时，仍然能够名声远播；“近而结”，士君子得到君主信赖或重用时，能做到自我抑敛。这两点只有大贤之人才能做到。晏子认为自己尚且做不到。这当然是自谦的说法。晏子拒绝搬到宫中，实际上就是“近而结”的表现。与君主太亲近，容易滋生骄傲的情绪，招致同僚的嫉妒和反感，这样做不得人心，而且与君主亲密无间，有僭越尊卑等级秩序的风险，易导致君主缺乏安全感，更容易招致杀身之祸。大臣与君主保持一定的距离，是促进君臣关系良性发展的重要因素。

景公以晏子妻老且恶欲内爱女晏子再拜以辞第二十四

景公有爱女，请嫁于晏子，公乃往燕晏子之家，饮酒，酣，公见其妻曰：“此子之内子[1]耶？”晏子对曰：“然，是也。”公曰：“嘻！亦老且恶[2]矣。寡人有女少且姣[3]，请以满夫子之宫[4]。”晏子违席[5]而对曰：“乃此则老且恶，婴与之居故矣[6]，故及其少且姣[7]也。且人固以壮托乎老，姣托乎恶[8]，彼尝托，而婴受之矣。君虽有赐，可以使婴倍其托乎？”再拜而辞。

【注释】

[1]内子：先秦对妻子的统称。类似于今天某些地方方言中称呼妻子为“屋里人”“家里人”。与“内人”一词不同。古时对外称呼自己的妻子为“内人”，这是一种谦称。内，家内。

[2]恶：长相丑陋。

[3]姣：美好、漂亮。

[4]请以满夫子之宫：请让她填充您的屋吧。满，充实、填充。宫，屋，代指妻妾。

[5]违席：起身离开席子。

[6]婴与之居故矣：我与她（晏子之妻）一向生活在一起。故，一向、素来。

[7]故及其少而姣：当年她也曾年少、漂亮。故，过去、当年。

[8]且人固以壮托乎老，姣托乎恶：况且，一个女人嫁给一个男人，本来就意味着将自己由壮年到老年、由漂亮到丑陋托付给他。且，况且。人，这里特指女性。

【品读】

景公劝说晏子抛弃年老色衰的妻子，娶自己年轻又漂亮的女儿。晏子谢绝了景公的好意。

晏子为人品德高尚。从晏子的个人生活上看，他虽身处高位，深得国君倚重，但是，仍然没有喜新厌旧，做出抛弃糟糠之妻的不义之举。这是相当可贵的。

读《左传》《管子》可知，齐国贵族多淫风，以至于国君常淫于姊妹。面对这种风气，晏子拒绝纳景公之爱女，不抛弃老妻的做法实有匡正时弊的目的。

景公以晏子乘弊车驽马使梁丘据遗之三返不受第二十五

晏子朝，乘弊车，驾驽马。景公见之曰："嘻！夫子之禄寡耶？何乘不任之甚也[1]？"晏子对曰："赖君之赐，得以寿三族[2]，及国游士，皆得生焉。臣得暖衣饱食，弊车驽马，以奉其身，于臣足矣。"晏子出，公使梁丘据遗之辂车乘马[3]，三返不受。公不说，趣[4]召晏子。晏子至，公曰："夫子不受，寡人亦不乘。"晏子对曰："君使臣临百官之吏，臣节其衣服饮食之养，以先国之民，然犹恐其侈靡而不顾其行[5]也。今辂车乘马，君乘之上，而臣亦乘之下，民之无义[6]，侈其衣服饮食而不顾其行者，臣无以禁之。"遂让不受。

【注释】

[1]何乘(shèng)不任之甚也：为什么您驾驶的车如此破败。乘，指车辆、车马。古代战车一车四马称作"乘"。不任，破败。

[2]得以寿三族：得以保三族。寿，保护。三族，父、母、妻三族。

[3]遗(wèi)之辂(lù)车乘(shèng)马：赠送给大车及四匹马。遗，赠送。辂车，大车。乘马，四匹马。

[4]趣(cù)：催促。

[5]犹恐其侈靡而不顾其行：当作"犹恐侈靡而不顾行"，意为仍旧唯恐百姓生活侈靡而不顾其品行。犹，尚且、仍旧。据《群书治要》，两"其"字可删去。

[6]义：礼仪。

【品读】

晏子乘破车、驾驽马上朝，景公赠之以辂车、乘马，送了三次晏子最终也没有接受。在晏子看来，首先，"君使臣临百官之吏，臣节其衣服饮食之养，以先国之民，然犹恐其侈靡而不顾其行也"；再者，"今辂车乘马，君乘之上，而臣亦乘之下，民之无义，侈其衣服饮食而不顾其行者，臣无以禁之"。晏子居相位，立志为民表率，故而在衣服、饮食等方面要节俭、朴素，即使这样做，仍旧唯恐百姓生活侈靡而不顾其品行。此外，国君乘大车、良马，晏子也乘坐大车、良马，那么百姓就不遵守衣服制度等级礼仪了，更无法禁止百姓奢侈浪费了。春秋时期，齐国富庶，民风奢靡，晏子能以身作则，倡言节俭，其目的是欲齐国社会回归到民风淳朴的状态。晏子身居高位，为民表率，能够始终如一地奉行节俭之道，在当时和现在均有积极的意义。

景公睹晏子之食菲薄而嗟其贫晏子称有参士之食第二十六

晏子相景公，食脱粟之食，炙三弋[1]、五卯、苔菜耳矣。公闻之，往燕[2]焉，睹晏子之食也。公曰："嘻！夫子之家如此其贫乎！而寡人不知，寡人之罪也。"晏子对曰："以世之不足也，免粟[3]之食饱，士之一乞[4]也；炙三弋，士之二乞也；五卯[5]，士之三乞也。婴无倍[6]人之行，而有参[7]士之食，君之赐厚矣！婴之家不贫。"再拜而谢。

【注释】

[1]炙三弋：火烤的三只鸟。炙，火烤。弋，带绳子的箭，一般用来射猎飞鸟，这里代指飞鸟。

[2]燕：与譙、宴并通，飨宴。

[3]免粟：仅脱皮之粟，指粗粮。免，脱。

[4]乞：吃。

[5]卯：当作"卵"，指鸡蛋、鸭蛋等。

[6]倍：高出常人一倍。

[7]参：同"叁"，三个。

【品读】

本章与《晏子春秋》卷六《内篇杂下·第十九》情景类似，两篇皆是晏子相景公，仅食脱粟之食、五卵、苔菜之属，略不同者，本章中记有晏子食"炙三弋"。弋，本是用来射猎飞鸟的带绳的箭，这里代指鸟类。晏子餐中时常"肉不足"①，此"炙三弋"是用火烤的三只麻雀类的飞鸟，肉当然不足。晏子饮食起居如此节俭，景公以为其贫而自责。晏子则以为其时"世之(尚)不足"，齐国四境之内尚有很多人吃不饱饭，有仅脱皮的糙米饭充饥，这就够一个士人吃了；糙米饭加上三只烤鸟就够两个士人吃了；再加上五个鸡蛋、苔菜，三个士人就可以吃饱了。最后晏子说，我个人没有高出常人的地方，而一顿饭就能享用三个人的饭，国君给我的赏赐不是也很丰厚吗？

晏子虽节俭，但并不是守财奴，他将节俭下来的财富分给了自己的亲属(三族)以及国之游士。他的品格的高贵之处就在于，能够时刻为他人着想，而不为一己之私着想。晏子有眷念天下苍生的慈悲情怀，他宁肯自己过得清贫，也要让宗族、国士以及百姓过上好日子。究其原因，晏子有爱人之心，

① 《晏子春秋》卷六《内篇杂下·第十七》。

这就是他所谓的“仁义”。儒家称之为“仁”，墨家称之为“兼爱”。这就是中国传统社会的核心价值观。

梁丘据自患不及晏子晏子勉据以常为常行第二十七

梁丘据谓晏子曰：“吾至死不及夫子矣！”晏子曰：“婴闻之，为者常成[1]，行者常至[2]。婴非有异于人也，常为而不置，常行而不休者[3]，故难及也[4]。”

【注释】

[1]为者常成：只要肯干，就能成功。为，行动、实践。

[2]行者常至：只要不停地走就能到达目的地。

[3]常为而不置，常行而不休者：常常一干起来就不停下，走起来就不休息。置，放置、搁置。休，停止。

[4]故难及也：当作“胡难及也”，怎么说难以赶得上呢？言外之意，极其容易。

【品读】

大凡成功之士都是实干派，且有锲而不舍的恒心和百折不挠的毅力。作为景公嬖臣的梁丘据感叹至死不及晏子之贤，晏子告诉他，赶上他其实很容易。晏子引古训“为者常成，行者常至”，实指有善心当付诸实践而非只存于意念之中，做善事要锲而不舍，只有“为而不置，行而不休”，方能成就一番事业。一个人做一件好事容易，做一辈子好事，中途不搁置、不停止，至死不休，这就有难度了。晏子所谓的“胡难及”对于一般人来说就是“故难及”了。

晏子老辞邑景公不许致车一乘而后止第二十八

晏子相景公，老，辞邑[1]。公曰：“自吾先君定公[2]至今，用世多矣，齐大夫未有老辞邑者矣。今夫子独辞之，是毁国之故[3]，弃寡人也[4]。不可！”晏子对曰：“婴闻古之事君者，称身而食[5]；德厚而受禄，德薄则辞禄。德厚受禄，所以明上也[6]；德薄辞禄，可以洁下也[7]。婴老薄无能，而厚受禄，是掩上之明，污下之行，不可。”公不许，曰：“昔吾先君桓公，有管仲恤劳齐国，身老，赏之以三归[8]，泽及子孙。今夫子亦相寡人，欲为夫子三归，泽至子孙，岂不可哉？”对曰：“昔者管子事桓公，桓公义高诸侯，德备百姓。今婴事君也，国仅齐于诸侯，怨积乎百姓，婴之罪多矣，而君欲赏之，岂以其不肖父其不肖子厚受赏以伤国民义哉[9]？且夫德薄而禄厚，智惛[10]而家富，是彰污而逆教[11]也，不可。”公不许。晏子出。异日朝，得间[12]而入邑，致车一乘而后止[13]。

【注释】

[1]辞邑：主动辞退封邑。

[2]定公：西周、春秋之时齐国历史上并未有“定公”，疑似为“丁公”。

[3]毁国之故：破坏了先君制定的旧制度、旧典章。故，先君制定的旧制度、旧典章。

[4]弃寡人也：辞封邑以告老，在景公之前，历代齐国先君都未允许过这样的事发生。现在晏子告老请辞封邑，景公若允许，是破坏了先君制定的规章制度。故景公言“弃寡人”，实有连累寡人之意。弃，抛弃。

[5]称身而食：根据自己的才能大小享有俸禄。称，称量。

[6]所以明上也：德高者受厚禄，以此表明君上知人之明。明，表明。上，君主。

[7]可以洁下也：“可”似为“所”，与上句“所以明上也”相对应。意思是说，可为下之官吏表率，无才德当辞去厚禄。

[8]赏之以三归：赏赐给他三处宅第。三归，三处宅第。

[9]不肖父：自称罪多的晏子若告老再不辞邑即为不肖父。不肖子：子无功德即享有父辈传下的封邑。国民义：国家百姓的大义。具体来说，即有德才者有封邑，无才德者无封邑的“大义”。

[10]惛：糊涂、昏暗不明。

[11]彰污而逆教：彰显自己贪得无厌，而违背圣王的教旨。污，指上文“德薄而禄厚，智惛而家富”，这里引申为贪得无厌。教，圣王之教旨，即指上文的“称身而食”。

[12]得间：适当的时机。

[13]致车一乘（shèng）而后止：归还了所有多余的财物，只剩下一辆四马拉的车。致，交还、归还。乘，四匹马拉的车。

【品读】

西周、春秋时期施行世袭分封制。国君赏赐给卿大夫的封邑大多可以传承子孙。晏子相景公，年老致仕，向景公主动请求退还封邑。在此前齐国历史上，还从未有卿大夫年老主动归还封邑的事，所以景公以“毁国之故”拒绝了晏子的请求。“国之故”就是宗法分封制之下的封邑传袭制度。学界又称之为世卿世禄制度。这种人才遴选制度基本上以血缘关系为基础，贵族子弟一般情况下都能获得父祖辈传承下的爵位和封邑，并优先获得官职。晏子则引“古之事君者”量自身之才而食禄的事迹，向景公诠释了“德厚而受禄，德薄则辞禄”的道理。即有德才者食禄，无德才者让贤（辞禄），其主旨就是“尚贤”。传统观点认为，“尚贤”是墨家的主张。实际上，“尚贤”是春秋后期社会大变革中的一股进步思潮，非独墨家，儒家、法家等大多思想流派也都主张“尚贤”。让贤能的人出仕当官，享受高官厚禄，罢黜无德才的人，并让他们交出封邑，这也符合春秋后期君主加强专制集权的历史潮流。晏子能身体力行地去践行“尚贤”的主张，可见他的思想也并非全是保守主义。“尚贤”的关键是让贤能的人获得高官厚禄，剥夺政府各级机构中碌碌无为之辈的官职和丰厚的报酬(主要指封邑)，使得贵族官僚阶层形成能上能下的流动渠道。而本章中晏子年老主动辞掉封邑，这一举动对于一位出身贵族的既得利益者来说，无疑有着壮士断腕的改革决心。这种为成就国家富强大业而敢于自我牺牲的品德也的确令人敬佩。

晏子病将死妻问所欲言云毋变尔俗第二十九

晏子病，将死，其妻曰：“夫子无欲言乎?”子[1]曰：“吾恐死而俗变，谨视尔[2]家，毋变尔俗也。”

【注释】

[1]子：前当有一“晏”字。

[2]尔：这个。

【品读】

晏子将死，嘱其妻“谨视尔家，毋变尔俗”。据《晏子春秋》卷五《内篇杂上·第二十九》可知，晏子家俗有三：闲处从容谈议(义)；出扬美，入削行；通国事有论，毋骄士慢知。在这三条家俗当中，前两条讲的是“修身、齐家”，后一条讲的是“治国”。晏子至死不忘告诫后人“修身、齐家、治国”。

晏子病将死凿楹纳书命子壮示之第三十

晏子病，将死，凿楹纳书[1]焉，谓其妻曰：“楹语[2]也，子壮而示之。”及壮，发书之言曰[3]：“布帛不可穷，穷不可饰；牛马不可穷，穷不可服；士不可穷，穷不可任；国不可穷，穷不可窃[4]也。”

【注释】

[1]凿楹纳书：令人凿开堂前的柱子，将遗书放置在里面。楹，堂前的柱子。纳，放入。书，遗书。

[2]楹语：柱子里藏的遗书。语，遗书。

[3]及壮，发书之言曰：此句本作“及壮发书，书之言曰”，意为等晏子的儿子长大后，打开晏子的遗书，遗书上说。发，打开。

[4]穷不可窃：当作“穷不可浅”，国家贫穷就不能保有其国。窃，乃古之“浅”字，“浅”与“践”通。践，当国，保有国家。

【品读】

晏子临终之遗书，其言有四：一曰“布帛不可穷，穷不可饰”；二曰“牛马不可穷，穷不可服”；三曰“士不可穷，穷不可任”；四曰“国不可穷，穷不可窃也”。布帛不能缺乏，缺了就没衣服穿了；牛马不能缺，缺了就没有拉车拉犁的了。“布帛”代指农桑，“牛马”代指畜牧。晏子重视农业发展，《晏子春秋》卷五《内篇杂上·第五》有晏子主政齐国“田畴垦辟，蚕桑豢收（牧）之不足，丝蚕于燕，牧马于鲁”云云。遗言中的前两点既是晏子诫子重视家中农业生产，又是示其子治国之道。士君子不可缺，缺了国家就没有人去治理了；国家不能贫弱，贫弱就不能保有其国。后两点则明确是指治国之道。“士不可穷”当指尚贤厚士，“国不可穷”则指富国之道。齐人素有“尚贤”“富国”之道，世人皆知管子倡此，而不知晏子至死亦谈及此道。

外篇上第七

景公饮酒命晏子去礼晏子谏第一

景公饮酒数日而乐，释衣冠，自鼓缶[1]，谓左右曰："仁人亦乐是夫?"梁丘据对曰："仁人之耳目，亦犹人也，夫奚[2]为独不乐此也?"公曰："趣驾迎晏子。"晏子朝服以至，受觞再拜。公曰："寡人甚乐此乐，欲与夫子共之[3]，请去礼。"晏子对曰："君之言过矣！群臣皆欲去礼以事君，婴恐君子之不欲也[4]。今齐国五尺之童子[5]，力皆过婴，又能胜君，然而不敢乱者，畏礼也。上若无礼，无以使其下；下若无礼，无以事其上。夫麋鹿维[6]无礼，故父子同麀[7]，人之所以贵于禽兽者，以有礼也。婴闻之，人君无礼，无以临其邦；大夫无礼，官吏不恭；父子无礼，其家必凶；兄弟无礼，不能久同。《诗》曰：'人而无礼，胡不遄死[8]。'故礼不可去也。"公曰："寡人不敏无良，左右淫蛊[9]寡人，以至于此，请杀之。"晏子曰："左右何罪？君若无礼，则好礼者去，无礼者至；君若好礼，则有礼者至，无礼者去。"公曰："善。请易衣革冠[10]，更受命[11]。"晏子避走，立乎门外。公令人粪洒改席[12]，召衣冠以迎晏子[13]。晏子入门，三让，升阶，用三献[14]焉；嗛酒[15]尝膳，再拜，告餍[16]而出，公下拜，送之门，反，命撤酒去乐，曰："吾以彰晏子之教也。"

【注释】

[1]自鼓缶：景公亲自击缶。缶，一种肚大口小的瓦制打击乐器。

[2]奚：据《群书治要》当作"何"，为何。

[3]共之：共享此乐。之，代指此乐。

[4]婴恐君子之不欲也：当为"婴恐君之不欲也"，意为晏婴恐怕君上是不会愿意的。"子"为衍文。

[5]五尺之童子：古代两岁半的幼儿身高大约为一尺，五尺，当十二岁左右，因此常代指儿童。

[6]维：语气词，用于句首或句中，无实际意义。

[7]父子同麀(yōu)：鹿父子两代共有一母鹿。吴则虞《晏子春秋集释》："《礼记·曲

礼》'夫唯禽兽无礼,故父子聚麀',郑注:'聚,尤共也。鹿牝曰麀。'"[①]牝,雌。麀,母鹿。

[8]人而无礼,胡不遄(chuán)死:语出《诗经·鄘风·相鼠》,意为人如果没有礼,何不赶快死去呢。遄,速、赶快。

[9]蛊:惑也。

[10]易衣革冠:更换衣服和帽子。易、革,更换。

[11]更受命:请再次领受教诲。更,再。受命,非上天授命,而是指领受晏子教诲。

[12]粪洒改席:洒水扫地,重新铺设席子。粪洒,洒水扫地。改席,换掉旧席子,铺设新席子。

[13]召衣冠以迎晏子:当作"如晏子衣冠以迎",意思是说,召晏子进来,穿戴好衣冠迎接他。

[14]三献:古人饮酒的礼仪,一献之礼指宾主之间饮酒经过献(主敬宾酒)—酢(宾还敬主酒)—酬(主先饮后劝宾再饮酒)三个环节。三献之礼指献—酢—酬经过三个循环。详见《仪礼·乡饮酒礼》。

[15]嗛(qiǎn)酒:浅尝酒,嘴靠近爵,微微咂一口,不是真正喝酒,仅是象征性地饮酒。

[16]告餍:向主人告辞并称酒足饭饱。餍,足。

【品读】

此章与《晏子春秋》卷一《内篇谏上·第二》主旨相同而言辞略异。景公爱饮酒,常常是饮酒数日不罢休,《晏子春秋》卷一《内篇谏上·第四》就记载景公曾经连续喝了七天七夜的酒。喝到尽兴处,景公脱掉帽子,亲自敲击着瓦缶。景公问左右侍者:"仁人亦乐是夫?"是,代指去礼之后的饮酒纵乐。仁德的人是否也喜欢去礼纵乐呢?梁丘据表示,仁德的人也是人,怎么不喜欢摆脱礼的束缚而纵情享乐呢?景公听了立即召见晏子。由此可知,景公和梁丘据都有一个共识:在当时晏子就是仁人。晏子"朝服以至,受觞再拜"彬彬有礼的形象与景公"释衣冠,自鼓缶"散漫不羁的形象形成了鲜明对比。景公邀晏子去礼而共享酒乐,晏子则力陈己见,礼不能去。晏子认为,礼乃是维护社会等级秩序的重要工具。齐国五尺高的童子力气都大过景公,他们之所以不敢作乱,就是因为有礼。晏子指出,"上若无礼,无以使其下;下若无礼,无以事其上"。维系君臣关系的关键就是礼。君使臣以礼,则臣事君以忠。"君若无礼,则好礼者去,无礼者至;君若好礼,则有礼者至,无礼者去。"春秋时期君王如果无礼,作为君子的臣可以自行离去。可见,在春秋时期,君臣关系并非后世帝制时期君臣关系那样不对称。晏子一直秉持这样的观点,社会治理好坏的关键就在于是否能够在各阶层中施行礼。因此,晏

① 吴则虞:《晏子春秋集释》,第434页。

子指出，“人君无礼，无以临其邦；大夫无礼，官吏不恭；父子无礼，其家必凶；兄弟无礼，不能久同”。君主对社会的掌控、官僚机构的运作以及家庭关系的维系都以行礼为中心。如果没有了礼，整个社会秩序就会面临崩坍的局面。针对春秋后期各诸侯国“礼乐征伐自大夫出”的乱局，晏子开出的“药方”就是礼。①

需要说明的是，本章结尾景公听从晏子的谏言以礼重召晏子的举动与时礼多有乖谬。景公以礼纠正乱行，但结尾部分竟然矫枉过正，把晏子抬得比自己还尊贵，以至于景公不顾君尊臣卑的大伦，整理好衣冠，主动屈尊迎接晏子。筵席之后，景公竟然作出“下拜，送之门”的反常举动，更奇怪的是，晏子竟然坦然受之。吴则虞先生就说：“《晏子春秋》言礼，多合礼制，惟此有违，非饗、非燕、非食礼，‘迎晏子’与‘送之门’，尤谬悖。此恐后人因《外传》《新序》文妄增。”②赵蔚芝先生推测，这是受战国时期盛行的“士贵耳，王者不贵”思想的影响。③ 此言可谓得其解矣。

景公置酒泰山四望而泣晏子谏第二

景公置酒于泰山之阳[1]，酒酣，公四望其地，喟然叹，泣数行而下，曰：“寡人将去此堂堂国者而死乎！”左右佐[2]哀而泣者三人，曰：“吾细人[3]也，犹将难死，而况公乎！弃是国也而死，其孰可为乎！”晏子独搏其髀[4]，仰天而大笑曰：“乐哉！今日之饮也。”公怫然[5]怒曰：“寡人有哀，子独大笑，何也？”晏子对曰：“今日见怯君[6]一，谀臣三人，是以大笑。”公曰：“何谓谀怯也？”晏子曰：“夫古之有死也，令后世贤者得之以息，不肖者得之以伏。若使古之王者毋知有死[7]，自昔先君太公至今尚在，而君亦安得此国而哀之？夫盛之有衰，生之有死，天之分[8]也。物有必至，事有常然[9]，古之道也。曷为可悲？至老尚哀死者，怯也；左右助哀者，谀也。怯谀聚居，是故笑之。”公惭而更辞曰：“我非为去国而死哀也。寡人闻之，彗星出，其所向之国君当之，今彗星出而向吾国，我是以悲也。”晏子曰：“君之行义回邪[10]，无德于国，穿池沼，则欲其深以广也；为台榭，则欲其高且大也；赋敛如抟夺[11]，诛僇[12]如雠。自是观之，茀又将出。天之变，彗星之出，庸可悲乎！”于是公惧，乃归，窴池沼[13]，废台榭，薄赋敛，缓刑罚，三十七日而彗星亡。

---

① 参见《晏子春秋》卷七《外篇上·第十五》。

② 吴则虞：《晏子春秋集释》，第435页。

③ 参见赵蔚芝注解：《晏子春秋注解》，第328页。

【注释】

[1]泰山之阳：泰山的南侧。山南为阳，山北为阴。但据《管子·水上匡》"齐地南至岱阴"，则景公不可能越界置酒于泰山之阳。元刻本等作"泰山之上"，可从之。

[2]佐：助也。此字形象地展现了景公左右近侍的谄谀之嘴脸。

[3]细人：小人，无德无才之辈。

[4]搏其髀：拍击他的大腿。搏，击，拍。髀，大腿。

[5]怫然：形容愤怒的样子。

[6]怯君：怯懦的国君。怯，胆小，怯懦。

[7]毋知有死：当作"如毋有死"，意为假如不死。

[8]天之分：上天的定数。分，定数。

[9]物有必至，事有常然：万物有终极，万事有定律。至，极也。常，规律。

[10]行义回邪：当作"行义固邪"，意为品行本来就邪僻。行义，当是"行谊"，意为品行。固，本来。

[11]㧑(huī)夺：攘夺、窃取。

[12]僇：通"戮"，杀戮。

[13]窴(tián)池沼：填埋池沼。窴，填塞。

【品读】

此章与《晏子春秋》卷一《内篇谏上·第十七》及《第十八》主旨略同。景公怯死，登泰山四望其地而泣。左右如梁丘据等"佐哀而泣"，晏子反而独自拍着大腿"仰天而大笑"。君泣臣亦佐其泣，一个"佐"字使得梁丘据等景公左右侍者的谄谀之情溢于言表。卷一《内篇谏上·第十八》一则谓之"同"。而晏子"独搏其髀，仰天而大笑"之举正与前者形成鲜明对比。二则谓之"和"。而君臣最佳配合状态乃是"君所谓可，而有否焉，臣献其否，以成其可；君所谓否，而有可焉，臣献其可，以去其否。是以政平而不干，民无争心"①。

晏子指出，死亡只不过是一种自然规律罢了。他说："夫盛之有衰，生之有死，天之分也。物有必至，事有常然，古之道也。"盛衰转化、生生死死都是上天的定数；物极必反、事有常然，是亘古不变的真理。这里面就蕴含着朴素的辩证唯物主义思想。视生死为不以人的意志为转移的客观规律，将盛衰、生死看作是相互联系、相互影响的矛盾，前者有唯物主义的因素，后者有辩证法的因素。但是，我们也要看到，晏子的思想中并未完全摆脱了唯心主义的影响。晏子向景公阐释彗星与人事的关系时，基本上还是天人感应的观念。这突出反映了晏子思想兼具理性和保守的双重特质。

---

① 《晏子春秋》卷七《外篇上·第五》。

景公梦见彗星使人占之晏子谏第三

景公梦见彗星。明日，召晏子而问焉："寡人闻之，有彗星者必有亡国[1]。夜者，寡人梦见彗星，吾欲召占梦者使占之。"晏子对曰："君居处无节[2]，衣服无度，不听正谏[3]，兴事[4]无已，赋敛无厌，使民如将不胜，万民怼怨[5]。茀星又将见梦，奚独彗星乎！"

【注释】

[1]必有亡国：据苏舆《晏子春秋校注》，"有"字疑为衍字，今从之。

[2]居处无节：生活起居没有节制，如饮酒纵乐没有节制。

[3]不听正谏：不听谏也。据王念孙《读书杂志》，"正"与"证"同，《说文》："证，谏也。"正即谏，二者为同义副词。

[4]兴事：大兴土木。事，土木工程。

[5]怼(duì)怨：怨恨不满。怼，怨恨。

【品读】

此章与《晏子春秋》卷一《内篇谏上·第十八》"景公游公阜一日有三过言晏子谏"辞旨相同，稍不同处，本章是梦见彗星，而卷一《内篇谏上·第十八》是景公亲见彗星。两章的主旨都是"天人感应"，即君主的德行与天象密切相关。彗星只不过是天对无德之君的警示。如若禳除彗星，君主需要改弦更张，勤于国政，体恤民情。君主有德则彗星隐，无德而彗星见。如若不加改正，不仅仅是彗星出现警示君主，尾巴更长的茀星也会出现在梦里。古代天人感应的思想在于限制为所欲为的君权，使得君主在"德政"的范围里行事。

景公问古而无死其乐若何晏子谏第四

景公饮酒乐，公曰："古而无死，其乐若何？"晏子对曰："古而无死，则古之乐也，君何得焉？昔爽鸠氏[1]始居此地，季荝[2]因之，有逢伯陵[3]因之，蒲姑氏[4]因之，而后太公因之。古若无死，爽鸠氏之乐，非君所愿也。"

【注释】

[1]爽鸠氏：少皞氏之司寇，始居齐国临淄一带。

[2]季荝(cè)：虞、夏时期取代爽鸠氏生活在临淄一带的方国。

[3]逄(páng)伯陵:夏商时期生活区域在临淄一带的方国。

[4]蒲姑氏:殷商时期取代逄伯陵氏族在临淄一带生活的方国,该族在临淄一直生活到商末周初,后周公大分封,将太公分封到营丘一带,太公征服该族,自此之后,蒲姑氏逐渐为齐人所同化。

【品读】

此章与《晏子春秋》卷一《内篇谏上·第十七》《内篇谏上·第十八》主旨相同,但言辞略异。在这篇三篇文章中,唯有本章与《左传·昭公二十年》所载相同。由此可知,本章可能直接抄自《左传》。众所周知,《左传》是记载春秋时期的一部较为可信的典籍。本章所记载的内容是研究周初大分封之前齐地早期历史的珍贵史料。以临淄为中心的齐国地区,早在少皞时期就已经有氏族生活在此了。据《左传·昭公十七年》,少皞氏以鸟名为纪年,以鸟命名氏族,爽鸠氏为少皞氏之司寇。据杜预注,爽鸠就是鹰。鹰为凶猛的飞禽,爽鸠氏可能以鹰为氏族部落图腾。而在上古三代时期,司寇是掌管刑狱的主要官职。爽鸠氏部落的首领可能还兼少皞氏部落联盟的司法官。虞、夏时期,季萴取代了爽鸠氏占据此地。夏商时期,逄伯陵氏取代季萴氏占据此地。据杜预注,有逄伯陵氏乃姜姓,与齐国同姓,可能与齐国有一定的渊源关系。在商代,蒲姑氏取代了逄伯陵氏占据此地。蒲姑又称“薄姑”,与殷商可能属于同一宗族。据近年来的考古发掘成果可知,淄博呈现出多处商代遗址。在商代,淄博一带乃是商朝在东方的重要的军事据点。殷灭周兴,周公分封太师姜尚于齐的一个重要原因,可能就是此地在夏商时期本来就是姜姓的逄伯陵氏居住区,殷商时期的亲商的薄姑氏取代了逄伯陵氏。周成王初年,殷商旧部在东方叛乱,薄姑氏和奄邑的商人是主要参与者。周公东征平定叛乱后,封灭商战役中居首功的太师姜尚于薄姑氏旧地建立齐国,其目的就是镇抚当地的薄姑氏。这就是先齐的历史。

景公谓梁丘据与己和晏子谏第五

景公至自畋[1],晏子侍于遄台[2],梁丘据造[3]焉。公曰:“维[4]据与我和夫!”晏子对曰:“据亦同也,焉得为和。”公曰:“和与同异乎?”对曰:“异。和如羹焉,水火醯醢盐梅,以烹鱼肉,燀之以薪[5],宰夫和之,齐之以味,济其不及,以泄其过[6],君子食之,以平其心。君臣亦然。君所谓可,而有否焉,臣献其否,以成其可;君所谓否,而有可焉,臣献其可,以去其否。是以政平而不干[7],民无争心,故《诗》曰:‘亦有和羹,既戒且平;奏鬷无言,时靡有争。[8]’

先王之济[9]五味，和五声也，以平其心，成其政也。声亦如味：一气[10]，二体[11]，三类[12]，四物[13]，五声[14]，六律[15]，七音[16]，八风[17]，九歌[18]，以相成也；清浊，大小，短长，疾徐，哀乐，刚柔，迟速，高下，出入，周流，以相济也。君子听之，以平其心，心平德和。故《诗》曰：'德音不瑕[19]。'今据不然，君所谓可，据亦曰可；君所谓否，据亦曰否。若以水济水，谁能食之？若琴瑟之专一[20]，谁能听之？同之不可也如是。"公曰："善。"

【注释】

[1]畋：同"田"，田猎。

[2]遄(chuán)台：据沈钦韩《地名补注》引《肇域志》，遄台在临淄东一里。

[3]造：到。

[4]维：《左传·昭公二十年》作"唯"。

[5]燀(chǎn)之以薪：用柴火做饭。燀，炊。

[6]济其不及，以泄其过：味道不够就增加佐料，味道太浓就加水或佐料使其变淡。济，增加。泄，减。

[7]政平而不干：施政措施平稳而不相触犯。干，犯，触犯。

[8]亦有和羹，既戒且平；奏鬷(zōng)无言，时靡有争：语出《诗经·商颂·烈祖》。施政就像调制肉羹，调料要齐备，味道要平和适中。集合众人祈祷，不要争执，场面庄重。奏鬷无言，《左传·昭公二十年》作"鬷嘏(gǔ)无言"。戒，齐备。鬷，召集。嘏，大。

[9]济：成。

[10]气：人气。

[11]二体：据《左传》杜预注，舞有文、武之分，故曰"二体"。文舞执羽籥，武舞执干戚。

[12]三类：指《诗经》中风、雅、颂三种体裁。

[13]四物：此指乐器制作所用材质皆来自四方之物。故孔颖达《左传正义·昭公二十年》："乐之所用八音之器，金、石、丝、竹、匏、土、革、木，其物非一处能备，故杂用四方之物以成器。"

[14]五声：宫、商、角、徵、羽。

[15]六律：孔颖达《左传正义》引《周礼》："大师掌六律六吕，以合阴阳之声。阳声，黄钟、大蔟、姑洗、蕤宾、夷则、无射；阴声，大吕、应钟、南吕、林钟、小吕、夹钟。"

[16]七音：五音中的宫、商、角、徵、羽，加上变宫、变徵，合为七音。

[17]八风：八方之风。《左传正义》："八方风气寒暑不同，乐能调阴阳，和节气。"

[18]九歌：据《左传》杜预注，"九功之德，皆可歌也。六府三事，谓之九功"。六府，水、火、金、木、土、谷。三事，正德、利用、厚生。

[19]德音不瑕：语出《诗经·豳风·狼跋》。据《左传》杜预注，"义取心平则德音无瑕"。心平气和，德行不坏。瑕，瑕疵，这里引申为德行有问题。

[20]专一：指只弹奏一种声音。

【品读】

此章与上章相同，也见于《左传·昭公二十年》，又与《晏子春秋》卷一《内篇谏上·第十八》第二则故事主旨相同。晏子认为君臣关系的最佳状态是形成相辅相成、相互作用的一对矛盾，而这种状态简而言之，可以用“和”来概括。君臣之间怎样相处才能达到“和”呢？晏子说，这就好比烹饪做肉粥，“水火醯醢盐梅，以烹鱼肉，燀之以薪，宰夫和之，齐之以味，济其不及，以泄其过，君子食之，以平其心”。要想做出美味的肉粥，佐料如醋、肉酱、盐、梅子，做汤的水以及燃料是必不可缺的。烹饪饭菜，咸淡适中才算得上大厨(宰夫)。怎样才能把菜做得咸淡适中呢？味道咸了就添加水，味道淡了就多放佐料。其实，演奏音乐也是这个道理。各种乐器和音调相互搭配才能演奏出悦耳、动听的音乐。

处理君臣关系和烹饪、奏乐是一个道理。“君所谓可，而有否焉，臣献其否，以成其可；君所谓否，而有可焉，臣献其可，以去其否。”君主认为对的地方，里面也有不对的地方，大臣就向君主指出不对的地方；君主认为不对的地方，里面也有对的地方，大臣就向君主指出对的地方。只有这样施政，政治才能平和而不相互抵触、矛盾。君臣之间一张一弛、相得益彰，这就是“和”。相反，大臣刻意与君主保持意见一致，这就是“同”。再以烹饪和奏乐为例，“若以水济水，谁能食之？若琴瑟之专一，谁能听之”。本来味道淡如清水，你却再往里添水，谁能吃得下这么寡淡无味的菜品？琴瑟老弹奏一个调子，谁能听得下去？其实，在这里，晏子讲的“和”已经蕴含了朴素的辩证法思想。事物的两个方面只有相互协调、相互促进，才能不断向前发展，这种良性发展的状态就是“和”。若事物的两个方面相互叠压，就阻碍了事物的发展，这种倒向一边的做法就是“同”。在儒家的观念体系里，“和”又叫“中庸”；在道家那里，“和”又叫“自然”“无为”。关于这一点，我们在卷一《内篇谏上·第十八》中多有阐释。

景公使祝史禳彗星晏子谏第六

齐有彗星，景公使祝禳[1]之。晏子谏曰：“无益也，祇取诬焉[2]。天道不谄[3]，不贰其命[4]，若之何禳之也！且天之有彗，以除秽也。君无秽德，又何禳焉？若德之秽，禳之何损？《诗》云：‘维此文王，小心翼翼，昭事上帝，聿怀多福，厥德不回，以受方国。[5]’君无违德，方国将至，何患于彗？《诗》曰：‘我无所监，夏后及商，用乱之故，民卒流亡[6]。’若德之回乱[7]，民将流亡，祝史之为，无能补也。”公说，乃止。

【注释】

[1]祝：宗庙中主持祭祀的官员。禳：以祭祀祛除灾祸。

[2]祇（zhǐ）取诬焉：只不过是自取其辱罢了。祇，只、仅。诬，欺骗。

[3]天道不谄（tāo）：天道不能怀疑。谄，疑惑、可疑。

[4]不贰其命：上天不会轻易改变它的旨意。贰，动摇、改变。

[5]“维此文王”六句：语出《诗经·大雅·大明》，意思是说，只有文王，小心谨慎、恭敬地侍奉上帝，祈求多种福禄，他的德行没有任何违背上帝的地方，所以能够接受四方方国的朝贡。翼翼，恭敬、谨慎的样子。聿，惟。回，违。

[6]我无所监，夏后及商，用乱之故，民卒流亡：我没有什么借鉴，要说有就是夏后氏和殷商，因为统治者的德行违背天意，最后老百姓都四处流亡。《诗经》无此诗，可能是逸诗。

[7]回乱：邪僻、昏乱。回，邪僻。

【品读】

此章与《晏子春秋》卷一《内篇谏上·第十八》第三则故事主旨相同，而与《左传·昭公二十六年》所载晏子、景公之事的言辞几近相同。由此可知，本章极有可能是抄袭《左传》。

晏子指出，君主之德行与天象变化有直接的关系，而祭祀却无法从根本上改变天命的结果。君主唯有施以德政才能获得天命，这就是“天人感应”的滥觞。

景公有疾梁丘据裔款请诛祝史晏子谏第七

景公疥遂店[1]，期而不瘳[2]。诸侯之宾，问疾者多在[3]。梁丘据、裔款言于公曰[4]：“吾事鬼神，丰于先君有加矣。今君疾病，为诸侯忧，是祝史之罪也。诸侯不知，其谓我不敬，君盍诛于祝固、史嚚以辞宾[5]。”公说，告晏子。晏子对曰：“日宋之盟[6]，屈建问范会之德于赵武[7]，赵武曰：‘夫子家事治[8]，言于晋国，竭情无私，其祝史祭祀，陈言不愧；其家事无猜，其祝史不祈。’建以语康王[9]，康王曰：‘神人无怨，宜夫子之光辅五君，以为诸侯主也。’”公曰：“据与款谓寡人能事鬼神，故欲诛于祝史，子称是语何故？”对曰：“若有德之君，外内不废，上下无怨，动无违事，其祝史荐信，无愧心矣。是以鬼神用飨，国受其福，祝史与焉。其所以蕃祉老寿者[10]，为信君使[11]也，其言忠信于鬼神。其适遇淫君，外内颇邪，上下怨疾，动作辟违，以欲厌私，高台深池，撞钟舞女[12]，斩刈民力，输掠其聚，以成其违，不恤后人，暴虐淫纵，肆行非度，无所还忌，不思谤讟[13]，不惮鬼神，神怒民痛，无悛于心。其祝史荐信，是言罪也；其盖失数美[14]，是矫诬也；进退无辞，则虚以求媚，是以鬼神不飨，其国以祸之，祝史与焉。所以夭昏孤疾者[15]，为暴君使[16]也，其言僭嫚于鬼神。”公曰：“然则若之何？”对曰：“不可为也。山林之木，衡鹿[17]守之；泽之萑蒲[18]，舟鲛[19]守之；薮之薪蒸，虞候[20]守之；海之盐蜃，祈望[21]守之。县鄙之人，入从其政；偪介之关[22]，暴征其私；承嗣大夫，强易其贿；布常无艺，征敛无度；宫室日更，淫乐不违；内宠之妾肆夺于市[23]，外宠之臣僭令于鄙；私欲养求，不给则应[24]。民人苦病，夫妇皆诅。祝有益也，诅亦有损，聊摄以东[25]，姑尤以西[26]，其为人也多矣！虽其善祝，岂能胜亿兆人之诅！君若欲诛于祝史，修德而后可。”公说，使有司宽政，毁关去禁，薄敛已责[27]，公疾愈。

【注释】

[1]疥遂痁(shān)：患有疥疮兼疟疾。疥，疥疮。遂，且。痁，疟疾。

[2]期(jī)而不瘳(chōu)：一年多未痊愈。期，一周年。瘳，病愈。

[3]问疾者多在：探问病情的人多在齐国国都临淄。问疾者，探问病情的人。多在，多在齐国国都临淄。

[4]梁丘据、裔款言于公曰：据《左传·昭公二十年》，“梁丘据”与“裔款”之间有“与”字。

[5]君盍诛于祝固、史嚚以辞宾：君上何不诛杀祝固、史嚚并以此回答各国使节的疑问呢。祝固，名叫固的祝。史嚚，名叫嚚的史。盍，何不。宾，指诸侯之宾来齐问疾者。辞宾，将景公病整年未愈的原因归咎于祝固、史嚚之罪，以此向诸侯之宾通报。

[6]日宋之盟：鲁襄公二十七年(前546年)，宋国卿大夫向戌撮合晋国、楚国两大南北诸侯盟主在宋国国都商丘举行的一次弭兵之会。晋、楚在这次会上达成了停止攻击对方的战争行为的协议，同时又规定晋、楚两国各自的盟国要相互朝见对方的盟主。日，往日。

[7]屈建：字子木，楚国令尹，代表楚国参与宋之盟的具体活动。范会：即士会，晋国六卿之一，以食邑于范，又称范会，谥武子。赵武：晋国执政之卿，跟随晋文公流亡在外的功臣赵衰之曾孙，《史记·赵世家》中的“赵氏孤儿”。

[8]夫子家事治：夫子(范会)能够将自己的封邑打理得井井有条。夫子，范会。家，卿大夫之封邑统称为家。

[9]建以语康王：屈建将这话报告了楚康王。建，屈建。康王，楚康王。

[10]其所以蕃祉老寿者：鬼神之所以降福于君主，使其长寿。蕃祉，多福。老寿，长寿。

[11]信君使：以为君主通神的使节诚信无欺。

[12]撞钟：代指奏乐之宫女。舞女：舞蹈之宫女。

[13]谤讟(dú)：诽谤。讟，诽谤、怨言。

[14]盖失数美：掩盖罪过，列举好事。盖，掩盖。失，罪过。数，列举。美，好事。

[15]夭昏孤疾者：夭，夭折。昏，昏聩。孤疾，与“蕃祉”相反，当为多灾多难之意。

[16]为暴君使：为暴君向神祈福的使节。

[17]衡鹿：看守山林之官一种。衡，平。鹿，通“麓”，山脚。

[18]萑(huán)蒲：芦蒲，一种水生植物。

[19]舟鲛：掌管沼泽鱼类之官。

[20]虞候：守卫山泽之官。

[21]祈望：齐国掌管海盐、海货买卖之官。因渔民出海常以祈望海神的仪式祈求平安归来，故所设管理海盐、海货生产、捕捞以及买卖的官员又称作“祈望”。

[22]偪介之关：谓迫近国都之关。偪介，本作“偪尒”。偪，同“逼”，迫近。尒，迩，近。

[23]内宠之妾肆夺于市：宫中的宠妾肆意掠夺于坊市之间。

[24]私欲养求，不给则应：个人欲望膨胀，索取无厌，所求不给就降之以罪。据《左传·昭公二十年》杜预注，“养，长也。所求不给，则应之以罪。”

[25]聊摄以东：聊邑和摄邑东面。聊、摄二邑皆在齐国西部边境。

[26]姑尤：姑、河皆在齐国最东界，即今山东青岛大沽河、小沽河。

[27]薄敛已责：薄赋敛，免除债务。责，通“债”。

【品读】

此章与《晏子春秋》卷一《内篇谏上·第十二》言辞多有重复，又与《左传·昭公二十年》描述几乎一致。本章同上几章似乎都是直接抄于《左传》。

囿于医疗水平所限，古人常将疾病归为鬼神作祟。人们普遍相信，只有用丰厚的贡品祭祀鬼神，鬼神才能赐福，人们才能康健长寿。如果虔诚、认真地去祭祀鬼神仍然得病的话，毫无疑问，那就是负责通神的祝、史没有向神说好话的缘故了。本章开头就说，景公得了疥疮和疟疾，折腾了一年也没有痊愈。梁丘据、裔款怀疑是景公的祝、史没有认真地向鬼神祈祷所致。晏子则认为，鬼神用飨（祭祀的贡品）并赐福的关键不在于君主是否“能事鬼神”，而在于民人无怨、百姓安居乐业。换句话说，鬼神赐福完全以百姓的意志为转移。百姓过得好，鬼神才能用飨、赐福。这与《尚书·泰誓》中所说的“天视自我民视，天听自我民听”的观念基本相同。祝、史作为君与神沟通的“使”必须做到“信”，即诚实地向鬼神禀报君主的所作所为，否则鬼神不但不会用飨，而且还会“其国以祸之，祝史与焉”。所以，其应验之兆就是“夭昏孤疾”。但是，君主如果能够做到为政以德，“外内不废，上下无怨，动无违事”，结果就会呈现出“鬼神用飨，国受其福”的局面，君主也就能够享有“蕃祉老寿”的神赐之福了。在这里，祝、史的身份和地位颇为尴尬。鬼神赐福与否不是只凭祝史之言辞，而是以民人的反映作为主要参考。晏子指出，如果君主能够做到为政以德、“上下无怨”的话，祝、史向鬼神如实禀报，不但鬼神赐福，而且祝、史皆受其幸；但如果君主“暴虐纵淫”，致使“上下怨疾”，祝、史如实向鬼神禀报就犯了向鬼神故意说坏话的罪名，若祝、史不向鬼神说实话，那就成了替君主掩盖过失、虚夸其美，等于犯了“矫诬”于鬼神的大罪了，鬼神不但不用飨，而且还会降祸于其国，其君主就会遭受“夭昏孤疾”的厄运，祝、史说假话更脱不了干系。唯一的办法就是君主“修德”，“神人无怨”，才能病愈福降。

综合以上分析，在晏子的思想中，天（鬼神）、君、民之间的关系已经非常清晰。天赐福于君是以民对君的态度为转移的。君要想获得天赐之福必须先为民造福（修德）。从晏子的思想中，我们大致已经捕捉到这样的一条关键信息：民重天轻。这就是春秋时期盛行的“轻天重民”思想的现实根源。

景公见道殣自惭无德晏子谏第八

景公赏赐及后宫，文绣被台榭，菽粟食凫雁[1]；出而见殣[2]，谓晏子曰：“此何为而死？”晏子对曰：“此馁[3]而死。”公曰：“嘻！寡人之无德也甚矣。”对曰：“君之德著而彰，何为无德也？”景公曰：“何谓也？”对曰：“君之德及后宫与台榭，君之玩物，衣以文绣；君之凫雁，食以菽粟；君之营内自乐，延及后宫之族，何为其无德！顾臣愿有请于君：由君之意，自乐之心，推而与百姓同之，则何殣之有！君不推此，而苟营内好私，使财货偏[4]有所聚，菽粟币帛腐于囷府[5]，惠不遍加于百姓，公心不周乎万国，则桀纣之所以亡也。夫士民之所以叛，由偏之也，君如察臣婴之言，推君之盛德，公布之于天下，则汤武可为也。一殣何足恤哉！”

【注释】

[1]菽粟食（sì）凫雁：用豆子喂养鸭子和鹅。菽，豆。食，喂食。凫，野鸭子，这里指家养的鸭子。雁，这里指鹅。

[2]殣：饿死之人。

[3]馁：同“馁”，挨饿

[4]偏：指财货聚于私。

[5]囷（qūn）：圆仓。府：国家储藏文书财帛之所。

【品读】

此章与《晏子春秋》卷一《内篇谏上·第十九》文辞不同，但主旨相同。

这里涉及一个问题，即统治者“自乐”“好私”的自利价值取向与“惠加百姓”“周及万国”的公共利益价值取向的问题。人皆有私心，都有“自乐”的倾向，但是作为社会化的人与他人交往，又不能仅仅为了一己之私，还必须照顾到他人的利益。至少，不能损害他人的利益。作为一国的统治者，执政的合法性就在于他能将自利价值取向推而广之到公共利益价值取向上。

生活在春秋时期的晏子不懂现代的社会学，但他却深谙其中的道理。他向景公建议“由君之意，自乐之心，推而与百姓同之”，实际上就是社会学中所谓的将“自利价值取向”推广至“公共利益价值”取向上去。同时，晏子还警告景公如若不“推而与百姓同之”，一味地“营内好私”，其结果必定沦落到桀纣亡国的地步。他进而指出，若景公能“推君之盛德，公布之于天下”的话，成就汤、武那样的圣人伟业都可以做到。“由君之意，自乐之心，推而与百姓同之”，实与孟子“与百姓同乐”①有异曲同工之妙。而晏子所谓的“推君之盛德，公布之于天下”，又与孟子“举斯心加诸彼”②的“推恩”论几近相同。战国时期，孟子曾长期在齐国临淄聚徒讲学，并与稷下先生多有接触。晏子与孟子这些类似的思想，我们现在还不能断定是《晏子春秋》的作者影响了孟子，还是孟子影响了《晏子春秋》的作者，但是有一点是清楚的，即《晏子春秋》与孟子的思想在齐国有了交流、交融。

景公欲诛断所爱橚者晏子谏第九

景公登箐室[1]而望，见人有断雍门之橚者[2]，公令吏拘之，顾谓晏子趣诛之[3]。晏子默然不对。公曰：“雍门之橚，寡人所甚爱也，此见断之，故使夫子诛之，默然而不应，何也？”晏子对曰：“婴闻之，古者人君出，则辟道[4]十里，非畏也；冕前有旒[5]，恶多所见也；纩纮琉耳[6]，恶多所闻也；大带重半钧[7]，舄履倍重[8]，不欲轻也。刑死之罪，日中之朝[9]，君过之，则赦之。婴未尝闻为人君而自坐其民[10]者也。”公曰：“赦之，无使夫子复言。”

【注释】

[1]箐室：《艺文类聚》作“青堂”，此应是齐国宫中某一亭台。

[2]雍门之橚：雍门附近的楸树。雍门，齐国故城小城南面偏西之门。橚，楸树。

[3]顾谓晏子趣(cù)诛之：回头让晏子赶快下令杀掉断雍门之橚者。顾，回头。趣，急速、赶快。

[4]辟道：古代人君出行，十里避道。类似于今日戒严清道。辟，避。

[5]冕前有旒(liú)：君王冠前有玉串。旒，垂玉。

[6]纩纮(kuàng hóng)：君王冠冕悬垂耳塞的带子。纩，丝絮。纮，冠冕上的纽带。

① 《孟子·梁惠王下》。

② 《孟子·梁惠王上》。

琉耳:冠冕垂在两旁以塞耳的玉饰。琉,同“充”,耳塞。

[7]大带重半钧:并非指束衣之大带有十五斤重,而是一种夸张的手法,此言君主束衣之带重。大带,古人束衣之带。半钧,十五斤。一钧为三十斤。

[8]舄(xì)履倍重:重鞋子三十斤,显然运用了夸张的手法。舄履,此泛指鞋子。舄,古代一种以木板作为鞋底的鞋子。倍重,此言为大带之重的两倍。大带重半钧,倍重乃一钧,即三十斤。

[9]日中之朝:市朝。古代日中为市,即正午开市。《周礼·司市》:“国君过市,则刑人赦。”与晏子所言正合。

[10]自坐其民:君主不亲自惩罚百姓。坐,辠。辠,同“罪”,此言判罪、惩罚。

【品读】

此章与《晏子春秋》卷二《内篇谏下》“景公欲杀犯槐者”“景公逐得斩竹”情节虽乖,但主旨相同,都突出了“天地之间人为贵”的观点。在《内篇谏下·第二》中,晏子以伤槐者之女的口吻批判了统治者“爱树而贱人”的荒唐之举,将统治者“刑杀不辜”的行为称之“贼”。在《内篇谏下·第三》中,景公欲囚斩竹者,晏子以齐国先君丁公伐曲城为例,阐述了人君“宽惠慈众,不身传诛”的道理。本章中景公欲诛断梀者,晏子则称举古者人君出行及其服饰装扮,说明人君当重在清静无为、垂拱而治,而不应该“自坐其民”。所谓“未尝闻为人君而自坐其民者”与人君“身不传诛”,讲的都是人君不应该染指刑杀、断狱方面的事务。人君给世人的应该永远是一副宽怀慈悲的形象。晏子所言与法家的权术迥异,他所讲的是人君要有一颗慈惠之心。只有这样,才能得民之心。

景公坐路寝曰谁将有此晏子谏第十

景公坐于路寝,曰:“美哉其室,将谁有此乎?”晏子对曰:“其田氏乎,田无宇为埒[1]矣。”公曰:“然则奈何?”晏子对曰:“为善者,君上之所劝也,岂可禁哉!夫田氏国门击柝之家[2],父以托其子[3],兄以托其弟,于今三世矣。山木如市[4],不加于山;鱼盐蚌蜃[5],不加于海;民财为之归。今岁凶饥,蒿种芼敛不半[6],道路有死人。齐旧四量而豆[7],豆四而区,区四而釜,釜十而钟。田氏四量,各加一焉。以家量贷,以公量收,则所以糴百姓之死命者泽矣[8]。今公家骄汰[9],而田氏慈惠,国泽是将焉归?田氏虽无德而施于民。公厚敛而田氏厚施焉。《诗》曰:‘虽无德与汝,式歌且舞。[10]’田氏之施,民歌舞之也,国之归焉,不亦宜乎!”

【注释】

[1]埠(hàn):水堤,比喻能除害利民。

[2]击柝(tuò)之家:比喻家丁兴旺、人口众多,要想召集他们,需要击柝。柝,古代晚上打更用的木梆子。

[3]父以托其子:父亲将做善事的传统传给儿子。托,托付。

[4]山木如市:山上的树木运到市场上。如,到。

[5]蜃:蛤蜊等贝类。

[6]蒿(hāo)种芼(mào)敛不半:蒿草和芼草的收获不到一半。蒿,蒿草,一种有香味的可食用的植物。芼,可供食用的水草或野菜。

[7]齐旧四量而豆:该句还原为:齐旧四量,四升而豆。"而豆"之前脱"升四"。

[8]百姓之死命者泽矣:快要饿死的百姓,仰赖田氏的施舍而活命者如同水泽一样多。

[9]骄汏:骄傲放纵。

[10]虽无德与汝,式歌且舞:语出《诗经·小雅·车辖》,意为虽然没有恩德赠给你,也应当和你唱歌、跳舞,比喻与人同甘共苦。

【品读】

此章与卷二《内篇谏下·第十九》、卷四《内篇问下·第十七》以及卷七《外篇上·第十五》主旨大体相同。从语言上看,本章似乎是杂糅了卷二《内篇谏下·第十九》与卷三《内篇问下·第十七》的内容而成。但是,主旨大都类似。其具体品读参见卷二《内篇谏下·第十九》与卷四《内篇问下·第十七》。

景公台成盆成适愿合葬其母晏子谏而许第十一

景公宿于路寝之宫,夜分[1],闻西方有男子哭者,公悲之。明日朝,问于晏子曰:"寡人夜者闻西方有男子哭者,声甚哀,气甚悲,是奚为者也?寡人哀之。"晏子对曰:"西郭徒居布衣之士盆成适[2]也。父之孝子,兄之顺弟也。又尝为孔子门人。今其母不幸而死,祔柩未葬[3],家贫,身老,子孺[4],恐力不能合祔[5],是以悲也。"公曰:"子为寡人吊之,因问其偏祔[6]何所在?"晏子奉命往吊,而问偏之所在。盆成适再拜,稽首而不起,曰:"偏祔寄于路寝,得为地下之臣,拥札掺笔[7],给事[8]宫殿中右陛之下,愿以某日送,未得君之意也。穷困无以图之,布唇枯舌[9],焦心热中,今君不辱而临之,愿君图之。"晏子曰:"然。此人之甚重者也,而恐君不许也。"盆成适蹶然[10]曰:"凡在君耳!且臣闻之,越王[11]好勇,其民轻死;楚灵王好细腰,其朝多饿死人;子胥忠其君,故天下皆愿得以为子[12]。今为人子臣，而离散其亲戚，孝乎哉？足以为臣乎？若此而得祔，是生臣而安死母也；若此而不得，则臣请輓尸车而寄之于国门外宇溜[13]之下，身不敢饮食，拥辕执辂，木干鸟栖，袒肉暴骸，以望君愍之。贱臣虽愚，窃意明君哀而不忍也。”晏子入，复乎公，公忿然作色而怒曰：“子何必患若言而教寡人乎？”晏子对曰：“婴闻之，忠不避危，爱无恶言。且婴固以难之矣。今君营处为游观，既夺人有，又禁其葬，非仁也；肆心傲听，不恤民忧，非义也。若何勿听？”因道盆成适之辞。公喟然太息曰：“悲乎哉！子勿复言。”乃使男子袒免[14]，女子发笄者以百数，为开凶门[15]，以迎盆成适。适脱衰绖，冠条缨[16]，墨缘[17]，以见乎公。公曰：“吾闻之，五子不满隅，一子可满朝[18]，非乃子耶！”盆成适于是临事不敢哭，奉事以礼，毕，出门，然后举声焉。

【注释】

[1]夜分：夜半时分。

[2]盆成适(kuò)：姓盆成，名适。适，古与“括”通。本文言其为孔子弟子，然孔门弟子实无此人。

[3]祔(fù)柩未葬：这里指盆成适未将其母亲与其父合葬。祔，合葬。

[4]孺：即“孺”，这里指弱小。

[5]合祔：合葬。

[6]偏祔：另一灵柩，这里指盆成适父亲的灵柩。

[7]拥札掺笔：一手持牒，一手操笔。掺，操。

[8]给事：供职。

[9]布唇枯舌：唇干舌枯。

[10]蹶(guì)然：急急忙忙的样子。

[11]越王：越王勾践。

[12]子胥忠其君，故天下皆愿得以为子：据《战国策·秦策一》，当作“子胥忠其君，天下皆欲以为臣；孝已爱其亲，天下皆欲以为子”，意思是说，伍子胥忠于吴王，天下的君主都愿以他为臣子；孝已孝敬父母，天下的父母都愿以他为儿子。

[13]溜：屋檐下流水。

[14]袒：脱掉上衣的左袖，露出左边的胳膊。免：去掉帽子，扎起头发。

[15]为开凶门：在路寝台另外开一扇门，让盆成适将母亲的灵柩移入，故此门称为“凶门”。

[16]冠条缨：帽子上勒着丝带。条缨，系冠的丝带。

[17]墨缘：衣服边缘染成黑色。

[18]五子不满隅，一子可满朝：儿子不肖，再多也不能使家里的一个角落生辉；成器的儿子一个就可以誉满朝堂。隅，角落。

【品读】

本章与《晏子春秋》卷二《内篇谏下·第二十》主旨相同。故事突出了晏子的“忠”和“勇”(忠不避危),盆成适的“孝”、景公的“仁”和“义”(营处为游观,既夺人有,又禁其葬,非仁也;肆心傲听,不恤民忧,非义也)。其中,文章最后景公夸奖盆成适的那句“五子不满隅,一子可满朝”颇有意思,实在是“优生优育”的最好代言。

景公筑长庲台晏子舞而谏第十二

景公筑长庲之台[1],晏子侍坐。觞三行,晏子起舞曰:“岁已暮矣,而禾不获,忽忽[2]矣若之何!岁已寒矣,而役不罢,惙惙[3]矣如之何!”舞三,而涕下沾襟。景公惭焉,为之罢长庲之役。

【注释】

[1]长庲之台:见《晏子春秋》卷二《内篇谏下·第六》。

[2]忽忽:忧惧的样子。

[3]惙(chuò)惙:忧愁的样子。

【品读】

此章与《晏子春秋》卷二《内篇谏下·第五》“景公冬起大台之役”、卷二《内篇谏下·第六》“景公为长庲欲美之”辞旨大同而小异。在这三章中,晏子都以咏诗的形式劝谏景公罢役。《内篇谏下·第五》以服役百姓的口吻唱出了服役生活的艰苦和悲惨境遇;《内篇谏下·第六》则又以服役百姓的口吻唱出了劳役对农业正常秩序的妨碍以及服役生活的艰苦;本章与《内篇谏下·第六》几近相同,都是以服役百姓的口吻抱怨服役对农事的耽误和服役生活的悲惨。在春秋时期,诗常常是贵族间交流的重要工具。孔子所谓的“不学诗,无以言”①讲的就是这个道理。晏子就是用这种诗歌艺术,以真情打动了景公,使得景公罢止劳役,百姓才得以休养生息。

景公使烛邹主鸟而亡之公怒将加诛晏子谏第十三

景公好弋[1],使烛邹主鸟而亡之[2],公怒,诏吏杀之。晏子曰:“烛邹有罪三,请数之以其罪而杀之。”公曰:“可。”于是召而数之公前,曰:“烛邹!汝为吾君主鸟而亡之,是罪一也;使吾君以鸟之故杀人,是罪二也;使诸侯闻

① 《论语·季氏》。

之，以吾君重鸟以轻士，是罪三也。”数烛邹罪已毕，请杀之。公曰：“勿杀！寡人闻命矣。”

【注释】

[1]好弋：喜欢猎鸟。弋，带绳子的箭，主要用来射杀飞鸟，这里代指猎鸟活动。

[2]使烛邹主鸟而亡之：使烛邹掌管猎来的飞鸟，烛邹不慎将飞鸟放走。烛邹，人名，一本作“祝邹”。主鸟，主管鸟。亡之，指飞鸟逃走。

【品读】

此章与《晏子春秋》卷一《内篇谏上·第二十四》“景公欲诛野人”、卷一《内篇谏上·第二十五》“景公欲杀圉人”在情节上有所差异，但所反映的主旨基本相同。卷一《内篇谏上·第二十四》中，景公因飞鸟惊走而欲杀无知百姓，晏子责其犯“先王之禁”（罪不知谓之虐），失仁义之心。卷一《内篇谏上·第二十五》中晏子又故意数落圉人的三条罪状，暗讽景公欲以禽兽杀人的荒唐想法。本章与卷一《内篇谏上·第二十五》中晏子都采用了名为数落罪人、实为讽谏景公的手法，其主旨都是要突出君主应持有“不为禽兽伤人民”①的仁义之心。

景公问治国之患晏子对以佞人谗夫在君侧第十四

景公问晏子曰：“治国之患亦有常乎？”对曰：“佞人谗夫之在君侧者，好恶良臣[1]，而行与小人[2]，此国之长患也。”公曰：“谗佞之人，则诚不善矣；虽然，则奚曾为国常患乎？”晏子曰：“君以为耳目而好缪事[3]，则是君之耳目缪[4]也。夫上乱君之耳目，下使群臣皆失其职，岂不诚足患哉！”公曰：“如是乎！寡人将去之。”晏子曰：“公不能去也。”公忿然作色不说，曰：“夫子何小寡人甚也[5]！”对曰：“臣何敢槁[6]也！夫能自周于君者[7]，才能皆非常也。夫藏大不诚于中者，必谨小诚于外[8]，以成其大不诚，入则求君之嗜欲能顺之，公怨良臣，则具其往失而益之[9]，出则行威以取富。夫何密近，不为大利变，而务与君至义者也[10]？此难得其知也。”公曰：“然则先圣奈何？”对曰：“先圣之治也，审见宾客，听治不留[11]，群臣皆得毕其诚，谗谀安得容其私！”公曰：“然则夫子助寡人止之[12]，寡人亦事勿用。”对曰：“谗夫佞人之在君侧者，若社之有鼠也，谚言有之曰：‘社鼠不可熏去。’谗佞之人，隐君之威以自守[13]也，是难去焉。”

---

① 《晏子春秋》卷二《内篇谏下·第二》。

【注释】

[1]好(hào)恶(è)良臣:喜欢中伤良臣。好,喜欢、喜好。恶,中伤。

[2]行与小人:喜好与小人结党为奸。与,与……结党。

[3]君以为耳目而好缪事:国君以谗佞之人为爪牙,而好与他们谋划国事。耳目,国君的爪牙。缪,当作"谋",谋划。

[4]君之耳目缪:承接上句"君以为耳目而好缪事",是说国君以谗佞为爪牙,而好与之谋划国事,则国君之耳目则常受蒙蔽矣。缪,纰缪,错误。此"耳目"是真耳目。

[5]夫子何小寡人甚也:夫子为何如此小看寡人?"小"本作"少",以为不足也,即瞧不起、小看。

[6]槁:"槁"与《问下篇》"犒鲁国"之"犒",同为"挢"之误字。挢,通"矫",拂,通"弼"。矫弼,违逆、违背。

[7]能自周于君者:能亲近国君的谗佞之辈。周,亲近。

[8]藏大不诚于中者,必谨小诚于外:内藏大奸之心,而外现小忠小信。"大不诚"即"大奸","小诚"即"小忠小信"。

[9]公怨良臣,则具其往失而益之:君主怨恨的良臣,奸佞就千方百计搜罗他们以往的过失,将之附会并尽量夸大。具,搜罗。益,附益。

[10]夫何密近,不为大利变,而务与君至义者也:谁能在伴随君主左右的时候不为权力和利益所动,一心只想着劝导君主行义呢?何,犹"谁"。

[11]听治不留:此言先圣治国理政勤奋,当日之事当日毕,还担心时间不够用。据王念孙《读书杂志》,依《群书治要》本,"听治不留"下当有"患日不足"四字。

[12]助寡人止之:苏时学《爻山笔话》以为"止"当为"去"。止,不用奸佞。去,除去奸佞。据下文晏子以社鼠比喻奸佞难去,当从苏说。

[13]隐君之威以自守:依君之威以自守,正与社鼠相应。据俞樾《诸子平议》,"隐"当读"依"。

【品读】

此章与《晏子春秋》卷三《内篇问上・第二十一》"景公问佞人之事君若何如晏子对愚君所信也"、卷三《内篇问上・第九》"景公问治国何患晏子对以社鼠猛狗"二章言辞虽乖,但主旨相同。这三章的共同特点就是告诫人君谨防左右近臣。

本章晏子言治国常患"佞人谗夫之在君侧",其根本原因就在于"君以为耳目而好缪事"。也就是说,谗佞之徒能够乱国,究其根本就在于君主对其听之任之。君主一旦以其为耳目,佞人谗夫就必定遮蔽君主之耳目。由此引发的连锁效应就是"群臣皆失其职"。晏子指出,此时谗佞之徒势力已成,人君欲去之而不能。为什么这么说呢?谗佞之徒能够取得君主的青睐,绝非等闲之辈。晏子说他们特别"能藏会装"。"夫藏大不诚于中者,必谨小诚于外,以成其大不诚。"谗佞之徒能将奸诈(大不诚)藏于内心,却又会表露出小诚。他们又特别会迎合君主的嗜好、溜须拍马，即“入则求君之嗜欲能顺之”。奸佞之徒的可恨主要在于排挤良臣。他们深谙君主的心理，“公怨良臣，则具其往失而益之”。国君一旦对某个忠良之臣有微词，他们就煽风点火，搜罗人家以往的过失，添油加醋地罗织人家的罪名，使得君主最终将良臣赶出朝廷。良臣被赶走，朝中奸佞当道，他们也就有恃无恐了。所以，“出则行威以取富”。在《内篇问上·第二十一》中，用大段文字描述的佞人之行，其特点也不外乎“能藏会装”。奸佞“能藏会装”，因此使得君主容易受蒙蔽。这些人羽翼一旦丰满，就会成为“国之社鼠”①。到那时，再想铲除他们，就会投鼠忌器，已经很难做到了。

景公问后世孰将践有齐者晏子对以田氏第十五

景公与晏子立曲潢之上，望见齐国，问晏子曰：“后世孰将践有齐国者[1]乎？”晏子对曰：“非贱臣之所敢议也。”公曰：“胡必然也[2]？得者无失，则虞、夏常存矣。”晏子对曰：“臣闻见不[3]足以知之者，智也；先言而后当者，惠也。夫智与惠，君子之事，臣奚足以知之乎！虽然，臣请陈其为政：君强臣弱，政之本也；君唱臣和，教之隆也；刑罚在君，民之纪也。今夫田无宇二世有功于国，而利取分寡[4]，公室兼之[5]，国权专之，君臣易施[6]，能无衰乎！婴闻之，臣富主亡。由是观之，其无宇之后无几，齐国，田氏之国也？婴老不能待公之事，公若即世[7]，政不在公室。”公曰：“然则奈何？”晏子对曰：“维礼可以已之。其在礼也，家施不及国，民不懈，货不移，工贾不变，士不滥，官不谄[8]，大夫不收公利。”公曰：“善。今知礼之可以为国也。”对曰：“礼之可以为国也久矣，与天地并立。君令臣忠，父慈子孝，兄爱弟敬，夫和妻柔，姑慈妇听，礼之经[9]也。君令而不违，臣忠而不二，父慈而教，子孝而箴[10]，兄爱而友，弟敬而顺，夫和而义，妻柔而贞，姑慈而从，妇听而婉，礼之质也。”公曰：“善哉！寡人乃今知礼之尚也。”晏子曰：“夫礼，先王之所以临天下也，以为其民，是故尚之。”

【注释】

[1]践有齐国者：拥有齐国的人。君主即位称“践”。

[2]胡必然也：何必如此呢。胡，何。

[3]见不：当为“不见”。

[4]利取分寡：将财物聚集起来又将其分给孤寡贫弱之人。取，通“聚”。

---

① 《晏子春秋》卷三《内篇问上·第九》。

[5]公室兼之：公室有的，田氏也有。公室，春秋时期诸侯国君这一大宗一般称为“公室”。

[6]君臣易施：施舍救济民众本是君主的职责，结果大臣代替君主行使施舍百姓的职责。意为大臣与君主争夺民心。

[7]即世：离世。

[8]官不谄：官员不怠慢。谄，《左传·昭公二十六年》作“滔”，杜预注：“慢也。”滔，怠慢。

[9]经：主干。

[10]子孝而箴：儿子孝敬老人又能自我规诫。箴，劝诫、规诫。

【品读】

本章后半部分晏子对礼的论述和《左传·昭公二十六年》高度吻合，再结合《晏子春秋》卷二《内篇谏下·第十五》中“景公为西曲潢”一句，可以得知本章是在《左传》的基础上杂糅了《晏子春秋》一书中个别篇章的场景和观点而成。读《晏子春秋》须留意其篇章的构成，这样更有利于我们区分《晏子春秋》和晏子本人的观点。

此章与《晏子春秋》卷二《内篇谏下·第十九》、卷三《内篇问上·第八》、卷四《内篇问下·第十七》以及卷七《外篇上·第十》主旨相同，但具体情节不同。在《内篇谏下·第十九》中，景公发出了“后世孰将把齐国”的疑问，晏子答曰：“欲知把齐国者，则其利之者耶？”没有明确说谁将把持齐国。在《内篇问上·第八》中，由景公问“莒与鲁孰先亡”引出“后世孰践有齐国者”这个切身相关的问题，这一次晏子明确告诉齐景公“田无宇之后为几”，并简要说明了田氏厚施于民、深得民心的情况。但是，田氏到底是怎样厚施于民的，晏子没有详细交代。在《内篇问下·第十七》中，晏子在访问晋国的过程中向晋国大夫叔向吐露了真相，并详细交代了田氏是如何争取民心的。那么如何防止齐国的社稷江山沦入异姓卿大夫手中？《外篇上·第十》的内容与《内篇问下·第十七》大致相同，都没有明确说如何解决这个问题，但此前的《内篇谏下·第十九》却说了一条措施：“行善政，以事利民。”本章也说了一条措施：“维礼可以已之。”前者是“利”，后者是“礼”。这两个药方有本质的不同，这一点我们在《内篇问下·第十七》中有详细的品读。用“尚礼”化解卿大夫专权的观点符合春秋时人的逻辑，用“利”来争取民众的支持是战国时人的典型思想。那么这两种观点到底哪一种最贴近晏子本人的思想呢？答案显然是“尚礼”的思想。原因有二：一是晏子生活的时代就是春秋时期，而春秋时人还处处讲“礼”；二是通过对本书前面篇章的品读，我们也已经了解，晏子本人也积极主张行礼义。

综合来看，本章和《左传·昭公二十六年》中的思想应该是晏子的真实思想。

晏子使吴吴王问君子之行晏子对以不与乱国俱灭第十六

晏子聘于吴，吴王问："君子之行何如?"晏子对曰："君顺怀之，政治归之[1]，不怀暴君之禄，不居乱国之位，君子见兆则退[2]，不与乱国俱灭，不与暴君偕亡。"

【注释】

[1]君顺怀之，政治归之：此两句指君主有德、政事臻治，就归附他。顺，顺于道，即有德。怀，归附、拥戴。政治，政事臻治。

[2]见兆则退：能预见乱兆则先退居于野。兆，征兆、迹象。

【品读】

此章与卷四《内篇问下·第十》"吴王问可处可去"事旨虽同，但辞有详略之异。晏子所谓的"君子"当为德才兼备之人。君子辅佐有德之君，居于臻治之国。有德之君当辅佐之，君子凭借有德之君的帮衬，可以实现治国平天下的远大抱负。君子居臻治之国，所见皆不违背自己的理想和主张，更容易实现自己的政治主张。若"怀暴君之禄，居乱国之位"，等同于助纣为虐，不但有违自己的政治主张，而且又与天下人为敌，这是不明智的。这和儒家的"危邦不入，乱邦不居""天下有道则见，无道则隐"的出仕思想基本一致。

吴王问齐君僈暴吾子何容焉晏子对以岂能以道食人第十七

晏子使吴，吴王曰："寡人得寄僻陋蛮夷之乡，希见[1]教君子之行，请私而无为罪。"晏子蹴然辟位[2]。吴王曰："吾闻齐君盖贼以僈[3]，野以暴[4]，吾子容[5]焉，何甚也?"晏子遵[6]而对曰："臣闻之，微事不通，粗事不能者，必劳[7]；大事不得，小事不为者，必贫[8]；大者不能致人，小者不能至人之门者，必困[9]。此臣之所以仕也。如臣者，岂能以道食人[10]者哉!"晏子出，王笑曰："嗟乎，今日吾讥晏子，訾犹倮而高橛者[11]也。"

【注释】

[1]希见：稀见。希，同"稀"。

[2]蹴然辟位：局促不安地站起身来离开席子。蹴然，局促不安的样子。辟位，避位，即离开席位。

[3]贼以僈：滥杀无辜而又轻慢。据《内篇谏下·第二》"刑杀不辜谓之贼"，贼即指滥杀无

辜。以,与下句"野以暴"之"以"皆为并列之意,与"而""且"通用。僈,慢也,轻慢、傲慢。

[4]野以暴:粗野而又暴虐。野,粗野。暴,暴虐。

[5]容:接纳、接受。

[6]遵:遵循,即"逡巡",犹豫不决的样子。

[7]微事不通,粗疏之事不能者,必劳:此句指精细之事不能通达,粗疏之事又不能做的人,一定会劳累终生。此句与《晏子春秋》卷三《内篇问上·第十五》中"缦密不能,蔍苴不学者诎"义近似。

[8]大事不得,小事不为者,必贫:大事做不成,小事又不愿意去做,就一定会贫穷。

[9]大者不能致人,小者不能至人之门者,必困:此又与《晏子春秋》卷三《内篇问上·第十五》"身无以用人,而不为人用者,卑"义近似。能致人,使人来为我所用;不能至人之门,意为不能为人所用。

[10]以道食(sì)人:用道义来养活家人。这里的道义是说坚持道义而不仕。

[11]訾(zǐ)犹倮而高橛者:吴王叹自己讥笑晏子,却不知就像裸体的人嘲笑他人没穿衣服一样。言外之意,自己尚不如晏子,却讥讽晏子,实在是大错特错。訾,诋毁、指责。倮,同"裸",裸体。橛,乃"撅"之误。撅,揭衣也,脱了衣服。

【品读】

此章与卷三《内篇问上·第十五》"景公问天下之所以存亡晏子对以六说"、卷四《内篇问下·第十二》"晏子使鲁鲁君问何事回曲之君晏子对以庇秩"二章或事异而辞同,或旨同而辞异,阅读本章时可参阅这两章的品读。

本章似承接上章,晏子使吴,吴王先问"君子之行",晏子答之"不怀暴君之禄,不居乱国之位"。吴王便问晏子,为何我听说齐君"贼以僈,野以暴",而您却接纳他呢?吴王本以"以彼之道还彼之身"的方式讥笑晏子言行不一,不料晏子以退为进,谦虚地说自己"微事不通""大事不得""不能致人",所以才为粗事、行小事、至人之门以求仕。

晏子极力贬低自己的才能,把自己的门槛和志向说得很低,这样就烘托出齐君的高大形象了。孟子谓晏子"以其君显"①,可见此言不虚。吴王闻晏子之言,反观自己,以倨傲之态讥讽齐君,才知自己的德行尚不如齐国君臣。君子尚谦。《易·谦卦》云:"谦谦君子,用涉大川,吉。"君子谦而又谦,居后而不与人争先,什么样的险难都能度过。晏子可谓谦谦君子。

司马子期问有不干君不恤民取名者乎晏子对以不仁也第十八

司马子期[1]问晏子曰:"士亦有不干君,不恤民[2],徒居无为[3]而取名者

---

①《孟子·公孙丑上》。

乎?”晏子对曰:“婴闻之,能足以赡上益民[4]而不为者,谓之不仁。不仁而取名者,婴未得闻之也。”

【注释】

[1]司马子期:此司马子期乃楚平王之子公子结,其官至司马,字子期。晏子曾经出使楚国,可能与其有过交往。

[2]士亦有不干君,不恤民:士也有不求君以出仕及不体恤民生之艰辛的人。干,求。恤,忧。

[3]徒居无为:徒居于下,无所事事。

[4]赡上益民:有助于君,有益于民。赡,助给。

【品读】

此章与卷四《内篇问下·第二十》“叔向问事君徒处之义奚如晏子对以大贤无择”章旨同而有详略之异。晏子使楚,见司马子期。子期问晏子:“士亦有不干君,不恤民,徒居无为而取名者乎?”晏子径直指出“能足以赡上益民”却故意不出仕的人,可以称之为“不仁”。而卷四《内篇问下·第二十》中称这种人为“狂僻之民”。晏子向来主张,君子处明君之世要积极有为。匡君济民是士君子义不容辞的责任。这实际上就是春秋战国时期士的责任感和担当精神。

高子问子事灵公庄公景公皆敬子晏子对以一心第十九

高子[1]问晏子曰:“子事灵公、庄公、景公,皆敬子,三君之心一耶?夫子之心三也?”晏子对曰:“善哉!问事君[2],婴闻一心可以事百君,三心不可以事一君。故三君之心非一也,而婴之心非三心也。且婴之于灵公也,尽复而不能立之政[3],所谓仅全其四支以从其君者也[4]。及庄公陈武夫[5],尚勇力,欲辟胜于邪[6],而婴不能禁,故退而埜处[7]。婴闻之,言不用者,不受其禄,不治其事者,不与其难,吾于庄公行之矣。今之君,轻国而重乐,薄于民而厚于养,藉敛过量,使令过任[8],而婴不能禁,庸知其能全身以事君乎!”

【注释】

[1]高子:即高昭子,名张,齐国卿大夫。春秋时期,高氏世代袭爵为齐国卿大夫。

[2]问事君:张纯一《晏子春秋校注》据《论语·颜渊》“樊迟问崇德、修慝、辨惑,子答曰:‘善哉问’”一句指出“问事君”为衍文,当删去。① 今从之。

---

① 张纯一校注:《晏子春秋校注》,第197页。

[3]尽复而不能立之政：此言晏子能将所说的话说出来，但并不被灵公采纳。复，告诉、说出来。

[4]仅全其四支以从其君者也：言晏子对于齐灵公虽有谏言，但并不受重用，灵公也未因此加害晏子。全其四支，幸免于死。

[5]陈武夫：重用武士。陈，陈列，此引申为重用。武夫，武士、勇士。

[6]欲辟胜于邪：嗜欲偏僻而以邪取胜。欲，嗜欲。辟，通“僻”，偏僻。

[7]退而埜(yě)处：辞官而居民间。埜，古“野”字。

[8]藉敛过量，使令过任：征敛赋税超过了限量，役使百姓超出了他们的承受能力。

【品读】

此章与卷四《内篇问下·第二十九》、卷八《外篇下·第三》以及卷八《外篇下·第四》旨同而辞稍异，阅读时可相互参阅。晏子于齐，以事灵、庄、景三君而闻名于诸侯。究其事君之道，他人如梁丘据等似以为晏子以“顺”事君。这里的“顺”颇有“以君之是为是”的味道，但晏子以谏君而闻名，绝非阿谀奉承之辈。在《内篇问下·第二十九》中，晏子自解曰“顺爱不懈”，即其一心事君之道。“顺爱不懈”实指一片忠心。因此，晏子在本章中对高昭子说“一心可以事百君，三心不可以事一君”。晏子主张忠君爱国，他认为侍奉君主要竭忠尽智，一心一意，只有这样才可以事百君。这里的“一心”实为一切以国家为重，至于个人则丝毫不放在心上。始终站在国家、君主的角度考虑问题，中国传统社会把这种利他主义视为士大夫的基本修养之一。这与儒家所谓“为人谋而不忠乎”的“三省”①之道有相通之处。

晏子再治东阿上计景公迎贺晏子辞第二十

晏子治东阿，三年，景公召而数之曰：“吾以子为可，而使子治东阿，今子治而乱，子退而自察也，寡人将加大诛于子[1]。”晏子对曰：“臣请改道易行而治东阿，三年不治，臣请死之。”景公许。于是明年上计[2]，景公迎而贺之曰：“甚善矣！子之治东阿也。”晏子对曰：“前臣之治东阿也，属托不行[3]，货赂[4]不至，陂池之鱼，以利贫民。当此之时，民无饥，君反以罪臣。今臣后之东阿也，属托行，货赂至，并重赋敛，仓库少内[5]，便事左右，陂池之鱼，入于权宗[6]。当此之时，饥者过半矣，君乃反迎而贺。臣愚不能复治东阿，愿乞骸骨，避贤者之路。”再拜，便僻[7]。景公乃下席而谢之曰：“子强复治东阿，东阿者，子之东阿也，寡人无复与焉。”

---

① 《论语·学而》。

【注释】

[1]加大诛于子：加大责罚于你。诛，责罚。

[2]上计：地方每年将人口、税收、盗贼、刑狱之册上交中央，接受中央审查。

[3]属托不行：请托之路无法通行。属托，请托。类似于今天找关系、托门路之类。不行，杜绝此类行为，使之无法通行。

[4]货赂：贿赂。

[5]仓库少内：私敛于民甚重，而纳于仓库者甚少。内，同"纳"。

[6]入于权宗："陂池之鱼"本为公共资源，然今入于有权有势之家。"权宗"当依《说苑·政理》作"权家"。

[7]僻：当作"辟"，读"避"，避去。

【品读】

此章与卷五《内篇杂上·第四》"晏子再治阿而信见景公任以国政"言辞与主旨基本相同。晏子前治东阿，不徇私，不收受贿赂，竭尽心智为百姓谋福利，因此得罪了朝中的"既得利益集团"。"既得利益集团"不断在景公左右诋毁晏子，景公不察详实，便要责罚晏子。晏子反其道而行之，反而得到了景公的赞许。由此可见，施政改革，破除既得利益集团的利益链，势必招致其反对。在位者务必明正视听，不为左右宵小之辈所蒙蔽，做坚定的改革者。

太卜绐[1]景公能动地晏子知其妄使卜自晓公第二十一

景公问太卜曰："汝之道何能？"对曰："臣能动地。"公召晏子而告之，曰："寡人问太卜曰：'汝之道何能？'对曰：'能动地。'地可动乎？"晏子默然不对，出，见太卜曰："昔吾见钩星在四心之间[2]，地其动乎？"太卜曰："然。"晏子曰："吾言之，恐子死之也；默然不对，恐君之惶[3]也。子言，君臣俱得焉。忠于君者，岂必伤人哉！"晏子出，太卜走入见公，曰："臣非能动地，地固将动也。"陈子阳[4]闻之，曰："晏子默而不对者，不欲太卜之死也；往见太卜者，恐君之惶也。晏子，仁人也。可谓忠上而惠下也。"

【注释】

[1]太卜：古代主卜筮之官。绐(dài)：欺哄。

[2]钩星在四心之间：据《史记·天官书》，钩星又叫"免"，出现在房宿中间，预示着地震。房又叫"天驷"。四，通"驷"，即房星。

[3]恐君之惶：唯恐君主被你迷惑了。惶，惑，迷惑。

[4]陈子阳：陈子阳，似为陈完之后，陈氏出奔齐国之后，被封到田，其后以邑为姓。陈子阳当为田桓子宗亲。

【品读】

此章与卷六《内篇杂下·第四》“柏常骞禳枭死将为公请寿晏子识其妄”章旨同而辞异，两章可相互参阅。晏子从来不相信神仙方术，这种理性的精神是卷六《内篇杂下·第四》与本章相同的主旨。不同的是，本章更强调晏子的“忠上而惠下”的品质。晏子发现太卜以地动为验欺骗景公。晏子忠君，若向景公揭发太卜，则太卜必死；若不揭发，又违背自己的忠君之心。当景公问晏子太卜所言是否属实时，晏子“默然不对”，这是因为晏子不忍心太卜遭戮。晏子面见国君之后，又迫使太卜主动向国君交代地动之缘故，是因为晏子不想国君遭受太卜之迷惑。故晏子行事，两相权衡，既能忠君，又不使同僚受戮。时人陈子阳谓晏子能够“忠上而惠下”，可谓“仁人”也。这可能就是晏子的人格魅力所在。

有献书谮晏子退畊而国不治复召晏子第二十二

晏子相景公，其论人也，见贤而进之，不同君所欲；见不善则废之，不辟君所爱[1]；行己而无私，直言而无讳。有纳书者[2]曰：“废置不周于君前[3]，谓之专；出言不讳于君前，谓之易[4]。专易之行存，则君臣之道废矣，吾不知晏子之为忠臣也。”公以为然。晏子入朝，公色不说，故晏子归，备载[5]，使人辞曰：“婴故老悖无能，毋敢服壮者事。”辞而不为臣，退而穷处，东畊海滨，堂下生藜藿，门外生荆棘。七年，燕、鲁分争，百姓惛乱[6]，而家无积。公自治国，权轻诸侯，身弱高、国。公恐，复召晏子。晏子至，公一归七年之禄，而家无藏[7]。晏子立，诸侯忌其威，高、国服其政，燕、鲁贡职，小国时朝。晏子没而后衰。

【注释】

[1]不辟(bì)君所爱：谓不避权贵。辟，通“避”，回避。

[2]纳书者：有仇视晏子的人，上书景公诋毁晏子。

[3]废置不周于君前：人事任免不与国君协调一致。废置，对官吏的任免。废，罢黜。置，迁官，任命官职。周，读“调”，协调、调和。

[4]出言不讳于君前，谓之易：在国君面前说话不忌讳，此之谓侮也，即欺侮国君的意思。易，与“傷”字假音。“傷”为“慠”之假音，侮。

[5]备载：准备车马，收拾行李，卷铺盖准备离开。备，通“犕”。《玉篇》：“犕，服也，以鞍装马也。”

[6]惛乱：言百姓不明就里，慌乱无章。惛，不明。

[7]公一归七年之禄，而家无藏：景公将七年之禄归还晏子，晏子却将之尽分给百姓，家无藏财。

【品读】

此章与卷五《内篇杂上·第五》"景公恶故人晏子退国乱复召晏子"主旨相同,叙事稍异。两章都是叙述晏子不被重用后主动离职,景公亲自治理齐国,结果齐国陷入内忧外患当中。不得已,景公又将晏子召回,复与之政,齐国复兴。本章我们需要注意的是,晏子被迫离职的原因。

本章说晏子辅佐景公,"其论人也,见贤而进之,不同君所欲;见不善则废之,不辟君所爱;行己而无私,直言而无讳"。晏子治齐本着对国家一片赤胆忠心的原则,竭尽心力地选贤而黜不善,但是其"公心"却与景公的"私心"产生了抵牾。"不同君所欲"道出了问题的焦点。所以,尽管晏子"行己而无私,直言而无讳",但仍免不了被人上书诋毁,最终被迫离职。诋毁晏子者的上书可谓正中景公下怀。

晏子为相,虽一心为公,没有私心,但是他行事确有"专"和"易(侮)"的行迹,起码从表面上看是这样的。晏子被迫辞官,"东畊海滨"的原因实为君权与相权之间的矛盾斗争。晏子执政,虽一心为公,但在客观结果上毕竟削弱了景公的权威。所以,景公"色不说",晏子辞官穷处。卷五《内篇杂上·第五》说晏子辞官的缘故是"恶故人",实际上也是不堪国君对宿旧大臣专权的猜忌和担忧。三国时期的诸葛亮与后主刘禅,明代张居正与万历皇帝,他们之间的矛盾,其实质也是相权与君权之间的矛盾。在中国古代,公众眼中的贤能宰相在君主那里未必称贤。

晏子使高纠治家三年而未尝弼过逐之第二十三

晏子使高纠治家,三年而辞焉。傧者[1]谏曰:"高纠之事夫子三年,曾无以爵位而逐之[2],敢请其罪[3]。"晏子曰:"若夫方立之人,维圣人而已[4]。如婴者,仄陋之人[5]也。若夫左婴右婴之人不举,四维将不正[6],今此子事吾三年,未尝弼吾过也。吾是以辞之。"

【注释】

[1]傧者:赞引宾客者,这里实指晏子左右侍者。

[2]曾无以爵位而逐之:此言高纠为晏子家宰,三年没有通过晏子谋得一官半职却被逐。无以爵位,没有谋得一官半职。

[3]敢请其罪:敢问其罪(见逐)之缘由。

[4]若夫方立之人,维圣人而已:以道立身的人,只有圣人能做到。张纯一《晏子春秋校注》:"《易·恒》大象曰:'君子以立不易方。'《正义》曰:'君子立身,得其恒久之道,故不

改易其方。方，犹道也。'若夫方立之人，谓若彼以道立身之人。"①

[5]仄陋之人：僻侧浅陋之人。仄，即古"侧"字。

[6]若夫左婴右婴之人不举，四维将不正：此言晏子左右之人不举四维，四维将不正。左婴右婴之人，晏子左右辅弼之人。"不举"之后疑脱"四维"二字。四维，据《管子·牧民》，当为礼、义、廉、耻。

【品读】

此章与卷五《内篇杂上·第二十八》"景公欲见高纠晏子辞以禄仕之臣"、《内篇杂上·第二十九》"高纠治晏子家不得其俗乃逐之"两章主旨相同。晏子尚"以道立身"。他说"方立之人"就是圣人，"以道立身"只有圣人能够做到。晏子谦虚地说，我虽是个浅陋之人，但是也要力争做到这一点。若我的左右之人平时不践行以礼、义、廉、耻为主要内容的"四维"，礼、义、廉、耻怎么能够正确地履行呢？晏子所说的"方立"之"方"就是"四维"，亦即"道"。"四维"之说乃管仲发明，在这里我们可以看到，晏子部分继承了管子的思想。另外，在晏子看来，交友要慎重选择有"方"或有"道"之人。只有这些以"方""道"为立身之本的人，才能对自己的发展有所裨益。

景公称桓公之封管仲益晏子邑辞不受第二十四

景公谓晏子曰："昔吾先君桓公，予管仲狐与穀[1]，其县十七，著之于帛[2]，申之以策[3]，通之诸侯[4]，以为其子孙赏邑。寡人不足以辱而先君[5]，今为夫子赏邑，通之子孙。"晏子辞曰："昔圣王论功而赏贤，贤者得之，不肖者失之，御德修礼[6]，无有荒怠。今事君而免于罪者，其子孙奚宜与焉[7]？若为齐国大夫者必有赏邑，则齐君何以共其社稷与诸侯币帛？婴请辞。"遂不受。

【注释】

[1]狐与穀：皆齐国地名。

[2]著之于帛：写在帛书上。著，写。帛，即帛书，供书写所用。

[3]申之以策：在竹简编成的册上表明。申，表明。策，通"册"，即用韦(熟牛皮割成的细绳)编成的竹简。

[4]通之诸侯：通告诸侯。通，通知、宣告，类似于今日外交之照会。

[5]寡人不足以辱而先君：乃景公谦言不足以封汝之父(晏桓子)。而先君，即指晏子的先父。而，同"尔"，即"汝"。

---

① 张纯一校注：《晏子春秋校注》，第200页。

[6]御德修礼：这里指全社会形成一种举荐有德之人、共讲礼义的氛围。御，举荐。

[7]今事君而免于罪者，其子孙奚宜与焉：晏子谦称侍奉景公只是身免于罪，毫无功劳可言，子孙怎么能够继承封邑呢？

【品读】

此章与卷六《内篇杂下·第十八》《内篇杂下·第十九》及《内篇杂下·第二十》三篇的表述虽有差异，但主旨相同。张纯一先生注"今事君而免于罪者，其子孙奚宜与焉"这句话时说："盖晏子之意，甚不以世禄为然。"其言可谓得其解矣。晏子"尚贤"，反对西周以来逐渐僵化的"世卿世禄制"。晏子论此往往托"圣王"之名。他说："昔圣王论功而赏贤，贤者得之，不肖者失之，御德修礼，无有荒怠。"晏子认为，早在尧、舜、汤、武之时，就以"功"和"贤"作为授予封邑的主要条件。桓公赏赐管仲狐与榖两邑，就是因为管仲的"贤"和"功"。

晏子谦虚地认为自己没有功劳就不能接受封邑，更不能让子孙后代继承封邑。晏子辞邑而不受实为对"世卿世禄制"的一种反动。这与儒、墨两家的"尚贤"思想如出一辙。春秋后期，"世卿世禄制"已经走向僵化，严重阻碍了社会各阶层之间的流动。社会上的有识之士纷纷对这种僵化的人才任用制度进行了批判。晏子和儒、墨之徒都主张"尚贤"均基于这一背景。与儒、墨之徒不同的是，晏子作为既得利益集团中的一员，他能够主动辞封邑，积极融入到春秋后期社会大变革的浪潮当中，这是相当可贵的。

景公使梁丘据致千金之裘晏子固辞不受第二十五

景公赐晏子狐之白裘[1]，元豹之茈[2]，其赀千金，使梁丘据致之。晏子辞而不受，三反。公曰："寡人有此二，将欲服之，今夫子不受，寡人不敢服。与其闭藏之，岂如弊之身乎[3]？"晏子曰："君就[4]赐，使婴修百官之政，君服之上，而使婴服之于下，不可以为教。"固辞而不受。

【注释】

[1]狐之白裘：疑为"白狐之裘"，与"元豹之茈"相对应。

[2]元豹之茈(zǐ)：狐白裘边缘部分用黑色豹子皮包边。据于鬯《香草校书》，"茈"本作"芘"，"芘"为"纰"之借字。《广雅·释诂》云："纰，缘也。"狐之白裘，元豹之茈，实为一物。此说有理，今从之。元，本作"玄"，避康熙帝玄烨之讳而改，黑色。

[3]与其闭藏之，岂如弊之身乎：与其放置起来不穿而变坏，不如穿着变坏。

[4]就：成。

【品读】

此章与《晏子春秋》卷六《内篇杂下·第二十五》主旨相同。两章都侧重官吏在教化百姓中的示范作用。其品读可参阅卷六《内篇杂下·第二十五》。

晏子衣鹿裘以朝景公嗟其贫晏子称有饰第二十六

晏子相景公，布衣鹿裘以朝。公曰："夫子之家，若此其贫也，是奚衣之恶也！寡人不知，是寡人之罪也。"晏子对曰："婴闻之，盖顾人而后衣食者，不以贪昧为非[1]；盖顾人而后行者，不以邪辟为累[2]。婴不肖，婴之族又不如婴也，待婴以祀其先人者五百家，婴又得布衣鹿裘而朝，于婴不有饰乎！"再拜而辞。

【注释】

[1]盖顾人而后衣食者，不以贪昧为非：此句当为"盖顾人而后食者，以贪昧为非"，意为看了别人吃的饭食，就懂得满足，不会贪财昧利。贪昧，贪财昧利。

[2]盖顾人而后行者，不以邪辟为累：此句当为"顾人而后行者，以邪辟为累"，意为看了邪恶之人的下场，就会把邪恶当作负担。累，负担。

【品读】

此章与《晏子春秋》卷六《内篇杂下·第十二》及《内篇杂下·第二十六》言辞虽乖，但主旨相同。阅读本章可与后两章相互参阅。此章晏子言"盖顾人而后食者，以贪昧为非；盖顾人而后行者，以邪辟为累"，告诫君子行事要多以他人为借鉴。

仲尼称晏子行补三君而不有果君子也第二十七

仲尼曰："灵公汙[1]，晏子事之以整齐[2]；庄公壮，晏子事之以宣武[3]；景公奢，晏子事之以恭俭。君子也！相三君而善不通下[4]，晏子细人也[5]。"晏子闻之，见仲尼曰："婴闻君子有讥于婴，是以来见。如婴者，岂能以道食人者哉！婴之宗族待婴而祀其先人者数百家，与齐国之闲士待婴而举火者数百家，臣[6]为此仕者也。如臣者，岂能以道食人者哉！"晏子出，仲尼送之以宾客之礼，再拜其辱。反，命门弟子曰："救民之姓而不夸[7]，行补三君而不有[8]，晏子果君子也。"

【注释】

[1]汙：行为放纵，品行不洁。

[2]整齐：行动有规矩，品行高洁。

[3]宣武：行礼义之勇。

[4]善不通下：善教不通行于下。

[5]细人：目光短浅之人。细，小。

[6]臣：春秋时期，“臣”是一种比较普遍的自称，同时可能也是一种谦称，一般指从事服务性工作。这与后世在君主面前称“臣”大为不同。

[7]救民之姓而不夸：救了百姓却不夸耀。姓，通“生”。

[8]行补三君而不有：德行弥补了三位国君的缺陷却不自有其功。不有，不自有其功。

【品读】

此章与卷四《内篇问下·第十二》及卷八《外篇下·第三》《外篇下·第四》言辞虽乖，但主旨相同。晏子事三君而顺，名闻于诸侯，孔子称其为“君子”。然而，孔子认为，晏子“相三君而善不通下”，此又为“细人”矣。晏子谦虚地说，自己“岂能以道食人”。靠道义养人，毕竟不现实。晏子认为“以道立身”之人（方立之人），“维圣人而已”。他承认自己是“仄陋之人”，亦如本章孔子称其为“细人”。[①] 但是晏子有晏子的苦衷，他说：“婴之宗族待婴而祀其先人者数百家，与齐国之闲士待婴而举火者数百家。”晏子“善不通下”，为何不辞官呢？晏子自辩就是为了宗族、闲士的生计。孔子听闻晏子的辩解，始知前番误解了晏子。晏子用自己的行动教化了齐民，怎么可能“善不通下”呢？

---

① 参见《晏子春秋》卷七《外篇上·第二十三》。

外篇下第八

仲尼见景公景公欲封之晏子以为不可第一

仲尼之齐[1]，见景公，景公说之，欲封之以尔稽[2]。以告晏子，晏子对曰："不可。彼浩裾自顺[3]，不可以教下；好乐缓于民[4]，不可使亲治；立命而建事[5]，不可守职。厚葬破民贫国，久丧道哀费日[6]，不可使子民；行之难者在内[7]，而传[8]者无其外，故异于服，勉于容[9]，不可以道众而驯百姓[10]。自大贤之灭，周室之卑也，威仪加多，而民行滋薄[11]；声乐繁充，而世德滋衰。今孔丘盛声乐以侈世[12]，饰弦歌鼓舞以聚徒，繁登降之礼，趋翔之节以观众[13]，博学不可以仪世[14]，劳思不可以补民[15]，兼寿不能殚其教[16]，当年不能究其礼[17]，积财不能赡其乐[18]，繁饰邪术以营世君[19]，盛为声乐以淫愚其民。其道也，不可以示世；其教也，不可以导民。今欲封之，以移齐国之俗，非所以导众存民也。"公曰："善。"于是厚其礼而留其封，敬见不问其道，仲尼乃行[20]。

【注释】

[1]仲尼之齐：据《史记·孔子世家》，孔子适齐，在鲁昭公二十五年（前517年），孔子三十五岁。之，适，到。

[2]尔稽：《墨子·非儒下》《史记·孔子世家》皆作"尼谿"，其地不详。

[3]浩裾自顺：傲慢而曲从非义。浩裾，即"傲倨"之假借字。自顺，即顺非，顺从非义。

[4]好乐缓于民：好繁乐而使民放纵。缓，松弛、宽松，这里引申为放纵。

[5]立命而建事：顺于天命而怠于行事。疑"建"字为"逮"字之讹。《墨子·非儒下》作"怠事"。逮，通"怠"，怠慢。

[6]久丧道哀费日：旷日持久的丧礼使得哀痛之情不能停止，因而荒废了大好时光。"道"当为"遁"字之误。"遁"与"循"同，"循"为遂，"遂哀"，哀而不止也。

[7]行之难者在内：知行难在内心。内，内心。

[8]传：当作"儒"，儒士。

[9]异于服：儒者依礼而特别讲究服饰，如上朝要"玄冠朝服"。勉于容：容貌庄静，肃穆恭谨。

[10]道众而驯百姓：引导众人而教化百姓。驯，古“训”字。

[11]威仪加多，而民行滋薄：礼仪愈加繁多，百姓的品行却更加败坏。滋，更加。张纯一云：“重礼文，失礼意，故《老子》曰：‘礼者，忠信之薄，而乱之首。’”①

[12]盛声乐以侈世：以规模宏大的音乐来放纵社会的奢侈之风。侈，使……奢侈。

[13]趋翔之节：盖言行之礼节。观众：显示于众人。

[14]博学不可以仪世：言孔子虽博学但不可作为后世效法的准则。仪，法度、准则。

[15]劳思不可以补民：言孔子虽艰辛探索救世之道，但其结果却于民无有裨益。

[16]兼寿不能殚其教：即使倍于常人之寿命，也不能穷尽孔子之学。兼寿，谓倍于常人的寿命。殚，穷尽。

[17]当年不能究其礼：壮年不能穷尽儒家的礼。当年，壮年。究，穷究、穷尽，《墨子·非儒下》作“行”。

[18]积财不能赡其乐：积累财富不足以供给乐舞之费。赡，供给。

[19]饰邪术以营世君：通过掩饰邪术来迷惑世间的君主。营，迷惑。

[20]仲尼乃行：言孔子被迫离开齐国。

【品读】

卢文弨《晏子春秋拾补》曰：“元刻本注云：‘此并下五章皆毁诋孔子，殊合经术，故着于此篇。’”前面七篇（谏上、谏下、问上、问下、杂上、杂下以及外上）所涉各章中晏子之思想与儒家思想多有所合，然《晏子春秋》卷八《外篇下》前五章所记晏子之言多有诋毁孔子之处，这让受儒家影响或教育的各代学者颇感疑惑。如刘向就在《晏子春秋序录》中交代：“又（指《外篇下》）有颇不合经术，似非晏子之言，疑后世辩士所为者，不敢遗失，复列以为一篇。”刘向认为《外篇下》“颇不合经术”者可能主要就是指的前五章。他甚至怀疑这几篇并非晏子所言。通过对前七篇各章的研读，到这里我们基本上了解了晏子思想的大概。

晏子主张尚仁义而复礼制，在用人上，又主张举贤能而退谗佞，轻天重民，不信鬼神，体恤民生，反对统治者为一己之私而穷竭民财、民力，以德施政，以礼待诸侯，于己重德行、修身。所有这些思想皆合儒家的“六经之义”。因此，《汉书·艺文志》将《晏子春秋》列为儒家。《论语》中的孔子对晏子也几近顶礼膜拜。孔子曾对他的弟子说：“晏平仲善与人交，久而敬之。”②孔子曾向他的弟子子贡表示愿意将子产和晏子当作兄长来服侍。③《外篇下·第四》中孔子甚至视晏子为“师”。总之，孔子给予晏子的评价基本上都是积极的。

---

① 张纯一校注：《晏子春秋校注》，第205页。

② 《论语·公冶长》。

③ 参见《孔子家语·辨政》。

孔子给予了晏子极高的评价，而晏子却没有为孔子说多少好话。孔子适齐，齐景公本来对孔子的印象很好。景公甚至打算授予孔子封邑，但是当他向晏子征询意见时，晏子却对孔子的治国之道进行了无情的鞭挞。于是，景公才逐渐疏远孔子，"敬见而不问其道"，孔子见其道得不到景公的采纳，不得已才离开齐国。本章又见于《墨子·非儒下》，因而很多人认为本章并非晏子所作，而是墨子之徒托名晏子而已。从本章来看，晏子主要对孔子的繁礼侈乐以及厚葬两个方面进行了猛烈的批判。这和墨家的思想基本相同。

晏子虽主张恢复礼乐制度。他曾经对景公说："夫乐亡而礼从之，礼亡而政从之，政亡而国从之。"①但晏子反对繁乐缛礼。晏子说："古之明君，非不知繁乐也，以为乐淫则哀。"②对于礼，晏子虽未有具体的论述，但他主张行礼之冠服应以从简、从便为宜。《晏子春秋》卷二《内篇谏下·第十六》中晏子说："圣人之服中，侻而不驵，可以导众，其动作，侻顺而不逆，可以奉生。"晏子反对厚葬。他的父亲晏桓子卒，晏子依照古礼为其父守三年之丧，其仪节甚为古朴(《晏子春秋》卷五《内篇杂上·第三十》)。《礼记·礼器》批评晏子在祭祀祖先时"豚肩不掩豆，澣衣濯冠以朝"，节俭到抠门的程度。晏子之父晏桓子丧，按照礼节，大夫之丧本来应该向墓地遣车五乘，但他仅"遣车一乘"。依照礼，等他父亲的棺椁下葬之后，孝子应该送别参加葬礼的亲友才能离开，晏子直接省去了这一环节，"及墓而返"③。所以，孔子的弟子有若直斥晏子不懂礼。从种种迹象来看，本章晏子对孔子的批评并非墨家托名晏子，而是晏子本身就有反儒的主张。

景公上路寝闻哭声问梁丘据晏子对第二

景公上路寝，闻哭声，曰："吾若闻哭声，何为者也?"梁丘据对曰："鲁孔丘之徒鞠语[1]者也。明于礼乐，审于服丧，其母死，葬埋甚厚，服丧三年，哭泣甚疾[2]。"公曰："岂不可哉!"而色说之。晏子曰："古者圣人，非不知能繁登降之礼，制规矩之节，行表缀之数以教民[3]，以为烦人留日，故制礼不羡于便事[4]；非不知能扬干戚钟鼓竽瑟以劝众[5]也，以为费财留工，故制乐不羡于和民[6]；非不知能累世殚国以奉死[7]，哭泣处哀以持久也，而不为者，知其无补死者而深害生者，故不以导民。今品人饰礼烦事[8]，羡乐淫民[9]，崇死以害

① 《晏子春秋》卷一《内篇谏上·第六》。

② 《晏子春秋》卷一《内篇谏上·第十一》。

③ 《礼记·檀弓下》。

生，三者，圣王之所禁也。贤人不用，德毁俗流[10]，故三邪得行于世。是非贤不肖杂，上妄说邪[11]，故好恶不足以导众。此三者，路世之政，道事之教也[12]。公曷为不察，声受而色说之？”

【注释】

[1]鞠语：姓鞠，名语，疑是孔子弟子皋鱼。二者音相近。

[2]疚：悲痛。

[3]行表缀之数以教民：推行乐舞站位的序列以教化百姓。表缀，乐舞之时，舞者站的位置，这里引申为规矩。据《大戴礼记·曾子制言》孔广森补注，“凡树臬以著位曰表，舞列之表曰缀”，“表缀，言为人准望也”。数，术也。

[4]制礼不羡于便事：制定礼仪以方便百姓为主而不是束缚百姓。羡，超过、有余。

[5]扬干戚钟鼓竽瑟以劝众：挥舞盾牌和大斧，演奏钟鼓竽瑟，向众人展示。干戚，为武士舞蹈时所执盾牌和大斧。干，盾牌。戚，大斧。劝众，张纯一先生以为当作“观众”。观众，向众人显示。

[6]制乐不羡于和民：作乐以和民而已，不以淫乐妨碍民事。和民，和同百姓。

[7]累世殚国以奉死：尽国家历代所积之财以供奉死者。这里指厚葬。殚，尽，竭尽。

[8]品人饰礼烦事：众人徒以礼乐为饰，而不以此为烦恼之事。品，众庶也。饰礼烦事，以矫饰外貌为务，不以此为烦。

[9]羡乐淫民：纵情享乐，惑乱民心。羡，超出，这里引申为放纵。淫民，惑乱民心。

[10]德毁俗流：抛弃了节俭这一美德，奢侈的风气就会盛行开来。

[11]上妄说邪：统治者胡作非为，乐于邪僻。上，统治者。

[12]路世之政，道事之教也：用此三者（饰礼、羡乐及崇死）治理国家，则会扰乱社会，败坏教化。

【品读】

本章与上一章主旨相同，都是针对儒家礼乐丧葬制度进行批判。值得注意的是，本章中晏子提出制礼、作乐以及丧葬的三个原则：制礼不羡于便事、制乐不羡于和民、丧葬不害生。而“饰礼”“羡乐”“崇死”为“三邪”，败政坏教，乃上古“圣人之所禁”。从这里我们可以看到，晏子并非反对礼乐丧葬制度，只不过他主张礼乐丧葬制度的施行应以便事、利民及节俭为准则。这一点与墨家思想有相通之处。

仲尼见景公景公曰先生奚不见寡人宰乎第三

仲尼游齐，见景公。景公曰：“先生奚不见寡人宰[1]乎？”仲尼对曰：“臣闻晏子事三君而得顺焉，是有三心，所以不见也。”仲尼出，景公以其言告晏子，晏子对曰："不然！婴为三心，三君为一心故[2]，三君皆欲其国之安，是以婴得顺也。婴闻之，是而非之，非而是之，犹非也[3]。孔丘必据处此一心矣[4]。"

【注释】

[1]宰：宰相，这里指晏子。

[2]婴为三心，三君为一心故："婴"字之上当有"非"字。意思是说，并不是我有三心而是三位国君有一个共同的愿望。

[3]是而非之，非而是之，犹非也：国君说是，臣非说不是，国君说不是，臣非说是，故意不顺从君意，这都是不对的。

[4]孔丘必据处此一心矣：当作"孔丘必定一于此"，意为孔丘故意不顺从君命，以博取一心事奉君主的美名。

【品读】

此章与卷四《内篇问下·第二十九》、卷七《外篇上·第十九》情节虽有出入，但主旨大致相同。晏子能事灵、庄、景三君而闻名于诸侯，梁丘据、高昭子及孔子皆不解其故。据晏子所言，他之所以顺事三君，乃"一心事三君也"。卷四《内篇问下·第二十九》、卷七《外篇上·第十九》以及卷八《外篇下·第四》皆是这个观点。其中，《内篇问下·第二十九》晏子答梁丘据时已经阐述了"一心"指的就是"忠君爱民"。与其他几章不同的是，晏子本章中指出，其能顺事三君，"非婴为三心，三君为一心故"。三君的"一心"是指"皆欲其国安"。换句话说，灵、庄、景三公的性格虽有各种缺陷，但都有安定齐国的志向。晏子忠君爱民与三君之志，实为殊途同归，所以晏子能够顺事三君。读到这里，晏子事三君的问题才最终得以明晰。

仲尼之齐见景公而不见晏子子贡致问第四

仲尼之齐，见景公而不见晏子。子贡曰："见君不见其从政者，可乎？"仲尼曰："吾闻晏子事三君而顺焉，吾疑其为人。"晏子闻之，曰："婴则齐之世民[1]也，不维其行，不识其过，不能自立也[2]。婴闻之，有幸见爱，无幸见恶，诽谤为类[3]，声响相应，见行而从之者也。婴闻之，以一心事三君者，所以顺焉[4]；以三心事一君者，不顺焉。今未见婴之行，而非其顺也[5]。婴闻之，君子独立不惭于影，独寝不惭于魂[6]。孔子拔树削迹[7]，不自以为辱；穷陈蔡，不自以为约[8]；非人不得其故[9]，是犹泽人之非斤斧，山人之非网罟也[10]。出之其口，不知其困也[11]。始吾望儒而贵之，今吾望儒而疑之[12]。"仲尼闻之，曰："语有之：言发于尔，不可止于远也[13]；行存于身，不可掩于众也[14]。吾窃议晏子而不中夫人之过[15]，吾罪几矣！丘闻君子过人以为友，不及人以为师[16]。今丘失言于夫子，讥之，是吾师也。"因宰我而谢焉，然[17]仲尼见之。

【注释】

[1]齐之世民：晏子世代为齐国大夫，自称"世民"，乃自谦之辞。

[2]不维其行，不识其过，不能自立也：之所以能世代自立于齐国，就是因为能维持德行，常改过失。

[3]有幸见爱，无幸见恶，诽谤为类：能有幸为人所知（见其行），则得人之誉；若不幸为人所误解（不知其行而非之），则横遭诽谤。诽谤、赞誉与人之行相从，如声响相应。

[4]以一心事三君者，所以顺焉：晏子一心事奉三位国君，都很顺当。一心，据上一章可知，为"安其国"。

[5]今未见婴之行，而非其顺也：如今没有见到我顺应国君的实际情况，就诋毁我顺应国君之名。

[6]君子独立不惭于影，独寝不惭于魂：君子站得正，不怕影子斜，独自入寝，扪心自问，无愧于自己的灵魂。

[7]孔子拔树削迹：《史记・孔子世家》："孔子去曹适宋，与弟子习礼大树下。宋司马桓魋欲杀孔子，拔其树，孔子去。"削迹，削去其行迹，此言孔子被迫离开宋国。

[8]穷陈蔡，不自以为约：据《史记・孔子世家》，孔子欲接受楚国的聘请，用事于楚，当其与弟子一行至陈、蔡之间，陈、蔡之人为防止孔子至楚，使人围孔子于野，孔子绝粮七日不得行。约，穷困。

[9]非人不得其故：不明就里即讥讽他人。

[10]是犹泽人之非斤斧，山人之非网罟也：这好比生于水边以捕鱼为生的人认为斧斤无用，住在山上以打猎为生的人认为渔网无用一样。此指仅站在自己的角度去否定、责难他人。

[11]出之其口，不知其困也：责难他人易，却不知实行者背后所付出的艰辛。

[12]始吾望儒而贵之，今吾望儒而疑之：起初，我看到儒者就尊重他们，现在我看到儒者却对他们产生了怀疑。赵蔚芝《晏子春秋注解》："'贵之'者，出言谨慎，是非有当；'疑之'者，出言轻率，毁誉随俗也。"

[13]言发于尔，不可止于远也：在近处说话不能禁止它传到远方。尔，同"迩"，近。

[14]行存于身，不可掩于众也：自己的一言一行无法让人不知。掩，掩盖。

[15]吾窃议晏子而不中夫人之过：我私下里议论晏子，然而却对晏子的评价有失偏颇。窃议，私下里议论。中，适当。夫人，指晏子。

[16]君子过人以为友，不及人以为师：君子的德才超过了别人就把他当作朋友，德才赶不上人家，就把他当作老师。

[17]然：其后缺一"后"字。

【品读】

孔子以为晏子以阿谀奉承顺事三君，因而至齐见景公而不见晏子。晏子则指出，评价一个人要以他的具体行为作为衡量标准，即所谓“诽谤为类，声响相应，见行而从之者也”。他自认为其“以一心(忠君爱民)事三君”而非“三心事一君”。面对孔子的指责，晏子认为自己无愧于心(君子独立不惭于影，独寝不惭于魂)。晏子反讽孔子“非人不得其故”，“出之其口，不知其困”，使得孔子不得不谢罪。孔子谓“君子过人以为友，不及人以为师”，这与他的“不友不如己”相抵牾。因此，我们认为这则故事应该不是晏子的实录，应该是信奉晏子思想又受墨家思想影响的齐人所作。

景公出田顾问晏子若人之众有孔子乎第五

景公出田[1]，寒，故以为浑[2]，犹顾而问晏子曰：“若人之众，则有孔子焉乎[3]？”晏子对曰：“有孔子焉则无有，若舜焉则婴不识[4]。”公曰：“孔子之不逮舜为间矣[5]，曷为‘有孔子焉则无有，若舜焉则婴不识’？”晏子对曰：“是乃孔子之所以不逮舜。孔子行一节者也[6]，处民之中，其过之识[7]，况乎处君之中乎！舜者处民之中，则自齐乎士[8]；处君子之中，则齐乎君子；上与圣人，则固圣人之林也。此乃孔子之所以不逮舜也。”

【注释】

[1]田：同“畋”，田猎。

[2]寒，故以为浑：天气寒冷，景公却故意认为很温暖。寒，寒冷。浑，孙星衍《晏子春秋音义》以为此“温”字之假音。

[3]若人之众，则有孔子焉乎：如此多的人中有孔子那样的贤人吗。若，如此。

[4]有孔子焉则无有，若舜焉则婴不识：晏子意指，此等众人中怎么会没有孔子那样的人？像尧舜那么贤能的人我倒是没有看到。

[5]孔子之不逮舜为间(jiàn)矣：大意指孔子比舜差远了。逮，赶得上。间，远。

[6]孔子行一节者也：孔子仅能行尧舜之一个方面。一节，即一个方面。下文言舜处民之中就与民一样，处君子之中就与君子一样，处圣人之中就与圣人一样。孔子仅能处君子之中，此谓一节。

[7]处民之中，其过之识：前章说儒者“异于服，勉于容”，言孔子处民之中，其举止服饰易于识别。识，容易为人所识。

[8]士：疑本作“民”。

【品读】

此章主要论述孔子远逊于舜。晏子指出，孔子仅行舜之“一节”，即孔子的角色只是君子,而舜能灵活地在民、君子以及圣人三个角色之间转换,而且舜能处民之中像民,处君子之中像君子,与圣人比肩则像圣人。孔子出身虽低贱,但理想却是高贵的。孔子很难与被他称之为不谙礼乐文化的"小人",即劳动人民阶层打成一片。孔子的学生樊迟向孔子问稼穑,孔子斥之为"小人"。晏子认为舜"处民之中,则自齐乎民"。《墨子·尚贤中》云:"舜耕历山,陶河濒,渔雷泽。"此言舜出自民,会耕作、制陶及渔猎等具体的劳动。及舜被尧举为天子,舜又能"与接天下之政,治天下之民"。是舜能为君子、圣人之证。

本章托晏子之口批评儒家仅能饰礼乐为君子而不能与民杂处,更不能成为圣人。晏子认为,舜是"大贤",能"随时宜"①,孔子仅是"君子"而已,尚未进入"大贤"之列。晏子出身贵族,虽有体恤民生之情怀,但也不可能有与民打成一片的平等思想。在《外篇上·第十五》中晏子说:"其在礼也,家施不及国,民不懈,贷不移,工贾不变,士不滥,官不谄,大夫不收公利。"又说:"君令臣忠,父慈子孝,兄爱弟敬,夫和妻柔,姑慈妇听,礼之经也。"由此可知,在晏子那里,礼的大纲就是维持职业、身份等级制度,而不是无差别的"兼爱"。

仲尼相鲁景公患之晏子对以勿忧第六

仲尼相鲁[1],景公患之,谓晏子曰:"邻国有圣人,敌国之忧也。今孔子相鲁若何?"晏子对曰:"君其勿忧。彼鲁君,弱主也;孔子,圣相[2]也。君不如阴重孔子,设以相齐[3],孔子强谏而不听,必骄鲁而有齐[4],君勿纳也。夫绝于鲁,无主于齐,孔子困矣。"居期年,孔子去鲁之齐,景公不纳,故困于陈蔡之间。

【注释】

[1]仲尼相鲁:据《史记·齐太公世家》可知,晏子卒于景公四十八年,即鲁定公十年(前500年)。鲁定公十四年(前496年),孔子为鲁大司寇,摄相事,时晏子已卒。据此可知,本章非晏子实录。

[2]圣相:圣人为相。

[3]阴重孔子,设以相齐:暗地里厚待孔子,假许孔子去鲁后相齐。设,口头许之,实为欺骗。

[4]骄鲁而有齐:轻视鲁国而亲近齐国。骄,轻视。有,亲近。

【品读】

本章的作者可能是倾向于墨家而反儒家思想的战国时期齐国人,其编

① 《晏子春秋》卷四《内篇问下·第二十》。

造故事的手法之低级显而易见。

此章的编造水准极其低劣。这表现在以下几个方面：首先，将早已逝去四年的晏子与摄鲁相事的孔子强扯到一起；其次，晏子设计去孔子的主意简直是对晏子和孔子德行和才智的侮辱；再者，前后两章观点抵牾，上章贬孔子不逮舜（圣人）远矣，本章又称其为圣人、圣相，唯恐其相鲁。

景公问有臣有兄弟而强足恃乎晏子对不足恃第七

景公问晏子曰："有臣而强，足恃[1]乎？"晏子对曰："不足恃。""有兄弟而强，足恃乎？"晏子对曰："不足恃。"公忿然作色曰："吾今有恃乎？"晏子对曰："有臣而强，无甚如汤[2]；有兄弟而强，无甚如桀[3]。汤有弑其君，桀有亡其兄[4]，岂以人为足恃哉，可以无亡也！"

【注释】

[1]恃：依靠。

[2]有臣而强，无甚如汤：张纯一《晏子春秋校注》："汤有臣伊尹、仲虺、女鸠、女房、义伯、仲伯。可谓强矣。"但此解与下文"汤有弑其君"无法对应。按："有臣而强，无甚如汤"之"臣"即"汤"。汤本为夏桀之臣，后汤起兵灭夏，"桀走鸣条，遂放而死"（《史记·夏本纪》）。此句大意指臣虽有强大的，但没有比汤更强大的。

[3]有兄弟而强，无甚如桀：此二句应与"桀有亡其兄"相对应。史无夏桀夺其兄之位的记载。此"桀"疑为"微子启"。微子启叛商，亡归周，这一点加快了商纣的灭亡。

[4]桀：赵蔚芝《晏子春秋注解》以为当为"纣"。

【品读】

春秋时期的政局变动先是公子阶层比较活跃，后是卿大夫专权。公子阶层如鲁国之"三桓"（桓公之公子季孙、叔孙、孟孙），齐襄公死后公子纠与公子小白之争，晋国献公公子之间的权力斗争，等等。公子一般为国君之兄弟，对国君的君位威胁最大。而这里的卿大夫一般指异姓权臣。春秋时期的国君为了对抗本国强大的宗法分封势力，比如公子阶层，往往依恃异姓卿大夫。如晋国经过骊姬之乱后，晋文公就多依靠狐、赵等异姓大夫，最后晋国逐渐形成异姓六卿专政的局面。齐国自景公之后，多亲近异姓田氏，在晏子后期，田氏已经强大到了权逼公室而公室无法抑制的程度了。景公所谓的"有兄弟而强"当指栾、高专权。栾、高皆出自齐惠公之后，与景公为同宗兄弟。栾、高专权，景公如同傀儡。因此，本章中晏子告诉景公有臣、有兄弟虽强而不足恃。

景公游牛山少乐请晏子一愿第八

景公游于牛山，少乐[1]，公曰："请晏子一愿。"晏子对曰："不[2]，婴何愿？"公曰："晏子一愿。"对曰："臣愿有君而见畏，有妻而见归，有子而可遗[3]。"公曰："善乎！晏子之愿；载[4]一愿。"晏子对曰："臣愿有君而明，有妻而材[5]，家不贫，有良邻。有君而明，日顺婴之行[6]，有妻而材，则使婴不忘[7]；家不贫，则不愠朋友所识[8]；有良邻，则日见君子：婴之愿也。"公曰："善乎！晏子之愿也。"晏子对曰："臣愿有君而可辅，有妻而可去[9]，有子而可怒[10]。"公曰："善乎！晏子之愿也。"

【注释】

[1]少乐：没有什么可以娱乐的。乐，娱乐。

[2]不(fǒu)：读"否"，其义表否定。

[3]愿有君而见畏，有妻而见归，有子而可遗：我希望有个令人生畏的国君，愿意嫁给我的妻子，可以传承自己事业的儿子。归，女子出嫁。遗，传承，这里引申为传承事业。

[4]载：应作"再"。

[5]有妻而材：有贤惠的妻子。材，本指才能，这里引申为贤惠。

[6]有君而明，日顺婴之行：有圣明的君主，对我的行为不加以阻碍，使我能够天天顺着自己的想法而做事。

[7]有妻而材，则使婴不忘：妻子贤惠，定能把家打理好，使我没有后顾之忧，所以忘不了妻子的功劳。

[8]家不贫，则不愠朋友所识：家不贫困，可以周济认识的朋友，使他们不会因贫困而有愠怒之色。张纯一曰："似言家不贫，则周济朋友所识，使无愠怒。"

[9]有妻而可去：有个妻子，如果无法生活在一起，她可以选择自由离去。

[10]有子而可怒：有个儿子，如果他犯了错，可以随时责备他。

【品读】

晏子有三愿：一愿国家有威严的君主，家中有妻子儿女；二愿有明君、贤妻、殷富之家、良邻；三愿是否辅佐君主、养妻、教子完全在我，即张纯一先生所谓"极言其顺乎我"。三个愿望层层递进，士君子的那种对尊严和自由的向往淋漓尽致地展现出来。

景公为大钟晏子与仲尼柏常骞知将毁第九

景公为大钟，将悬之。晏子、仲尼、柏常骞三人朝，俱曰：“钟将毁。”冲[1]之，果毁。公召三子者而问之。晏子对曰：“钟大，不祀先君而以燕[2]，非礼，是以曰钟将毁。”仲尼曰：“钟大而悬下，冲之其气下回而上薄[3]，是以曰钟将毁。”柏常骞曰：“今庚申，雷日也，音莫胜于雷，是以曰钟将毁也。”

【注释】

[1]冲：据孙星衍《晏子春秋音义》，读“撞”，撞击。

[2]燕：宴。

[3]冲之其气下回而上薄：撞击大钟，由声音形成的强大气浪先是向下，到达地面后又被反弹给大钟，大钟就被反弹的气浪击坏了。薄，迫近。

【品读】

此章与卷二《内篇谏下·第十二》“景公为泰吕成将以燕飨”主旨相同。晏子以为“不祀先君而以燕，非礼，是以曰钟将毁”。按照卷八《外篇下·第一》《外篇下·第二》，孔子最重礼。比较有意思的是，孔子没有批评景公大钟落成未按照礼先祀先君，而是从自然规律的角度预言大钟将毁。给人的感觉是，孔子不太在乎礼的施行与否。卢文弨《晏子春秋拾补》就说本章所载“尤近怪”，此言不虚。

田无宇非晏子有老妻晏子对以去老谓之乱第十

田无宇见晏子独立于闺内[1]，有妇人出于室者，发班白[2]，衣缁布之衣而无里裘。田无宇讥之曰：“出于室为何者也？”晏子曰：“婴之家[3]也。”无宇曰：“位为中卿[4]，田七十万，何以老为妻？”对曰：“婴闻之，去老者，谓之乱；纳少者，谓之淫。且夫见色而忘义，处富贵而失伦，谓之逆道。婴可以有淫乱之行，不顾于伦，逆古之道乎？”

【注释】

[1]闺内：据下句“有妇人出于室者”，当为“室内”，即晏子内室。

[2]班白：斑白。班，同“斑”。

[3]婴之家：婴之妻。家，犹言“室”。今山东鲁中一带方言中仍有称妻为“家里”或“屋里”者。

[4]中卿：卿分上、中、下三等。

【品读】

此章与卷六《内篇杂下·第二十四》"景公以晏子妻老欲纳爱女晏子再拜以辞"言辞虽略异，但主旨相同。西周、春秋时期贵族大多施行一妻多妾制，如"侄娣从嫁"及"媵"制度。一夫一妻制并非贵族绝对的婚姻形态，并且当时婚姻关系相当随便，男女可自由结合，也容易自动分散。《诗经》中郑、卫之风可为证。在这种情况下，田无宇讥讽晏子虽居中卿之高位仍以结发之老妻为伴。晏子却以"去老者，谓之乱，纳少者，谓之淫"自诫，将"见色而忘义，处富贵而失伦"谓之"逆道"。这在当时崇尚奢靡淫乐的贵族生活圈子里无疑具有导向性作用。

工女欲入身于晏子晏子辞不受第十一

有工女托于晏子之家[1]焉者，曰："婢妾，东廓之野人[2]也。愿得入身，比数于下陈焉[3]。"晏子曰："乃今日而后自知吾不肖也！古之为政者，士农工商异居，男女有别而不通，故士无邪行，女无淫事。今仆托国主民[4]，而女欲奔仆，仆必色见而行无廉也。"遂不见。

【注释】

[1]有工女托于晏子之家：有个工女欲托身于晏子。工女，出身工匠之家的女性。托，将自己托付给某人。

[2]廓：城墙。野人：与"国人"对应，居于国都之外的庶民百姓。

[3]愿得入身，比数于下陈焉：愿托身于夫子，在夫子妻妾中充个数。入身，犹如"托身"。比数，排列在其中而充数。下陈，古代贵族堂下陈列物品的地方，有时也指奴婢站列的地方。

[4]托国主民：受国君之托而治理国家和人民。

【品读】

此章与《晏子春秋》卷二《内篇谏下·第二》"景公欲杀犯所爱之槐者晏子谏"事同而辞略。工女欲托身晏子实为私奔行为。私奔在西周春秋时期比较常见，当时社会也并未对此类行为进行批评。上一章晏子"不去老妻"，即不为"乱"，本章似承自上章，晏子又"不纳少妻"，即不为"淫"。晏子"托国主民"，在男女道德问题上为时人做出了表率。

景公欲诛羽人晏子以为法不宜杀第十二

景公盖姣[1]，有羽人视景公僭者[2]。公谓左右曰："问之，何视寡人之僭也？"羽人对曰："言亦死，而不言亦死，窃姣公也[3]。"公曰："合色寡人也[4]？杀之！"晏子不时而入[5]，见曰："盖闻君有所怒羽人。"公曰："然。色寡人，故将杀之。"晏子对曰："婴闻拒欲不道，恶爱不祥[6]，虽使色君，于法不宜杀也。"公曰："恶然乎！若使沐浴，寡人将使抱背[7]。"

【注释】

[1]景公盖姣：景公长相漂亮。盖，语气词。姣，同"佼"，美好、漂亮。

[2]羽人：《周礼·地官·羽人》："掌以时征羽翮之政于山泽之农，以当邦赋之政令。"羽人负责向山地湖泽地区的百姓征收羽毛作为赋税。僭者：不敬之人。

[3]窃姣公也：此言羽人自以为景公相貌姣好。

[4]合：当即"盍"，同"何"。色：王更生《晏子春秋今注今译》："色，动词，称其色美也。按旧习称人美，有轻贱之意，非以尊人，况可称君美乎？"

[5]不时而入：不到上朝面君之时就去面见国君。

[6]拒欲不道，恶爱不祥：拒绝别人的欲望是不合乎道的，憎恶别人的爱慕是不祥的。

[7]抱背：轻拍、抚摸，这里引申为搓背。

【品读】

卢文弨《晏子春秋拾补》以为"此章不典，无以垂训"。此则故事的确与晏子思想相抵牾。本章本欲凸显晏子爱民，劝诫景公勿随意杀人，但其描述却荒诞不经。晏子尊君尚礼，向来倡导"节欲""远爱"。羽人"视景公僭"，"于法不宜杀"正说明羽人已然违背礼法，但晏子又说"拒欲不道，恶爱不祥"，显然前后矛盾。

景公谓晏子东海之中有水而赤晏子详对第十三

景公谓晏子曰："东海之中，有水而赤，其中有枣，华而不实[1]，何也？"晏子对曰："昔者秦缪公[2]乘龙舟而理天下，以黄布裹烝[3]枣，至东海而捐[4]其布，破黄布，故水赤；烝枣，故华而不实。"公曰："吾详问子何为[5]？"对曰："婴闻之，详问者，亦详对之也。"

【注释】

[1]其中有枣，华而不实：东海中有枣树，只开花不结果实。枣，当为枣树。华，同“花”，用作动词，开花。

[2]秦缪公：又称秦穆公，秦国国君，春秋五霸之一。

[3]烝：同“蒸”，用水蒸熟。

[4]捐：一作“投”。

[5]吾详问子何为：我只不过是胡编乱造，看看您怎么应对。详，通“佯”。“何为”下当有“对”字。

【品读】

景公与晏子以瞎话对瞎话，所言皆荒诞不经。君臣所言颇类战国时期庄子之寓言故事。君臣佯问佯答，“君不君，臣不臣”①，无丝毫尊卑观念，显然与晏子的思想大相径庭。

景公问天下有极大极细晏子对第十四

景公问晏子曰：“天下有极大乎？”晏子对曰：“有。足游浮云[1]，背凌[2]苍天，尾偃天间[3]，跃啄北海[4]，颈尾咳于天地乎[5]！然而漻漻不知六翮之所在[6]。”公曰：“天下有极细乎？”晏子对曰：“有。东海有虫，巢于蚊睫[7]，再乳[8]再飞，而蚊不为惊。臣婴不知其名，而东海渔者曰焦冥。”

【注释】

[1]足游浮云：据《指海》本，当为“鹏足游浮云”，大鹏之足在浮云间游动。

[2]凌：凌驾。

[3]尾偃天间：尾巴一直伸到天边。偃，倒地，引申为尾巴拖在地上。天间，天边。

[4]跃啄北海：跳跃着在北海啄食。

[5]颈尾咳于天地乎：大鹏的颈和尾把天地都隔开了。咳，通“阂”，阻隔。

[6]漻(liáo)漻不知六翮(hé)之所在：大鹏头尾塞于天地之间，这样还不知道翅膀放在哪里。漻漻，即“寥寥”，旷远无边。六翮，这里疑代指双翅。翮，羽茎。

[7]巢于蚊睫：在蚊子睫毛上搭巢。巢，搭巢。睫，眼睫毛。

[8]再乳：两次孵化。

【品读】

此章颇为荒诞不经。晏子不信鬼神之说，这样的志怪故事不像他的手

① 《论语·颜渊》。

笔。但是，正如《庄子·逍遥游》所言，"齐谐者，志怪也"。战国时期的齐人受邹衍"五行说"的影响，多有写作志怪故事者。此章似乎就是战国时期受"五行说"影响的齐人所作。本章托言晏子，可能是想突出晏子的博物之才。

庄公图莒国人扰绐以晏子在乃止第十五

庄公阖门[1]而图莒，国人以为有乱也，皆操长兵而立于闾。公召睢休相[2]而问曰："寡人阖门而图莒，国人以为有乱，皆摽长兵而立于衢闾[3]，奈何？"休相对曰："诚无乱而国以为有，则仁人不存[4]。请令于国，言晏子之在也。"公曰："诺。"以令于国："孰谓国有乱者，晏子在焉。"以后皆散兵而归。君子曰："夫行不可不务也。晏子存而民心安，此非一日之所为也，所以见于前信于后者。是以晏子立人臣之位，而安万民之心。"

【注释】

[1]阖门：关起门来。

[2]睢（suī）休相：姓睢，名休相，齐景公大夫。

[3]摽长兵而立于衢（qú）闾：持长兵器在大街上巡逻。摽，当为"标"，持。衢，四通八达的大路。闾，里巷的大门。

[4]诚无乱而国以为有，则仁人不存：本来没有动乱，国人以为有，就是因为没有仁人的缘故。国，当为"国人"。

【品读】

中国传统文化特别注重贤人治理国家。中国人向来有这样的观念，一个国家的治乱兴衰与有无贤人治理有莫大的关系。儒家以儒者为贤，墨家以墨者为贤，道家以尚无为者为贤，《晏子春秋》则以晏子为贤。《晏子春秋》卷四《内篇问下·第十二》："晏子仁人也……使齐外无诸侯之忧，内无国家之患。"依照《晏子春秋》描述的路子，晏子一人就可使得齐国内外皆安。对于这样一个举足轻重的人物，他的存在是安民心的根本。所以当庄公关起门来谋划袭莒之策时，国人以为齐国将要出现动荡局面，故而纷纷拿起武器在大街上巡逻。西周、春秋时期的国人是一股有较大影响的社会势力。西周末年"国人暴动"，赶走了周厉王。《左传·闵公二年》载卫懿公好鹤，将战之时，国人皆不支持懿公，结果卫军大败，几近亡国。童书业先生说："国之盛衰、胜败，国君及执政之安否，贵族之能否保其宗族及兴盛，几悉决定于

'国人'。"[①]齐国国人恐慌国乱，拿起武装巡逻，这种形势极易导致内乱。因此，庄公恐慌而不知所措，睢休相建言告知国人晏子在国都，齐民闻之即自行离去。

晏子死景公驰往哭哀毕而去第十六

景公游于菑[1]，闻晏子死，公乘侈舆服繁驵驱之[2]。而因为迟[3]，下车而趋；知不若车之遫[4]，则又乘。比[5]至于国者，四下而趋，行哭而往，伏尸而号，曰："子大夫日夜责寡人，不遗尺寸[6]，寡人犹且淫泆而不收，怨罪重积于百姓。今天降祸于齐，不加于寡人，而加于夫子，齐国之社稷危矣，百姓将谁告夫。"

【注释】

[1]菑：一说"淄"，淄水。

[2]乘侈舆服繁驵驱之：据孙诒让《晏子春秋札迻》云疑似为"侈乘舆"。乘舆，君车。服，驾驶。繁驵，良马名。

[3]而因为迟：孙星衍《晏子春秋音义》据《说苑》《太平御览》以为当"自以为迟"。

[4]遫：同"速"。

[5]比：等到。

[6]子大夫日夜责寡人，不遗尺寸：大夫（指晏子）日夜规谏寡人，事无巨细，无所遗漏。责，规谏。

【品读】

此章记载了晏子死后景公追怀晏子的故事。晏子竭尽心智辅佐景公，晏子卒，景公闻讯急往奔丧。做人的悲哀莫大于对自己好的人死后才知道他的价值。景公的追悔之语颇似鲁昭公自悔之语（《晏子春秋》卷五《内篇杂上·第二十》），晏子言"愚者多悔"，非独鲁昭公有此，景公亦有焉。

晏子死景公哭之称莫复陈告吾过第十七

晏子死，景公操玉加于晏子而哭之[1]，涕沾襟[2]。章子弦谏曰："非礼也。"公曰："安用礼乎？昔者吾与夫子游于公邑[3]之上，一日而三不听寡人，

① 童书业著，童教英校订：《春秋左传研究》"释'国人'"条，第128页。

今其孰能然乎[4]！吾失夫子则亡，何礼之有？”免而哭[5]，哀尽而去。

【注释】

[1]操玉加于晏子而哭之：景公手持玉器置于晏子尸体之上。操，持也。加于晏子，疑“晏子”之后脱“尸上”两字。

[2]涕沾襟：泪水湿透了胸前的衣服。

[3]公邑：据《内篇谏上·第十八》当为“公阜”。

[4]今其孰能然乎：指从此以后谁能像晏子一样规谏寡人。

[5]免而哭：摘下帽子而放声大哭。免，免冠。

【品读】

按照周礼，臣卒而君吊丧有制。《礼记·檀弓下》曰：“君于大夫，将葬，吊于宫，及出，命引之，三步则止。如是者三，咀苓。朝亦如之，哀次亦如之。”由此可知，君吊臣丧之礼仅于臣将葬之时出席“吊于宫”而已。宫，所殡之室。为尸置玉且大哭似下为上所行丧礼。今景公为晏子哭且置玉，显然有违礼制。故章子谏曰“非礼也”。然景公以晏子死后臣中无人能规谏国君为由，超擢礼仪，君为臣哭。这从侧面反映了晏子的忠君之行。

晏子没左右谀弦章谏景公赐之鱼第十八

晏子没十有七年，景公饮诸大夫酒。公射，出质[1]，堂上唱善，若出一口[2]。公作色太息，播[3]弓矢。弦章入，公曰：“章！自晏子没后，不复闻不善之事。”弦章对曰：“君好之，则臣服之；君嗜之，则臣食之。尺蠖食黄则黄[4]，食苍则苍是也。”公曰：“善。吾不食谄人以言[5]也。”以鱼五十乘赐弦章[6]。章归，鱼车塞途，抚其御之手，曰：“昔者晏子辞党以正君[7]，故过失不掩之。今诸臣谀以干利，吾若受鱼，是反晏子之义，而顺谄谀之欲。”固辞鱼不受。君子曰：“弦章之廉，晏子之遗行也。”

【注释】

[1]出质：射出的箭未中靶。质，箭靶。

[2]堂上唱善，若出一口：堂上在场的齐国诸大夫都喊好，就像出自一人之口。

[3]播：弃也。

[4]尺蠖(huò)：昆虫，幼虫体细长，行时屈伸其体，如人用尺量布一样。食黄则黄：尺蠖之幼虫的身体随着所吃食物的颜色不同而不断变化。

[5]不食谄人以言：以谄人之言为食，言听信谄人之言。

[6]以鱼五十乘赐弦章：景公以鱼五十车赏弦章。乘，古时四马一车为乘。

[7]辞党以正君：辞掉赏赐而匡正国君过失。“党”当作“赏”。正君，匡正君之过失。

【品读】

张纯一《晏子春秋校注》云:"案《史记·齐世家》,景公四十八年晏子卒,后十年景公薨,此云晏子没十七年,景公饮大夫酒,未知孰是。"[①]由此可知,本章亦是后人托景公、弦章而追忆晏子。晏子以与君"和"为志向。何为"和"?晏子说:"君所谓可,而有否焉,臣献其否,以成其可;君所谓否,而有可焉,臣献其可,以去其否。"[②]因此,晏子以规谏国君而名盛一时,此之谓忠贞之诤臣。本章设言晏子死后十七年,景公只闻谄谀之言而"不复闻不善之事"。然而晏子死后,难道景公身边就没有一个直言敢谏之士吗?从本章看,也不尽然。弦章就继承了晏子之遗行。弦章敢说真话,又能辞君赏,颇有晏子之遗风。该章的作者似乎也向世人昭示齐人已有继承晏子思想者。毫无疑问,晏子思想已经融入了齐文化的大江大河之中。直到今天,这笔丰富的思想遗产仍有研究的价值。

① 张纯一校注:《晏子春秋校注》,第218页。

② 《晏子春秋》卷七《外篇上·第五》。

主要参考书目

(汉)孔安国传,(唐)孔颖达等正义:《尚书正义》,《十三经注疏》本,中华书局 1980 年影印本。

(汉)毛公传,(汉)郑玄笺,(唐)孔颖达等正义:《毛诗正义》,《十三经注疏》本,中华书局 1980 年影印本。

(汉)郑玄注,(唐)贾公彦疏:《周礼注疏》,《十三经注疏》本,中华书局 1980 年影印本。

(晋)杜预注,(唐)孔颖达等正义:《春秋左传正义》,《十三经注疏》本,中华书局 1980 年影印本。

(汉)郑玄注,(唐)贾公彦疏:《礼记正义》,《十三经注疏》本,中华书局 1980 年影印本。

(汉)郑玄注,(唐)贾公彦疏:《仪礼注疏》,《十三经注疏》本,中华书局 1980 年影印本。

(魏)王弼注,楼宇烈:《老子道德经注校释》,《新编诸子集成》本,中华书局 2008 年版。

黎翔凤撰,梁运华整理:《管子校注》,《新编诸子集成》本,中华书局 2004 年版。

(清)孙诒让撰,孙以楷点校:《墨子闲诂 》,《新编诸子集成》本,中华书局 2001 年版。

杨伯峻译注:《论语译注》,中华书局 1980 年版。

马新:《论语解读》,泰山出版社 2007 年版。

杨朝明、宋立林主编:《孔子家语通解》,齐鲁书社 2009 年版。

徐元诰撰,王树民、沈长云点校:《国语集解》,中华书局 2002 年版。

杨伯峻译注:《孟子译注》,中华书局 1960 年版。

杨伯峻编著:《春秋左传注》(修订本),中华书局 1990 年版。

(晋)杜预集解:《春秋经传集解》,上海古籍出版社 1988 年版。

吴则虞:《晏子春秋集释》,《新编诸子集成》本,中华书局 1962 年版。

骈宇骞:《银雀山汉墓竹简:晏子春秋校释》,书目文献出版社 1988 年版。

张纯一校注:《晏子春秋校注》,世界书局 1935 年版。

孙星衍撰:《晏子春秋音义》,中华书局 1985 年版。

王更生注译:《晏子春秋今注今译》,(台北)商务印书馆股份有限公司 1987 年版。

孙彦林等:《晏子春秋译注》,齐鲁书社 1991 年版。

李万寿译注:《晏子春秋全译》,贵州人民出版社 1993 年版。

陈涛译注:《晏子春秋译注》,天津古籍出版社 1996 年版。

赵蔚芝注解:《晏子春秋注解》,齐鲁书社 2009 年版。

(清)王先谦撰,沈啸寰点校:《庄子集解》,《新编诸子集成》本,中华书局 1987 年版。

(清)王先慎撰,钟哲点校:《韩非子集解》,《新编诸子集成》本,中华书局 1998 年版。

许维遹撰,梁运华整理:《吕氏春秋集释》,《新编诸子集成》本,中华书局 2009 年版。

(宋)朱熹撰:《四书章句集注》,《新编诸子集成》本,中华书局 1983 年版。

(汉)司马迁:《史记》,中华书局 1982 年点校本。

(汉)班固:《汉书》,中华书局 1962 年点校本。

(汉)刘向撰,向宗鲁校证:《说苑校证》,中华书局 1987 年版。

(汉)韩婴撰,许维遹集释:《韩诗外传集释》,中华书局 1980 年版。

(唐)柳宗元:《柳河东集》,上海人民出版社 1974 年版。

童书业著,童教英校订:《春秋左传研究》(校订本),中华书局 2006 年版。

陈瑞庚:《晏子春秋考辨》,(台北)长安出版社 1980 年版。

刘殿爵编:《晏子春秋逐字索引》,(台北)商务印书馆股份有限公司 1993 年版。

王振民主编:《晏子研究文集》,齐鲁书社 1998 年版。

徐树梓主编:《晏子研究》,社会科学文献出版社 1992 年版。

邵先锋:《晏子思想研究》,当代中国出版社 2004 年版。

宣兆琦:《齐国政治史》,齐鲁书社 1997 年版。

齐文化编委会:《齐文化丛书》,齐鲁书社 1997 年版。

宣兆琦:《齐文化发展史》,兰州大学出版社 2000 年版。

宣兆琦、李金海:《齐文化通论》,新华出版社 2000 年版。

童书业:《春秋史》,上海人民出版社 2003 年版。

于孔宝等:《齐地历史名人》,中华书局 2003 年版。

邱文山:《齐文化与先秦地域文化》,齐鲁书社 2003 年版。

邱文山:《齐文化与中华文明》,齐鲁书社 2006 年版。

邵先锋:《〈管子〉与〈晏子春秋〉治国思想比较研究》,齐鲁书社 2008 年版。

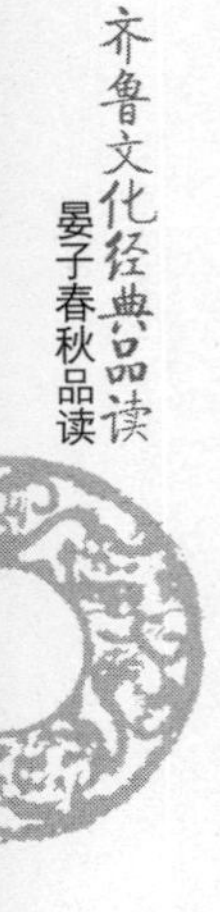

后记

从马新教授手中接过《晏子春秋品读》的写作任务时，正值2014年的盛夏时节。那时我的博士生涯刚刚结束，一切都是新的开始，对未来的工作和生活满怀憧憬、劲头十足。现在想来，颇有点“初生牛犊不怕虎”的味道。所以，当马老师问我能否承担此书的写作任务时，我就不假思索地答应下来。因为在若干年前，我曾与同门师兄韩中秋博士共同撰写过由山东人民出版社在2009年出版的“齐鲁诸子名家志”丛书中的《晏子志》一书。感觉有这个基础，再撰写《晏子春秋品读》问题应该不大。但是当我真正写作起来，才发现远非如此简单。

经典品读并非简单地注释和翻译，它需要有对经典多年的研究积淀、渊博的学识以及敏锐的洞察力。马新教授的《论语解读》一书语言简练，观点深邃，将经典品读置于历史文化的沃土之上，还原了一个真实的孔子和本来的《论语》。当然，要想达到这个高度，以我目前的学识和能力是难以企及的。所以，我只能回到原点。首先要做的工作就是认真地阅读《晏子春秋》以及相关的学术论著；其次认真阅读记载晏子生活时代背景的《春秋左传》

等史料；最后在以上基础上，最大限度地广为涉猎与晏子同一时代的诸子典籍。没有这些基础工作，要想写好《晏子春秋品读》，几乎是不可能的。

工作之后，我基本上被繁重的教学任务和生活琐事裹挟着，学术研究和思考几近停顿。正是得益于《晏子春秋品读》的撰写和马新教授的不断鞭策，我的学术研究道路才得以接续。所以，本书能够顺利完成，首先要感谢我的导师马新教授。

在品读《晏子春秋》的过程中，我不仅深为晏子的思想和精神所折服，更重要的是在撰写过程中，也领略到了齐文化兼收并蓄的恢弘气魄。于我而言，对《晏子春秋》以及齐文化的探索，这仅仅是一个起点。囿于学识所限，书中难免存有不当之处，敬请读者批评指正。

王玉喜

2015 年 12 月